Kohlhammer

**Beiträge zur Wissenschaft
vom Alten und Neuen Testament**

Band 226

Herausgegeben von
Walter Dietrich
Ruth Scoralick
Reinhard von Bendemann
Marlis Gielen

Karl-Heinrich Ostmeyer, Adrian Wypadlo (Hrsg.)

Das Ziel vor Augen

Sport und Wettkampf im Neuen Testament und seiner Umwelt

unter Mitarbeit
von Carsten Baumgart und Volker Niggemeier

Verlag W. Kohlhammer

1. Auflage 2020

Alle Rechte vorbehalten
© W. Kohlhammer GmbH, Stuttgart
Gesamtherstellung: W. Kohlhammer GmbH, Stuttgart

Print:
ISBN 978-3-17-038936-6

E-Book-Format:
pdf: ISBN 978-3-17-038937-3

Für den Inhalt abgedruckter oder verlinkter Websites ist ausschließlich der jeweilige Betreiber verantwortlich. Die W. Kohlhammer GmbH hat keinen Einfluss auf die verknüpften Seiten und übernimmt hierfür keinerlei Haftung.
　　Dieses Werk einschließlich aller seiner Teile ist urheberrechtlich geschützt. Jede Verwendung außerhalb der engen Grenzen des Urheberrechts ist ohne Zustimmung des Verlags unzulässig und strafbar. Das gilt insbesondere für Vervielfältigungen, Übersetzungen, Mikroverfilmungen und für die Einspeicherung und Verarbeitung in elektronischen Systemen.

Inhalt

Vorwort 7

Markus Tiwald
Jasons Gymnasion.
Der Epispasmos und die Frage der Beschneidung in Frühjudentum und
beginnendem Christentum 9

Adrian Wypadlo
Vom ἀγὼν τῆς ἀρετῆς hin zum ἀγὼν τῆς εὐσεβείας (Virt 45).
Agonale Motivik und Sportmetaphorik im Corpus Philonicum 29

Stefan Eckhard
Der Kampf um den Glauben.
Zum Agon-Motiv im Neuen Testament 49

Thomas Söding
Der Sport des Apostels.
Die Dialektik von Kampf und Sieg auf dem Weg von Phil 3 zu 2 Tim 4 81

Volker Niggemeier
Paulus als Wettläufer und Faustkämpfer auf der Zielgeraden in Korinth.
Zur agonalen Motivik in 1 Kor 9,24-27 101

Heinz Blatz
Wettkampf im Lykostal?
Agonale Motivik im Kolosserbrief und soziokultureller Kontext 121

Karl-Heinrich Ostmeyer
Paulus und die zeitgenössische Fankultur.
Implikationen für das Verständnis von 1 Kor 1,10–13 143

Margarete Strauss
„Kranz des Lebens" und „weißer Stein" (Offb 2,10.17).
Agonale Motivik in der Johannesoffenbarung 165

Emmanuel L. Rehfeld
Die Krankheit zum Tode und das Sterben Jesu.
Hamartiologisch-thanatologische Erwägungen im Anschluss an Paulus 181

Thomas Ruster
Fußball im Paradies? 207

Carsten Baumgart
„Der Sport der Exegese".
Überlegungen zur sogenannten „Krise des Schriftprinzips" 213

Bibelstellenregister 221

Begriffsregister 225

Vorwort

Sport fasziniert. Sport ist allgegenwärtig. Die Zeilen dieses Vorwortes wurden Ende Januar 2020 unter dem Eindruck zweier Sportgroßveranstaltungen verfasst: Der Handball-EM in Skandinavien und in Österreich sowie dem ersten Tennis Grand Slam-Turnier in Melbourne in Australien. Aber auch die Fußball-Bundesliga und die diversen zurzeit (Jan. 2020) stattfindenden Wettkämpfe in unterschiedlichen Wintersportarten wären ebenfalls zu nennen.

Stadien, Arenen und Großhallen werden -zigtausendfach mit Menschen gefüllt, die bereit sind, einen oftmals nicht gerade geringen Teil ihres Einkommens in Eintrittskarten zu investieren, abgesehen von den schier unzählbaren privaten Wettkampfstätten daheim im Wohnzimmer und den multimedialen Hausaltären (heute gern als „Endgeräte" bezeichnet), die uns sportliche Leistungen aus aller Welt in Echtzeit übermitteln.

Der Sport ist nicht nur kultur-, sondern auch (und nicht minder) sprachprägend. Redeweisen wie z. B. „der Lauf des Lebens", der „Endspurt des Wahlkampfes", das „Kopf-an-Kopf-Rennen" sind so selbstverständlich, dass sie keiner weiteren Erklärung bedürfen. Dass es auch zu sportlichen Engführungen, ja „Perversionen" kommen kann, wissen wir nicht erst seit Reinhard Fendrichs immer noch hörenswertem Lied aus dem Jahre 1982: „Es lebe der Sport! Der ist gesund und macht uns hart. Er gibt uns Kraft, er gibt uns Schwung. Er ist beliebt bei alt und jung."

Doch fungiert der sportliche Wettkampf nicht erst heute als Bildspender ersten Ranges. Dass dem Sport entnommene Vergleiche und Konklusionen eine hohe argumentative Kraft aufweisen, war einem antiken Menschen ebenso einleuchtend wie einem gegenwärtig lebenden. So verwendet die hellenistische Popularphilosophie (Seneca; Dion Chrysostomos; Plutarch; Epiktet; Marc Aurel) genauso selbstverständlich wie zahlreich diverse „sportliche" Vergleiche und Metaphern, um ihrer jeweiligen Philosophie Nachdruck wie Farbe zu verleihen.

Aber auch im hellenistischen Judentum, bei dem mit guten Gründen eine (gesunde Portion) Skepsis gegenüber Sport- und Körperkult vermutet werden könnte, fließen agonale Bilder recht unbeschwert aus der Feder. Den Fachexegetinnen und -exegeten ist meist bekannt, dass bei genauer Lektüre das *Corpus Philonicum* eine der besten antiken Quellen für verschiedenste Sportarten im Bereich des alexandrinischen Hellenismus darstellt. Aber auch für Paulus von Tarsus hat der Sport eine hohe Plausibilität, die er nicht allein an der wohl bekanntesten „Sport-Stelle" des NT in seinen Gedankengang einfließen lässt, gemeint ist 1 Kor 9,24–27.

Es ist weder ungewöhnlich noch überraschend, dass der existentielle Einsatz für Gott, sein Wort, sein Evangelium, sein Reich gern über ein dem Sport und der Agonistik entnommenes Vokabular ausgedrückt wird.

Der Forschungsverbund „Neues Testament an der Ruhr" (NTR) ist ein jährlich im Frühsommer tagender Zusammenschluss von Exegetinnen und Exegeten, zumeist aus Nordrhein-Westfalen, die ihr Forschungsfeld mit dem zu kombinieren suchen, was – ein Zauberwort innerhalb katholischer Reformdebatten – gern als „Lebenswirklichkeit" heutiger Menschen bezeichnet wird. Und wer wollte leugnen, dass zwischen Rhein und Weser, Sieg und Ems der Sport von einer wirklich herausragenden Bedeutung ist, wobei der Fußball eine derart herausragende Bedeutung haben dürfte, dass in Abwandlung der entsprechenden Bitte des „Vater Unser" gesagt werden könnte: „Unseren samstäglichen Fußball gib uns heute." So lag es sozusagen „auf der Hand" – ggf. ist selbst dies eine sportlich-agonale Metapher –, dass nach den Bänden über „Das frühe Christentum und die Stadt" (2012), über „Würde und Last der Arbeit" (2016) und „Migration im ältesten Christentum" (2018) nun ein Band zum Thema „Sport und Kampf im Neuen Testament und in der jüdisch-hellenistischen Umwelt" erscheint.

Dieser Band geht auf zwei gleichlautende Tagungen zurück, die vom 08.–09.06.2018 in Münster und vom 28.–29.06.2019 in Dortmund abgehalten wurden. Der Band versammelt so Beiträge mit ganz unterschiedlichen Perspektiven vom frühen Judentum, über die Evangelien und neutestamentliche Briefliteratur bis hin zum Hellenistischen Judentum und versteht sich als „Brücke" zwischen jüdisch-christlicher Antike und Jetztzeit angesichts einer „diachronen" Begeisterung für den Sport.

Ich danke sehr herzlich meinem Kollegen und Mitherausgeber, Karl-Heinrich Ostmeyer (Dortmund), und unseren Wissenschaftlichen Mitarbeitern Carsten Baumgart (Dortmund) und Volker Niggemeier (Münster) für die mustergültige redaktionelle Betreuung des Bandes und die Erstellung der Reprovorlage. Auch Jonas B. Breuer (Münster) ist für seine Mitarbeit an Einzelbeiträgen zu danken. Ebenso gedankt sei dem Herausgeberkreis von BWANT für die Aufnahme des Bandes in die Reihe sowie dem Verlag Kohlhammer, namentlich Sebastian Weigert und Janina Schüle, für die redaktionelle Betreuung.

Münster und Dortmund im Februar 2020
Adrian Wypadlo

Jasons Gymnasion.
Der Epispasmos und die Frage der Beschneidung in Frühjudentum und beginnendem Christentum

Markus Tiwald

„Sport verbindet Menschen unterschiedlicher Herkunft, Religion, Hautfarbe und verschiedenen Alters" – so das Statement von Jérôme Boateng auf der Homepage der deutschen „Antidiskriminierungstelle des Bundes".[1] Aber – brechen nicht gerade im Sport starke ideologische Ressentiments auf, wie der rassistische Anwurf von Alexander Gauland gegen Boateng verdeutlicht: „Die Leute finden ihn als Fußballspieler gut. Aber sie wollen einen Boateng nicht als Nachbarn haben."[2] Was passiert, wenn gerade im Sport unterschiedliche Kulturen aufeinandertreffen, kann man exemplarisch an Jasons Gymnasion im Jerusalem unter Antiochos IV. Epiphanes (175–164 v. Chr.) erkennen.

1. Historischer Hintergrund zu Jasons Gymnasion

Als Alexander der Große 333 v. Chr. in der Schlacht von Issos und 331 bei Gaugamela den Sieg über den Perserkönig Dareios III. Kodamannos errang, wurden damit neue Realitäten für die gesamte Levante geschaffen.[3] Die neue Kultur des Hellenismus war zur dominierenden „Leitkultur" der gesamten Region geworden – und Koine-Griechisch die *lingua franca*. Nach Alexanders Tod 323 brachen die Diadochenkämpfe aus, zu denen 1 Makk 1,7–9 nur lapidar vermerkt:

> [7] Zwölf Jahre hatte Alexander regiert, als er starb. [8] Seine Offiziere übernahmen die Regierung, jeder in seinem Bereich. [9] Nach seinem Tod setzten sich alle die Königskrone auf; ebenso hielten es ihre Nachkommen lange Zeit hindurch. Sie brachten großes Unglück über die Erde.

---

[1] Siehe: http://www.antidiskriminierungsstelle.de/SharedDocs/Downloads/DE/publikationen/Plakate/Plakat_Jerome_Boateng.pdf (abgerufen am 11.2.2018).
[2] Zitiert nach: http://www.faz.net/aktuell/politik/inland/afd-vize-gauland-beleidigt-jerome-boateng-14257743.html (abgerufen am 11.2.2018).
[3] Zum historischen Rückblick vgl. Frevel, Geschichte, 328–347; Schäfer, Geschichte, 13–56; Maier, Geschichte, 21–33; Hengel, Judentum, 8–21; Tiwald, Frühjudentum, 56–62.

In den sechs Syrischen Kriegen (zwischen 274 bis 168 v. Chr.) wurden die Machtkämpfe zwischen den in Ägypten herrschenden Ptolemäern und den Syrien regierenden Seleukiden ausgefochten. Besonders die syrisch-palästinische Landbrücke stand dabei im Schnittpunkt der rivalisierenden Einflusssphären. Die wechselnde Kriegsgunst führte in Jerusalem auch zu wechselnden Loyalitäten. Der Clan der Tobiaden engagierte sich zugunsten der Ptolemäer, während die konkurrierenden Oniaden einen proseleukidischen Kurs fuhren. Einblicke in das komplizierte Steuersystem der Ptolemäer, denen Palästina bis zum Fünften Syrischen Krieg (201–200 v. Chr.) unterstand, erhalten wir in den um 260 v. Chr. verfassten Zenon-Papyri.[4] Zenon, nach dem das Archiv benannt ist, war ein Inspektor, der im Auftrag der Ptolemäer durch Syropalästina reiste. Dabei traf er auf den jüdischen Lokalfürsten Tobias, den Begründer der Tobiadendynastie. Diese ursprünglich im Ostjordanland ansässige Familie griff immer stärker in die Jerusalemer Politik ein und machte sich als Parteigänger der Ptolemäer stark.[5]

Im Gegenzug dazu fuhr der Hohepriester Onias II., der Schwager des Tobias einen proseleukidischen Kurs und verweigerte die Tributzahlungen an Ptolemaios III. Euergetes (246–221 v.Chr.; vgl. dazu Josephus, Ant 12,156–159). Dies wiederum rief den Sohn des Tobias und Neffen des Onias, Josef, auf den Plan, der sich zum Vertreter der ptolemäischen Partei machte (vgl. Ant 12,160). Gegen das Versprechen, aus der Provinz das Doppelte (!) an Steuern herauszupressen, wurde Joseph von den Ptolemäern zum „Generalsteuerpächter" für die gesamte Provinz Syrien/Phönikien eingesetzt und erhielt ein Kommando über 2000 Soldaten. Die beiden dominierenden Clans der Tobiaden und der Oniaden leiteten durch ihre Anlehnung an die Ptolemäer bzw. die Seleukiden einen starken Schub der Hellenisierung ein. Allerdings wurden die Rivalitäten der beiden Clans – die auch die Konkurrenz der Ptolemäer und Seleukiden widerspiegeln – auf dem Rücken der einfachen Bevölkerung ausgetragen, was zu starken sozialen Spannungen führte. Die Einschätzung der einschlägigen Literatur dazu ist bemerkenswert unisono:

Martin Hengel ([3]1988):[6]

> Das Interesse an der hellenistischen Zivilisation blieb jedoch überwiegend auf die wohlhabende Aristokratie Jerusalems beschränkt. Für die niedrigen Volksschichten und die Landbevölkerung brachte die intensivere wirtschaftliche Ausbeutung sowie die rein ökonomisch rechnende soziale Unbekümmertheit der neuen Herren und ihrer Nachahmer eher eine Verschärfung der Situation.

---

[4] Zu den Zenonpapyri vgl. Hengel, Judentum, 10 und 76f.
[5] Vgl. Schäfer, Geschichte, 24, und Frevel, Geschichte, 342.
[6] Hengel, Judentum, 106 (Original teilweise kursiv).

Peter Schäfer (²2010):[7]

> Es mag sein, daß das „rückständige Jerusalem" durch die Politik Josefs wesentlich an politischer und wirtschaftlicher Bedeutung gewonnen haben wird, doch dürfte dieser Fortschritt ausschließlich der kleinen und mächtigen Oberschicht zugutegekommen sein und sicherlich nicht der großen Masse der ärmeren Bevölkerung.

Christian Frevel (2016):[8]

> Durch die verwaltete Verpachtung von königlichem Land kommt es zur Akkumulation der Erträge des Landbesitzes in den Händen weniger wohlhabender Familien [...] Die Folgen sind eine starke soziale Spreizung zwischen wenigen Wohlhabenden [...] und einer zunehmend verarmenden Unterschicht.

Somit kann man schließen: „Ohne Zweifel entstand bereits in ptolemäischer Zeit die verhängnisvolle Gleichsetzung von ‚arm' und ‚fromm' sowie von ‚reich' und ‚hellenisiert', die sich in der Folgezeit zu einem gefährlichen sozial-religiösen Gemisch entwickeln sollte."[9]

2. Die Herrschaft der Seleukiden in Palästina

Nach dem Tod von Ptolemaios IV. bestieg im Jahre 205 v. Chr. der erst fünfjährige Ptolemaios V. Epiphanes den ägyptischen Thron. Ihm stand der überaus fähige Seleukide Antiochos III. (dem die Geschichte den Beinamen „der Große" gab; 223–187 v. Chr.) gegenüber. Dieser nutze die Gunst der Stunde, um im fünften Syrischen Krieg (201–200 v. Chr.) den ägyptischen Feldherrn Skopas in der Schlacht bei Paneion an den Jordanquellen (heute Banjas) vernichtend zu schlagen (Ant 12,132f). Seit diesem Moment bis zur Revolte der Makkabäer war Palästina in seleukidischer Hand. Zunächst wurde der Machtwechsel von der Judäischen Bevölkerung positiv empfunden:[10] Josephus berichtet Steuererleichterungen für den Tempel (Ant 12,142–144) und Zugeständnisse an eine freie jüdische Religionsausübung (Ant 12,145). Diese positive Entwicklung ist wohl auch dem politischen Geschick des Hohepriesters Simeon II., dem Sohn von Onias II., zu verdanken. Der Oniade Simeon war auch schon unter ptolemäischer Herrschaft einen proseleukidischen Kurs gefahren und ließ nun seine guten Verbindungen zu den Seleukidenherrschern spielen. Es handelt sich um jenen Simeon, dem das Sirachbuch in Kapitel 50 ein Denkmal gesetzt hat:

> 1 Simon, der Sohn des Onias, war der Hohepriester, / der während seines Lebens das Haus wiederhergestellt / und in seinen Tagen den Tempel befestigt hat. 2 Von ihm wurde das Fundament in doppelter Höhe gelegt, / die hohe Befestigung der Umfassungsmauer des

---

[7] Schäfer, Geschichte, 25 (mit einem Zitat von Hengel, Judentum, 106).
[8] Frevel, Geschichte, 340.
[9] Schäfer, Geschichte, 26.
[10] Vgl. dazu Schäfer, Geschichte, 32–40.

Heiligtums; 3 in seinen Tagen wurde ein Wasserspeicher aus dem Fels gehauen, / eine Zisterne im Umfang so groß wie das Meer. 4 Er wollte sein Volk vor dem Fall bewahren / und befestigte die Stadt während der Belagerung. 5 Wie herrlich war er, umgeben vom Volk, / wenn er heraustrat aus dem Haus des Vorhangs; 6 wie der Morgenstern inmitten von Wolken, / wie der volle Mond an seinen Tagen [.]

Unglücklicher Weise starb Simeon schon bald. Sein Sohn Onias III. (196–174 v. Chr.) übernahm zwar die hohepriesterliche Würde, war jedoch keineswegs so souverän wie sein Vater. Dank seiner Schwäche erstarkte der rivalisierende Tobiadenclan wieder und machte nun proseleukidische Politik, indem sie den etwas hilflosen Onias in der Gunst der Seleukidenherrscher ausbooteten. Onias schwenkte daraufhin wenig glücklich auf eine proptolemäische Agenda um. Dies war insofern fatal, als die Seleukiden soeben erst die Schlacht bei Magnesia (190 v. Chr.) verloren hatten und im Friedensdiktat der Römer von Apameia (188 v. Chr.) zu horrenden Reparationszahlungen gezwungen wurden (12.000 Talente, zahlbar innerhalb von 12 Jahren). Die proptolemäische Einstellung des Onias, aber auch innerjüdische Rivalitäten in Jerusalem, führten schließlich zur ominösen Heliodoraffäre, wie sie 2 Makk 3 – reichlich legendarisch überformt – überliefert hat: Der Seleukidenherrscher Seleukos IV. Philopator (187–175 v. Chr.), der seinem Vater Antiochos III. nachgefolgt war, hatte beschlossen, auf den Jerusalemer Tempelschatz zuzugreifen.

Nach der Ermordung des Seleukos durch seinen Kanzler Heliodor (vgl. Dan 11,20) wurde Antiochos IV. Epiphanes (175–164 v. Chr.) zum Seleukidenherrscher gekrönt. In diesen Wirren versuchte Onias III. die Gunst der Stunde auszunutzen und vertrieb die proseleukidischen Tobiaden aus Jerusalem. Diese flohen an den Hof des Antiochos nach Antiochia und führten Klage gegen Onias. Dies führte zur Absetzung des Onias im Jahre 174 v. Chr. Über den Abgang des Onias und die Machtergreifung seines Bruders Jason liegen uns divergierende Berichte vor: Nach Josephus Ant 12,237 ist Onias verstorben und durch seinen Bruder Jason beerbt worden. In 2 Makk 4,7 und 4,26 erfahren wir allerdings, dass Jason seinen Bruder noch zu dessen Lebzeiten aus dem Amt gedrängt habe. In 2 Makk 4,7 heißt es: ὑπενόθευσεν Ἰάσων ὁ ἀδελφὸς Ονιου τὴν ἀρχιερωσύνην; ὑπονοθεύω heißt „durch Bestechung erwerben".[11] Diese Phrase alleine besagt zunächst nur, dass Jason das Amt durch Bestehung erworben hatte. Doch in 2 Makk 4,26 wird ὑπονοθεύω im Sinne von „aus dem Amt drängen" verwendet: καὶ ὁ μὲν Ἰάσων ὁ τὸν ἴδιον ἀδελφὸν ὑπονοθεύσας ὑπονοθευθεὶς ὑφ' ἑτέρου – Jason wurde durch seinen Nachfolger Menelaos auf die gleiche Weise aus dem Amt gemobbt, wie er dies mit Onias gemacht hatte. Von den meisten Historikern wird vertreten, dass 2 Makk hier die höhere Glaubwürdigkeit als Josephus besitzt und dass Jason seinen Bruder Onias noch zu dessen Lebzeiten aus dem Amt

---

[11] Die Lesart „erschleichen" findet sich in der neuen „Einheitsübersetzung". Die Übersetzung ὑπονοθεύω: „to procure by corruption" wird von Liddell-Scott vorgeschlagen.

mobbte.¹² Wie er dies machte, erschließt sich nicht nur aus dem Wort ὑπονοθεύω: „durch Bestechung aneignen", sondern auch aus dem Befund bei Josephus Ant 12,237–239. Dort wird von ausgesprochen unwürdigen innerjüdischen Kabalen um das Amt des Hohepriesters berichtet, bei denen die alte Feindschaft zwischen Oniaden- und Tobiadenclan eine tragende Rolle spielte. Ganz klar ging es einfach nur mehr um die pure Macht, sodass auch die Loyalitäten zu den beiden Machtblöcken der Seleukiden und Ptolemäer nach Belieben von den beiden rivalisierenden Familien gewechselt werden konnten.

Aber auch in der Gunst der herrschenden Seleukiden versuchten sich die konkurrierenden jüdischen Protogonisten gegenseitig auszustechen: Mit dem Wort ὑπονοθεύω ist nicht nur die Bestechung der Herrscher durch sofort gezahlte Geldsummen gemeint (2 Makk 4,8 spricht von insgesamt 440 Talenten Silber), sondern das Versprechen der Rivalen, nach Erhalt des Hohepriesteramtes noch mehr Steuergelder aus der Provinz Judäa herauszupressen. 2 Makk 4,11 spricht davon, dass die günstigen Steuerkonditionen, deren sich die Juden bis dahin noch erfreuten, der Vergangenheit angehörten. Dabei ist es eine besondere Ironie des Schicksals, dass Jason mit dem gleichen Trick aus dem Amt gemobbt wurde, wie er seinen Vorgänger verdrängt hatte: 2 Makk 4,23–26 berichtet davon, dass drei Jahre nach der Amtseinsetzung Jasons, also 171 v. Chr., dieser von Menelaos als Hohepriester ausgebootet wurde, indem Menelaos 300 Talente Silber an Bestechungsgeld anbot (2 Makk 4,24). Dieses Geld versuchte Menelaos durch Entwendung von goldenem Kultgerät aus dem Jerusalemer Tempel (2 Makk 4,32) und Plünderung des Tempelschatzes (2 Makk 4,39) aufzubringen. Menelaos wurde wegen dieses Tempelraubs zwar der Prozess gemacht, doch überstand er alle Anklagen durch weitere Bestechungen (2 Makk 4,43–50). Im Unterschied zu Jason, der nur drei Jahre amtierte (174–171 v. Chr.), gelang es Menelaos von 171–162 v. Chr. im Amt zu bleiben und damit die makkabäische Revolte unbeschadet zu überstehen.¹³ Trotzdem wird daraus ersichtlich, dass das Hohepriesteramt käuflich geworden war und ein Spielball profaner Machtinteressen in der Hand einiger Oligarchen.

Das änderte sich auch unter den Makkabäerherrschern nicht, denn zum Laubhüttenfest des Jahres 153 riss der Makkabäer Jonatan widerrechtlich das Hohepriesteramt an sich, obwohl er gar kein Zadokide war (Ant 20,238; vgl. 2Sam 15,24–37; 1 Kön 2,26f; Ez 44,6–16).¹⁴ Dies löste im damaligen Judentum einen heftigen Schock aus, da die Makkabäer ja nur dem niederen und nicht-zadokidischen Priesteradel entstammten. Wahrscheinlich führte dieses Faktum zur

---

¹² So Frevel, Geschichte, 346; Maier, Geschichte, 29; Schäfer, Geschichte, 43; Tiwald, Frühjudentum, 60.
¹³ Eine abweichende Chronologie findet sich bei Josephus Ant 12,414, wonach Judas Makkabaios nach dem Tode Alkimos', dem Nachfolger von Menelaos, Hohepriester geworden wäre. Nach der Chronologie des 1 Makk starb allerding Judas schon vor Alkimos. Zur Diskussion vgl. Tiwald, Frühjudentum, 66.
¹⁴ Zur Diskussion der Hintergründe vgl. Tiwald, Frühjudentum, 121f.

Abspaltung der Essener, die daraufhin lieber ihrer Gründungsfigur, dem „Lehrer der Gerechtigkeit" folgten, als dem als „Frevelpriester" verballhornten Hohepriester in Jerusalem. Die später in Qumran gesammelten und teilweise auch neu abgefassten Schriften dieser Bewegung titulierten fürderhin den in Jerusalem amtierenden Hohepriester als „Frevelpriester" – wobei der Ausdruck הכהן הרשע (ha-kohen ha-rascha‘, „Frevelpriester") eine Verballhornung von הכהן הראש (ha-kohen ha-ro'sch, „Hohepriester") darstellt.[15] Diese „Freveltat" der Makkabäer hatte sich aber schon in der zuvor stattgefundenen Entwertung des Hohepriesteramtes unter Jason und Menelaos vorbereitet. Ob auch schon Menelaos ein Nicht-Zadokide gewesen ist, darüber gehen die Meinungen auseinander. Josephus berichtet in Ant 12,238f, dass Menelaos der jüngere Bruder Jasons war, während 2 Makk 4,20 Menelaos als Bruder des Tempelvorstehers Simeon (2 Makk 3,4) aus dem Stamm Benjamin identifiziert. Als solcher aber wäre er kein Zadokide gewesen – der Bruch mit der Tradition hat wohl schon hier begonnen.[16] Ch. Frevel urteilt dazu: „Die Tatsache, dass das Hohepriesteramt nicht nur käuflich geworden ist, sondern durch Menelaus auch die Traditionslinie der Zadokiden durchbrochen wurde, führt zu Verwerfungen mit den Traditionalisten und Gegnern der hellenistischen Politik."[17] Ebenso kommt J. Maier zum Schluss: „Antiochos IV. Epiphanes (175–164) ist in das traditionelle jüdische Geschichtsbild als Erzbösewicht eingegangen. Die politischen Anlässe allein rechtfertigen dieses Urteil freilich nicht, es war vielmehr der unmittelbare Zusammenhang mit innerjüdischen Auseinandersetzungen, die den Ereignissen solche Brisanz verlieh […]"[18] Letztendlich ging es in den nun folgenden Auseinandersetzungen gar „nicht in erster Linie um theologische Positionen oder um den Gegensatz von Judentum und Hellenismus, sondern vornehmlich um politische und finanzielle Interessen, in die neben den lokalen Eliten vor allem das Hohepriesteramt zunehmend verwickelt wurde."[19]

Auch erst vor dem Hintergrund dieser innerjüdischen Machtkämpfe ist die weitere Entwicklung verständlich. In Jerusalem wurde von konservativen Kreisen mittlerweile Jason im Vergleich zu Menelaos als das geringere Übel gewertet (Ant 12,239): Zwar war Jason auch pro-hellenistisch eingestellt – wie ja sein Gymnasion (von dem noch zu reden sein wird) zeigt, doch fuhr er einen gemäßigteren Kurs als Menelaos und griff auch nicht so schamlos in die Tempelkasse wie dieser. Obendrein war Jason wenigstens Zadokide, während Menelaos das nach dem Befund von 2 Makk nicht war. Dies ermutigte Jason, einen Aufstand gegen Menelaos und den hinter ihm stehenden Antiochos IV. anzuzetteln, da ein Gerücht besagte, dass Antiochos auf seinem Ägyptenfeldzug gefallen wäre

---

[15] Vgl. dazu Tiwald, Frühjudentum, 121f.
[16] Vgl. dazu Frevel, Geschichte, 343f und 348. Ebenso Maier, Geschichte, 30.
[17] Frevel, Geschichte, 348.
[18] Maier, Geschichte, 29.
[19] Frevel, Geschichte, 345.

(2 Makk 5,4). Antiochos hingegen kehrte 169 v. Chr. aus Ägypten zurück und bestrafte die Aufständischen schwer:[20] Er ließ in Jerusalem ein Blutbad anrichten und plünderte den Tempelschatz. Dabei betrat er sogar den Tempel selbst, wie 1 Makk 1,21-24 und 2 Makk 5,15 übereinstimmend berichten. Jason aber gelang die Flucht nach Sparta (2 Makk 5,8f). Als Antiochos auf seinem Ägyptenfeldzug 168 v. Chr. siegreich bis Alexandria vordrang und knapp davorstand, das gesamte Ptolemäerreich zu erobern, griffen die Römer ins Geschehen ein und setzten Antiochos das demütigende Ultimatum, den Krieg sofort abzubrechen, da ihnen eine Verschiebung des Kräftegleichgewichts nicht gelegen war (Ant 12,242-256; vgl. auch Dan 11,29f, wo mit den „Kittäern" die Römer gemeint sind). Gedemütigt von den Römern sah sich Antiochos gezwungen, nun zumindest innenpolitisch hart durchzugreifen. Dabei bot es sich förmlich an, an den unbotmäßigen Judäern ein Exempel zu statuieren – zumindest Dan 11,29f und Ant 12,246-248 sehen zwischen dem harten Durchgreifen des Königs und dem Misserfolg in Ägypten einen Zusammenhang. Die nun folgenden strengen Religionsgesetze stehen in einer „fast untrennbaren Verquickung von jüdischen Hellenisierungsbestrebungen und königlich verordneter Religionsverfolgung [...]"[21] Dabei ging es Antiochos wohl gar nicht „um eine Abschaffung des YHWH-Kultes, sondern um die Konsolidierung und Befriedung der durch die Verwerfungen zerstrittenen und damit im seleukidischen System stabilisierter Machtverhältnisse als unberechenbarer Faktor unsicher gewordenen Stadt."[22]

3. Jasons Gymnasion

3.1 Die Textzeugen

Über das hellenistische Gymnasion in Jerusalem wissen wir aus drei verschiedenen Berichten (hier dem Abfassungsalter nach geordnet, mehr dazu s. u.):

---

[20] Zu den unterschiedlichen Chronologien hier vgl. Schäfer, Geschichte, 47f, und Frevel, Geschichte, 349.
[21] Schäfer, Geschichte, 52.
[22] Frevel, Geschichte, 349f.

2 Makk 4,10–14	1 Makk 1,11–15	Josephus, Ant 12,237–241
4 Sobald Jason das Amt an sich gebracht hatte, führte er unter seinen Landsleuten die griechische Lebensart ein. 11 Er schaffte die günstigen Privilegien ab, die die Juden durch Johanans Vermittlung vom König erhalten hatten. [...] Jason hob die althergebrachte Verfassung auf (τὰς μὲν νομίμους καταλύων πολιτείας) und führte neue, widerrechtliche Gebräuche ein (παρανόμους ἐθισμοὺς ἐκαίνιζεν). 12 Mit Vergnügen ließ er unmittelbar unterhalb der Burg ein Gymnasion errichten (ὑπ' αὐτὴν τὴν ἀκρόπολιν γυμνάσιον καθίδρυσεν) und die Söhne der besten Familien brachte er dazu, den griechischen Hut aufzusetzen (τοὺς κρατίστους τῶν ἐφήβων ὑποτάσσων ὑπὸ πέτασον ἤγαγεν).[23] 13 So kam es zu einer Blüte der griechischen Lebensweise. Die fremde Art hatte Zulauf. Schuld daran war die maßlose Verruchtheit des Frevlers Jason, der den Titel eines Hohepriesters zu Unrecht trug.	11 Zu dieser Zeit traten Verräter am Gesetz (υἱοὶ παράνομοι) in Israel auf, die viele überredeten und sagten: Wir wollen einen Bund mit den fremden Völkern schließen, die rings um uns herum leben; denn seit wir uns von ihnen abgesondert haben, geht es uns schlecht. 12 Dieser Vorschlag gefiel ihnen 13 und einige aus dem Volk fanden sich bereit, zum König zu gehen. Der König gab ihnen die Vollmacht, nach den Gesetzen der fremden Völker zu leben. 14 Sie errichteten in Jerusalem ein Gymnasion, wie es bei den fremden Völkern Brauch ist, 15 und ließen bei sich die Beschneidung rückgängig machen (ἐποίησαν ἑαυτοῖς ἀκροβυστίας). So fielen sie vom heiligen Bund ab (ἀπέστησαν ἀπὸ διαθήκης ἁγίας), vermischten sich mit den fremden Völkern (ἐζευγίσθησαν τοῖς ἔθνεσιν) und gaben sich dazu her, Böses zu tun.	237 Da um diese Zeit auch der Hohepriester Onias starb, übertrug Antiochus die hohepriesterliche Würde an dessen Bruder Jesus; der Sohn nämlich, den Onias hinterlassen hatte, war noch unerwachsen. [...] was aber Onias' Bruder Jesus betrifft, so ward er des Hohepriestertums bald wieder verlustig, weil der König ihm dasselbe im Zorn wieder nahm und seinen jüngeren Bruder, der ebenfalls Onias hieß, übertrug. [...] Jesus nannte sich als solcher Jason, Onias nahm den Namen Menelaus an. Als nun der frühere Hohepriester Jason gegen den später ernannten Menelaus Unruhen erhob, und das Volk sich in zwei Parteien spaltete, standen nur Tobias' Leute auf Menelaus' Seite. 240 Die große Masse des Volkes hielt sich zu Jason, und von diesem wurden Menelaus und die Söhne Tobias' so gedrängt, daß sie zu Antiochus flohen und ihm erklärten, sie wollten ihre althergekömmlichen Einrichtungen aufgeben, ihre Staatsverfassung nach der des Königs umändern und griechische Staatsformen annehmen. 241 Daher baten sie um die Bewilligung, in Jerusalem eine Ringschule (γυμνάσιον) anzulegen. Als sie diese Erlaubnis erhielten, verhüllten sie die Beschneidung (περιτομὴν ἐπεκάλυψαν), um sich äußerlich von den Griechen nicht zu unterscheiden, gaben auch in allem Übrigen die Gebräuche ihres Landes auf (πάτρια παρέντες) und taten, wie die Heiden.

---

[23] Der πέτασος *petasos* war ein flacher Filzhut, der als Tracht der Epheben galt. Ein geflügelter *petasos* wurde von Hermes getragen.

3.2 Die Quellen

Zunächst ist hier ein Wort zum Wert der drei Quellen zu sagen:[24] Die beiden Makkabäerbücher wurden von unterschiedlichen Autoren mit unterschiedlichen Zielsetzungen verfasst. Beide Texte befassen sich mit der Unterdrückung der Juden durch Antiochos IV. Epiphanes, dem Aufstand der Makkabäer und der Herrschaft der Hasmonäer. Als *terminus post quem* beider Werke kann die Regierungszeit des Johannes Hyrkanos (reg. 134–104 v. Chr.) gelten: Dessen Regierung wird in 1 Makk 16,23f erwähnt. In 2 Makk 1,9 hingegen wird das Jahr 188 der seleukidischen Herrschaft erwähnt, somit das Jahr 124 v. Chr. Als *terminus ante quem* für beide Werke kann der Einzug des Pompeius in Jerusalem 63 v. Chr. angesetzt werden. Wahrscheinlich wurde 2 Makk noch unter der Herrschaft des Johannes Hyrkanos abgefasst, während 1 Makk 16,23f bereits auf diese Herrschaft zurückblickt. 2 Makk war wohl ursprünglich schon in griechischer Sprache verfasst (ausgenommen die beiden zitierten Briefe 2 Makk 1,1–10a/1,10b–2,18), wohl als eine Epitome eines größeren verlorenen Geschichtswerks des ansonsten unbekannten Jason von Kyrene (vgl. 2 Makk 2,19–32). Im Gegensatz dazu handelt es sich bei 1 Makk um ein ursprünglich in Hebräisch abgefasstes Werk, das uns allerdings nur mehr in griechischer Sprache erhalten ist. Während sich 1 Makk als „Herrschaftslegitimation der Hasmonäerdynastie"[25] versteht, nimmt 2 Makk gegenüber dem hasmonäischen Herrscherhaus eine kritische Haltung ein. Grundlegend für 2 Makk ist die Idee, „dass Gott sich so lange für sein Haus, den Tempel zu Jerusalem, wie auch sein Volk einsetzt, so lange dieses sich, der Tora gemäß, gegenüber der Lebensform der Völker abgrenzt."[26] Obwohl 2 Makk *stilistisch* der hellenistischen Geschichtsschreibung verpflichtet ist (und daher auch mit Werken des Polybios verglichen wird), ist das Werk *inhaltlich* doch „gegen jede Form der Öffnung des Judentums gegenüber der hellenistischen Umwelt"[27] gerichtet.

Flavius Josephus hingegen hat seine *Jüdischen Altertümer*, lat. *Antiquitates Iudaicae*, selbst als ἀρχαιολογία (Ant 20,259.267; Vita 430), also als „Alte Geschichte" bezeichnet. In zwanzig Bänden berichtet er die Gesamtgeschichte Israels, von der Schöpfung bis zum Beginn des Jüdischen Krieges. Das Werk wurde zwischen 93 und 94 n. Chr. vollendet.[28] Während Josephus in seinem zuvor entstandenen *Bellum Iudaicum* antijüdischen Vorbehalten der Römer gegen Juden in Folge des ersten Jüdischen Krieges entgegnen wollte, verfolgte er mit seinen *An-*

---

[24] Vgl. dazu Tilly, 1 Makk, 50f; Nicklas, Metaphern, 173f.; Schipper, Gymnasium, 114; Dobbler, Art. Makkabäerbücher, wibilex.
[25] Tilly, 1 Makk, 48.
[26] Nicklas, Metaphern, 173.
[27] Nicklas, Metaphern, 174.
[28] Vgl. Mason, Josephus, 99–105; Mason, Art. Josephus, 828–832; Mason, Art. Josephus, Jewish Antiquities, 834–838; Mayer, Art. Josephus, 260–263; Maier, Testamenten, 80–82.

tiquitates einen anderen Zugang: „Josephus wishes to demonstrate the great antiquity of the Jewish people and their institutions."[29] Die *Antiquitates* verstehen sich so als eine Werbeschrift für das Judentum an die Adresse der Römer. In beiden Schriften erweist sich Josephus als getreuer Parteigänger seiner römischen Mäzene, denen er die Vorzüge jüdischer Lebensweise und die Errungenschaften jüdischer Kultur anpreisen will.[30] Es lässt sich nachweisen, dass Josephus in Ant 12,240f von 1 Makk 1,11–15 abhängig ist.[31] – Leider kann uns bezüglich Jasons Gymnasion die Archäologie nicht zu Hilfe kommen: Trotz intensiver Grabungstätigkeit ist von dieser Einrichtung noch keine Spur gefunden worden.[32]

3.3 Unterschiede in der Darstellung

Jason: Dass Jason das Gymnasion in Jerusalem gegründet habe, wird nur in 2 Makk 4,12 erwähnt. 1 Makk 1,14 spricht nur vage von υἱοὶ παράνομοι. In Ant 12,240 hingegen wird Jason als *positive* Figur dargestellt, dem die große Masse des Volkes anhängt. Der Wunsch zur Hellenisierung Jerusalems geht nicht von Jason aus, sondern von Menelaos und dem Tobiadenclan. Dass Jason seinen Namen, wie Ant 12,239 berichtet, von „Jesus" zu „Jason" geändert habe, kann auch nicht als ein Bruch mit seiner jüdischen Herkunft angesehen werden: Im damaligen Judentum war „der Gebrauch eines hebräischen bzw. aramäischen und eines griechischen Namens für die gleiche Person"[33] durchaus nicht ungewöhnlich. „Zunächst benutzte man gern ähnlich klingende Namen aus beiden Sprachen; [...] es gibt auch klanglich völlig verschiedene Doppelnamen [...]"[34] Zweisprachige Namen kennzeichnen nach Hengel auch die „‚Graecopalästiner', etwa Johannes Markus oder Silas (שיאלה)-Silvanus"[35] im NT. Das prominenteste Beispiel dafür ist wohl Saulus (שאול)-Paulus aus Tarsus. „[...] indessen sehen wir aus dem Neuen Testament, daß auch im Kreis der Männer um Jesus, die nicht den obersten Schichten entstammen, griechische Namen begegnen, Andreas und Philippus (Mk. 3,18, s. den Galiläer Philippus bei Jos. bell. 3,233)."[36]

---

[29] Mason, Josephus, 103.
[30] Vgl. Hengel, Zeloten, 7f. Das endgültige Werk des Bellum war Vespasian und Titus gewidmet, Titus selbst versah es mit seiner eigenhändigen Unterschrift.
[31] Vgl. Tilly, 1 Makk, 70: „Ab V 11 [sc. 1 Makk 1,11] folgt Josephus (Ant. XII 240 f.) [...] dem Erzählfaden des 1. Makkabäerbuches und übernimmt zahlreiche Inhalte und Formulierungen [...]"
[32] Vgl. dazu Tilly, 1 Makk, 71.
[33] Delling, Begegnung, 25.
[34] Vgl. dazu Delling, Begegnung, 25.
[35] Hengel, Paulus, 258.
[36] Delling, Begegnung, 26.

Abfall von den jüdischen Brächen: Übereinstimmend berichten alle drei Texte, dass die Betreiber des Gymnasions von den jüdischen Bräuchen abgefallen wären: 2 Makk 4,11 / 1 Makk 1,15 / Ant 12,241. Worin genau dieser Abfall von der „althergebrachten Verfassung" bestanden hätte, wird in 2 Makk nicht genannt, dafür präzisieren 1 Makk 1,14 und Ant 12,241 übereinstimmend, dass dies mit der Beschneidung zu tun habe. Im 1 Makk 1,15 heißt es: ἐποίησαν ἑαυτοῖς ἀκροβυστίας („sie machten sich Vorhäute"). In Ant 12,241 hingegen lesen wir: περιτομὴν ἐπεκάλυψαν („sie verbargen die Beschneidung"). Da man im Gymnasion nackt trainierte, konnten alle Anwesenden erkennen, dass die betreffenden Epheben beschnitten waren. Die wahre Brisanz ergibt sich jedoch erst aus dem Wissen, dass im Gymnasion zwar Nacktheit unanstößig war, doch das Denudieren der *glans penis*, also das Entblößen der Eichel als unsittlich galt.[37] Griechische Sportler trugen zu diesem Zweck gerne eine κυνοδέσμη, *kynodesme*, wörtlich „Hundeleine", die um das Präputium (Vorhaut) des Penis geschlungen wurde und so ein schamloses Entblößen der Eichel verhinderte. Griechische Vasenbilder belegen diesen Brauch hinlänglich.[38]

Wahrscheinlich steht dieser Brauch auch hinter der Formulierung in 1 Makk 1,15. F. Schipper urteilt dazu: „[...] das Tragen der Kynodesme im Gymnasium scheint die beste Erklärung für 1 Makk 1,15 zu sein: ἐποίησαν ἑαυτοῖς ἀκροβυστίας. Jüdische Epheben legten sich im Gymnasium in Jerusalem eine Kynodesme an, denn ihr ‚Mangel' an Vorhaut war offensichtlich, ihre denudierte Glans aber inkazeptabel."[39] Solch eine Vorgehensweise würde auch die alternative Darstellung bei Josephus erklären, wenn es dort heißt: περιτομὴν ἐπεκάλυψαν – „sie verbargen ihre Beschneidung". Die Wiederherstellung der Vorhaut bei Beschnittenen wird als *Epispasmos* (von ἐπισπάομαι *epispaomai*, „überziehen") bezeichnet. Dabei gab es eine operative und eine mechanische Option. Die operative Variante wird als Celsus-Operation bezeichnet, benannt nach Celsus, der diese Vorgehensweise Mitte des 1. Jh. n. Chr. zum ersten Mal in *De medica* 2,25 beschreibt (die Methode selbst ist jedoch älter; vgl. auch Martial *Epigrammata* 7,82). In AssMos 8,3 wird bereits von dieser operativen Variante berichtet: „[...] und ihre jungen Söhne werden von Ärzten operiert werden, um ihnen die Knabenvorhaut überzuziehen (*et filii eorum pueri secabuntur a medicis inducere acrobistiam illis*)". Vielleicht wird der Epispasmos auch in Jub 15,34 er-

---

[37] Vgl. Blaschke, Beschneidung, 360: „Diesem negativen Bild [sc. der Beschneidung in griechisch-römischer Literatur] korrespondiert das griechisch-römische Schönheits- und Anstandsideal einer natürlich-langen, die Eichel bedeckenden und sie gleichsam bekleidenden Vorhaut, ein Ideal zu dessen Verwirklichung mehrere medizinische Verfahren manueller, medikamentöser und chirurgischer Art in Anspruch genommen wurden (Celsus, Dioskurides, Soranus)."

[38] Vgl. dazu das reiche Bildmaterial bei Schipper, Gymnasium, 123–126.

[39] Schipper, Identität, 58.

wähnt, jedenfalls aber in 1 Kor 7,18 mit dem Wort ἐπισπάομαι, „sich (die Vorhaut) überziehen".[40] Neben der operativen gab es die mechanische Variante, wobei die verbliebene Penisvorhaut über die Eichel gezogen und durch Anlegen einer Kynodesme in Position gehalten wurde. Durch das Dehnen wurden neue Zellen gebildet, die über einen längeren Zeitraum zur ansatzweisen Wiederherstellung der Vorhaut führten. Wahrscheinlicher ist es in unserem Fall, diese nicht-operative Methode zu veranschlagen.[41]

4. Auswertung im Blick auf die Beschneidung als *nota Iudaica*

Ch. Frevel urteilt zu den Ereignissen folgendermaßen: „In der Wertung der Makkabäerbücher führt die Politik Jasons zur nachhaltigen Preisgabe jüdischer Identität, doch wird man sich dem schroffen traditionalistischen Urteil kaum so einfach anschließen können."[42] – Ähnlich auch die Wertung von M. Hengel: „Trotz dieser einschneidenden Umorientierung muß Jason bei seinem Unternehmen viele begeisterte Anhänger gefunden haben. Wir hören zunächst nicht von Unruhen oder dem Widerstand der Frommen: vermutlich waren die maßgeblichen Bürger Jerusalems auf seiner Seite."[43] Ganz in diesem Sinne auch M. Konradt: „Die Haltung zur Beschneidungsfrage war im antiken Judentum keineswegs einheitlich [...] Dabei ist zu betonen, dass diese Uneinheitlichkeit trotz der Folgewirkungen des Scheiterns der hellenistischen Reform in Jerusalem im ersten Drittel des 2. Jh. v. Chr., in dessen Gefolge Beschneidungsverzicht als *nota apostatica* gelten konnte, auch für die Zeit nach 165/4 v. Chr. [sc. also auch nach der makkabäischen Wende] gilt, denn es gibt auch für diese Zeit Belege, dass es in manchen Kreisen zu einer Vernachlässigung der Beschneidung kam."[44] An solchen Belegen für eine Vernachlässigung der Beschneidung lassen sich nennen:

---

[40] Vgl. Frey, Judentum, 48.
[41] So Schipper, Gymnasium, 121. Anders aber Tilly, 1 Makk, 71f, der allerdings nur die operative Variante erwähnt.
[42] Frevel, Geschichte, 347.
[43] Hengel, Judentum, 135.
[44] Konradt, Kontext, 24f.

4.1 Das Jubiläenbuch

Das um 150 v. Chr. verfasste Jubiläenbuch (Abfassungsort in Palästina)[45] berichtet in Kap 15,33f:

> 33 Und jetzt will ich dir mitteilen, daß die Kinder Israels in dieser Ordnung das Vertrauen enttäuschen werden und ihre Kinder nicht beschneiden werden gemäß diesem ganzen Gesetz. Denn in Bezug auf das Fleisch ihrer Beschneidung werden sie Auslasser sein in der Beschneidung ihrer Söhne. Und alle Söhne Belials werden ihre Söhne ohne Beschneidung lassen, wie sie geboren wurden. 34 Und es wird großer Zorn sein über die Kinder Israels vom Herrn her, weil sie seinen Bund verlassen haben und von seinem Wort abgewichen sind. Und sie haben gereizt und sie haben gelästert, weil sie nicht die Ordnung dieses Zeichens taten. Denn sie haben ihre Glieder wie die Heiden gemacht, zum Verschwinden und zum Ausgerottetwerden von der Erde. [...]

Das Jubiläenbuch ist zwar nur knapp nach der makkabäischen Revolte abgefasst (und blickt in Jub 23,16 vielleicht sogar auf die Zeit von Jasons Gymnasion zurück[46]), doch scheint die Möglichkeit eines Vernachlässigens der Beschneidung auch hier noch eine reale Option zu sein. Ob in V 34 tatsächlich der Epispasmos gemeint ist, lässt sich nicht sagen, es ist jedenfalls von einer Vernachlässigung der Beschneidung die Rede.

4.2 Philon von Alexandria und die radikalen Allegoristen in Migr 89-93

> 89 Es gibt nämlich Leute, die in der Annahme, die verkündeten Gesetze seien nur Symbole von Gedachtem, letzterem (dem Gedachten) mit höherem Eifer nachgehen, erstere leichtsinnig vernachlässigen (εἰσὶ γάρ τινες οἳ τοὺς ῥητοὺς νόμους σύμβολα νοητῶν πραγμάτων ὑπολαμβάνοντες τὰ μὲν ἄγαν ἠκρίβωσαν, τῶν δὲ ῥαθύμως ὠλιγώρησαν); diese muß ich wegen ihrer Leichtfertigkeit tadeln. Denn sie hätten an Zwiefaches denken sollen: sowohl das Unsichtbare (τῶν ἀφανῶν) recht genau zu erforschen, 90 alsdann auch das Offene (τῶν φανερῶν) tadellos zu beachten. Jetzt leben sie aber in Wahrheit so, als wären sie in der Einsamkeit für sich, oder als wären sie körperlose Seelen (ἀσώματοι ψυχαί) geworden, als wüßten sie nichts von Stadt, Dorf, Haus, überhaupt von menschlicher Gesellschaft, sehen über das hinweg, was die Allgemeinheit billigt, und suchen die nackte Wahrheit für sich allein zu erforschen. Sie belehrt die heilige Schrift, auf eine gute Meinung zu achten und nichts von den Satzungen aufzuheben, die gottbegnadete, uns überlegene Männer 91 gegeben haben. Denn weil die Sieben (ἡ ἑβδόμη) uns die Macht des Ungeschaffenen (= Gottes) und die Unwirksamkeit der Geschöpfe lehrt, so dürfen wir deshalb die Gesetze für diesen Tag nicht aufheben, etwa so, daß wir Feuer anzündeten oder den Acker bearbeiteten oder Lasten trügen (vgl. Jer 17,22) oder Prozesse führten (vgl. Josephus: Ant. 16, 163 und 168) und Urteile fällten oder aufbewahrtes Gut zurückverlangten oder geliehenes Geld eintrieben, oder anderes sonst täten, was an nichtfestlichen Tagen freigegeben ist. 92 Und weil der Feiertag ein Symbol seelischer Freude und des Dankes an Gott ist (ὅτι ἡ

---

[45] Vgl. dazu Stuckenbruck, 1 Enoch, 215.
[46] Vgl. Tilly, 1 Makk, 71, und Konradt, Kontext, 25.

ἑορτὴ σύμβολον ψυχικῆς εὐφροσύνης ἐστὶ καὶ τῆς πρὸς θεὸν εὐχαριστίας), sind die jahreszeitlichen Festversammlungen (ταῖς κατὰ τὰς ἐτησίους ὥρας πανηγύρεσι) nicht aufzugeben. Auch weil die Beschneidung (τὸ περιτέμνεσθαι) darauf hinweist, daß wir alle Lust und Begierde aus uns „herausschneiden" sollen und gottlosen Wahn entfernen müssen, [...] dürfen wir nicht das über sie gegebene Gesetz aufheben. Denn auch den Dienst im Tempel (τῆς περὶ τὸ ἱερὸν ἁγιστείας) und vieles andere müßten wir vernachlässigen, wenn wir nur das symbolisch Gemeinte (τοῖς δι' ὑπονοιῶν δηλουμένοις) achten wollten. 93 Vielmehr muß man glauben, daß diese dem Körper, jenes der Seele gleicht (ἀλλὰ χρὴ ταῦτα μὲν σώματι ἐοικέναι νομίζειν, ψυχῇ δὲ ἐκεῖνα). Wie man nun für den Körper, der ja die Wohnstätte der Seele ist, Vorsorge trifft, so muß man auch auf den Wortlaut der Gesetze (τῶν ῥητῶν νόμων) achten. Werden sie nämlich recht beobachtet, so wird auch das klarer erkannt, wofür sie Symbole (ὧν εἰσιν οὗτοι σύμβολα) sind, abgesehen davon, daß man dann auch den Vorwürfen und Anklagen vieler entgeht.

Philon bezieht sich hier auf eine Gruppe von Juden, für die sich die Bezeichnung „radikale Allegoristen" eingebürgert hat.[47] Diese Gruppe vernachlässigte die rituellen Vorschriften der Tora (Sabbat, Beschneidung, Tempeldienst) zugunsten einer rein ethischen Interpretation. Die Tatsache, daß Philon meint, ihren Argumenten begegnen zu müssen, legt die Vermutung nahe, dass es sich hier nicht um ein randständiges Phänomen gehandelt hat.[48] Philons Kritik fällt „ungewöhnlich milde" aus, er fordert „keine Verklagung oder Bestrafung", auch spricht er sie „nicht als Renegaten an."[49] Trotz seines Tadels tritt Philons Nähe zu den Gegnern in der grundsätzlichen Anerkennung der allegorischen Gesetzesauslegung zutage – eine Übereinstimmung, die sich im Text auch im „vorherrschenden inklusiven ‚Wir'-Stil"[50] bemerkbar macht. Weder in ihrer Selbstwahrnehmung noch in der Wahrnehmung Philons war diese Gruppe vom jüdischen Gesetz abgefallen.

Diese Wahrnehmung passt sehr gut zu einer anderen Passage aus Philons Schriften. In QuaestEx 2,2 definiert Philon einen Proselyten als jemanden, „who circumcises not his uncircumcision but his desires and sensual pleasures and the other passions of the soul". Denn, so führt er weiter aus, auch in Ägypten waren die Hebräer nicht beschnitten, lebten aber in „self-restraint and endurance". Der wahre Wert des Proselyten besteht darin, dass er zur „familiarity with honouring the one God and Father of all" gelangt ist.[51] Bei Philon ist nicht anzunehmen, dass er auf die reale Beschneidung verzichtet hat (vgl. auch QuaestGen 3,46), da er dies ja gerade den radikalen Allegoristen vorwirft. Bei den radikalen Allego-

---

[47] Vgl. Doering, Schabbat, 347f; Tiwald, Hebräer, 339–343; Konradt, Kontext, 25, der von den „konsequenten Allegoristen" spricht (da sie die allegorische Interpretation konsequent durchhalten). Im Englischen spricht man von den „radical Alexandrian allegorists", vgl. Cohen, Letter, 139f.
[48] So auch Doering, Schabbat, 347.
[49] Doering, Schabbat, 348.
[50] Doering, Schabbat, 348.
[51] Zitiert nach der Edition von J. Loeb in der Übersetzung von R. Marcus, 1953.

risten hingegen wissen wir nicht, ob ihre konsequent durchgezogene allegorische Auslegung auch zu einer realen Aufgabe der körperlichen Beschneidung geführt hat.

4.3 Die Konversion des Izates von Adiabene nach Flavius Josephus (Ant 20,34-36)

Josephus beschreibt, dass der Thronfolger von Adiabene, Izates, zum Judentum konvertieren möchte. Izates geht von der Vermutung aus, dass er kein rechter Jude sei, wenn er sich nicht beschneiden ließe (νομίζων τε μὴ ἂν εἶναι βεβαίως Ἰουδαῖος εἰ μὴ περιτέμνοιτο). Dem aber widerspricht Ananias, ein am adiabenischen Hofe lebender Diasporajude mit der Bemerkung, man könne auch χωρὶς τῆς περιτομῆς τὸ θεῖον σέβειν – auch ohne Beschneidung Gott verehren. Denn, ζηλοῦν τὰ πάτρια τῶν Ἰουδαίων τοῦτ' εἶναι κυριώτερον τοῦ περιτέμνεσθαι – den väterlichen Geboten der Juden mit Eifer zu folgen, das wäre königlicher als die Beschneidung. Dem aber widerspricht ein galiläischer Jude namens Eleazar, welcher besonders gewissenhaft bei den väterlichen Gesetzen zu sein scheint (πάνυ περὶ τὰ πάτρια δοκῶν ἀκριβὴς εἶναι). Dieser fordert die Beschneidung als unabdingbar ein. Nach M. Konradt legt sich die Vermutung nahe, „dass Ananias' Position nicht allein eine Notlösung aus politischer Rücksichtnahme war [sc. Ananias hegt die Befürchtung, dass Izates als beschnittener Jude in einem nichtjüdischen Land nur schlecht als König akzeptiert würde], sondern einen umfassenderen sozialen Hintergrund besaß."[52] Man darf also annehmen, dass Josephus diese lange Geschichte samt umständlichen Dialoges zwischen Izates, Ananias und Eleazar nicht nur aus historischem Interesse wiedergibt, sondern um damit eine Gruppierung von liberalen (Diaspora-)Juden zu kritisieren, welche die Notwendigkeit der Beschneidung hintanstellen. – Wir wissen allerdings nicht, ob solche Juden auch *real* dazu übergingen, Proselyten ohne Beschneidung aufzunehmen, oder ob diese Idee nur auf argumentativ-theoretischer Ebene bestand.

4.4 Die Assumptio Mosis

Der Text stammt aus dem Beginn des 1. Jh. n. Chr. Der lateinischen Schrift liegt wahrscheinlich eine ältere griechische Version zugrunde, die eventuell wiederum ein hebräisches oder aramäisches Original hatte. Die Schrift vertritt die Fiktion, dass der sterbende Mose Josua – nach Art eines *vaticinium ex eventu* – die kommende Geschichte Israels bis in die Zeit der Söhne des Herodes vorhersagt. In Kap. 8 ist die Rede von einem Machthaber, der den Juden die Beschneidung

---

[52] Konradt, Kontext, 25.

verbieten wird und die Vorhersage, dass Juden ihre Beschneidung verleugnen werden. (Text s.o.). Auch in römischer Zeit waren solche Befürchtungen also real.

4.5 Das Zweite Baruchbuch (sog. syrische Baruchapokalypse)

Der Text ist lediglich in syrischer Übersetzung erhalten geblieben. Diese syrische Variante beruht auf einer (nahezu verschollenen) griechischen Übersetzung des ursprünglich Hebräisch oder Aramäisch verfassten Textes. Verfasst wurde die Schrift nach der Tempelzerstörung 70 n. Chr. in Palästina – noch vor dem Bar-Kochba-Aufstand. Die Katastrophe der Tempelzerstörung soll mit dem bisherigen apokalyptischen Geschichtsverständnis in Einklang gebracht werden. Baruch, dem Schreiber des Propheten Jeremia (Jer 36), werden als pseudepigraphischem Gewährsmann eine Reihe von Visionen und Auditionen über die – aus der *erzählten Zeit* zukünftige, aus der *Erzählzeit* bereits eingetretene – Zerstörung des Tempels zuteil. Die Figur des Baruch schlägt dabei die Brücke zwischen der Zerstörung des Tempels durch die Truppen Nebukadnezars II. im Jahre 587 v. Chr. und der Zerstörung des Tempels durch die Römer im Jahre 70 n. Chr. In 2 Bar 66,5 heißt es mit Blick auf den König Joschija:

> Er eiferte mit dem Eifer des Mächtigen von ganzer Seele. Und er allein war stark in dem Gesetz in jener Zeit, so daß er niemanden übrig ließ, der nicht beschnitten war und gottlos handelte im ganzen Lande.

2 Bar 66,5 berichtet hier über die Reformen des Joschija. Da allerdings im biblischen Prätext (2 Kön 23,4–25; 2Chr 34,1–7.33; 35,1–19) keinerlei Hinweis auf die Tötung von unbeschnittenen Volksgenossen zu finden ist, kann man vermuten, dass 2 Bar hier auf eine aktuelle Problematik Bezug nimmt.[53] Wenn man bedenkt, dass 2 Bar wohl um 100 n. Chr. in Palästina verfasst sein dürfte, so legen sich hier auch Parallelen zum tShab 15(16),9 nahe, wo erwähnt wird, dass viele Juden vor dem Bar Kochba-Aufstand den Epispasmos praktiziert hätten.[54]

4.6 Der Fiscus Iudaicus

Der Fiscus Iudaicus war eine Zwangssteuer, die nach der Zerstörung des Tempels 70 n. Chr. von alle Juden im römischen Reich zugunsten der paganen Gottheit

---

[53] So Konradt, Kontext, 25.
[54] Schäfer, Aufstand, 45f.

Iupiter Capitolinus eingehoben wurde (Bell 7,218).[55] Suetonius berichtet uns in De-VitCaes/Domitianus 2,2 von einer Verschärfung der Steuereintreibung unter Domitian.

> Besonders hart wurde die Judensteuer eingetrieben (*Iudaicus fiscus acerbissime actus est*). Zu ihrer Zahlung wurden diejenigen herangezogen, die entweder wie Juden lebten, ohne sich dazu zu bekennen (*improfessi Iudaicam viverent vitam*) oder jene, welche die ihrem Volke auferlegten Zahlungen nicht geleistet hatten, da sie ihre Herkunft verheimlichten (*dissimulata origine imposita genti tributa non pependissent*). Ich erinnere mich, daß ich als ganz junger Mann dabei war, als von einem Prokurator und seinen zahlreichen versammelten Ratgebern bei einem 90-jährigen nachgeprüft wurde, ob er beschnitten sei.

Nach Heemstra könnten mit *improfessi Iudaicam viverent vitam* Gottesfürchtige und mit den Juden sympathisierende Heidenchristen gemeint sein.[56] Damit wären die unbeschnittenen Gottesfürchtigen auch – zumindest von römisch-juridischer Seite – als dem *Fiscus Iudaicus* unterworfene „Juden" gewertet worden. Anders ergibt diese Formulierung nämlich auch keinen Sinn, da ja die *dissimulata origine imposita genti tributa non pependissent* in einem eigenen Punkt erwähnt werden.

4.7 Auswertung

Die Beschneidung war im Frühjudentum ohne Frage „zur exklusiven nota Iudaica" geworden, auf die man auch in stark hellenisierten Kreisen des Frühjudentums nicht verzichtete.[57] Allerdings konnte man im Judentum auch auf eine metaphorische Art der Beschneidung ausweichen, wie das die radikalen Allegoristen und Paulus taten.[58] Auch in der Frage, ob Proselyten beschnitten werden mussten, scheint es innerjüdische Spielräume gegeben zu haben (vgl. die Diskussion um die Beschneidung des Izates in Ant 20,34–36). Offen bleibt auch, ob sich Juden, die den Epispasmos praktizierten, selbst als Apostaten betrachteten. „Der Zusammenhang zwischen Eifer für das Gesetz und Beschneidung muss dabei im Blick auf die bekämpften Juden keineswegs bedeuten, dass jene sich selbst grundsätzlich von der Tora losgesagt haben [...]"[59] Die Begebenheit von Jasons Gymnasion demonstriert nur allzu deutlich, dass dies wahrscheinlich nicht der Fall war. Auch die spätere paulinische Idee einer Beschneidung des Herzens kann sich auf eine Vielzahl biblischer und frühjüdischer Belege berufen:

---

[55] Vgl. die Untersuchung von Heemstra, Fiscus, der einen präzisen Überblick zu den epigraphischen und literarischen Zeugnissen, die über diese Steuer berichten, gibt (epigraphische Quellen aus Ägypten, Josephus, Suetonius, Cassius Dio).
[56] Vgl. die ausführliche Diskussion bei Heemstra, Fiscus, 34–54.
[57] So Frey, Judentum, 47, und Frey, Identity, 310, beide Malen mit dem auch hier angeführten Zitat von Blaschke, Beschneidung, 360.
[58] Vgl. Frey, Identity, 313.
[59] Konradt, Kontext, 25.

Dtn 10,16; Ez 44,7.9; Jer 4,4; 9,24f; Philo QuestEx 2,2; QuestGen 3,46. So darf man annehmen, dass es im Frühjudentum „unterschiedliche Haltungen zur Notwendigkeit der Beschneidung von Nichtjuden gegeben hat [...]"[60] Als geringste Schlussfolgerung kann man konstatieren, „dass mit der Teilhabe von nicht-jüdischen Sympathisanten am synagogalen Leben und ihrer (partiellen) Integration darin der Boden bereitet war, auf dem der Gedanke einer beschneidungsfreien Völkermission in der christusgläubigen Bewegung entstehen und gedeihen konnte."[61]

5. Schlussbetrachtungen

Die „Deutsche Olympische Gesellschaft" zitiert auf ihrer Homepage den Begründer der „olympischen Idee", Pierre de Coubertin, mit den Worten: *In der Verbindung des Sports mit Kultur und Erziehung soll ein Lebensstil entwickelt werden, der Freude an der Leistung mit dem erzieherischen Wert des guten Beispiels und dem Respekt vor universalen und fundamentalen ethischen Prinzipien verbindet.*[62] Doch leider geht es heute – wie auch bei Jasons Gymnasion – beim Sport allzu oft einfach nur um schmutzige Politik. So wird in unseren Tagen die hehre „Olympische Idee" durch systematisches Doping desavouiert – nicht nur von einzelnen Sportlern, sondern gerade von machtorientierten Regierungen systematisch angeordnet: Im vermeintlich „fairen" Wettkampf soll sich die politische Überlegenheit gewisser Nationen (und ihrer politischen Ausrichtung) wirkungsvoll andemonstrieren lassen. Das zumindest findet eine Parallele in Jasons Gymnasion, wo die körperliche Ertüchtigung als Aushängeschild einer „dominanten Leitkultur" verstanden wurde. Das läuft natürlich dem oben zitierten *Respekt vor universalen und fundamentalen ethischen Prinzipien* diametral zuwider. Doch gerade darin wird klar, dass der Sport ein Brennglas unserer gesamten Lebenswelt – ja der Inbegriff unseres Selbstverständnisses – ist. So wie sich auch in der Politik Hehres und weniger Erbauliches mischt, so bildet auch der Sport die ganze Spannweite unseres Lebens ab. Dabei aber ist es niemals Unbedeutendes, sondern die Mitte unserer Persönlichkeit, die im Sport zum Thema wird. Das haben Jasons Gymnasion und das heutige Verständnis von Sport noch immer miteinander gemein.

---

[60] Konradt, Kontext, 25.
[61] Konradt, Kontext, 26.
[62] http://www.dog-bewegt.de/olympia.html, abgerufen am 10.3.2018.

Literatur

BLASCHKE, Andreas, Beschneidung. Zeugnisse der Bibel und verwandter Texte (TANZ 28), Tübingen 1998.
COHEN, Boaz, Letter and Spirit in Jewish and Roman Law, in: Fischel, Henry A. (Hg.), Essays in Greco-Roman and Related Talmudic Literature, New York 1977, 138–164.
DELLING, Gerhard, Die Begegnung zwischen Hellenismus und Judentum, in: Wolfgang Haase: ANRW II 20.1, Berlin 1987, 3–39.
DOERING Lutz, Schabbat. Sabbathalacha und -praxis im antiken Judentum und Urchristentum (TSAJ 78), Tübingen 1999.
DOBBLER, Stephanie von, Art. Makkabäerbücher 1–4, in: WiBiLex (erstellt: Jan. 2006), online unter: https://www.bibelwissenschaft.de/stichwort/8764/ (11.3.2018).
FREVEL, Christian, Geschichte Israels, Stuttgart 2016.
FREY, Jörg, Art. Das Judentum des Paulus, in: Wischmeyer, Oda (Hg.), Paulus. Leben – Umwelt – Werk – Briefe, Tübingen ²2012, 25–65.
FREY, Jörg, Paul's Jewish Identity, in: Ders. / Schwartz, Daniel R. / Gripentrog, Stephanie (ed.), Jewish Identity in the Greco-Roman World. Jüdische Identität in der griechisch-römischen Welt (AGJU 71), Leiden 2007, 285–321.
HEEMSTRA, Marius, The Fiscus Judaicus and the Parting of the Ways (WUNT II 277), Tübingen 2010.
HENGEL, Martin, Die Zeloten. Untersuchungen zur jüdischen Freiheitsbewegung in der Zeit von Herodes I. bis 70 n. Chr., hg. v. Deines, Roland / Thornton, Claus-Jürgen (WUNT 283), Tübingen ³2011.
HENGEL, Martin, Judentum und Hellenismus. Studien zur Begegnung unter besonderer Berücksichtigung Palästinas bis zur Mitte des 2. Jh.s v. Chr., Tübingen ³1988.
HENGEL, Martin, Der vorchristliche Paulus, in: Ders. / Heckel, Ulrich, Paulus und das antike Judentum. Tübingen 1991, 177–293.
KONRADT, Matthias, Matthäus im Kontext. eine Bestandsaufnahme zur Frage des Verhältnisses der matthäischen Gemeinde(n) zum Judentum, in: Ders., Studien zum Matthäusevangelium, hg. v. Alida Euler (WUNT 358;), Tübingen 2016, 3–42.
MAIER, Johann, Zwischen den Testamenten. Geschichte und Religion in der Zeit des Zweiten Tempels (NEB Erg. 3), Würzburg 1990.
MAIER, Johann, Geschichte des Judentums im Altertum, Darmstadt ²1989.
MASON, Steve, Art. Josephus, in: Collins, John J. / Harlow, Daniel C. (ed.), The Eerdmans Dictionary of Early Judaism, Michigan 2010, 828–832.
MASON, Steve, Art. Josephus, Jewish Antiquities, in: Collins, John J. / Harlow, Daniel C. (ed.), The Eerdmans Dictionary of Early Judaism, Michigan 2010, 834–838.
MASON, Steve, Josephus and the New Testament, Massachusetts ²2003.
NICKLAS, Tobias, Metaphern im 2. Makkabäerbuch, in: Witte, Markus / Behnke, Sven (Hg.), The Metaphorical Use of Language in Deuterocanonincal and Cognate Literture, Berlin 2015, 173–184.
SCHÄFER, Peter, Der Bar Kokhba-Aufstand. Studien zum zweiten jüdischen Krieg gegen Rom (TSAJ 1), Tübingen 1981,
SCHÄFER, Peter, Geschichte der Juden in der Antike. Die Juden Palästinas von Alexander dem Großen bis zur arabischen Eroberung, Tübingen ²2010.
SCHIPPER, Friedrich, Jasons Gymnasium in Jerusalem. Griechische Athletik, makkabäische Polemik und die Hellenisierung des Judentums im frühen 2. Jahrhundert v. Chr. Überlegungen zu 1 Makk 1,15, Akten des 10. Österreichischen Althistorikertages 2004, Salzburg 2006, 113–126.
SCHIPPER, Friedrich, Jüdische Identität und griechische Athletik. Beschneidung und Epispasmos in der Zeit der sogenannten ‚hellenistischen Reform', Wiener Jahrbuch für Theologie 6 (2006) 45–59.
STUCKENBRUCK, Loren T., 1 Enoch 91–108 (CEJL), Berlin / New York 2007.
TILLY, Michael, 1 Makkabäer (HThK.AT), Freiburg i. Br. 2015.
TIWALD, Markus, Das Frühjudentum und die Anfänge des Christentums (BWANT 208), Stuttgart 2016.
TIWALD, Markus, Hebräer von Hebräern. Paulus auf dem Hintergrund frühjüdischer Argumentation und biblischer Interpretation (HBS 52), Freiburg i. Br. 2008.

Vom ἀγὼν τῆς ἀρετῆς hin zum ἀγὼν τῆς εὐσεβείας (Virt 45). Agonale Motivik und Sportmetaphorik im *Corpus Philonicum*

Adrian Wypadlo

1. Ein Münsteraner Zugang zum Agonmotiv bei Philo von Alexandrien

Wer die altehrwürdige Bischofs- und Universitätsstadt Münster in Westfalen besucht, tut gut daran, den dortigen Domschatz zu besichtigen. Dort findet sich neben zahlreichen anderen Exponaten in einer Reihe von vierzehn Prophetenbüsten, die einst ihren Platz im Hochaltar des Domes hatten, die silberne Büste des jüdischen Philosophen und Schriftauslegers Philo von Alexandrien (um 20 v. Chr. – um 45 n. Chr.).[1] Die Schriftrolle in seiner Hand weist ihn durch ihren Inhalt („*Philo: morte turpissima condempnemus illum*"[2]) als Autor des pseudepigraphisch überlieferten Buches der Weisheit aus, das sich insbesondere in späten Schichten des NT – etwa im Jak[3] – und in den Schriften der Alten Kirche großer Beliebtheit erfreut hat. Dieser Vers aus Weish 2,20 in den Händen Philos in Verbindung mit der passionstheologischen Rezeptionsgeschichte dieses Weisheitsverses „bringt den alexandrinischen Juden in direkten Zusammenhang mit dem zentralen christlichen Ereignis, dem Tod Christi am Kreuz".[4] Diese durch die Kunst des Spätmittelalters empfohlene Konstellation aus dem 15. Jh. zeigt den jüdischen

---

[1] Zahlenangabe bei Böhm, Rezeption, 38. Lesenswerte Informationen zur biographischen Einordnung Philos bietet Niehoff, Einführung, 3–26.

[2] LXX: θανάτῳ ἀσχήμονι καταδικάσωμεν αὐτόν. Zum „Dyptychon" von Weish 2,12–20 und 5,1–7 vgl. insbesondere Kleinknecht, Gerechte, 104–107. Als schöne Koinzidenz zum Thema dieses Aufsatzes kann die Tatsache gelten, dass das Weisheitsbuch dasjenige atl. Buch ist, in dem agonale Motivik vergleichsweise „gehäuft" begegnet, vgl. z.B. Weish 10,10–12, wo mit dem ἀγών auf die πάλη Jakobs am Jabbok (Gen 32,24–28) angespielt wird. Vgl. dazu Georgi, JSHRZ III/4 (1980) 438 Anm. 12b: „Vgl. Gen 32,24–28: hier echt hellenistisch als scharfer sportlicher Wettkampf dargestellt." Der „Athlet" Jakob muss dabei erkennen, dass die εὐσέβεια die wahre Stärke ist.

[3] Zur Sättigung des Jak mit Traditionen, die dem Buch der Weisheit sowie der Weisheitstradition insgesamt entnommen sind, vgl. die kompakte Übersicht bei Popkes, Jak-ThHK, 29–32.

[4] Vgl. Schimanowski, Philo, 37.

Theosophen im Hinblick auf seine Rezeptionsgeschichte als *Grenzgänger* zwischen dem Alten und Neuen Testament genauso wie zwischen hellenistischem Judentum, antiker Kultur und frühem Christentum. Spätestens im Mittelalter, wohl aber bereits in der Spätantike[5], gehörte Philo durch seine Einordnung in die Reihe der atl. Propheten[6] zur *praeparatio evangelica*, ohne dass der historische Philo mit hoher Wahrscheinlichkeit jemals von der sich ab den 30er-Jahren des 1. Jh. rasant ausbreitenden Jesus-Bewegung Kenntnis erhalten hatte.[7] Eine kirchlich-christliche Rezeptionsgeschichte mag zunächst überraschen, wollte Philo nichts anderes sein als Ausleger der Tora und gerade als solcher ist er alles andere als ein Einzelphänomen, er ist vielmehr Exponent der intellektuell hochstehenden jüdischen Minderheit Alexandrias, die „Anschluß an die herrschende Bildungskultur gefunden hat", ohne aber im Hellenismus naht- und konturlos aufzugehen.[8] Philos „die jüdische als auch die griechische Kultur in bewundernswerter Weise" umschließende „Bildungsbreite"[9] und die damit einhergehende denkerische Leistung oszilliert zwischen „Affirmation der hellenistischen Bildungskultur" und einer selbstgewählten, seiner jüdischen Identität geschuldeten Distanz zu dieser.[10]

Doch ist Philos Vermächtnis nicht allein auf seine tora-exegetische Leistung einzugrenzen, offenbart er doch durch seine umfassend-beeindruckende Bildung tiefe Kenntnisse antiker Kultur insgesamt, was ihn im Hinblick auf unser Thema hochinteressant werden lässt: Bei genauer Lektüre ist das *Opus Philonicum* nicht allein ein Fenster in den alexandrinischen Exegesebetrieb in der frühen Prinzipatszeit, sondern auch in die durch den Hellenismus maßgeblich geprägte

---

[5] Hier ist besonders auf das Werk des Eusebius von Caesarea zu verweisen. Runia, References, 111–121 zählt 20 Hinweise auf Philo bei Eusebius. Die Spitze der christlichen „Vereinnahmung" bei Eusebius dürfte die Behauptung darstellen, dass die in Philos „De vita contemplativa" beschriebenen „Therapeuten" eine alexandrinisch-*christliche* Gemeinschaft waren als auch die Behauptung, dass es in der Regierungszeit des Claudius zu einer Begegnung von Philo und Petrus in Rom gekommen sei. Vgl. Eusebius, H.E. II 17.

[6] Vgl. dazu die Ausführungen bei Schimanowski, Philo, 38f.

[7] Philos Lebensdaten weisen eine partielle Überschneidung mit den Lebensdaten des Jesus von Nazareth und Paulus von Tarsus auf, wobei der Alexandriner an keiner Stelle Kenntnisse des neu entstehenden Christentums aufweist. Ohnehin liegen sichere Kenntnisse über das Christentum in Alexandrien erst aus der Mitte des 2. Jh. vor. Vgl. dazu die Ausführungen bei Theobald, Joh-RNT, 94f. Vgl. auch Fürst, Christentum, 70–72. Auch die Heranziehung einiger Wallfahrten Philos nach Jerusalem, die mit einiger Vorsicht Prov II 107 (vgl. auch SpecLeg I 72f) entnommen werden können, zur etwaigen „Kontaktaufnahme" Philos mit christgläubigen Juden, mutet spekulativ an.

[8] Mit Noack, Gottesbewußtsein, 5. Ähnlich, wenngleich einen anderen Schwerpunkt setzend Niehoff, Philo, 145: Philo stehe am Ende des Spektrums des alexandrinischen Judentums (elitär; philosophisch-fromm).

[9] Mit Bendemann, Philo, 15.

[10] Mit Noack, Gottesbewußtsein, 5.

Lebenswirklichkeit Philos. Zu dieser Lebenswirklichkeit gehörten auch der Sport und der Wettkampf in ihren vielfachen Facetten[11], zu deren Ausdruck die Termini ἀγών bzw. ἀγωνίζεσθαι bevorzugte Verwendung fanden.[12] Denn nicht anders als heute füllten auch in der Zeit Philos sportliche Wettkämpfe Stadien und Amphitheater, wovon auch das Werk Philos ein auffallend beredter Zeuge ist. Trotz seiner Konzentration auf die Tora-Exegese kannte sich Philo als Absolvent eines Gymnasiums mit sportlichen Wettkämpfen überraschend gut aus, von denen er keinesfalls im Modus der Kritik eines Gelehrten an den Vergnügungen der „Unterschicht" referiert, sondern regelrecht hochschätzt[13], dienten ihm doch die mit der Perfektionierung einer Sportart verbundenen Trainingsbemühungen[14] als Blaupause für Einübungsmaßnahmen in Sachen eines „tugendhaften" oder sogar „geistlichen Lebens", zumal jeder Mensch, insbesondere der Jude, aufgerufen ist, „den materiellen Bereich zu überwinden und sich zu ideellen Werten, besonders Gott hinzuwenden".[15] Philo weiß um die Notwendigkeit intensiven Trainings zur Vorbereitung auf den Agon, was dem Griechentum eine Selbstverständlichkeit war: Eigens dazu angestellte Gymnasten und Pädotriben trainierten die Wettkämpfer und kontrollierten im Vorfeld des Wettkampfs alle wesentlichen Lebensvollzüge (Ernährung; Schlaf; Sexualleben).[16] Davon ist Philos Werk beredeter Zeuge. Seine Belesenheit in Sachen altgriechischer Klassiker (Homer; Aischylos; Empedokles; Theokrit; Herodot; Xenophon; Platon; Aristoteles)[17] lässt ihn zudem zum Zeugen einer Metaphorisierung agonaler Motive zugunsten der Explikation seiner Philosophie werden, womit er in eine Tradition eintritt, die etwa durch Euripides (Phoen 588; Or 847)[18], Xenophanes[19] und Isokrates (Panegyrikos 1-3; 45) zu greifen ist, wo ein ἀγών um φρόνησις, λόγος, γνώμη und σοφία eine Selbstverständlichkeit ist. Auch für Philo lässt sich daher eine Beobachtung des ehemaligen Passauer katholischen Exegeten O. Schwankl geltend machen, die sich über Alexandrien auf den gesamten hellenistischen Mittelmeerraum (dieser ist hier von Interesse) ausweiten lässt: „Der sportliche

---

[11] Einen ersten informativen Überblick über die Bedeutung des Sports für den Hellenismus gibt die immer noch lesenswerte Studie von Schneider, Welt, 290-297.
[12] Vgl. Jüthner, Art. Agon, 189.
[13] Dass Wettkampfbilder gelegentlich auch im Modus der Kritik und Ironie in den Gedankengang eingespielt werden – vgl. z.B. Agr 113-115 –, steht einer prinzipiellen Wertschätzung seitens Philo m. E. nicht im Wege.
[14] So kann Philo etwa in VitMos II 184 im Hinblick auf den Tugendkampf der Seele formulieren: ὁ μὲν γὰρ τὸν πόνον φεύγων φεύγει καὶ τὰ ἀγαθά [...].
[15] Mit Niehoff, Einführung, 12.
[16] Vgl. dazu Pappas, Idee, 61. Vgl. auch Polikakoff, Kampfsport, 11-18. Für die Auslegung von 1 Kor 9,25 betont diesen Aspekt nachdrücklich Metzner, Rolle, 575f.
[17] Vgl. die Auflistung bei Theiler, Sachweiser, 388-392.
[18] Vgl. Brändl, Agon, 36.
[19] Vgl. dazu Fragment B 2 bei Diels / W. Kranz, Fragmente, 128f.

Wettkampf hat eine hohe metaphorische Qualität."[20] Zeuge eines solchen metaphorischen Transfers der Agon-Vorstellung ist auch der alexandrinische Theosoph, konnte er diese mit der Theo-logie als „Kerngeschäft" seines Denkens in einen stimmigen Einklang bringen. Von daher verwundert es nicht, dass für Philo zum Curriculum eines Gymnasiums neben der Vermittlung entsprechender geistiger Fähigkeiten ganz selbstverständlich auch der Erwerb körperlicher Kraft und Geschmeidigkeit gehörte, wobei letztere beiden die Conditio sine qua non der ersten, auf der freilich das Hauptaugenmerk liegt, zu sein haben. Eine Stelle wie SpecLeg II 230 offenbart, dass es Philo als ganz selbstverständlich erachtet, dass die alexandrinischen Juden ihren Kindern Turn- und Ringunterricht (διὰ τῆς γυμναστικῆς καὶ ἀλειπτικῆς) neben geistigen Erziehungsmaßnahmen haben zukommen lassen, wobei beiderlei Bemühungen eine theologische Zielsetzung aufweisen, insofern sie in Gänze die Aufgabe haben, „den im sterblichen Leibe wohnenden Geist" zum Himmel streben zu lassen zur Begegnung mit dem Lenker aller Dinge.[21] Diese Stelle darf m. E. durchaus *selbstreferentiell* verstanden und auf den eigenen schulischen Werdegang bezogen interpretiert werden. Ein Rückgriff auf eine literarische Konvention reicht hier wie bei vielen noch anzuführenden Textstellen aus dem *Opus Philonicum* m. E. zur Erklärung nicht aus. Philos Agon-Metaphorik ist „ganz konkret in der Wirklichkeit des griechischen Sports verwurzelt".[22] Philo redet m. E. mit Blick auf die eigene (Schul-) Biographie von der παιδεία […] κατά τε σῶμα καὶ ψυχήν (vgl. SpecLeg II 229) mit der Intention, „*nicht nur zu leben, sondern auch gut zu leben*": ἵνα μὴ μόνον ζῶσιν, ἀλλὰ καὶ εὖ ζῶσι. Kurzum: die recht detaillierte Kenntnis agonaler Bemühungen und ihre insgesamt positive Bewertung lassen auf eine erstaunliche Vertrautheit des Theosophen mit der hellenistischen Agonistik schließen, sei es aus eigener

---

[20] Vgl. Schwankl, Wettkampfmetaphorik, 174.
[21] Vgl. zu SpecLeg II 229f. auch die Ausführungen bei Poliakoff, Kampfsport, 201.
[22] Mit Poliakoff, Kampfsport, 197. Hiermit ist auch die Frage nach dem vollen Alexandrinischen Bürgerrecht Philos angesprochen, das ein Durchlaufen der in einem Gymnasium stattfindenden Ephebeia implizieren würde. In diese Richtung argumentiert auch Seland, Philo, 7. Das Streben alexandrinischer Juden hinein in hellenistische Gymnasien kann gut vor dem Hintergrund der Intention einer Verbesserung der politisch-sozialen Situation der alexandrinischen Juden plausibel gemacht werden. Zudem berechtigte die gymnasiale Ausbildung zum Zugang zur gymnasialen Bibliothek, was hervorragend mit Philos beachtlicher Belesenheit korrespondiert. Trotz der kritischen Distanz von Wolfson, Philo, 79f., wonach die Alexandrinischen Juden von der gymnasialen Ausbildung ausgeschlossen waren und stattdessen eigene Bildungsinstitutionen unterhielten, ist mit Feldman, Orthodoxy, 223 vom Gegenteil auszugehen, wonach gerade jüdische Familien der gesellschaftlichen Oberschicht ihren Kindern eine gymnasiale Ausbildung zukommen ließen. Von einer „Einführung in die Grundzüge der griechischen Gymnastik und Agonistik" geht auch Brändl, Agon, 94f. aus.

schulischer Bildung und Lebenspraxis, sei es vermittelt über seine enorme Belesenheit.[23] M. E. stellen beide Möglichkeiten keine sich ausschließenden Alternativen dar.

Unsere Aufgabe wird es im Folgenden von daher sein, nach Stellen im Werk Philos Ausschau zu halten, in denen „Vergleich[e], Bilde[r] und Metaphern" begegnen, „die aus der Agonistik und Gymnastik stammen"[24] und von Philo für den philosophischen, theologischen und insbesondere exegetischen Diskurs fruchtbar gemacht werden konnten. An das philonische Agon-Motiv sind daher partiell die gleichen Fragen heranzutragen wie an die paulinische Verwendung von Sportmetaphern auch: Sind diese der eigenen Anschauung bzw. der eigenen Lebenswelt geschuldet oder werden diese lediglich in Aufnahme gängiger Terminologie aus dem populärphilosopisch, gar stoisch-kynischen Denkbetrieb entnommen?[25] Und: schafft es Philo, den von ihm rezipierten Agon-Metaphern eigenen „Geist einzuhauchen" oder verbleibt er im Rahmen des erwartbaren Sprachgebrauchs, sodass eher von der Verwendung konventioneller und usueller Agon-Metaphorik die Rede sein muss? Ist Philo als toratreuem hellenistischem Juden überhaupt eine geistige Verbundenheit mit der Plausibilität des Sports seiner Zeit zuzutrauen, oder ist eher vom Motiv einer „Anknüpfung im Widerspruch" auszugehen? Mit diesen Fragen sind nur einige Problemfelder angesprochen, die im Folgenden – zumindest im Ansatz – an das Corpus der Schriften Philos heranzutragen sind.

2. Forschungsgeschichte zum Agonmotiv bei Philo

Das zweite, die Forschungsgeschichte betreffende Kapitel kann insofern vergleichsweise kurz ausfallen, als dieser Thematik philonischen Schaffens in der bisher geleisteten Philo-Forschung relativ wenig Raum zugebilligt wurde. Es wäre nicht übertrieben zu sagen, dass gerade über die Erforschung der klassischen paulinischen Stelle zur Thematik – 1 Kor 9,24–27 – Schneisen auch in das Opus Philos hineingeschlagen wurden, sodass es *eo ipso* zu gedanklichen Berührungen der Isthmischen Spiele[26] von Korinth mit (angenommenen) vergleichbaren

---

[23] Er stellt eine Selbstverständlichkeit dar, dass auch das intendierte Lesepublikum Philos solide Kenntnisse hinsichtlich der agonalen Sprache hatte, will man nicht annehmen, dass Philo bewusst an seinem Publikum vorbeigeschrieben hat. Vgl. dazu die näheren Ausführungen bei Brändl, Agon, 95f.
[24] Mit Brändl, Agon, 1.
[25] Zu denken ist etwa an die stoisch-kynische Diatribe. Vgl. dazu vor allem Schmeller, „Diatribe", 1–54.
[26] Initialzündend im Hinblick auf die Untersuchung der Isthmischen Spiele von Korinth

Wettkämpfen im Stadtgebiet von Alexandria gekommen ist[27], von denen Philo gedanklich abhängig gewesen sein müsse.[28] Dazu passt, dass von einer einseitig diatribischen Herleitung des Motivs auch im Hinblick auf die Exegese von 1 Kor 9 zunehmend Abstand genommen[29] und stattdessen das hellenistische Judentum stärker in den Blick gerückt wird.[30]

Die ersten Beobachtungen zur Agon-Metaphorik bei Philo sind eher marginal und beiläufig: So weist E. Stauffer in seinem ThWNT-ἀγών-Artikel auf die Vorliebe Philos hin, den Agon-Begriff im Zusammenhang von „asketischen Spitzenleistungen der Tugendhelden" zu denken und zitiert ausführlich Agr 112.119, womit zwar eine wichtige, keinesfalls aber die einzige und auch nicht entscheidende Zugangsweise Philos zur Thematik getroffen ist.[31] Henry Chadwick trifft die eher lapidare Feststellung, dass wohl beide – Philo und Paulus – aus der Tradition des hellenistischen Judentums geschöpft haben.[32]

Ausführlicher widmet sich V.C. Pfitzner[33] der Thematik, betont die entsprechenden Kenntnisse Philos aus dem Bereich der kynisch-stoischen Diatribe, macht aber gleichzeitig auf die Umformung der Agon-Metaphorik beim Alexandriner aufmerksam, nach der der Agonist in erster Linie als „fighter for God" erscheine, mit dem selbstverständlich der Gott der LXX-Thora gemeint sei.[34]

---

zugunsten der Auslegung von 1 Kor 9,24–27 war die auf Latein abgefasste Studie von Hofmann, Exercitatio. Diese Linie vertreten ältere Kommentierungen des 1 Kor fast durchgängig. Vgl. nur. Heinrici, 1 Kor-KEK, 288; Bachmann, 1 Kor-KNT, 325. So auch in der älteren Monographie von Baus, Kranz, 170f. vertreten. Von den „neueren" Kommentierungen erweist sich Strobel, 1 Kor-ZBK.NT, 151f. sehr zuversichtlich im Hinblick auf eine bewusste Anspielung des Apostels.

[27] Zu denken ist hier besonders an die *Ptolemaia von Alexandrien*, die Philo aus eigener Anschauung bekannt gewesen sein werden. Die Zahl der hellenistischen Agone ist ungleich viel höher als die zu Exegese von 1 Kor 9 stets herangezogenen *Olympischen* und *Isthmischen Spiele*. Eine instruktive Liste der uns bekannten Agon bietet Schneider, Welt, 291.

[28] Kryptisch und ohne Textverweis ist die sehr weitgehende These bei Poliakoff, Kampfsport, 201, wonach Philo seine Agon-Erfahrung „persönlich als Zuschauer bei den Olympischen Spiele gewonnen" habe. Hier läse man gerne (wenigstens) eine (Primärtext-)Begründung dieser Offensivposition. Die Textindizien aus dem *Corpus Philonicum* sprechen m. E. eine andere Sprache: Wir wissen von einem längeren Rom-Aufenthalt im Zusammenhang der „Legatio ad Gaium" und ggf. von einigen Wallfahrten nach Jerusalem, die mit einer gewissen Vorsicht Prov II 107 entnommen werden können. Vgl. Böhm, Rezeption, 38 mit Anm. 2. Böhm schließt zudem auch aus SpecLeg I 72f. indirekt auf eine Jerusalem-Wallfahrt Philos.

[29] In diese Richtung argumentiert etwa noch Dautzenberg, Art. ἀγών κτλ., 60.

[30] Bereits im Jahre 1922 führte Schlatter, Theologie, 298 Anm. 3 im Hinblick auf den Agon bei Paulus aus, dass dieser in der „Verwendung des Bilds" in der „griechische[en] Synagoge" vorgebildet worden sei.

[31] Vgl. Stauffer, Art. ἀγών κτλ., 135f.

[32] Vgl. Chadwick, Paul and Philo, bes. 297f.

[33] Vgl. Pfitzner, Paul, bes. 38–48.

[34] Vgl. Pfitzner, Paul, 44f.

Von einer eigenen Anschauung des „Training[s]" und des „Kampf[es] antiker Athleten" durch Paulus selbst geht auch M. B. Poliakoff in seiner populärwissenschaftlichen, gleichwohl recht informativen Kurzstudie mit dem Titel „Kampfsport in der Antike"[35] aus und schlägt angesichts der Verwendung der agonistischen Bilder durch Paulus zugleich eine Brücke hin zur Popularphilosophie und zum hellenistischen Judentum, bei dem er zu Philo äußerst treffend ausführt: „Der jüdische Philosoph [...] bietet die größte Sammlung von Sportmetaphern aller erhaltenen griechischen Autoren. Viele davon sind so ausführlich, daß sie uns helfen, die Regeln und den Ablauf von Sportveranstaltungen zu bestimmen."[36]

Vergleichsweise ausführlich hat sich der Altphilologe Harold A. Harris mit der Vielfalt der Sport-Metaphorik und des Agon-Motivs im hellenistischen Judentum auseinandergesetzt, wobei er in seinem diesbezüglich im Jahre 1976 posthum erschienenen Standardwerk Greek Athletics and the Jews wahrscheinlich machen konnte, dass die von Philo gebrauchten Bilder und Vergleiche derart anschaulich, unmittelbar und überzeugend sind, dass eine einfache Übernahme aus einem üblichen populärwissenschaftlichen Diskurs nicht überzeugen kann, sondern auf Philos eigene, sehr präzise Beobachtung der Welt der Gymnasien und Stadien zurückgehen müsse.[37] Harris zieht daraus die heuristisch wertvolle und im Hinblick auf die Agonistik eine weitere Forschungstätigkeit anregende Konsequenz: „Yet of all writers in Greek, he [scil. Philo, A.W.] is perhaps the most fruitful source."[38] In seiner Passauer 1 Kor 9,24–27 behandelnden Antrittsvorlesung streift der Katholische Neutestamentler Otto Schwankl die „Agon-Metapher in der Diatribe"[39] und das „Agon-Motiv im hellenistischen Judentum"[40]. Nach Schwankl erscheine im philonischen Schrifttum der wahrhaft heilige Wettkampf „zum Erwerb der Tugend" anstelle von Herakles oder Sokrates, wobei „insbesondere [...] aufgrund des nächtlichen Ringkampfes Gen 32,24–33 [...] der Patriarch Jakob" als der göttliche Wettkämpfer par excellence erscheine.[41] Als auf weitere wettkämpfende biblische Gestalten bei Philo weist

---

[35] Vgl. Poliakoff, Kampfsport.
[36] Vgl. Poliakoff, Kampfsport, 15.
[37] Vgl. Harris, Athletics, 51–95. Harris weitet den Befund dabei sehr weit aus, sodass bei ihm ca. 180 Philo-Stellen angeführt werden, in denen Agon-Metaphorik erscheint. Auch wenn diese hohe Zahl übertrieben erscheint – zumal der Theosoph dazu neigt, agonale Motive und Kriegsmetaphern ineinanderfließen zu lassen (vgl. nur VitMos II 236; Det 1f.; LegAll III 14), bleibt unbestritten, dass sich kein zweiter griechischer Autor findet, der derart häufig auf das Themenfeld ἀγών rekurriert.
[38] Vgl. Harris, Athletics, 54.
[39] Vgl. Schwankl, Wettkampfmetaphorik, 177f.
[40] Vgl. Schwankl, Wettkampfmetaphorik, 178f. Dabei ist eine gewisse gedankliche Abhängigkeit von Pfitzner, Paul, bes. 38–48 zu konstatieren.
[41] Vgl. Schwankl, Wettkampfmetaphorik, 178.

Schwankl auf Enosch (Praem 15); Noach (Abr 34f.); Joseph (LegAll III 342) und natürlich auf Mose und seinen Kampf gegen Pharao (LegAll III 14; VitMos I 48) hin. In diesen Tugendkampf trete das ganze Volk der Juden ein, wobei Schwankl stärker die Distanz Philos zu einer derart konnotierten metaphorischen Redeweise betont, insofern beim Alexandriner „[d]ie Assimilierung an die hellenistische Umwelt [...] dort ihre Grenze" finde, „wo sie die eigene biblisch-jüdische Identität bedroht".[42]

Eine umfassende Studie zur Agon-Thematik in den Protopaulinen wurde von U. Poplutz vorgelegt und trägt den Titel „Athlet des Evangeliums".[43] Diese Arbeit zeichnet sich dadurch aus, dass in ihr sehr genau die dahinterstehenden Realien Beachtung finden, weit über das Maß der eigentlichen Paulus-Exegese hinaus. Da nun das „Schriftgut des hellenistischen Diasporajudentums" für Poplutz „situativ und religiös enger mit dem Kontext des Apostels verwoben ist als die kynisch-stoische Diatribenliteratur"[44], schenkt sie neben Flavius Josephus und dem Vierten Makkabäerbuch auch dem Schrifttum Philos eine gewisse Aufmerksamkeit, wobei aber das spezifische Profil der philonischen Agonmotivik vergleichsweise blass bleibt, insofern eher die Vermittlung des griechischen Agonmotivs in das hellenistisch-jüdische Denken samt monotheistischer Präzisierung und „Umbiegung" zum ἀγὼν τῆς εὐσεβείας postuliert wird.[45] Ergebnis dieser großangelegten Studie ist die Erkenntnis, dass der Agon im jüdischen Bereich – trotz aller Skepsis gegenüber einer Überbetonung der Körperlichkeit – „zu *dem* Symbol des nach Weisheit und Wahrheit strebenden Philosophen schlechthin"[46] wurde, wobei für Philo als der Kämpfer par excellence Jakob anzusprechen ist. Eher negativ zu vermerken ist, dass die Agonmetaphorik bei Philo letztlich etwas unprofiliert stehen bleibt und allenfalls theozentrisch hin zum ἀγὼν τῆς εὐσεβείας transformiert wird.

Die bisher ausführlichste Behandlung des philonischen Agonmotivs findet sich in der Studie von Martin Brändl mit dem Titel „Der Agon bei Paulus".[47] Insofern Brändl auch studierter Sportwissenschaftler ist, geht er mit großem Sachverstand an Philos agonale Metaphorik heran und zeichnet Philo als Eklektiker, dessen Vorstellungswelt sich primär aus platonischen, weniger jedoch stoisch-diatribischen Elementen zusammensetze, wobei sich Philo stoisch-kynische Elemente dann zunutze mache, wenn die „Lehre von der Bekämpfung der Affekte" vorgelegt werde im Zusammenhang mit der „Konzentration auf den λόγος bzw. den νοῦς als Führer im ethischen Bemühen".[48] Das integrierende Band, das

---

[42] Vgl. Schwankl, Wettkampfmetaphorik, 178f.
[43] Vgl. Poplutz, Athlet.
[44] Vgl. Poplutz, Athlet, 174.
[45] Vgl. Poplutz, Athlet, 216.
[46] Vgl. Poplutz, Athlet, 215.
[47] Brändl, Agon.
[48] Vgl. Brändl, Agon, 113f.

die philonische Sportmetaphorik zusammenhalte, sei jedoch die dem jüdischen Glauben verpflichtete LXX-Exegese, wobei Philo den Wert der Agon-Metaphorik zur Explikation seiner Philosophie in der Alexandrinischen Synagoge erkannt und von daher übernommen haben dürfte. Die in aller Kürze nachgezeichneten Forschungstendenzen kommen damit darin überein, dass sowohl Paulus als auch Philo – beide Diasporajuden – eine „relativ genaue und detaillierte Kenntnis des Sports" hatten, sodass deren Verwendung der Wettkampfmetaphorik weit über die Rezeption eines popularphilosophischen Motivs hinausgeht.[49] Was aber die Präzision der Beschreibung und die Vielfalt der eingespielten Sportarten aus dem Bereich der Leicht- und Schwerathletik angeht, ist Philo dem Völkerapostel in jeder Beziehung überlegen und offenbart, dass Philo über beste Kenntnisse über das gesamte Spektrum hellenistischer Gymnastik und Agonistik verfügte.

3. Was denkt Philo über Sport und Agon? – ein Überblick

Verteilt über das Opus Philos findet sich eine derartige Dichte von Anspielungen oder gar bewussten und bisweilen auch ausformulierten Aufnahmen der Agon-Metaphorik, dass Philo als derjenige Griechisch schreibende Autor gelten kann, der mit ca. 180 Belegen mit Abstand den größten Schatz an Sporttermini und der Bemühung agonaler Motivik überhaupt gelten muss. Dabei ist die von ihm benutzte „Sportmetaphorik [...] von einzigartiger Unmittelbarkeit und Direktheit".[50] Mehr noch: Die Teilnahme Philos an gymnischen, hippischen und musischen Wettkämpfen erscheint in seinem Opus als eine derartige Selbstverständlichkeit, dass nichts darauf hindeutet, wonach Philo als konservativ-frommer Diasporajude irgendwelche Sorgen hinsichtlich einer „kultischen Befleckung" empfunden haben könnte. Im Gegenteil: Der Besuch von Wettkämpfen im Stadion, von Pferderennen im Hippodrom und das Betrachten von Schauspielen im Theater oder das Hören von Musikdarbietungen (Ebr 177; Prob 141) ist ihm eine gesellschaftliche Plausibilität. Er legt seiner Metaphorik nach LegGai 45 die klassische Aufteilung der Agone in szenisch-musische (σκηνικοῖς ἀγῶσιν), gymnische (γυμνικοῖς) und hippische (τοῖς κατὰ ἱπποδρομίας) Agone zugrunde, wobei auf den gymnischen Agonen sein besonderes Augenmerk liegt, insofern er hier besondere Anschlussfähigkeit in Sachen „Tugend-„ und „Glaubenskampf" vermutet, wie seiner in LegGai 45 integrierten Mahnung entnommen

---

[49] So von Metzner, Rolle, 580 im Hinblick auf Paulus vertreten.
[50] Mit Poliakoff, Kampfsport, 201.

werden kann, „auf das moralisch Förderliche im Geschehen" zu achten. Innerhalb der gymnischen Agone verdichtet sich sein Interesse beim Thema „Laufwettkampf" und „Ringkampf", bei dem es sowohl zu einem sehr weiten Gebrauch unterschiedlicher Termini[51] als auch zu sehr präzisen Beobachtungen divergierender Techniken und Taktiken kommt.[52]

Auffallend breit ist die von ihm benutzte agonale Fachterminologie, die weit über die gängigen Termini (ἀγωνίζεσθαι – ἀθλεῖν – γυμνάζειν – στεφανοῦν – τρέχειν) hinausgeht. Recht häufig erscheint bei ihm das seltene Adverb ἀκονιτί (ohne staubig zu werden = ohne Kampf/mühelos).[53] Philo benutzt häufig den Terminus ἔφεδρος, womit im Zusammenhang des Kampfsports ein Brauch gemeint ist, wonach ein Athlet im Zusammenhang einer paarweisen Verlosung bei einer ungeraden Zahl an Kämpfern ein Freilos zog, sodass er im Hinblick auf weitere Runden Kraft sparen konnte.[54] Somit stellte sich der gleiche Effekt ein, der etwa im modernen Tennis bei Zuteilung einer sogenannten „wildcard" als markanter Wettbewerbsvorteil geschätzt wird. Philo kennt auch den Wettkampfrichter, den βραβευτής, der das Recht hatte, die Kämpfenden voneinander zu trennen.[55] Die Athleten dienen Philo trotz ihrer Fixierung auf die Körperlichkeit als Muster eines „zielstrebige[n] Handeln[s]"[56] wie es der Theosoph von seinen Lesern im Hinblick auf den Tugenderwerb einfordert. Bereits dieser kleine Überblick verdeutlicht: Die von Philo gemachten Beobachtungen und die benutzte Fachterminologie muten derart präzise an, dass vermutet werden kann, dass er Gelegenheit hatte und von dieser auch Gebrauch machte, athletische Wettkämpfe zu besuchen (vgl. Prob 25f.).[57] Interesse hatte er sowohl

---

[51] Vgl. nur τὸ στάδιον (Migr 133) bzw. σταδιεύειν (Agr 180); δρομεύς (Migr 133) bzw. δρόμος (Agr 177); δίαυλος (Doppellauf, vgl. nur Imm 36; SpecLeg I 178); δόλιχος (Langlauf, vgl. nur Decal 104; VitMos I 118). Er kennt aber auch sehr präzise technische Einrichtungen wie etwa die „Startschranke" auf der Rennbahn (βάλβις, vgl. Plant 76; VitMos II 171.291) oder die „Wendemarke" (καμπτήρ, vgl. z.B. Plant 76), durch die die zu laufende Strecke in ihrer Länge variiert werden konnte. Vgl. dazu Brändl, Agon, 88f. mit Anm. 47. Zum Ringkampf Jakobs am Jabbok in Gen 32 vgl. die Ausführungen in Kap. 4 dieses Beitrags.

[52] So deutet er in Migr 207 die Erhöhung des Tempos an, durch die der konkurrierende Mitläufer überholt werden soll: εἰ δέ τις τὸν μὲν τάχει παρέδραμε [...] „Wenn aber jemand den einen an Schnelligkeit überholt hat [...]".

[53] Vgl. nur Virt 38; Agr 150; Praem 31. Vgl. zu ἀκονιτί als „Kampfprinzip" in Griechenland Poliakoff, Kampfsport, 147.

[54] Vgl. zum Brauch des ἔφεδρος die Ausführungen bei Poliakoff, Kampfsport, 36–38. Vgl. bei Philo SpecLeg II 76; Sacr 135; Somn II 146.

[55] Vgl. VitCont 42f.

[56] Vgl. Kaiser, Philo, 100f.

[57] In Prob 26 liegt eine der wenigen Stellen innerhalb der Agonistik bei Philo vor, in der der Alexandriner den Aorist εἶδον benutzt: ἤδη ποτ' εἶδον ἐν ἀγῶνι παγκρατιαστῶν [...] Hiermit wird eindeutig die Augenzeugenschaft des Geschehens ausgesagt. Mit H.A. Harris, Jews (s. Anm.?) 67. Von hier jedoch auf eine aktive Teilnahme Philos an Sportwettkämpfen oder gar auf ein Mitkämpfen im Pankration zu schließen – so z.B. Cohn, Philo,

an leichtathletischen als auch an schwerathletischen Wettkämpfen[58] wie dem Boxsport oder dem Pankration.[59] Für die erste Richtung (Leichathletik) kann SpecLeg II 60 ins Feld geführt werden. In einer allegorischen wie auch zahlentheoretischen Abhandlung zur Vollkommenheit der Siebenzahl – in der Auslegung des Ruhegebotes am siebten Tag (vgl. Gen 2,2) – führt Philo aus:

> „An ihm [scil. dem siebten Tag] ist Enthaltung von jeglicher Arbeit vorgeschrieben, nicht etwa weil das Gesetz zum Leichtsinn erziehen will [...], sondern um den Druck der beständigen, ununterbrochenen Arbeit zu lindern und den Körper durch Gewährung einer gemessenen Erholungszeit zu gleicher Arbeitsleistung neu zu stärken (καινώσῃ πάλιν πρὸς τὰς αὐτὰς ἐνεργείας); denn durch die Erholung sammeln nicht nur gewöhnliche Menschen, sondern auch Athleten (οὐκ ἰδιῶται μόνον ἀλλὰ καὶ ἀθληταί)[60] neue Kraft und unterziehen sich alsdann mit gesteigertem Leistungsvermögen [ἀπὸ κραταιοτέρας δυνάμεως] unverzüglich voll Widerstandskraft allen ihren Aufgaben".

Für die dem Boxsport zugehörigen Sportarten kann auf die schon erwähnte Stelle Prob 25f. hingewiesen werden. Wenig später berichtet er in Prob 112f. von dem Fall, dass in einem „heiligen Wettkampf" (ἐν ἀγῶνι ... ἱερῷ) – gemeint ist ein Boxkampf oder ein Pankration – zwei gleichstarke Athleten gegeneinander antraten, sodass die Ausgeglichenheit des Wettkampfes letztlich zum Tode beider führte (ἑκάτερον τελευτῆσαι). Daraus zieht Philo in Prob 113 mittels einer in eine rhetorische Frage integrierte Conclusio a minore ad maius die Konsequenz:

> „Wenn es aber für Wettkämpfer (ἀγωνισταῖς) ruhmvoll ist, für einen Kranz aus Olivenblättern oder Eppich zu sterben, ist es für die Weisen (σόφοις) dann nicht viel ehrenvoller (οὐ πολὺ μᾶλλον), für die Freiheit zu sterben? (τελευτή ... ἐλευθερίας)".[61]

---

187 Anm. 3 – schießt jedoch über das Ziel hinaus.

[58] Anspielungen auf den Boxsport liegen vor in Cher 80 (πυγμή); Agr 113; Congr 46 (πυκτεύειν) und SpecLeg III 174 (πύκτης).

[59] Auf diese Sportart rekurriert er z.B. in Cher 80 (παγκράτιον); Prob 26.110 (παγκρατιαστής). Philo enthält sich weitgehend einer Kritik an dieser bisweilen überaus brutalen Sportart, in der außer Beißen, Kratzen und Bohren die meisten anderen „Griffe" erlaubt waren, bis hin zu einem Bruch herbeiführenden Gliederverdrehungen. So berichtet Philostrat (Imag. 1,6, 2,6) vom „Handumdrehen" (τὴν χεῖρα στρεβλοῦν). Die Kompromisslosigkeit des Kampfes deutet auch Philo in Det 32 an, wenn er ausführt: „[...] so brechen sie das Pankration nicht eher ab, bis sie die Ergebung oder völlig Vernichtung erzwungen haben". Trotz der Brutalität des Kampfes galt das Pankration in Olympia nach Philostrat (Imag. 2,6) als „der schönste" der Agone (τὸ κάλλιστον), was sich nicht zuletzt im „Marktwert" der Pankratiasten widerspiegelte. Vgl. zu Pankration Poliakoff, Kampfsport, 80–91; Weiler, Sport, 183–189.

[60] Es wird nicht klar, ob Philo durch die Unterscheidung ἀθλητής/ἰδιώτης auf die Unterscheidung eines hauptberuflich arbeitenden Sportlers im Gegensatz zum Amateur rekurriert. Vgl. zu dieser Unterscheidung Papathomas, Motiv, 230. Ebenso möglich bleibt ein alltäglicher Vergleich zwischen sporttreibenden und „normal" arbeitenden Menschen, die beide der Erholung bedürfen.

[61] Vgl. zu diesem Text Brändl, Agon, 99f.; Poliakoff, Kampfsport, 126f. Hier überrascht die insgesamt zurückhaltend-freundliche Rezeption der Kampfsportmetaphorik, besonders

Eine äußerst genaue Beobachtungsgabe im Hinblick auf Wettkämpfe – gemeint sind wohl Boxkämpfe – offenbart er in Cher 80f., indem er von der Abwehr der gegen den Kämpfer geführten Schläge (τὰς ἐπιφερομένας πληγάς) mit beiden Händen (ἑκατέρᾳ τῶν χειρῶν) zu berichten weiß. Auch notiert er plötzliche Wendebewegungen des Nackens zur Vermeidung des Getroffenwerdens (τὸ μὴ τυφθῆναι φυλάσσεται) oder vom Stellen auf die Zehenspitzen (δακτύλοις ποδῶν) oder im Gegenteil von plötzlichen Krümmbewegungen, um die Schläge des Gegners ins Leere laufen zu lassen (κατὰ κενοῦ φέρειν τὰς χεῖρας).[62] Auch über die Atmung beim Training wie beim Wettkampf teilt Philo Informationen mit: So muss der Athlet nach LegAll III 14 bisweilen verschnaufen und Atem holen (ἀθλητοῦ τρόπον διαπνέοντος καὶ συλλεγομένου τὸ πνεῦμα), um anschließend den Angriff mit äußerster Anstrengung führen zu können. Wer mit dem Atem jedoch nicht haushaltet, sinkt laut Virt 6 „nach Art erschöpfter Ringkämpfer" in Unmännlichkeit zur Boden: [...] ἀθλητῶν [...] ὑπ' ἀνανδρίας κατέπεσον μαλακισθέντες.

Die Einschätzung des Wettkampfes verläuft bei Philo streckenweise sehr pragmatisch, denn laut Imm 38 pflegen die Wettkämpfer nach der ersten Kampfrunde eine Pause einzulegen, um zu Atem zu kommen und anschließend in eine zweite Kampfrunde einzutreten. Und stellt sich während des Kampfes heraus, dass ein Kämpfer den ersten Preis nicht erreichen kann, so kämpft er nach SpecLeg I 38 um den zweiten Preis: [...] καθάπερ ἐν ἄθλοις δευτερείων μεταποιούμενος ἐπειδὴ τῶν πρώτων ἐσφάλη.[63] Und musste ein Kämpfer während des Kampfes zur Einsicht kommen, überhaupt keinen Sieg mehr erringen zu können, so brach er nach Sacr 116 den Kampf ab: „So sollen auch Ringkämpfer, wenn sie den Sieg nicht davontragen können und immer besiegt werden, aufhören". – ὥστε καὶ ἀθληταὶ μὴ δυνάμενοι νικηφορεῖν, ἀεὶ δὲ ἡττώμενοι, καταλυέτωσαν.[64] Auch weiß Philo in Jos 138 zu berichten, dass es im

---

    in dem Fall, dass hier ein Pankration intendiert sein sollte. Zu möglichen Todesfällen im Zusammenhang von Pankratisten-Kämpfen vgl. Poliakoff, Kampfsport, 89–91.

[62] Vgl. zu Cher 80f. Brändl, Agon, 89f. Dezidiert formuliert zu Cher 80f. Harris, Athletics, 66: „This is a description which could have been written only by a man who had often watched boxing or had taken part in it himself. It is certainly no recounting at second hand; the mark of authenticity is unmistakable."

[63] Diese Aussage ist bereits von daher auffallend als in der klassischen griechischen Agonistik alles Augenmerk auf dem Sieger eines Wettkampfes liegt. Philo ist allein von daher ein wertvoller Zeuge der damaligen Realien als er Informationen darüber mitteilt, dass es auch einen zweiten und wohl auch einen dritten Preis gab. Mit Harris, Athletics, 81.

[64] Neben dem Laufsport hat Philo am Ringkampf besonderes Interesse, bei dem er sich sowohl im Hinblick auf die benutzten Techniken als auch die einzuhaltenden Regeln bestens auskennt: Auf den Ringkampf (πάλη) rekurriert er in LegAll III 190: πτερνισθήσεται [...] Ἰακώβ; Mut 14; auf das „ringen" (παλαίειν) in Congr 31; Migr 74.200. Den „Ringkämpfer" (παλαιστής) spricht er in Mut 44; Prob 110 an. Philo weiß laut Migr 75, dass ohne ein entsprechendes Training und ohne Kenntnis entsprechender Griffe kein Ringkampf zu

Kampfe unterschiedliche Verläufe geben kann, sodass diejenigen, die fest mit einem Sieg gerechnet haben, entweder wegen mangelnder Erprobung zum Wettkampf gar nicht erst zugelassen wurden (ἐξαγώνιοι πολλάκις ἐγένοντο μὴ δοκιμασθέντες) oder aber nach Eintritt in den Wettkampf versagt haben (καταστάντες εἰς τὸν ἀγῶνα ἡττήθησαν), während andere, die nicht einmal auf den zweiten Platz gehofft haben, den Siegeskranz davontrugen (στεφανηφοροῦντες ἤραντο). Und dass Siegerkränze (στέφανοι) wie auch Kampfpreise ἆθλα bzw. βραβεία dem Sieger gebührten, ist Philo nahezu eine Selbstverständlichkeit (vgl. nur Migr 27.133–134). Wo es aber Siegerkränze und Kampfpreise zu erwerben gilt, darf es an einer guten Vorbereitung nicht fehlen[65]: So war es nach LegAll III 72 die Intention des Athleten, für die Form seines Leibes zu sorgen. Der Athlet tut es aber – so die Kritik Philos –, indem er die Seele hintanstellt und „alles auf das gute Befinden des Körpers bezieht" (πάντα ἐπὶ τὴν τοῦ σώματος εὐεξίαν ἀναφέρει), während der Philosoph „als Liebhaber des Schönen" (ἐραστὴς ὢν τοῦ καλοῦ) sich primär um seine Seele kümmert. Einer solchen auf den Körper fixierten Lebenshaltung stellt er Mose entgegen, den Athleten der Tugend: „Wie ein Athlet widmet sich Mose de [sic!] Theorie und der Praxis der Tugenden (Mos. 1,48)."[66] Philo weiß in Somn I 129 auch um die Bedeutung der Trainer, deren Aufgabe es sei, ihren Schützlingen derartige Körperübungen zukommen zu lassen, dass diese gerüstet sind für die anstehenden Wettkämpfe, die aber auch ihre Ernährung zu überwachen haben, um zu vermeiden, dass diese die Nahrung verschlängen, sondern behutsam verspeisten. So führt er in LegAll I 98 aus:

> „[…] denn den Athleten schreiben ja die mit ihrer Vorbereitung Beauftragten vor, nicht gierig zu schlingen, sondern die Nahrung langsam zu zermalmen, damit sie an Kraft gewinnen" – καὶ γὰρ τοῖς ἀθληταῖς οἱ ἀλεῖπται παραγγέλουσι μὴ κάπτειν, ἀλλὰ κατὰ σχολὴν λεαίνειν, ἵνα πρὸς ἰσχὺν ἐπιδιδῶσιν.

Damit wären nur einige Thematisierungen sportlicher Bemühungen und agonaler Tätigkeiten im *Corpus Philonicum* benannt. Anspielungen auf diese sind ungleich zahlreicher, manchmal regelrecht unscheinbar, etwa wenn Philo uns in

---

gewinnen ist. In Som II 134 informiert er seinen Leser, dass der Ringkämpfer bestrebt ist, seinen Gegner durch „Nackenzug" (τραχηλισμός) zu stürzen oder durch „Beinwegschlagen" zu Fall zu bringen. Vgl. dazu M.B. Poliakoff, Kampfsport, 59. Das in LegAll III 190 erwähnte πτερνίζειν meint den Schlag mit der Ferse in die Kniekehle des Gegners, damit also die „Basistechnik" des Ringsportes. Dabei war nicht das einmalige „Zu-Boden-Gehen" kampfentscheidend, sondern das dreimalige, wobei es als besonders ehrenwert erschien, einen Ringkampf oder gar ein Ringturnier gewonnen zu haben, ohne jemals zu Boden gegangen zu sein, also ἄπτωτι. Davon weiß auch Philo in Somn II 145 zu berichten: ἄπτωτος. Vgl. dazu Brändl, Agon, 89 mit Anm. 50.

[65] Zu den Vorbereitungsbemühungen der Athleten auf die Olympischen Spiele vgl. insbesondere Drees, Olympia, 47–53.

[66] Mit Leonhardt-Balzer, Mose, 137.

Prov II 44.46 darüber informiert, dass in jedem Gymnasium ein γυμνασίαρχος tätig ist und im Zusammenhang des Ringkampfes das καταιονέομαι, also das Einreiben mit Öl praktiziert wurde. Andere Sportarten wie der Fünfkampf, der Weitsprung (Agr 115) oder das Bogenschießen (vgl. VitMos II 151) sind ihm zwar bekannt, er benutzt sie jedoch nicht weiter zur Explikation seiner Philosophie.[67]

Im Sinne eines kleinen, unsere eigentliche Thematik verlassenden Exkurses ist auf die von Philo in der Ich-Form erzählte Reminiszenz in Prov II 103 zu verweisen, in er ausführt, er sei Zeuge geworden, wie törichte Zuschauer bei Pferderennen in Alexandria ihr Leben verloren, da sie – aus Begeisterung über das Renngeschehen – ihre Plätze verließen und sich zu nah an die mit hoher Geschwindigkeit an ihnen vorbeirasenden Pferdewagen begaben und: „[sie] wurden von der Wucht der Gespanne umgerannt und von Pferdefüßen und Rädern zermalmt und fanden so den Lohn für ihre Torheit".[68] Ein weiterer Exkurs sollte wenigstens kurz die Philonische Kritik pervertierter Agone ansprechen, die er in Plat 160f. kritisiert und als „Verkehrung der Wettkämpfe" (παράκομμα τῶν γυμνικῶν) bitterböse charakterisiert, womit er eindeutig auf das pagane Weinwetttrinken (τὸν παροίνον ἀγῶνα) rekurriert, ein Sachverhalt, der in unserer Zeit und unseren Breiten (Ruhrgebiet/NTR) gern als „Komasaufen" wiedergegeben wird, auch dann, wenn es in unserer Zeit in der Regel nicht zum gegenseitigen Abbeißen von Ohren, Nasen, Fingerspitzen und sonstigen Körperteilen kommt, was von Philo voller beißend-ironischen Spottes als „große und schöne" (μεγάλα καὶ καλά) Dinge qualifiziert wird, die seine paganalexandrinischen Mitbürger sich da antun.

4. Der Kampf und εὐσέβεια und ἀρετή: Die Erzväter als „Athleten"

Aus Zeitgründen nur kurz können die Erzväter-Exegesen angesprochen werden. Philo kennt hier ein weites Spektrum von agonalen Vergleichen und Metaphern, die er der Exegese der jeweils zugrundeliegenden Erzväter-Texte dienstbar macht. Obgleich er bereits zur Exegese von Gen 4 agonale Terminologie verwendet, wobei er das Aufeinandertreffen von Kain und Abel als Wettkampf deutet, so verdichtet sich agonale Terminologie bei der ersten Dreierreihe der Erzväter (Enosch; Henoch; Noah). Der seine Hoffnung (ἐλπίς) auf Gott setzende Enosch erhält nach Praem 14 als Kampfpreis das Recht „als Mensch" gelten zu dürfen,

---

[67] Vgl. dazu Brändl, Agon, 90.
[68] Vgl. zu diesem Text Poliakoff, Kampfsport, 201. Die Tatsache der Nicht-Alltäglichkeit eines solchen Unglückes lässt darauf schließen, dass Philo wohl regelmäßiger Gast im Hippodrom war. Zur allgemeinen Skepsis Philos gegenüber kommerzieller Pferdezucht und gegenüber Pferderennen vgl. die Ausführungen bei Kaiser, Philo, 101f.

insofern es Kennzeichen der Gattung „Mensch" sei, seine Hoffnung auf Gott zu setzen. Den zweiten Wettkampf bestreitet nach Praem 15–21 die Umkehr (μετάνοια), für die symbolisch Henoch steht. Der Kampfpreis hier ist die Auswanderung als Entfernung vom eigenen Haus und die Verleihung der Ruhe, die das Alleinsein schenkt. Den dritten Wettkampf bestreitet nach Praem 22 die Gerechtigkeit (δικαιοσύνη), für die Noah steht, deren Siegespreis ein zweifacher ist: Er besteht in der Bewahrung vor der Flut und in der Auszeichnung, Hüter und Bewahrer der Tiere jeglicher Gattung zu sein.

Sehr viel mehr Raum widmet Philo der Triade „Abraham - Isaak - Jakob". Dabei steht Abraham nach Abr 52 für die durch „Belehrung erworbene Tugend" (Ἀβραάμ, σύμβολον διδασκαλικῆς ἀρετῆς). Nach Abr 256 kämpfte Abraham im Anschluss an den Tod Saras wie ein Athlet (ὥσπερ ἀθλητής) gegen den Schmerz und setzte diesem die Vernunft (λογισμός) entgegen, die „natürliche" Kontrahentin der Leidenschaften (ἀντίπαλον φύσει τῶν παθῶν). Zur agonalen Motivik hier passt die Aussage von Migr 133, dass der auswandernde Abraham sich Stadionläufer zum Vorbild nahm (μιμησάμενος δὲ τοὺς ἀγαθοὺς δρομεῖς τὸ στάδιον), um am Ende seines Lebens „Kränze und Kampfpreise" (στεφάνων καὶ ἄθλων) zu erhalten. Von Abrahams Sohn – Isaak – weiß Philo in Praem 27 zu berichten, dass er den Preis der Freude (χαρά) erhält, da er im seinem Tugendkampf seine natürliche Veranlagung zur Perfektion brachte, sodass ihm letztlich der erste Preis (vgl. auch Det 29) gebührt, der im „Schauen Gottes" (ὅρασις θεοῦ) liegt. Der biblische Athlet schlechthin ist für Philo natürlich Jakob, dessen Ringkampf am Jabbok (Gen 32,25–33 LXX) er als Tugendkampf interpretiert, der Jakob zum „Athleten Gottes par excellence"[69] werden lässt.[70] Es dürfte Gen 32 geschuldet sein, dass verteilt über Philos Gesamtwerk dessen Interesse besonders dem Ringkampf gewidmet ist, zumal auch im Hinblick auf die dahinterstehenden Realien weniger Brutalität und Rücksichtslosigkeit, als vielmehr Stärke, Taktik und Mühe (πόνος) gefragt waren. So erscheint auch Jakob als der schlechthinnige „Held des πόνος"[71], dem er zudem den Ehrentitel φιλόπονος (vgl. nur Mut 88; Somn I 127) verleihen kann. Es dürften aber noch zwei weitere Stellen Philos besonderes Interesse am „Ringer Jakob" geweckt haben. In Gen 25,26 LXX lesen wir bekanntlich, dass im Geburtsvorgang Jakob die Ferse Esaus festgehalten habe (ἡ χεὶρ αὐτοῦ ἐπειλημμένη τῆς πτέρνης Ησαυ). Darauf baut die Notiz von Gen 27,36 LXX auf, wonach Jakob Esau ein zweites Mal überlistet habe

---

[69] Mit Brändl, Agon, 106.
[70] Die LXX übersetzt Gen 32,25 mit ὑπελείφθη δὲ Ιακωβ μόνος καὶ ἐπάλαιεν ἄνθρωπος μετ' αὐτοῦ ἕως πρωί, sodass bereits zugrunde liegenden LXX-Text der entscheidende Terminus παλαίειν vorliegt, den der Alexandriner ausgehend von seiner Affinität zu agonalen Motiven dankbar aufgreifen konnte. Brändl, Agon, 106 Anm. 129 macht darauf aufmerksam, dass Jakob im Opus Philo ca. 100mal als ἀσκητής bezeichnet wird. Auffällig ist dabei die Tatsache, dass Jakobs Ringkampf auch in Weish 10,10–12 über den LXX-Text hinaus mit agonalen Motiven angereichert wird.
[71] Mit Brändl, Agon, 107.

(ἐπτέρνικεν γάρ με ἤδη δεύτερον τοῦτο). Der hier benutzte Terminus πτερνίζειν ist ein Fachterminus der Ringersprache und bezeichnet einen Schlag mit der Ferse in die Kniekehle des Gegners, somit also eine „Basistechnik" des Ringsportes, die Philo dankbar ins Ethische transformiert und für den Kampf der Seele um Tugendhaftigkeit fruchtbar macht (vgl. nur All III 190; Somn I 129–132), sodass sich im Kampf des Jakob am Jabbok das Bild der um Tugend kämpfenden Seele ausdrückt, deren Bestimmung es nach All III 190 sei, aus dem heiligen Kampf (ἐκ τοῦ ἱεροῦ ἀγῶνος), die Siegespreise (τὰ ἐπὶ τῇ νίκῃ βραβεῖα) davon zu tragen.

5. Die kritische Betrachtung des Sports (Agr 110–121)

Die mit Abstand ausführlichste Rezeption der Agon-Metaphorik findet sich bei Philo in seinem zum Allegorischen Kommentar gehörenden Werk „De Agricultura"[72] im Abschnitt 110–121. Wohlgemerkt ist die ausführlichste Rezeption agonaler Motivik zugleich die agon-kritischste im gesamten *Opus Philonicum*, gibt der Alexandriner im Kernbereich dieser Ausführungen Agr 111–118 die „sogenannten heiligen Agone" (vgl. Mut 106: ἱεροὺς ἀγῶνας λεγομένους) im paganhellenistischen Bereich der Lächerlichkeit preis. Hintergrund der Mahnungen ist Philos Plädoyer für den von ihm präferierten Agon der Tugenden.[73]

Ausgangspunkt der Denkbewegung ist in Agr 111 ein „Wettkampf der Schlechtigkeiten" (εἰς κακῶν … ἅμιλλαν). Ein solcher Wettkampf sei vom Freund der Tugend grundsätzlich zu meiden, sollte jedoch ein Wettkampfeintritt nicht zu vermeiden sein, sei es besser, „sich besiegen zu lassen" als zu siegen, da man auf diese Weise der eigentliche Sieger sein werde. In Agr 112 führt Philo sodann aus, was er materialiter unter dem besagten „Wettkampf der Schlechtigkeiten" versteht, den es zu meiden gilt. Philo tut es, indem er dem Freund der Tugend folgende fiktive Rede in den Mund legt:

---

[72] Vgl. zur Einordnung von Agr in die Schriftenreihe „Allegorischer Kommentar" Niehoff, Einführung, 9f. Im Allegorischen Kommentar wird Gen 2,1–41,7 ausgelegt. Bezugsgegenstand von De Agricultura (Agr) ist Gen 9,20a und handelt von Noah als Ackerbauer. Der Schrift Agr liegt klar erkennbar ein Zweiteilung zugrunde: der erste Teil findet sich in Agr 1–123 und behandelt die Unterschiede von Landwirtschaft, Ackerbau, Hirten und Viehzüchtern, Kunstreitern und Reitern an sich. Der zweite Teil liegt in Agr 124–180 vor und behandelt die Anfänge eines tugendhaften Lebens, sodass in Agr 181 zusammenfassend festgestellt wird, dass in Noah die Anfänge der Landwirtschaftskunst wie auch die Anfänge (wohlgemerkt: nicht Vollendung) eines der Frömmigkeit verpflichteten Lebens zu greifen sind. Vgl. zum Aufbau von Agr Geljon / Runia, Philo, 28–32. Ferner Kaiser, Philo, 30f. Die in Agr 110–121 thematisierten „heiligen Agone" bilden somit den Ausklang des ersten Teils von Agr.

[73] Mit Brändl, Agon, 97.

> „In dem angesetzten Wettkampf um (die Meisterschaft in) Begehrlichkeit (τὸν ἐπιθυμίας), Zorn (θυμοῦ), Zügellosigkeit (ἀκολασίας), Unvernunft und Unrecht (ἀφροσύνης τε αὖ καὶ ἀδικίας), ihr Zuschauer und Kampfrichter (θεαταὶ καὶ ἀθλοθέται), bin ich unterlegen (ἥττημαι μὲν ἐγώ), hat dieser gesiegt (νενίκηκε δ' οὑτοσί)".

Es sei folglich eine Ehre, in derart unheiligen Wettkämpfen (ἀνιέρων τούτων ἀγώνων ἆθλα) der Verlierer zu sein. Diesen Gedanken transferiert Philo in Agr in 113 eine polemische Spitze gegenüber im paganen Bereich in Städten alle drei Jahre (οὓς αἱ πόλεις ἐν ταῖς τριετηρίσιν ἄγουσι) ausgetragenen Wettkämpfen, für die Myriaden fassende Theater errichtet werden. Es folgt eine polemisch gehaltene Katene zur Beschreibung der Rohheit, Brutalität und Ungerechtigkeit der in diesen Spielen ausgetragenen Wettkämpfe, aus der Philo in Agr 116 folgert:

> „Von diesen Wettkämpfen ist in Wahrheit keiner heilig (τούτων μὲν δὴ τῶν ἀγώνων πρὸς ἀλήθειαν ἱερὸς οὐδείς), mögen es auch alle Menschen bezeugen".

Auch wenn die ironische, ja sarkastische Note der philonischen Ausführungen an dieser Stelle regelrecht ins Auge fällt, ist auch Agr 110–116 nur im Zusammenhang seiner sonstigen Agon-Thematisierungen zu rezipieren, sodass sich ein sehr differenziertes Bild ergibt, das sich sowohl aus einer Bewunderung für den Trainingsfleiß und die Einsatzbereitschaft (vgl. nur SpecLeg II 91) als auch aus seiner Ablehnung der Körperfixierung sowie der Brutalität hellenistischer Agone zusammensetzt.[74] Von einer undifferenzierten Polemik kann im Hinblick auf das Gesamttopus Philos nicht gesprochen werden. Seine Bewunderung der Agone hat demnach dort ihre strikte Grenze, wo Philos eigentliche Thematik – der Agon des Erwerbs der Tugenden (ἆθλος ἀρετῆς/ἀγὼν ἀρετῆς) – zugunsten reiner Körperlichkeit oder Sinnenhaftigkeit verletzt wird, sodass der zu den göttlichen Dingen aufwärts gerichtete Blick getrübt wird (vgl. z.B. VitMos I 190).

Als natürliche Gegner im Tugendkampf nennt Philo in SpecLeg II 46 bzw. Som I 255 die Lust (κατὰ τῶν ἡδονῶν), die Leidenschaften (ἐπιθυμιῶν), Begierde (κατὰ τοῦ πάθους) und leeren Wahn (κατὰ ... τῆς κενῆς δόξης). Wo aber die Athletik im Zusammenhang seiner Philosophie rezipiert wird, hier ist insbesondere an den Tugendkampf zu denken, wird sie von Philo regelrecht hochgeschätzt. Dies wird dann in Agr 119 deutlich, wo Philo seinem Leser den eigentlichen Schlüssel zum Verständnis seiner Agon-Polemik in die Hand gibt:[75]

> „Also dürfen allein die „olympischen" Wettkämpfe (ὀλυμπιακὸς ἀγών) als heilig bezeichnet werden (λέγοιτο ἐνδίκως ἱερός), aber nicht die von den Eliern veranstalteten, sondern die um den Erwerb der göttlichen und wahrhaft olympischen Tugenden (ἀλλ' ὁ περὶ κτήσεως τῶν θείων καὶ ὀλυμπίων ὡς ἀληθῶς ἀρετῶν)."

---

[74] Es liegt also ein differenzierter Befund vor, sodass Harris, Athletics, 90f. irrt, wenn er ausgehend von Philos intimer Kenntnisse der Agonistik diesen einseitig auf Seiten der „lover" der Athletik verortet. Richtig formuliert m. E. Brändl, Agon, 98: „In seiner reichen Agon-Metaphorik zeichnet Philo ein äußerst differenziertes Bild der Athletik."

[75] Mit Poliakoff, Kampfsport, 196f.

Hier liegt eindeutig eine Transformation des Olympia-Begriffs vor, bei der nicht mehr der gleichnamige Ort im antiken Griechenland im Blick ist, sondern der göttliche Bereich. Dazu passt ebenso die Beobachtung, dass bei ihm der Kampf um die Tugend mit dem in der Stoa gern gebrauchten Terminus πόνος (Mühe/Strapaze) in Verbindung gebracht wird, wobei bei Philo, insofern er sich primär als LXX-Ausleger begreift, „[d]ie Helden des πόνος und Athleten der Tugend […] nicht Herakles, Diogenes oder andere Heroen, sondern die Erzväter des jüdischen Volkes" sind.[76]

6. Fazit und Ausblick

In den vorgelegten Überlegungen konnte noch ein kleiner Ausschnitt der Rezeption agonaler Motivik im *Opus Philonicum* präsentiert werden. Das Opus Philos ist vor dem Katastrophenjahr 70 n. Chr. vollständig abgefasst worden. Seine Hoffnung, dass die pagane Welt einmal die überlegenen Gesetze des jüdischen Volkes übernehmen werden, machte in bereit, in sein exegetisches Werk reiche agonale Motivik des Hellenismus einfließen zu lassen und die biblischen Figuren als „Tugendathleten" Israels zu präsentieren, die zugleich in den Farben der Vollender griechischer Tugendideale ausgemalt werden. Es wäre ein lohnenswertes Projekt, der agonalen Motivik bei Philo genauer nachzugehen und zwar differenzierend im Hinblick auf die einzelnen Schriftengruppen, den Allegorischen Kommentar, die Expositio Legis, seine historischen und philosophischen Schriften und dem Konnex der ἀγών-Vorstellung mit den zentralen Topoi philonischen Denkens – Theologie; Anthropologie; Eschatologie – genauer nachzugehen. Die vorgelegten Überlegungen können gleichwohl als Ausgangspunkt für weitergehende Bemühungen dieser Art dienen.

Literatur

BAUS, Karl, Der Kranz in Antike und Christentum. Eine religionsgeschichtliche Untersuchung mit besonderer Berücksichtigung Tertullians (Theophaneia 2), Bonn 1965.
BENDEMANN, Reinhard von (Hg.), Philo von Alexandria – Über die Freiheit des Rechtschaffenen (Kleine Bibliothek der antiken jüdischen und christlichen Literatur), Göttingen 2016.
BÖHM, Martina, Rezeption und Funktion der Vätererzählungen bei Philo von Alexandrien. Zum Zusammenhang von Kontext, Hermeneutik und Exegese im frühen Judentum (BZNW 128), Berlin u. a. 2005.

---

[76] Mit Brändl, Agon, 103.

BRÄNDL, Martin, Der Agon bei Paulus. Herkunft und Profil paulinischer Agonmetaphorik (WUNT 222), Tübingen 2006.
CHADWIG, Henry, St. Paul And Philo Alexandria, in: BJRL 2/48 (1966), 286–307.
COHN, Leopold u. a. (Hg.), Philo von Alexandria. Die Werke in deutscher Übersetzung, Berlin 1964.
DAUTZENBERG, Gerhard, Art. „ἀγών, ὦνος, ὁ agōn, (Wett-)Kampf, ἀγωνίζομαι, agōnizomai, kämpfen", in: Balz, Horst / Schneider, Gerhard (Hg.), Exegetisches Wörterbuch zum Neuen Testament (EWNT I–III), Stuttgart ³2011, Spp. 59–64.
DIELS, Hermann / KRANZ, Walther (Hg.), Die Fragmente der Vorsokratiker (DK I–III), Zürich ⁶2004f.
Drees, Ludwig, Olympia. Gods, Artists, and Athletes (übers. v. Gerald Onn), London 1968.
EBENER, Dietrich (Hg.), Euripides. Tragödien, Berlin 1990.
FELDMANN, Louis H., The Orthodoxy of the Jews in Hellenistic Egypt, JSS 22 (1960), 215–237.
FÜRST, Alfons, Christentum als Intellektuellen-Religion. Die Anfänge des Christentums in Alexandria (SBS 213), Stuttgart 2007.
GEORGI, Dieter, Weisheit Salomos (JSHRZ III/4), Gütersloh 1980.
GELJON, Albert / RUNIA, David T., Philo of Alexandria, On Cultivation. Introduction, Translation and Commentary (Philo of Alexandria Commentary IV), Leiden 2013.
HARRIS, Harold A., Greek Athletes and Athletics, London 1964.
HARRIS, Harold A., Greek Athletics and the Jews, Cardiff 1976.
HEINRICI, C. F. Georg, Der erste Brief an die Korinther (KEK 5), Göttingen ⁸1896.
HOFMANN, Carl Friedrich, Exercitatio philologica de ludis Isthmicis in Novo Testamento commemoratis, Wittenberg 1760.
JÜTHNER, Julius, Art. „Agon", in: RAC 1, Stuttgart 1950, Sp. 188–189.
KAISER, Otto, Philo von Alexandrien. Denkender Glaube. Eine Einführung (FRLANT 259), Göttingen 2015.
KLEINKNECHT, Karl Theodor, Der leidende Gerechtfertigte. Die alttestamentlich-jüdische Tradition vom ‚leidenden Gerechten' und ihre Rezeption bei Paulus (WUNT 2), Tübingen 1988.
KRAFT, Heinrich / HAEUSER, Philipp (Hg.), Eusebius von Caesarea, Kirchengeschichte, München 1981.
LEONHARDT-BALZER, Jutta, Mose als Mittler bei Philo von Alexandrien, in: Sommer, Michael / Eynikel, Erik u. a. (Hg.), Mosebilder. Gedanken zur Rezeption einer literarischen Figur im Frühjudentum, frühen Christentum und der römisch-hellenistischen Literatur, Tübingen 2017, 123–142.
MANDILARAS, Vasilis G. (Hg.), Isocrates opera omnia, München 2003.
METZNER, Rainer, Paulus und der Wettkampf. Die Rolle des Sports in Leben und Verkündigung des Apostels (1 Kor 9,24–7; Phil 3,12–16), in: NTS 46 (2000), 565–583.
NIEHOFF, Maren, Philo, The Life of Moses 1.1–44, 2.12–51. Introduction and Commentary, in: Feldman, Louis H. u. a. (Hg.), Outside the Bible. Ancient Jewish writings Related to Scripture, Nebraska 2013, 902–15; 959–88.
NIEHOFF, Maren, Philon von Alexandria. Eine intellektuelle Biographie (übers. v. Claus-Jürgen Thornton und Eva Tyrell), Tübingen 2019.
NOACK, Christian, Gottesbewußtsein. Exegetische Studien zur Soteriologie und Mystik bei Philo von Alexandrien (WUNT 116), Tübingen 2000.
PAPATHOMAS, Amphilochios, Das agonistische Motiv 1 Kor 9,23ff. im Spiegel zeitgenössischer dokumentarischer Quellen, in: NTS 43 (1997), 223–241.
PAPPAS, Christos, Die antike agonale Idee und ihre Nachwirkungen auf das heutige griechische Leben. Eine kulturhistorische Untersuchung unter bes. Berücksichtigung des griechischen Sports (Diss.), Saarbrücken 1980.
PFITZNER, Victor Karl, Paul and the Agon Motif. Traditional Athletic Imagery in the Pauline Literature (NT.S 16), Leiden 1967.
POLIAKOFF, Michael, Kampfsport in der Antike. Das Spiel um Leben und Tod, München / Zürich 1987.
POPKES, Wiard, Der Brief des Jakobus (ThHK 14), Leipzig 2001.
POPLUTZ, Uta, Athlet des Evangeliums. Eine motivgeschichtliche Studie zur Wettkampfmetaphorik bei Paulus (HBS 43), Freiburg i. Br. u. a. 2004.
RUNIA, David, Philo in Early Christian Literature. A Survey (CRINT 3/3), Assen 1993.
RUNIA, David, Philo in the Patristic Tradition. A List of Direct References, in: Seland, Torrey (Hg.), Reading Philo. A Handbook to Philo of Alexandria, Grand Rapids 2014, 268–286.

SCHIMANOWSKI, Gottfried, Philo als Prophet, Philo als Christ, Philo als Bischof, in: Siegert, Folker (Hg.), Grenzgänge. Menschen und Schicksale zwischen jüdischer, christlicher und deutscher Identität. FS Diethard Aschoff, Münster 2002, 36–49.

SCHLATTER, Adolf, Die Theologie des NT, Stuttgart ²1922.

SCHMELLER, Thomas, Paulus und die „Diatribe" Eine vergleichende Stilinterpretation (NTA 19), Münster 1987.

SCHNEIDER, Carl, Die Welt des Hellenismus. Lebensformen in der spätgriechischen Antike, 1975.

SCHÖNBERGER, Otto (Hg.), Philostratos. Die Bilder, Würzburg 2004.

SCHWANKL, Otto, „Lauft so, daß ihr gewinnt". Zur Wettkampfmetaphorik in 1 Kor 9, in: BZ NF 41 (1997), 174–191.

SELAND, Torrey, Philo as a Citizen, in: Ders. (Hg.), Reading Philo. A Handbook to Philo of Alexandria, Grand Rapids u. a. 2014, 47–74.

STAUFFER, Ethelbert, Art. „ἀγών κτλ", in: ThWNT I, 134–140.

STROBEL, August, Der erste Brief an die Korinther, in: ZBK NT 6/1, Zürich 1989.

THEILER, Willy, Sachweiser zu Philo, in: Cohn, Leopold u. a. (Hg.), Philo von Alexandria. Die Werke in deutscher Übersetzung, Bs. 7, Berlin 1964, 386–411.

THEOBALD, Michael, Das Evangelium nach Johannes. Kapitel 1–12 (RNT), Regensburg 2009.

WEILER, Ingomar, Der Sport bei den Völkern der alten Welt (WB-Forum 6), Darmstadt ²1988.

WILSON, Walter T., Philo of Alexandria: On Virtues. Introduction, Translation, and Commentary (PACS 3), Leiden / Boston 2011.

WOLFSON, Harry A., Philo. Foundations of Religious Philosophy in Judaism, Christianity and Islam, Cambridge 1947.

Der Kampf um den Glauben.
Zum Agon-Motiv im Neuen Testament[1]

Stefan Eckhard

1. Glaube und Kampf. Zur Relevanz und Struktur des Agon-Motivs im Neuen Testament

> 4 ὑμεῖς δὲ, ἀδελφοί, οὐκ ἐστὲ ἐν σκότει, ἵνα ἡ ἡμέρα ὑμᾶς ὡς κλέπτης καταλάβῃ· 5 πάντες γὰρ ὑμεῖς υἱοὶ φωτός ἐστε καὶ υἱοὶ ἡμέρας. Οὐκ ἐσμὲν νυκτὸς οὐδὲ σκότους· 6 ἄρα οὖν μὴ καθεύδωμεν ὡς οἱ λοιποὶ ἀλλὰ γρηγορῶμεν καὶ νήφωμεν.] Οἱ γὰρ καθεύδοντες νυκτὸς καθεύδουσιν καὶ οἱ μεθυσκόμενοι νυκτὸς μεθύουσιν·8 ἡμεῖς δὲ ἡμέρας ὄντες νήφωμεν ἐνδυσάμενοι θώρακα πίστεως καὶ ἀγάπης καὶ περικεφαλαίαν ἐλπίδα σωτηρίας (1 Thess 5,4–8).

> 4 „Ihr aber, Brüder, lebt nicht im Dunkeln, damit die Tageshelle euch [nicht] wie ein Dieb überfällt! 5 Denn ihr alle seid Söhne des Lichtes und Söhne des Tages. Wir aber sind nicht von der Nacht und von der Dunkelheit [Pl.]; 6 daher (also) lasst uns nicht schlafen wie die übrigen [Menschen], sondern lasst uns wach und nüchtern sein: 7 Denn die, die schlafen, schlafen nachts, und die, die betrunken sind, betrinken sich [auch] nachts; 8 wir aber, die wir dem Tag gehören, wollen nüchtern sein, indem wir den Harnisch des Glaubens und der Liebe und den Helm der Hoffnung zum Heil anlegen wollen!" *(Übers.: S. E.)*

Mit diesen bildhaften wie eindringlichen Worten aus den Versen 4–8 des Ersten Briefes an die Thessalonicher verdeutlicht Paulus den Empfängern seines Schreibens die theologische Bedeutung des neuen Lebens in Christus: Die dichotomisch-dualistischen Metaphern von „Dunkelheit und Helligkeit" (ἐν σκότει – vgl. V. 4c; σκότους – vgl. V. 5b; φωτός – vgl. V. 5a), „Nacht und Tag" (νυκτός – vgl. VV. 5b. 7 [2x]; ἡμέρας – vgl. VV. 5a. 8), „Schlafen und Wachen" (καθεύδωμεν – vgl. V. 6; καθεύδοντες – vgl. V. 7; καθεύδουσιν – vgl. V. 7; γρηγορῶμεν – vgl. V. 6) sowie „Trunkenheit und Nüchternheit" (μεθυσκόμενοι – vgl. V. 7; μεθύουσιν – vgl. V. 7; νήφωμεν – vgl. VV. 6. 8) erzeugen einen scharfen Kontrast zwischen der christlichen Existenz der Adressaten des Apostels einerseits – der „Söhne des Lichtes und Söhne des Tages" (vgl. V. 5a: υἱοὶ φωτός ἐστε καὶ υἱοὶ

---

[1] Der vorliegende Artikel ist die leicht überarbeitete und für den Druck aufbereitete Version meines am 08.06.2018 gehaltenen Vortrags mit dem Titel „Der Kampf um den Glauben. Zum Agon-Motiv im Neuen Testament".

ἡμέρας) – und der nichtchristlichen Existenz der heidnisch gebliebenen, „übrigen [Menschen]" (οἱ λοιποί – vgl. V. 6) andererseits.²

Daher richtet Paulus im Vers 8 einen Appell an seine Glaubensgeschwister: „[...] wir aber, die wir dem Tag gehören, wollen nüchtern sein, indem wir den Harnisch des Glaubens und der Liebe und den Helm der Hoffnung zum Heil anlegen wollen!" (ἡμεῖς δὲ ἡμέρας ὄντες νήφωμεν ἐνδυσάμενοι θώρακα πίστεως καὶ ἀγάπης καὶ περικεφαλαίαν ἐλπίδα σωτηρία). Der Apostel verdeutlicht hier mit der Wendung „wir aber, die wir dem Tag gehören" (ἡμεῖς δὲ ἡμέρας ὄντες) pointiert seine Vorstellung der durch den christlichen Glauben bewirkten theologischen Umwandlung des Lebens, die er als ontologische Verwandlung (ὄντες!) – das heißt als „Neuschöpfung" – versteht,³ wie er es in seinen späteren Briefen auch dezidiert dargestellt hat.⁴ Zudem verbindet Paulus den Glaubensaspekt, der sich in der Trias von „Glaube" (an den auferweckten und erhöhten Kyrios Jesus Christus), „Liebe" (zu Gott, Christus und den Menschen) sowie „Hoffnung" (auf ewiges Leben) zeigt, mit den Metaphern „Harnisch" (θώραξ: vgl. θώρακα πίστεως καὶ ἀγάπης) und „Helm" (περικεφαλαία: vgl. περικεφαλαίαν ἐλπίδα σωτηρίας),⁵ die eine militärische Konnotation erzeugen.⁶ Damit erscheint sowohl ein defensives⁷ (Verteidigung und Schutz) als auch ein offensives (Angriff und Kampf) Verständnis impliziert zu sein.

Theologisch gewendet heißt das, dass der Glaube an Christus einerseits den Schutz des Heils gewährt⁸ – das defensive Moment –, und der christliche Glaube andererseits die Kraft zur Verkündigung verleiht – das offensive oder aggressive Moment. Die metaphorische Aufforderung zur „Wehrhaftigkeit" und „Kampfbe-

---

² Vgl. zu den Kontrastaussagen zusammenfassend auch Marxsen, 1 Thess-ZBK, 69f. (zu den Versen 4–8); Laub, 1/2 Thess-NEB, 31 (zu den Versen 4–5. 6–8); Müller, 1/2 Thess-RNT, 194f.; Roose, 1/2 Thess-NTD, 91–93.

³ Vgl. ebenso Theißen / Gemünden, Röm, 286 (ausgedrückt mit den Metaphern von „Tag und Nacht" sowie „Ablegen und Anlegen" [der „Waffen des Lichtes" – vgl. Röm 13,12d – und Jesu Christi – vgl. Röm 13,14]).

⁴ Vgl. die Aussagen in Röm 6,4c: ἐν καινότητι ζωῆς – „in neuem Leben" sowie 2 Kor 5,17b und in Gal 6,15: καινὴ κτίσις – „neue Schöpfung".

⁵ Angespielt wird vor allem auf Jes 59,17 und Weish 5,18: vgl. dazu und zu weiteren alt- wie neutestamentlichen sowie außerbiblischen Parallelen Müller, 1/2 Thess-RNT, 195 (mit weiterführenden Literaturangaben).

⁶ G. Haufe verkennt die starke agonale Prägung der Textstelle in seinem Kommentar, wenn er schreibt: „Doch anders als an der verwandten Stelle Eph 6,14–17 werden keine feindlichen Objekte genannt, die es abzuwehren gilt, wie überhaupt das Motiv des Kampfes keine ausdrückliche Rolle spielt. Beachtet man dagegen, daß [sic!] in V. 9 aus dem Jes-Text nur die dort vorgegebene Rede vom Heil (LXX σωτήριον) weitergeführt wird, so legt sich die Vermutung nahe, daß [sic!] eben sie das Hauptmotiv für die Übernahme der Bildrede ist": vgl. Haufe, 1 Thess-ThHNT, 96 (zu V. 8).

⁷ So auch Reinmuth, 1 Thess-NTD, 152; Roose, 1/2 Thess-BNT, 93. – Das offensive Moment dieser „Rüstungsteile" sollte allerdings nicht übergangen werden!

⁸ Vgl. ebenso Roose, 1/2 Thess-BNT, 93.

Der Kampf um den Glauben 51

reitschaft" ist also ein eschatologisch geprägter Aufruf, gegenüber den Anfechtungen der Welt zu bestehen.[9] Der „Glaube" (ἡ πίστις) wird mit der Metaphorik des „Kampfes" – ὁ ἀγών – verknüpft.

Der Konnex von christlichem Glauben und agonaler Sprache findet sich mehr oder weniger ausgeprägt aber auch sonst in den authentischen Paulusbriefen: Schlüsselstellen für das sogenannte „Agon-Motiv" oder die „Agon-Metaphorik" bei Paulus sind neben 1 Thess 5,4–8 vor allem Röm 13,11–13; 1 Kor 9,24–27; 2 Kor 10,3–5 und Phil 3,12–16.[10] In stärkeren und schwächeren Spuren zeigt sich die Agon-Metaphorik aber auch in der nachpaulinischen Briefliteratur, und hier vor allem in den Deuteropaulinen (Kol, Eph, 2 Thess sowie 1 und 2 Tim, Tit), die sich zugleich als Schreiben der sogenannten „Paulusschule" ausweisen lassen: Prominente Beispiele dafür sind Eph 6,11–18; 1 Tim 4,7–10; 2 Tim 2,3–5 und 2 Tim 4,5–8.[11]

Daneben lässt sich eine Allusion auf die Agon-Motivik in Apg 20,24 sowie in Offb 2,10 und 3,11[12] finden.

Womöglich liegt auch in der Getsemani-Szene (vgl. Mt 26,36–46; Mk 14,32–42; Lk 22,39–46) ein Reflex auf die Agon-Motivik vor, was in dieser Auslegung zu prüfen sein wird.

Die in 1 Thess 5,8 erwähnten Rüstungsteile „Harnisch" und „Helm" sind „Schlüsselbegriffe", die das agonale Wort- und Bildfeld konstituieren. Sie verweisen dabei deutlich auf die ambivalente Semantik, die die Agon-Metaphorik insgesamt auszeichnet: Sowohl der Soldat als auch der Gladiator können nämlich mit diesen Gegenständen ausgestattet sein.[13]

Das Bedeutungsspektrum von „Agon" umfasst somit sowohl das kriegerische, militärische oder feindliche Moment – bezeichnet also den Kampf auf dem Schlachtfeld – als auch das spielerische, athletische oder friedliche Moment, modern gesagt: den „Sport" – spricht deswegen den Kampf im Stadion an. Ernst und Spiel, Spiel und Ernst verbinden und durchdringen sich. Der Aspekt des kriegerischen Wettkampfs und der Aspekt des spielerischen Wettkampfs sind somit

---

[9] Vgl. etwa auch Marxsen, 1 Thess-ZBK, 69f.; Laub, 1/2 Thess-NEB, 32; Müller, 1/2 Thess-RNT, 195; Roose, 1/2 Thess-BNT, 93.

[10] Als weitere Referenzstellen sind vor allem Röm 9,16. 30–33; 15,30; 1 Kor 4,9; 2 Kor 2,14; 6,7; Gal 2,2; 5,7; Phil 1,27–30; 2,16; 4,1. 3 und 1 Thess 2,1–2. 19 zu nennen.

[11] Des Weiteren begegnen agonale Vorstellungen beispielsweise in Kol 1,28–2,2. 18; 3,15; 4,12–14; 2 Thess 3,1; 1 Tim 1,18–19; 6,11–12; Hebr 10,32; 12,1–17; Jak 1,12; 1 Petr 4,1; 5,4 und Jud 3. – Das Agon-Motiv wird ferner in apokryphen Texten und in einigen Schriften der Väter rezipiert: vgl. dazu etwa den Überblick bei Pfitzner, Motif, 196–204.

[12] Die Johannesoffenbarung enthält nicht nur eine agonale *Metaphorik*, sondern ist – aufgrund ihrer Zugehörigkeit zur Textgattung der Apokalyptik – *insgesamt* durch einen agonalen *Stil* geprägt, das heißt durch das (ant-) agonistische Schema des Kampfes zwischen dem Guten und dem Bösen, das dann mit *verschiedenen* agonalen *Metaphern* (unter anderem dem „Siegeskranz"-Motiv aus Offb 2,10; 3,11) realisiert wird.

[13] Die männlichen, griechischen Athleten haben im Stadion nur nackt gekämpft.

komplementäre Momente. Dieses Verständnis des Agons lässt sich anhand zahlreicher außerbiblischer antiker Quellentexte nachvollziehen, worauf später noch einzugehen sein wird. Beide Bedeutungsnuancen eint jedoch die dezidert konfrontative Komponente als grundlegendes Verständnis.

Daher ist es bemerkenswert und auch erstaunlich, dass sich die exegetische Literatur im Hinblick auf die Frage nach der Verwendung der Agon-Metaphorik bei Paulus primär auf die athletische Komponente des Agon-Motivs konzentriert.[14]

---

[14] Auch die umfangreichen Darstellungen zur Thematik von Pfitzner 1967, von Poplutz 2004 und zuletzt von Brändl 2006 – allesamt Dissertationen – gehen höchstens kursorisch auf die militärische Semantik ein: Pfitzner beschäftigt sich in seiner Untersuchung mit dem militärischen Wortfeld im paulinischen Denken und widmet diesem Thema sogar ein eigenes, kleines Kapitel (vgl. Pfitzner, Motif, 157–164, unter dem Titel: „VII. The Agon Motif and the Military Image in Paul"), betrachtet die kriegerische Bedeutung fälschlicherweise aber – wie die Kapitelüberschrift bereits verrät – als *singuläres und höchstens additives, nicht aber als komplementäres Moment* der Agon-Metaphorik. Darüber hinaus hält Pfitzner die militärische Metapher für „relatively unimportant as a picture of Paul's missionary work and the battles connected with it [...]" (vgl. Pfitzner, Motif, 160). – Obwohl Poplutz zahlreiche antike Quellentexte aus Epik, Dramatik (hier aus der Tragödiendichtung) und Historiographie (vgl. Poplutz, Athlet, 36–43 [zur Epik]. 48–52 [zur Dramatik]. 53–55 [zur Historiographie]) anführt, die den semantischen Konnex von Krieg und Kampf für den Begriff des „Agon" belegen, und sie dies in ihrem Resümee (vgl. Poplutz, Athlet, 58) auch berücksichtigt, drängt sie dennoch die militärische Bedeutungsnuance mit folgender Begründung zurück: „Zwar ist nach dem bekannten Diktum Heraklits ‚Der Krieg / Streit aller Dinge Vater', aber von einer Überschätzung des Kulturwerts des Krieges ist entschieden Abstand zu nehmen, da daraus resultierende Leistung bzw. Fortschritt nur in geringem Ausmaß, unter ganz bestimmten Voraussetzungen und für eine sehr ausgewählte Minderheit positiv zu veranschlagen ist. Ansonsten ist – so banal es klingen mag – wohl eher mit Rückschritt und Stagnation zu rechnen und an den blockierenden Aspekt von Streit und Auseinandersetzung zu erinnern." – So sehr das Argument aus ethischer Perspektive auch korrekt ist, und so sympathisch es erscheint, so handelt es sich um ein *ethisches* und nicht um ein *linguistisches* Argument, und das allein zählt hier im etymologisch-semantischen Kontext: Der Quellenbefund zeigt nun einmal, dass das Bedeutungsspektrum des Agon-Begriffs sowohl die athletisch-friedliche wie die militärisch-feindliche Komponente umfasst. – Auch die von Brändl vorgelegte Monographie zur Agon-Metaphorik, die sehr umfangreich und gründlich ist, nimmt für das paulinische wie nachpaulinische Agon-Konzept eine ausschließliche Prägung durch das athletische Bedeutungselement an: vgl. Brändl, Agon, 246–408. Lediglich für die Stelle Eph 6,10–20 – also erst für die nachpaulinische Phase – wird eine militärische Konnotation eingeräumt; allerdings geht auch Brändl bei der militärischen Metapher von einer eigenständigen, von der athletischen Metapher zu trennenden Motivik aus (vgl. die Kapitelüberschrift: „8.5.1 Verschmelzung agonistischer und militärischer Metaphorik in Eph 6,10–20?" – vgl. Brändl, Agon, 380). Als Ergebnis zur Stelle Eph 6,10–20 hält der Autor fest: „Offensichtlich haben sich die Motive so eng mit der paulinischen Agon-Metaphorik verbunden, daß [sic!] sie auch dort anklingen, wo der metaphernspendende Bereich der Agonistik kaum mehr zu greifen ist" (vgl. Brändl, Agon, 381). – Die Eingrenzung auf die athletische Bedeutungskomponente der paulinischen Agon-Metaphorik findet sich ebenfalls in den nicht gerade zahlreichen theologi-

Der Kampf um den Glauben 53

Die erwähnte Stelle 1 Thess 5,4–8 steht mit ihrer evident militärischen Konnotation jedoch nicht singulär im neutestamentlichen Textkorpus, sondern es lassen sich weitere Passagen mit unzweifelhaft (!) genuin militärischer Terminologie finden. Das gilt primär für die folgenden Textstücke: 2 Kor 10,3–5; Eph 6,11–18;[15] 1 Tim 1,18–19;[16] 2 Tim 2,3–5.[17] Ein markantes Beispiel ist die Stelle 2 Kor 10,3–5. Hier sind die militärischen Begriffe: στρατευόμεθα: „kämpfen" – vgl. V. 3, τὰ [...] ὅπλα: „die Waffen", τῆς στρατείας: „der Feldzug", ὀχυρωμάτον: „Festung", καθαίρεσιν: „zerstören" – vgl. V. 4a, καθαιροῦντες: „zerstören" – vgl. V. 4b, ἐπαιρόμενον κατά: „sich erheben gegen" – vgl. V. 5a sowie αἰχμαλωτίζοντες: „gefangen nehmen" – vgl. V. 5b.

Weitere eindeutige Belege verteilen sich über die gesamte neutestamentliche Briefliteratur.[18] Aber auch in den narrativen Texten des Neuen Testaments

---

schen Aufsätzen aus jüngerer Zeit: vgl. Papathomas, Motiv, 223–241; Schwankl, Wettkampfmetaphorik, 174–191; Metzner, Wettkampf, 565–583. – Vgl. den gründlichen Forschungsüberblick bei Brändl, Agon, 3–24 (er behandelt insbesondere die ältere, vor der Mitte des letzten Jahrhunderts publizierte exegetische Literatur, darunter auch die erste zusammenhängende Darstellung zur paulinischen Agon-Thematik des Schweden Erling Eidem von 1913). – Auch die Studie von Mueller 2013, auf die ich erst nachträglich aufmerksam geworden bin, bietet nur eine paradigmatische Behandlung der Thematik.

[15] Zu den militärischen Termini gehören: τὴν πανοπλίαν ἐνδύσασθε: „die Rüstung anlegen" – vgl. V. 11, στῆναι: „bestehen" / „beständig sein" – vgl. V. 11, ἀναλάβετε τὴν πανοπλίαν: „die Rüstung anziehen" – vgl. V. 13a, ἀντιστῆναι: „Widerstand leisten" bzw. „kämpfen" – vgl. V. 13b, κατεργασάενοι: „vernichten" – vgl. V. 13b, στῆναι: „bestehen" / „beständig sein" – vgl. V. 13b, στῆτε: „bestehen" / „beständig sein", περιζωσάμενοι τὴν ὀσφύν: „die Hüfte umgürten", ἐνδυσάμενοι τὸν θώρακα: „den Harnisch anlegen" – vgl. V. 14, ὑποδησάμενοι τοὺς πόδας: „angezogen mit [Kampf-]Sandalen an den Füßen", ἐν ἑτοιμασίᾳ: „Bereitschaft", εἰρήνης: „Friede" – vgl. V. 15, ἀναλαβόντες τὸν θυρεόν: „den Schild aufnehmen" – vgl. V. 16a, τὰ βέλη [...] σβέσαι: „[brennende] Pfeile löschen" – vgl. V. 16b, τὴν περικεφαλαίαν [...] δέξασθε καὶ τὴν μάχαιραν: „Helm und Kurzschwert in die rechte Hand nehmen" – vgl. V. 17, ἀγρυπνοῦντες [...] προσκαρτερήσει: „wachsam sein", „ausharren" – vgl. V. 18b.

[16] Hier sind es die Anspielungen τὰς προαούσας: „gelangen" / „vorrücken [!]" – vgl. V. 18c, στρατεύῃ [...] τὴν καλὴν στρατείαν: „den guten Feldzug führen".

[17] Zum militärischen Verständnis des Agons in dieser Stelle zählen: [σ]υγκακοπάθησον ὡς καλὸς στρατιώτης: „zusammen Leiden wie ein guter Soldat erdulden" – vgl. V. 3, στρατευόμενος: „an einem Feldzug teilnehmen", ἐμπλέκεται: „sich verwickeln in" – vgl. V. 4a sowie στρατολογήσαντι: „derjenige, der ein Heer sammelt / Soldaten anwirbt" – vgl. V. 4b.

[18] Es sind hauptsächlich zu nennen: Röm 13,11–13 (τὰ ὅπλα: „die Waffen" – vgl. V. 12d); Röm 15,30 (συναγωνίσασθαί: „mitkämpfen" – vgl. V. 30c); 2 Kor 2,14 (θριαμβεύοντι: „Triumphzug"); 2 Kor 6,7c (διὰ τῶν ὅπλων: „mit den Waffen"); Phil 1,27–30 (ἀγῶνα: „Kampf" – vgl. V. 30a); Phil 2,16 (ἐπέχοντες: „festhalten" – vgl. V. 16a); Phil 4,1 (στήκετε: „bestehen" / „beständig sein" – vgl. V. 1d); 1 Thess 2,1–2. 19 (προπαθόντες: „vorher erleiden" – vgl. V. 2a, ἀγῶνι: „Kampf" – vgl. V. 2c); Kol 1, 28–2,2. 18 (ἀγωνιζόμενος κατὰ τὴν ἐνέργειαν: „kämpfen mit Kraft" – vgl. Kol 1,29, ἡλίκον ἀγῶνα ἔχω: „einen schweren Kampf führen" – vgl. Kol 2,1); Kol 3,15 (ἡ εἰρήνη: „der Friede"); Kol 4,12–14 (ἀγωνιζόμενος ὑπέρ: „kämpfen für" – vgl. V. 12c, σταθῆτε: „bestehen" / „beständig sein" – vgl. V. 12d, ἔχει πολὺν πόνον:

trifft man auf Begriffe, die sich dem militärischen Wort- und Bildfeld zuordnen lassen – so z. B. in Offb 2,10: πάσχειν: „leiden / erleiden", also das Leiden des kämpfenden Soldaten; ein anderes, mögliches Beispiel ist die bereits erwähnte Getsemani-Perikope.

Es bleibt also festzuhalten, dass im neutestamentlich rezipierten Agon-Motiv die beiden Bildspender von militärischem und athletischem Agon erkennbar vorhanden sind. In Anbetracht des evident militärisch-athletischen Bedeutungsspektrums in den außerbiblischen antiken Quellen und des soeben geschilderten Befundes bei der neutestamentlichen Rezeption des Agon-Begriffes erscheint die bisherige Behandlung des Themas in der exegetischen Forschung ergänzungsbedürftig zu sein. Daher soll im Folgenden ein alternativer Interpretationsansatz präsentiert werden, der dem literarischen Befund eher entspricht: Zu differenzieren ist meiner Meinung nach zwischen dem „Agon-Motiv im engeren Sinne" und dem „Agon-Motiv im weiteren Sinne".

Das engere Verständnis der Agon-Metaphorik bezieht sich auf die traditionell vorfindlichen, antiken griechischen Wort- und Bildfelder des Wettkampfes sowie des Krieges: Das Metaphernfeld der spielerischen Auseinandersetzung umfasst somit Begriffe, die die Wettkampfdisziplinen und die Wettkampforganisation, die Vorbereitungen für Wettkämpfe und die Durchführung von Wettspielen sowie die Verleihung von Siegespreisen bezeichnen. Die zum Bedeutungsfeld der kriegerischen Auseinandersetzung gehörige Terminologie hingegen beschreibt die Kriegsausrüstung, die Waffen und die Kampfhandlungen.

Der weitere Sinn der agonalen Motivik findet sich explizit in der paulinischen Rezeption. Da Rezeption notwendigerweise immer Interpretation und damit Innovation bedeutet, hat der Völkerapostel die traditionelle Semantik des Agon-Motivs für seine Zwecke modifiziert: So hat er das athletische wie das militärische Bedeutungsmoment durch eine weitere Bedeutungsnuance angereichert, indem er dichotomische Metaphern hinzufügt, die eine Opposition evozieren und damit semantisch mit der Kampfsituation der agonalen Metaphorik sinnvoll verschmelzen können.

Diese dichotomisch-dualistischen Metaphern sind die in 1 Thess 5,4–8 vorkommenden Motive „Tag und Nacht", „Wachen und Schlafen", „Nüchternheit und Trunkenheit". Man kann diese Metaphern als „agonal-apokalyptische Motive" bezeichnen. Mit ihnen drückt Paulus die christliche, apokalyptisch-eschatologische Erwartung aus.

„einen schweren Kampf haben / führen" – vgl. V. 13); 1 Tim 4,7–10 (ζωῆς: „Leben" – vgl. V. 8b, ἀγωνιζόμεθα: „kämpfen" – vgl. V. 10a); 1 Tim 6,11–12 (ἀγωνίζου τὸν καλὸν ἀγῶνα: „den guten Kampf kämpfen / führen" – vgl. V. 12a); 2 Tim 4,5–8 (κακοπάθησον: „Unglück erleiden / Übel erdulden" – vgl. V. 5b, τῆς ἀναλύσεως μου: „meines Todes" – vgl. V. 6b, τὸν καλὸν ἀγῶνα ἠγώνισμαι: „den guten Kampf gekämpft" – vgl. V. 7a); Hebr 12,1–17 (ἀνταγωνιζόμενοι: „kämpfen" – vgl. V. 4, [ε]ἰ]ρήνην – „Friede" – vgl. V. 14a); Jak 1,12 (ὑπομένει: „ertragen" – vgl. V. 12a); 1 Petr 4,1 (ὁπλίσασθε: „sich bewaffnen / sich ausrüsten" – vgl. V. 1a); Jud 3 (ἐπαγωνίζεσθαι: „für etwas kämpfen").

Der Kampf um den Glauben

Das Wort- und Bedeutungsfeld dieser agonalen Motive besteht aus Schlüsselbegriffen, die teilweise auch der traditionellen Agon-Vorstellung zugehörig sind, so dass sich das überlieferte Bedeutungsspektrum mit dem paulinischen Wortfeld verbinden kann, und man dann sozusagen von einem Bildfeld ins nächste gleiten kann: Das ist z. B. offenkundig der Fall beim Begriff des „Wachens" aus der Formel „Wachen und Schlafen", der selbstverständlich auch militärisch gedeutet werden kann. Somit gibt es „semantische Konvergenzen" bei den verschiedenen Wort- und Bildfeldern.

Neben 1 Thess 5,4–8 weist Röm 13,11–13 diese paulinische Agon-Motivik im weiteren Sinne komplett auf, so dass sowohl der älteste als auch einer der jüngsten echten Briefe des Heidenapostels durch diese Metaphorik beeinflusst sind. Es spricht für die Relevanz der Agon-Metaphorik bei Paulus, dass der Apostel sie im programmatisch ausgerichteten Schreiben an die ihm fremde römische Gemeinde, der er sich mit seiner Person und Theologie präsentieren und auch gegen Angriffe legitimieren möchte, verwendet. Damit repräsentiert der spezifisch paulinische Gebrauch der Agon-Motivik sozusagen die „metaphorische Vollgestalt" des neutestamentlichen Verständnisses der Agon-Vorstellung.

Aufgrund der Sprachökonomie ist es jedoch nicht nötig, die Metaphern in allen Referenzstellen auch mit ihrem gesamten Wortfeld zu verwenden. Voraussetzung für diese andeutende Redeweise ist dann aber, dass das Agon-Motiv in seiner paulinischen Ausprägung unter den Adressaten bekannt ist, was wegen der Häufigkeit der Nachweise naheliegt. Daher kann Paulus auch nur mit einem oder mehreren Schlüsselbegriffen „seine" Agon-Metaphorik anklingen lassen, um bei den Gemeindemitgliedern den mit diesem Sprachbild verbundenen Vorstellungshorizont hervorzurufen.[19]

Ein weiterführender Gedanke stellt die Frage nach der eventuellen Rezeption der bei Paulus greifbaren, agonalen Motivik in der Getsemani-Szene dar. Man könnte dann im Hinblick auf die Verwendung der Agon-Metaphorik eine motivisch inspirierte Verbindunglinie zwischen dem „Glaubenskampf" des Paulus einerseits, über den er in seinen Briefen schreibt, und dem „Gebetskampf" Jesu in der Getsemani-Perikope andererseits ziehen und somit eine Brücke zwischen der Brief- und der Evangelienliteratur aufzeigen. Dann wäre nicht nur die diskursive Theologie, sondern auch die narrative Theologie von der agonalen Metaphorik beeinflusst – wenn auch in geringerem Maße. Im Hinblick auf den Agon-Begriff wäre eine motivische Dependenz zwischen der paulinischen bzw. paulinisch inspirierten Überlieferung auf der einen und der Überlieferung der Evangelien auf der anderen Seite gegeben.

Die nachfolgende Auslegung verfolgt demnach zwei Ziele: Erstens soll durch die Untersuchung der Textpassage Röm 13,11–13 die spezifisch paulinische Struktur des Agon-Motivs im Einzelnen erschlossen und die damit verbundene

---

[19] Diesen Zusammenhang betont zu Recht auch Metzner, Wettkampf, 566 Anm. 5.

Relevanz der Agon-Metaphorik für die paulinische Theologie veranschaulicht werden.

Zweitens – auf den Resultaten dieses ersten Sinnabschnittes aufbauend – wird die Getsemani-Episode in den Blick genommen. Hier lässt sich ein Vergleich zwischen der paulinischen Ausprägung des Agon-Motivs und der Darstellung der agonalen Metaphorik in den Evangelien ziehen.

Um das von Paulus aufgegriffene und umgeprägte Stilmittel des Agon-Verständnisses eingehender darlegen zu können, muss zunächst noch einmal ein kurzer Blick auf die Semantik geworfen werden. Danach soll die Schlüsselstelle Röm 13,11–13 besprochen werden, bevor auf die Getsemani-Perikope (vgl. Mt 26,36–46; Mk 14,32–42; Lk 22,39–46) eingegangen wird, um die Frage zu klären, ob eine motivische Abhängigkeit zur paulinischen Agon-Vorstellung vorliegt. Der Schluss fasst die Ergebnisse zusammen.

2. Zur Semantik des Agon-Begriffs

Paulus nutzt zur Verkündigung des Evangeliums also das traditionelle Sprach- und Deutungsmuster des Agons.[20] Für die dem Apostel vorgegebene, militärisch-athletische Semantik des Agon-Begriffs, wie sie sich aus den antiken außerbiblischen Quellen erschließt, genügt im Folgenden eine zusammenfassende Betrachtung, die die Bemerkungen aus der voranstehenden Einleitung präzisiert.

Es gibt einen breiten Traditionsstrom aus griechisch-hellenistischer Zeit, der ein gleichermaßen athletisches[21] wie militärisches Verständnis des Lexems

---

[20] Als Grenzgänger zwischen den Kulturen ist Paulus unzweifelhaft mit agonistischen Veranstaltungen in Berührung gekommen; die Frage ist nur, in welchem Ausmaß das geschehen ist: Es ist durchaus vorstellbar, dass er die Wettkampfspiele schon in seiner Kindheit und frühen Jugend in Tarsus kennengelernt hat – zumindest durch die Erzählungen seiner paganen Zeitgenossen, mit denen er in Kontakt kam. Spätestens jedoch auf seinen Missionsreisen, die ihn ja gezielt in die Städte als Zentren hellenistisch-römischer Kultur führten (wie etwa Korinth mit den Isthmischen Spielen), wird eine Begegnung mit den beliebten und zahlreich veranstalteten Wettspielen zwangsläufig gewesen sein. Ob der Apostel bei solchen athletischen Agonen aber tatsächlich auf der Zuschauertribüne Platz genommen hat, muss angesichts seiner strengen pharisäischen Herkunft wohl eher verneint werden. Realistischer ist es daher zu vermuten, dass ihm die Umstände und Abläufe der antiken Spiele vom Hörensagen geläufig waren (so zu Recht auch Poplutz, Athlet, 409–413 und Brändl, Agon, 18. 140–185. 186–190; dagegen Metzner, Wettkampf, 569. 573.

[21] Hier ist primär an „gymnische" und „hippische" Agone zu denken. Der Wettbewerbsgedanke durchzieht aber das gesamte antike hellenistisch-römische Leben, so dass im Lauf der Zeit zahlreiche unterschiedliche Agone in Politik und Kultur entstanden sind: vgl. zur Thematik prägnant etwa Schwankl, Wettkampfmetaphorik, 175f.; Ringwald / Feldmeier, ἀγών, 1102.

Der Kampf um den Glauben

„Agon" belegt,[22] denn athletische Disziplinen wie Laufen, Speer- und Diskuswurf, Bogenschießen und Wagenrennen haben ihre Vorbilder unzweifelhaft im kriegerischen Kampf. Daher bemaß sich in der antik-griechischen Vorstellungswelt der Wert der Athletik auch allein nach seiner Bedeutung für die militärische Befähigung der Polis-Bürger.[23] Besonders in den literarischen Großgattungen von Epik und Dramatik – und hier wiederum bei den Tragödien – kann man eine unverkennbare, z. T. sogar exklusive militärische Konnotation des Agons feststellen, was die genuine Verbindung von Krieg und Kampf beweist.[24]

Im Einzelnen zeigt sich das Bedeutungsspektrum des „Agon"-Begriffs nicht nur beim Substantiv ὁ ἀγών, sondern auch bei seinen Derivaten, die die Wortfamilie bilden – insbesondere bei den Verben: Bereits das Grundwort ἄγω weist nach Auskunft des griechisch-englischen Wörterbuchs von Liddell und Scott neben der Bedeutung „lead, carry, fetch, bring"[25] auch eine militärische Konnotation auf, nämlich „lead, guide, esp. in war". Die stärker von ὁ ἀγών abhängigen, aktivischen wie medial-passivischen Verbformen ἀγωνιάω[26] und ἀγωνίζομαι[27] erfassen die doppelte Bedeutungsrichtung von Spiel und Krieg: Für ἀγωνιάω lassen sich die Bedeutungen „(wett-) kämpfen" und „sich ängstigen" nachweisen [28]; das Verb ἀγωνίζομαι bezieht sich auf die verschiedenen friedlichen Agone, aber auch auf den Krieg und auf das Rechtswesen – bedeutet also „[wett-] kämpfen" und „prozessieren".[29]

Für das Substantiv ὁ ἀγών schließlich führt Liddell / Scott vor allem die Bedeutungsrichtungen des „Versammlungsortes" (vgl. „gathering, assembly, [...] esp. assembly met to see games"[30] bzw. „assembly of the Greeks at the national

---

[22] Vgl. die eindrucksvolle Zusammenstellung der Beispiele, die den engen Konnex von kriegerischer und spielerischer Ausprägung des Agons aufweisen, im Beitrag von Lavrencic, Krieger, 167–173 (mit weiteren Nachweisen), auf den sich auch Poplutz, Athlet, 36–60, in ihren Ausführungen explizit stützt.

[23] Vgl. Lavrencic, Krieger, 167. – Die in nachhomerischer Zeit geäußerte Kritik am entstehenden Berufsathletentum beweist im Umkehrschluss die ursprüngliche Bedeutsamkeit des militärischen Elementes für das antik-griechische Agon-Verständnis – vgl. dazu ebd. 170–175.

[24] Quellen dafür finden sich in der Epik – beginnend bei Homer und später bei Hesiod –, in der Tragödiendichtung der großen Dramatiker Aischylos, Sophokles und v. a. Euripides sowie in der antiken Historiographie (herausragend Herodot): vgl. Poplutz, Athlet, 36–60.

[25] Vgl. Liddell / Scott, Lexicon, 17 [Kursivdruck im Original].

[26] Vgl. Liddell / Scott, Lexicon, 19.

[27] Vgl. Liddell / Scott, Lexicon, 19.

[28] Vgl. Liddell / Scott, Lexicon, 19 [Kursivdruck im Original]: „contend eagerly, struggle" sowie „to be distressed or anxious, be in an agony".

[29] Vgl. Liddell / Scott, Lexicon, 19 [Kursivdruck im Original]: Es gibt ein weites Bedeutungsspektrum von der allgemeinen Bedeutung „struggle, exert oneself", über „contend for a prize, esp. in the public games" sowie „contend for the prize on the stage, of the rhapsode" und „fight" zu „[...] contend in court, as law term".

[30] Vgl. Liddell / Scott, Lexicon, [18f.] 18 [Kursivdruck im Original].

games"³¹), des „Kampfes" im Allgemeinen (vgl. „struggle"³²) und des „Kampfes im Krieg" (vgl. „struggle for life and death, [...] battle, action"³³), der daraus abgeleiteten „Auseinandersetzung vor Gericht" (vgl. „action at law, trial, [...] speech delivered in court or before an assembly or ruler"³⁴) sowie der „geistigen Anstrengung" (vgl. „mental struggle"³⁵) und der mit dem Kampf verbundenen „Angst" (vgl. „anxiety"³⁶) an.³⁷

Somit lässt sich festhalten, dass die gesamte Wortfamilie des Agon-Begriffs ein weites Bedeutungsfeld aufweist, das sich von seinem Ursprung her aber eindeutig auf die militärische wie die athletische Auseinandersetzung konzentriert.³⁸

Dieses Ergebnis ist auf die neutestamentliche Situation zu übertragen: Der neutestamentliche – primär paulinisch-nachpaulinische – Sprachgebrauch von „Agon" muss daher für die Semantik des friedlichen wie des kriegerischen „Kampfes" offenbleiben. Das gilt neben dem Nomen ἀγών besonders für das Verb ἀγωνίζομαι, in abgeschwächter Weise aber auch für das Lexem ἀγωνιάω.³⁹

---

[31] Vgl. Liddell / Scott, Lexicon, 18 [Kursivdruck im Original].
[32] Vgl. Liddell / Scott, Lexicon, 18 [Kursivdruck im Original].
[33] Vgl. Liddell / Scott, Lexicon, 19 [Kursivdruck im Original].
[34] Vgl. Liddell / Scott, Lexicon, 19 [Kursivdruck im Original].
[35] Vgl. Liddell / Scott, Lexicon, 19 [Kursivdruck im Original].
[36] Vgl. Liddell / Scott, Lexicon, 19 [Kursivdruck im Original].
[37] Vgl. auch Ringwald / Feldmeier, ἀγών, 1102.
[38] Eine semantische und logische Erweiterung stellt die im Fließtext erwähnte Übertragung des athletischen und militärischen Agon auf den juristischen Bereich dar – die gerichtliche „Auseinandersetzung", die zwischen zwei (eventuell sogar „verfeindeten") „Gegnern" vor dem Richter bzw. dem Richtergremium ausgetragen wird (so z. B. markant im Fall von ὁ ἀγών – vgl. Liddell / Scott, Lexicon, [18f.] 19 – und ἀγωνίζομαι – vgl. Liddell / Scott, Lexicon, 19).
[39] Die vorliegende Darstellung konzentriert sich zwar auf die philologische Untersuchung des Agon-Motivs, dennoch sollen einige knappe Bemerkungen zu seiner Herkunft gegeben werden: Das für den Begriff „Agon" aufgeschlüsselte Bedeutungsspektrum rekurriert auf den kultur-, philosophie- und traditionshistorischen Sinnzusammenhang, in dem diese Bedeutungen entstanden sind. Somit kann man auf der einen Seite von kulturgeschichtlichen und auf der anderen Seite von philosophie- und traditionsgeschichtlichen „Wurzeln" sprechen, die den jeweiligen Bildspender für die neutestamentliche – insbesondere paulinisch-nachpaulinische – Agon-Metaphorik abgeben. Für die Herkunft des Agon-Motivs lassen sich vier solcher Wurzeln bestimmen. Dabei ist zu unterscheiden zwischen zwei kulturhistorischen und zwei philosophie- bzw. traditionshistorischen Wurzeln: Zum kulturhistorischen Aspekt gehört die griechisch-hellenistische Erfahrung des Kampfes der Soldaten auf dem Schlachtfeld, des Kampfes der Athleten auf der Wettkampfstätte sowie der römischen Gladiatorenkämpfe. – Als reales Vorbild für die athletische Metaphorik sind besonders die sogenannten „panhellenischen Spiele" wie etwa die berühmten „Olympischen Spiele" anzuführen (vgl. zu den antiken sportlichen Agonen Poplutz, Athlet, 71–99), die im Neuen Testament Spuren hinterlassen haben. Angedeutet werden dort nämlich die antiken sportlichen Disziplinen des Laufens (vgl. die Begriffe τρέχω – „laufen", „rennen" und ὁ δρόμος – „der Lauf", „der Wettlauf": vgl. etwa Röm 9,16; [sinngemäß in Röm 9,30–33]; v. a. 1 Kor 9,24–26; Gal 2,2d; 5,7 oder Phil 2,16; 2 Tim 4,7a;

3. Der „Glaubenskampf" bei Paulus

3.1 Der „Glaubenskampf" in Röm 13,11–13

Von einer solchen Situation des „Kampfes" handelt Röm 13,11–13, indem dort der Apostel im Vers 12d seine Zuhörer und Leser auffordert, „die Waffen des Lichtes an[zu]legen" (ἐνδυσώμεθα [δὲ] τὰ ὅπλα τοῦ φωτός). Der Ausdruck „Waffen des Lichtes" ist durch den Genitiv „des Lichtes" als metaphorische Formulierung erkennbar, die den mit der Apokalyptik verbundenen „kämpferischen" Charakter des stark endzeitlich geprägten Passus sprachlich wie sachlich veranschaulicht.

3.2 Text und Kontext

> 11 Καὶ τοῦτο εἰδότες τὸν καιρόν, ὅτι ὥρα ἤδη ὑμᾶς ἐξ ὕπνου ἐγερθῆναι, νῦν γὰρ ἐγγύτερον ἡμῶν ἡ σωτηρία ἢ ὅτε ἐπιστεύσαμεν. 12 ἡ νὺξ προέκοψεν, ἡ δὲ ἡμέρα ἤγγικεν. ἀποθώμεθα οὖν τὰ ἔργα τοῦ σκότους, ἐνδυσώμεθα [δὲ] τὰ ὅπλα τοῦ φωτός. 13 ὡς ἐν ἡμέρᾳ εὐσχημόνως περιπατήσωμεν, μὴ κώμοις καὶ μέθαις, μὴ κοίταις καὶ ἀσελγείαις, μὴ ἔριδι καὶ ζήλῳ, [...] (Röm 13,11–13).

Hebr 12,1c) sowie – in stark abgeschwächter Form – des Faustkampfes (mit dem Schlüsselwort πυκτεύω – „Faustkämpfer sein", „mit der Faust kämpfen", „boxen": vgl. 1 Kor 9,26b). Ferner gibt es in den neutestamentlichen Texten klare Anspielungen auf die am Ende der Wettkämpfe stattfindenden Siegerehrungen, indem die Verleihung des „Siegespreises" (τὸ βραβεῖον) (vgl. Kor 9,24b; Phil 3,14) oder des „Siegeskranzes" – ὁ στέφανος – angesprochen wird (vgl. 1 Kor 9,25b; Phil 4,1b; Kol 2,18a; 1 Thess 2,19a; 2 Tim 4,8a; Jak 1,12b; Offb 2,10d; 3,11c – vgl. zur „Siegeskranz"-Metaphorik bei Paulus Brändl, Agon, 289–328; vgl. zum Begriff ὁ στέφανος Kvalbein, στέφανος, 1112–1115). Reale Wurzel des paulinischen wie nachpaulinischen Vorstellungshorizontes ist zudem der Gladiatorenkampf: Neben 1 Thess 5,8 (mit dem Motiv der „Rüstung", die Paulus und seine Rezipienten noch an weiteren Stellen kurz erwähnen) sind 1 Kor 4,9 sowie 1 Kor 15,32 zu nennen, die im ersten Fall an den Kampf Mann gegen Mann in der Arena, im zweiten an den Tierkampf im Stadion – das heißt an den Kampf zwischen wilden Raubtieren und Menschen (entweder als Bestiarier oder als zum Tode Verurteilte) – denken lassen (auf die Thematik der Gladiatorenspiele macht Brändl, Agon, 384–408, zu Recht aufmerksam; er behandelt die beiden zuletzt genannten Referenzstellen aus dem Ersten Korintherbrief, die Termini technici der beiden Kampfarten verwenden). – Als philosophiegeschichtliche Wurzel kommt die hellenistische Popularphilosophie des Kynismus und der Stoa in Frage, die im Stilmittel der „Diatribe" den Kampf des weisen Mannes gegen die Leidenschaften und Versuchungen darstellt. Den traditionsgeschichtlichen Einflussfaktor bildet das teilweise hellenisierte Frühjudentum – etwa in der prominenten Gestalt des Philon von Alexandrien –, das zum einen die hellenistische Diatribe und zum zweiten die alttestamentliche Gottesknechtsthematik rezipiert (vgl. zur Thematik und zur Kritik an diesem Ansatz Brändl, Agon, 3–9).

11 „Und das [tut], da ihr den Zeitpunkt erkennt: Die Stunde ist gekommen, dass ihr euch gerade jetzt vom Schlaf erhebt, denn nun ist unser Heil näher als zu der Zeit, da wir gläubig wurden. [12] Die Nacht ist vorgerückt, der Tag aber ist nahe. Daher lasst uns die Werke der Finsternis ablegen, [und] lasst uns die Waffen des Lichtes anlegen. 13 Lasst uns maßvoll leben, wie [man es] am Tag [macht] – nicht mit Ess- und Trinkgelagen, nicht mit sexuellen Ausschweifungen und [anderen] Zügellosigkeiten, nicht mit Streit und Eifersucht, […]" (Übers.: S. E.)

Die zitierte Stelle steht im größeren Kontext des paränetischen Teils des Römerbriefs, der mit dem 12. Kapitel einsetzt und bis zu Röm 15,13 geht:[40] Dieser Briefabschnitt deutet die vorangegangenen theologisch-programmatischen Ausführungen des Apostels zur „Gerechtigkeit Gottes" (vgl. Röm 1,17; 3,21f. 26) im „Evangelium Jesu Christi" (vgl. Röm 1,4) jetzt in pastoraler Weise. Aufgrund dieser in Christi Auferweckung erwiesenen und von den Adressaten des Paulus im „Glauben" an den Kyrios Jesus Christus angenommenen (vgl. Röm 1,16f.; 3,22. 25f.) „Barmherzigkeit Gottes" (vgl. Röm 12,1f.) empfiehlt Paulus den stadtrömischen Christen, nach außen das Gebot der Unauffälligkeit und Friedfertigkeit einzuhalten (vgl. Röm 12,14. 17–21; 13,1–7) sowie nach innen die christliche Nächstenliebe als gegenseitige Rücksichtnahme und beständige Bereitschaft zur Versöhnung zu befolgen (vgl. Röm 12,3–13; 13,8–10; 14,1–15,13).[41] Der postulierten „Barmherzigkeit Gottes" gegenüber dem Menschen korrespondiert so die Barmherzigkeit der Christen untereinander wie gegenüber den Nichtchristen.

Die hier zu behandelnde Stelle Röm 13,11–13[42] liefert in bildhafter Sprache die theologisch-eschatologische Begründung für den unmittelbar vorausgegangenen Appell des Paulus zur Nächstenliebe aus Röm 13,8–10.

Der Text von Röm 13,11–13 gliedert sich in zwei Hälften – in einen indikativisch und in einen imperativisch gehaltenen Teil:[43]

In den Versen 11–12b beschreibt der Heidenapostel mit der metaphorischen Rede vom Erwachen und Aufstehen sowie vom Übergang der Nacht zum Morgen die nahende Endzeit. An diesen bevorstehenden eschatologischen „Tag" knüpft sich notwendig ein ihm gemäßes Verhalten (vgl. V. 13a: ὡς ἐν ἡμέρᾳ), das Paulus in den nachstehenden anderthalb Versen – vgl. die VV. 12c–13 – ausführt und in einer Reihe von Imperativen der ersten Person Plural zur Sprache bringt. Die drängende Nähe der Endzeit, die die Bedeutung der christlichen Heilsbotschaft

---

[40] Vgl. zur Struktur des Römerbriefs auch die Ausführungen von Zeller Röm-RNT, 8f.; Schnelle, Einleitung, 141–143.

[41] Vgl. zum weiteren (vgl. Röm 12,1-15,13) und engeren (vgl. Röm 12,1–13,14) Kontext z. B. Theobald, Röm, 295–297; vgl. zum engeren Kontext Schnabel, Röm-HTA, 711–713; Theißen / Gemünden, Röm, 82f.

[42] Hat das Textstück ein liturgisches Vorbild, wie H. Schlier mutmaßt (vgl. Schlier, Röm-HThKNT, 395f.: „ein Tauflied" – vgl. ebd. 395)? – Ihm folgt etwa Pesch, Röm-NEB, 96. – Das ist durchaus möglich, lässt sich aber nicht verlässlich verifizieren, da es jüdische und pagane Parallelen gibt (vgl. dazu Schnabel, Röm-HTA, 713 und 713 Anm. 202). Die These bleibt damit spekulativ.

[43] So auch Stuhlmacher, Röm-NTD, 189; Haacker, Röm-THK, 274; Lohse, Röm-KEK, 363; Schnabel, Röm-HTA, 713.

verstärkt, wird so zur bedrängenden Anfrage an die Lebensführung der Christen.[44] Die Naherwartung der Parusie Christi bestimmt die Worte des Apostels.[45]

Dieses neue christliche Leben wird von Paulus zur Verdeutlichung ex negativo bestimmt: Der V. 13b–d zählt die Laster auf, vor denen sich die römischen Gemeindemitglieder hüten sollen: ausschweifende Ess- und Trinkgelage – also Völlerei und Trunkenheit –, sexuelle und sonstige Zügellosigkeiten sowie Streit und Eifersucht (μὴ κώμοις καὶ μέθαις, μὴ κοίταις καὶ ἀσελγείαις, μὴ ἔριδι καὶ ζήλῳ).[46] Um diesen eschatologischen Kampf zu gewinnen, haben sich die Christen mit den „Waffen des Lichtes" zu wappnen.

3.3 Agon und Eschaton

Sofort beginnt Paulus mit seiner apokalyptisch-eschatologisch gefärbten Argumentation: So prägen Zeitaussagen, die typisch für apokalyptisch-eschatologisches Reden sind, den Vers 11. Der Völkermissionar spricht vom „Zeitpunkt" (τὸν καιρόν – vgl. V. 11a), von dem die römischen Christen wissen (Καὶ τοῦτο εἰδότες – vgl. V. 11a),[47] dann von der angebrochenen „Stunde" (ὥρα ἤδη – vgl. V. 11b) des Aufstehens vom Schlaf der Nacht (ὑμᾶς ἐξ ὕπνου ἐγερθῆναι – vgl. V. 11b) – also von der frühmorgendlichen Stunde – und von der früheren „Zeit" (ἢ ὅτε – vgl. V. 11c), zu der sich die Empfänger des Briefes – unter Einschluss des Apostels selbst (das Prädikat steht schließlich in der 1. Person Plural!)[48] – zu Jesus Christus bekehrt hätten (ἐπιστεύσαμεν – vgl. V. 11c).

Paulus verbindet damit das Schicksal seiner eigenen Bekehrung mit dem der ihm noch fremden Christen von Rom:[49] Der gemeinsame Glaube stiftet Heil für die Menschen und führt zu Vertrautheit in der Gemeinschaft der Gläubigen.

---

[44] Vgl. zustimmend Käsemann, Röm-HNT, 349; Schlier, Röm-HThKNT, 386. 395. 397. 398; Theobald, Röm, 297.
[45] Vgl. auch Zeller, Röm-RNT, 220f (im Abschnitt „III. 2").
[46] Der abschließende Vers 14 nimmt im Stichwort „Begierde" (vgl. ἡ ἐπιθυμία) den eschatologischen Gedanken noch einmal pointiert auf und wendet die Aussage ins Positive, indem die neue Lebensführung der Christen mit der Metapher des „Anlegens" (ἐνδύσασθε) des „Herrn Jesu Christi" (τὸν κύριον Ἰησοῦν Χριστόν) wie ein neues oder frisches Kleidungsstück beschrieben wird. Stilistisch wie semantisch betrachtet gibt es hier eine absichtsvolle Parallelität: Die Handlung des „Anziehens" (ἐνδύσασθε) Jesu korrespondiert mit dem „Anlegen" (ἐνδυσώμεθα) der „Waffen des Lichtes" (τὰ ὅπλα τοῦ φωτός) aus Vers 12d!
[47] Vgl. ebenso Käsemann, Röm-HNT, 349f.; Schlier, Röm-HThKNT, 396; Lohse, Röm-KEK, 364.
[48] Vgl. auch Zeller, Röm-RNT, 215.
[49] K. Haacker meint, trotz des Wir-Stils rede der Apostel hier nur von sich selbst – von seiner eigenen Bekehrungserfahrung –, und er begründet seine These damit, dass die römischen Christen „ja nicht alle zur gleichen Zeit zum Glauben gekommen" (vgl. Haacker, Röm-THK, 273) sein könnten. – Das ist zu kasuistisch gedacht und widerspricht zudem nicht nur dem eindeutigen Wortlaut des Textes, sondern auch der Aussageabsicht des Paulus:

Diese deutlich apokalyptisch-eschatologisch bestimmte Agon-Motivik bei Paulus rekurriert auf alttestamentliche Vorstellungen: Ideengeschichtlich und zusammenfassend betrachtet, sind die Strömungen der Eschatologie und Apokalyptik zwar durchaus unterschiedlich, sie durchdringen sich zugleich aber, indem sich die Apokalyptik als jüngere und spezifische Form des in der Unheils- und Heilsprophetie des Alten Testaments wurzelnden eschatologischen Denkens begreifen lässt.[50]

Den Kern der alttestamentlichen eschatologischen Vorstellungswelt bildet das Äonenschema, nach dem die Geschichte in die zwei widerstreitenden Zeitperioden der bösen Vergangenheit – der Unheilszeit – und der guten Zukunft – der Heilszeit – zerfällt. Getrennt und zugleich verbunden werden beide Zeitebenen durch das Endgericht Gottes. Mit diesem „Tag JHWHs" wird die göttliche Königsherrschaft endgültig heraufgeführt. Stellt sich die Eschatologie den neuen Äon als verwandelte diesseitige Wirklichkeit – pointiert gesagt: als Zeitenwende[51] – vor, so die Apokalyptik als gänzlich neue, jenseitige Schöpfung Gottes – also als Zeitenende.[52]

In der neutestamentlichen Rezeption der eschatologischen wie apokalyptischen Deutungsmuster des Alten Testaments erscheint das Äonenschema zweifach abgewandelt:[53]

Zum einen wird die Auferweckung Jesu als schon geschehene Intervention Gottes zur anfanghaften Errichtung seiner eschatologischen Herrschaft gedeutet, zum anderen verknüpft man die noch ausstehende Parusie Christi mit dem endzeitlichen Gericht Gottes, mit dem sich das Königtum JHWHs vollendet. Diese christologisch-soteriologische Reinterpretation der alttestamentlichen theozentrischen Endzeitvorstellung bedingt eine Spannung zwischen präsentischer und futurischer Eschatologie.

Für den Menschen hat dieses apokalyptisch-eschatologische Denken in Zeitabschnitten den Ruf in die Entscheidung für oder gegen Gott zur Folge:[54] Es geht also darum, sich im unverbrüchlichen Vertrauen auf die rettende göttliche Schöpfermacht auf die richtige Seite zu stellen. Diese grundsätzliche Forderung zum richtigen Verstehen der „Zeichen der Zeit" lässt sich als „geistlicher Kampf" interpretieren, der sich daher mit dem Agon-Motiv in Verbindung bringen lässt, so dass sich die paulinische Deutung nahelegt.

Er will seinen Adressaten die Relevanz des christlichen Glaubens und Lebens in Erinnerung rufen, und das geschieht schließlich am besten, wenn man auf die Erfahrungen des Gesprächspartners eingeht!

[50] Vgl. zum alttestamentlichen Verständnis von „Eschatologie" und „Apokalyptik" prägnant etwa Fabry, Eschatologie, 14–16; Koenen, Zeitenwende, 11–12.
[51] Vgl. Koenen, Zeitenwende, 11f.: „Wende der Zeit" (vgl. Überschrift und Fließtext).
[52] Vgl. Koenen, Zeitenwende, 11f.: „Ende der Zeit" (vgl. Überschrift und Haupttext).
[53] Vgl. hierzu resümierend Kühschelm, Zeitenwende, 59f. 114–117.
[54] Vgl. Fabry, Eschatologie, 16; Kühschelm, Zeitenwende, 117.

Die ersten der beiden im Vers 11 der Stelle Röm 13,11–13 genannten Zeitangaben – „Zeitpunkt" und „Stunde" – beziehen sich auf die eschatologische Zeit, die in der unmittelbaren Zukunft liegt, die dritte Angabe „Zeit" auf die nur kurz zurückliegende Vergangenheit der römischen Christen – auf die Zeit ihrer Hinwendung zu Christus in der Taufe.[55]

An dieser Stelle zeigt sich eine Klimax: Die Zeit des Gläubig-Werdens wird übertroffen von der „nun" (νῦν – vgl. V. 11c) bevorstehenden „neuen Zeit", die mit dem Begriff des καιρός als qualifizierte Zeit ausgewiesen wird – als „Zeitpunkt", der die heilsgeschichtliche Zäsur markiert, und der somit zugleich zum Wendepunkt wird: „denn nun ist unser Heil näher" – νῦν γὰρ ἐγγύτερον ἡμῶν ἡ σωτηρία (vgl. V. 11c). Die Zeitangaben gipfeln im herannahenden endzeitlichen – „neuen" – Tag, mit dem sich alles wandelt und durch den alles verwandelt wird.[56] Die alte Zeit neigt sich dem sicheren Ende entgegen, und die neue Zeit erhebt sich wie die morgendliche Sonne. Der alte, böse Äon vergeht, der neue, gute Äon entsteht, oder, wie es prägnant und mit der adversativen Partikel δέ unterstrichen im Vers 12a. b heißt: „Die Nacht ist vorgerückt, der Tag aber ist nahe" – ἡ νὺξ προέκοψεν, ἡ δὲ ἡμέρα ἤγγικεν.[57]

Dem neuen Tag ist also die alte Nacht[58] gegenübergestellt; die Finsternis (im Syntagma „die Werke der Finsternis" (τὰ ἔργα τοῦ σκότους – vgl. V. 12c) setzt sich gegen die Tageshelle ab.

Der heraufziehenden „neuen Zeit" Christi entspricht zugleich das „neue Leben" der Christen, weswegen Paulus den Lesern und Hörern seine Botschaft mit einer Reihe an Imperativen einschärft. Der Kontrast zwischen Tag und Nacht, Helligkeit und Dunkelheit setzt sich im Gebrauch der Verben fort:

Das Aufstehen vom Schlaf der Nacht (ὑμᾶς ἐξ ὕπνου ἐγερθῆναι – vgl. V. 11b) entspricht dem maßvollen Leben am Tage (ὡς ἐν ἡμέρᾳ εὐσχημόνως περιπατήσωμεν – vgl. V. 13a), das Ablegen der Werke der Finsternis (ἀποθώμεθα οὖν τὰ ἔργα τοῦ σκότους – vgl. V. 12c) dem Anlegen der Waffen des Lichtes (ἐνδυσώμεθα [δὲ] τὰ ὅπλα τοῦ φωτός – vgl. V. 12d).[59]

---

[55] Vgl. ebenso Käsemann, Röm-HNT, 350f. (vgl. etwa seine pointierte Aussage: „Die Taufe begründet militia Christi im leiblichen Bereich und im weltlichen Alltag" – vgl. ebd. 351); Stuhlmacher, Röm-NTD, 189; Schlier, Röm-HThKNT, 395–397; Lohse, Röm-KEK, 364f.

[56] Vgl. ebenfalls Roose, 1/2 Thess-BNT, 91 (zu Röm 13,12f. als Vergleichsstelle zu 1 Thess 5,5).

[57] Vgl. auch Schnabel, Röm-HTA, 714–718.

[58] Vgl. zu den biblischen und außerbiblischen Belegen des Gegensatzpaares „Tag und Nacht" Schnabel, Röm-HTA, 720f.

[59] Diese letzten beiden Imperativsätze sind syntaktisch völlig gleich gestaltet, was die Aussage intensiviert (Prädikat an der Spitze des Satzes, verstärkende Partikel – οὖν bzw. δέ – in der Mitte, Objekt am Schluss). – Die Rede vom „Ablegen" und „Anlegen" von Kleidung ist natürlich Taufmetaphorik, die das Anziehen des Taufgewandes als Annehmen des neuen christlichen Glaubens und Lebens deutet (explizit angesprochen in Röm 13,14 im Sich-Bekleiden mit Christus – ἐνδύσασθε τὸν κύριον Ἰησοῦν Χριστόν!): vgl. Käsemann, Röm-HNT, 350; Pesch, Röm-NEB, 97; Schlier, Röm-HThKNT, 397f.; Theißen / Gemünden,

Zu vermuten ist, dass sich Paulus mit dem ambivalenten Verb ἐγερθῆναι ein bewusstes Sprachspiel leistet, das die Adressaten seines Briefes durchschauen sollen:

Gemeint sein könnte nämlich sowohl „aufstehen" als auch „auferstehen". Im letzten Fall ist das mit Christi Heilstod in die Welt gekommene ewige Leben angesprochen (vgl. dazu νῦν γὰρ ἐγγύτερον ἡμῶν ἡ σωτηρία ἢ ὅτε ἐπιστεύσαμεν – vgl. V. 11c!). Wenn man das Verb im Deutschen dann noch mit „auferwecken" übersetzt, so ist die Bedeutungsebene des „Wachseins" oder des „Wachens", die sich mit dem „Schlaf" aus V. 11b verbinden lässt, gegeben. Damit ist mit dem Begriffspaar „aufstehen vs. auferstehen" die Dichotomie von „Leben und Tod", mit dem Begriffspaar „aufwecken vs. auferwecken" die Antithese von „Wachen und Schlafen" bezeichnet.

Bereits hier klingt die Kernaussage des gesamten Textabschnittes an, die im folgenden Lasterkatalog ausführlich und anschaulich thematisiert wird: Der Erlösung durch Christus folgt nach Meinung des Apostels eine dieses Heilsereignis würdigende, bewusste und aufmerksame – eben „wache" oder „wachsame" – Lebensweise der Christusanhänger.

Die Liste mit paarweise angeordneten Untugenden[60] wird mit der „Nacht" (vgl. V. 11b: ὑμᾶς ἐξ ὕπνου ἐγερθῆναι, vgl. V. 12a: ἡ νὺξ προέκοψεν) und der „Dunkelheit" (ἀποθώμεθα οὖν τὰ ἔργα τοῦ σκότους – vgl. V. 12c) assoziiert, wie auch noch einmal positiv gewendet aus der Aussage „Lasst uns maßvoll leben, wie [man es] am Tag [macht]" (ὡς ἐν ἡμέρᾳ εὐσχημόνως περιπατήσωμεν – vgl. V. 13a) hervorgeht. Von den nachstehend aufgezählten Lastern sollen die römischen Christen Abstand nehmen.[61]

Liest man die hier getroffenen Mahnungen des Paulus in Verbindung mit seinen Ausführungen in 1 Thess 5,4–8, dann lässt sich ihre Absicht leichter bestimmen:

Röm, 221f. – Darüber hinaus hat diese Metapher weitere reale wie symbolische Vorbilder: Reale Hintergründe bilden etwa das Theater („Rollenmasken" – vgl. Haacker, Röm-THK, 274) und die paganen Initiationsriten (vgl. Theißen / Gemünden, Röm, 221f.: Röm; vgl. Lohse, Röm-KEK, 365: Mysterienkulte). Symbolische Deutungen bietet z. B. das frühjüdische Verständnis des menschlichen Körpers als Gewand, das Paulus in der Vorstellung vom „Leib Christi" (τὸ σῶμα Χριστοῦ: vgl. die Spitzenaussage 1 Kor 12,27; vgl. ebenso Röm 12,4f.; 1 Kor 10,17b; 12,12f. [variiert in 1 Kor 6,15a b]), mit dem man in der Taufe bekleidet wird (vgl. Röm 13,14; Gal 3,27) – der dem Menschen dann sozusagen einen neuen, verwandelten Körper verleiht –, rezipiert (vgl. dazu Stuhlmacher, Röm-NTD, 190) (die Metaphorik vom Ausziehen und Anziehen bezieht sich jedoch nicht auf den Wechsel der Kleidung für die Nacht [so aktuell aber wieder beispielsweise Schnabel, Röm-HTA, 719], da es in der Antike keine speziellen Schlafgewänder gab [vgl. Zeller, Röm-RNT, 219; Theißen / Gemünden, Röm, 221]).

[60] Vgl. zur Thematik Zeller, Röm-RNT, 219.
[61] Das zeigt sich in syntaktischer Hinsicht in der jeweils dreimaligen Verwendung der Negationspartikel μή und der Konjunktion καί, die zwei Untugenden miteinander verbindet.

Der Kampf um den Glauben

Hatte der Apostel damals in seinem Schreiben an die Thessalonicher Christen die Laster der Völlerei und der Trunkenheit noch etwas allgemeiner in einem Aussagesatz formuliert („Denn die, die schlafen, schlafen nachts, und die, die betrunken sind, betrinken sich [auch] nachts" – Οἱ γὰρ καθεύδοντες νυκτὸς καθεύδουσιν καὶ οἱ μεθυσκόμενοι νυκτὸς μεθύουσιν· – vgl. 1 Thess 5,7), so will er die Anweisungen an die römische Christengemeinde jetzt als unbedingte Aufforderungen für ein „christliches" Leben verstanden wissen.

Wie in 1 Thess 5,6. 8 erfolgt in Röm 13,13 – wenn auch nur implizit – die Mahnung zur „Nüchternheit", die hier wie dort sowohl konkret als auch abstrakt gilt: Der Begriff der Nüchternheit bezieht sich zwar auf die spezielle, antik-alltägliche Erscheinung der Trink- und Essgelage, er wird von Paulus zugleich aber bewusst als bildhafte Bezeichnung zur generellen Beschreibung der neuen Existenz in Christus herangezogen, die sich durch einen maßvollen Lebenswandel auszeichnen soll.[62] Trunkenheit und Schlaf – so konnte man in 1 Thess 5,7 erfahren – gehören zur Nacht, und dieses Verständnis gilt selbstverständlich auch für den Kontext des Römerbriefes.

Die expressis verbis genannten ausschweifenden Ess- und Trinkgelage (κώμοις καὶ μέθαις – vgl. V. 13b) meinen zum einen die profanen, abendlichen und nächtlichen Gelage, die zum Teil auch Ziel popularphilosophischer Kritik wurden,[63] und beziehen sich wahrscheinlich zum anderen ebenso auf die bekannten wie zahlreichen Kulte zu Ehren des Fruchtbarkeitsgottes Dionysos-Bacchus[64] – Symposien (also Weingelage) und Mysterien (d. h. Einweihungsfeiern) als Erfahrung der Entgrenzung im diesseitigen Leben und als Vermittlung von Hoffnung für ein jenseitiges (Weiter-) Leben.[65] Somit können die dionysischen Kulte paradigmatisch die alte Religion und Religiosität repräsentieren, die in Konkurrenz zum christlichen Glauben stehen – sozusagen als „Antagonisten" im geistigen „Agon" –, von denen sich die christlich gewordenen Römer entschieden trennen sollen zugunsten des christlichen Auferstehungsglaubens und der darauf ausgerichteten christlichen Lebensführung.

Die Ausschweifungen der Völlerei und Trunkenheit werden von Paulus in seinem Lasterkatalog von Röm 13,13 noch um die sexuelle Zügellosigkeit[66] sowie

---

[62] Vgl. zur Semantik des Begriffs εὐσχημόνως zusammenfassend Stuhlmacher, Röm-NTD, 190; Schlier, Röm-HThKNT, 398f.; Lohse, Röm-KEK, 366; Schnabel, Röm-HTA, 722f. – Vermutlich steht dem Apostel zugleich das alte philosophische Ideal der Tugend als „Mitte" (τὸ μέσον) vor Augen, das mit dem gelingenden, glücklichen und somit „guten" Leben assoziiert wird: vgl. Aristot. eth. Nic.: vgl. etwa nur die Tugenddefinition in II, 4–9 und die ausführlich behandelte Frage der Beherrschtheit in VII.

[63] Vgl. Haacker, Röm-THK, 274.

[64] Vgl. auch Schlier, Röm-HThKNT, 398.

[65] Vgl. zum Dionysos-Kult prägnant beispielsweise Schlesier, Dionysos (bes. Spp. 652–656. 658–660); Auffarth, Bacchus, Sp. 863f. (vor allem Sp. 863).

[66] Auch hier besteht wieder eine Berührung mit den dionysischen Kulten: vgl. Schlesier, Dionysos, Sp. 654.

um die Begriffe „Streit" und „Eifersucht" erweitert. Insbesondere Streit und Eifersucht stellen ein sozial schädliches Verhalten dar, das jede noch so kleine Gemeinschaft wie etwa die ersten Christengemeinden ohne Weiteres sprengen kann.

Die aufgezählten Laster sind „Werke der Finsternis" (τὰ ἔργα τοῦ σκότους – vgl. V. 12c); sie brauchen also den Schutz der Nacht, wie es insbesondere bei den Festgelagen der Fall ist. Das „maßvolle" (εὐσχημόνως – vgl. V. 13a) Leben hingegen muss das Tageslicht (ὡς ἐν ἡμέρᾳ – vgl. V. 13a) nicht scheuen.[67] Die den aufgezählten Untugenden entsprechenden und vom Leser und Hörer zu ergänzenden Tugenden bezeichnet der Heidenapostel daher zusammenfassend mit dem metaphorischen, agonalen Ausdruck „Waffen des Lichtes" (vgl. V. 12d: τὰ ὅπλα τοῦ φωτός). Hier ist das militärische Verständnis des Agon-Begriffs evident,[68] aber auch die athletische Bedeutung ist angesprochen – nämlich die Gladiatorenspiele.

Paulus verwendet die dichotomisch-dualistischen Syntagmen „Tag und Nacht", „Helligkeit und Dunkelheit", „Leben und Tod", „Wachen und Schlafen", „Nüchternheit und Trunkenheit", um den apokalyptischen Stil seiner Argumentation zu erzeugen. Diese antithetisch geprägten Metaphern lassen sich als „agonal-apokalyptische Motive" interpretieren, da der Apostel sie mit dem originären Agon-Motiv, das in der Bezeichnung „Waffen des Lichtes" repräsentiert ist, kombiniert und so das ursprüngliche agonale Bedeutungsfeld erweitert.

Paulus schildert also das christliche Leben metaphorisch als beständigen „Kampf" um das zu bewahrende Gute, das mit dem Christusereignis in die Welt gekommen ist – als „Kampf um den Glauben". Die Christen ziehen – bildlich gesprochen – auf der Seite Christi mit den „Waffen des Lichtes" sozusagen in die entscheidende „geistig-endzeitliche Schlacht", indem sie sich bewusst von der heidnischen Umwelt, aus der sie zum Teil selbst stammen, abgrenzen, um ein Zeichen für die christliche Botschaft zu setzen (vgl. Phil 2,15c).[69] Für die Darstellung dieser „eschatologischen Kampfsituation" kann der Völkermissionar gezielt das mit dem apokalyptisch-eschatologischen Denken gegebene agonale Moment mit seiner militärischen Semantik verwenden.

> Es lässt sich übrigens noch eine frappierende Parallele aufzeigen: Der nachpaulinische, der sogenannten „Paulusschule" zuzurechnende Epheserbrief bietet in Eph 6,11-18 eine dem Wort und Sinn nach erstaunlich nahe Rezeption der paulinischen, triadischen Agon-Metaphorik: Die Textpassage schildert den kosmischen Kampf zwischen zwei verfeindeten Mächten, die unterschiedlichen Sphären zugewiesen sind – zwischen dem Kyrios im Himmel, auf dessen Seite die Christen auf der Erde stehen, einerseits und dem Teufel und seinen Repräsentanten, die die Unterwelt, die Zwischenwelt der Luft und sogar den Himmel bevölkern (vgl. Eph 6,12), andererseits. In den Versen 13-18 findet sich eine Reihe an

---

[67] So zu Recht ebenfalls Zeller, Röm-RNT, 219; Schnabel, Röm-HTA, 719f.
[68] Vgl. zur Deutung des Ausdrucks „Waffen des Lichtes" sowie zu den Parallelstellen auch Stuhlmacher, Röm-NTD, 190; Haacker, Röm-THK, 274; Schnabel, Röm-HTA, 720;
[69] Vgl. auch Käsemann, Röm-HNT, 350; Zeller, Röm-RNT, 219 (zu V. 12c. d); Lohse, Röm-KEK, 365; Schnabel, Röm-HTA, 720. 728.

Der Kampf um den Glauben

bildhaften Ausdrücken, die diese Auseinandersetzung veranschaulicht: Es ist von der „Rüstung Gottes" – τὴν πανοπλίαν τοῦ θεοῦ (vgl. VV. 11. 13a) – und von einzelnen „Rüstungsteilen", die die Christen anlegen sollen (ἐνδύσασθε – vgl. V. 11; ἀναλάβετε – vgl. V. 13a), die Rede – nämlich von dem „Waffengürtel der Wahrheit" (in einer partizipialen Wendung: περιζωσάμενοι τὴν ὀσφὺν ὑμῶν ἐν ἀληθείᾳ – vgl. V. 14), dem „Harnisch der Gerechtigkeit" (ἐνδυσάμενοι τὸν θώρακα τῆς δικαιοσύνης – vgl. V. 14), den „Sandalen der Bereitschaft (für das Evangelium des Friedens)" (erneut partizipial ausgedrückt: ὑποδησάμενοι τοὺς πόδας ἐν ἑτοιμασίᾳ – vgl. V. 15), dem „Schild des Glaubens" (τὸν θυρεὸν τῆς πίστεως – vgl. V. 16a), dem „Helm des Heiles" (τὴν περικεφαλαίαν τοῦ σωτηρίου – vgl. V. 17a) sowie dem „Schwert des Geistes" (τὴν μάχαιραν τοῦ πνεύματος – vgl. V. 17a). So gewappnet und durch den geistigen Beistand Christi gekräftigt (ἐνδυναμοῦσθε – vgl. 10b), müssen die Christen im kosmischen Kampf gegen die widergöttlichen Gewalten Beharrlichkeit beweisen (στῆναι – vgl. VV. 11. 13b, στῆτε – vgl. V. 14), Widerstand leisten (ἀντιστῆναι – vgl. V. 13b) und den übermächtig geglaubten Feind schließlich überwältigen (κατεργασάμενοι – vgl. V. 13b), um Frieden zu erreichen (d. h. das „Evangelium des Friedens" – τοῦ εὐαγγελίου τῆς εἰρήνης – zu verbreiten – vgl. V. 15) – ganz wie ein Krieger im Feld (die genannten Rüstungsgegenstände sind typisch für den römischen Legionär – insbesondere die Kriegssandalen [vgl. V. 15: τὸ ὑπόδημα] und das Kurzschwert [vgl. V. 17a: ἡ μάχαιρα]). Der Bildspender dieser Wortwahl kommt somit eindeutig aus dem militärischen Kontext. Bei den christlichen Lesern und Hörern des Epheserbriefes muss diese metaphorische Ausdrucksweise die militärische Bedeutungsnuance des von Paulus verwendeten Agon-Begriffs in Erinnerung gerufen haben: Die symbolischen Bezeichnungen der Rüstungsteile können nämlich beispielsweise mit der Aufzählung in 1 Thess 5,8: „Harnisch des Glaubens und der Liebe und [...] Helm der Hoffnung zum Heil" (θώρακα πίστεως καὶ ἀγάπης καὶ περικεφαλαίαν ἐλπίδα σωτηρίας) sowie gleichfalls mit dem Ausdruck „Waffen des Lichtes" (τὰ ὅπλα τοῦ φωτός) aus Röm 13,12d in Beziehung gesetzt werden (vgl. ebenso 2 Kor 6,7c: διὰ τῶν ὅπλων – „mit den Waffen" bzw. nachpaulinisch 1 Petr 4,1a: ὁπλίσασθε – „sich bewaffnen / sich ausrüsten"). – Die apokalyptisch-eschatologische Metaphorik in Eph 6,11–18 wird jedoch nicht nur durch die traditionelle, militärisch-athletische Agon-Motivik, die auch Paulus rezipiert hat, hervorgerufen; es gibt auch vernehmbare Anklänge an die hier als „agonal-apokalyptische Motive" bezeichneten dichotomisch-dualistischen Formulierungen, mit denen der historische Heidenapostel sein Agon-Verständnis zusätzlich ausgestaltet hat. Bemerkenswerterweise wird hier vom Verfasser des Epheserbriefes je nach Blickwinkel nur jeweils eine Seite des jeweiligen Gegensatzpaares thematisiert; die ausgeblendete andere – positive oder negative – Seite muss der Zuhörer oder Leser ergänzen: So spricht der Text von den „Herrschern dieser finsteren Welten" (τοὺς κοσμοκράτορας τοῦ σκότους – vgl. V. 12c) und den „bösen Geistwesen aus den himmlischen Schichten" (τὰ πνευματικὰ τῆς πονηρίας ἐν τοῖς ἐπουρανίοις – vgl. V. 12d), „gegen" (πρός mit Akkusativ: vgl. V. 12a-c) die man anzukämpfen habe (die Formulierung „brennende Pfeile des Bösen" [vgl. V. 16b: τὰ βέλη τοῦ πονηροῦ [τὰ] πεπυρωμένα] nimmt den Gedanken des Kontrastes von „Gut und Böse" wieder auf). Damit werden der Gegensatz von „Helligkeit und Dunkelheit" und das diese Gegensätzlichkeit ausdeutende Begriffspaar „Gut und Böse" erwähnt. Zudem lässt sich die Antithese von „Gut und Böse" als Dualismus von „Leben und Tod" interpretieren, da der gesamte Textabschnitt die kosmische Frontstellung zwischen den „diabolischen" (vgl. V. 11: τὰς μεθοδείας τοῦ διαβόλου) – also zerstörerischen – Mächten und der schöpferischen Kraft des Kyrios Jesus Christus schildert. Die geistige Rüstung soll den Christen am „Tag des Unheils" (ἐν τῇ ἡμέρᾳ τῇ πονηρᾷ – vgl. V. 13b) gegen die satanischen Angriffe helfen. Mit dem „Tag des Unheils" ist der endzeitliche „Tag des Herrn" gemeint. Das Syntagma lässt sich mit der mehrfachen Charakterisierung der Christen als Angehörige des Lichts bzw. des Tags durch Paulus in 1 Thess 5,4a. 5. 8 (vgl. V. 4a: ὑμεῖς δέ, ἀδελφοί, οὐκ ἐστὲ ἐν σκότει, [...]; vgl. V. 5: πάντες γὰρ ὑμεῖς υἱοὶ φωτός ἐστε καὶ υἱοὶ ἡμέρας. Οὐκ ἐσμὲν νυκτὸς οὐδὲ σκότους; vgl. V. 8: ἡμεῖς δὲ ἡμέρας ὄντες) in Verbindung bringen. Die Christen stehen auf der richtigen Seite und werden am Jüngsten Tag triumphieren. Bis dahin sind nach Eph 6,18 die empfehlenswerten Haltungen „Wachsamkeit" (ἀγρυπνοῦντες – vgl. V. 18b) und „Beharrlichkeit" (προσκαρτερήσει – vgl. V. 18b) im flehentlichen Gebet (προσευχῆς καὶ δεήσεως προσευχόμενοι – vgl. V. 18a, δεήσει – vgl. V. 18b) an Gott und an die Heiligen (περὶ πάντων τῶν ἁγίων – vgl. V. 18b), das im Geist Gottes (ἐν πνεύματι) ergeht. Die Lexeme „Wachsamkeit" und „Beharrlichkeit" greifen den Gedanken der Standhaftigkeit oder Ausdauer (vgl. die Verse 11. 13b. 14) auf und sind synonym aufzufassen; der pleonastische Gebrauch der Ausdrücke intensiviert die Aussage des Schreibers: Die Christen werden aufgerufen, in ihrem Glauben zu bleiben und den Anfechtungen, die sich daraus ergeben, zu widerstehen. Dadurch wird die endzeitliche Spannung vergegenwärtigt. Auch an dieser Stelle zeigt sich ein klarer sprachlicher wie sachlicher Anklang an das von Paulus verwendete Gegensatzpaar „Wachen und Schlafen", auch wenn hier erneut nur das positive Segment erscheint. Zudem konkretisieren die Haltungen der Wachsamkeit und der Beharrlichkeit gemeinsam mit den in den Versen 13–17 genannten christlichen Aspekten „Wahrheit", „Gerechtigkeit", „Bereitschaft", „Glaube", „Heil", „Geist" die aus 1 Thess 5,6. 8 bekannte und auch symbolisch zu verstehende Forderung nach „Nüchternheit". – In der Textpassage von Eph 6,11–18 liegt damit eine vollständige Rezeption des genuin paulinischen Agon-Motivs im weiteren Sinne vor, so dass sich die Ergebnisse der Auslegung von Röm 13,11–13 bestätigen lassen. Der Verfasser des pseudepigraphischen Schreibens äußert sich zwar zu einer späteren Zeit und in einer ganz anderen Situation als Paulus, er beruft sich aber dezidiert und explizit auf die spezifische Agon-Metaphorik des Völkerapostels. Das ist in zwei Hinsichten bedeutsam: Zum einen beweist die Verwendung der paulinischen Agon-Motivik im Rahmen des Epheserbriefs, dass dieses Sprach- und Deutungsmuster der Einschätzung und Erinnerung eines unmittelbaren Rezipienten des Apostels unzweifelhaft zur genuin paulinischen Theologie gehört. Zum zweiten geht der Autor des Epheserbriefs – genau wie sein großer Lehrmeister selbst – mit dem ihm vorliegenden Agon-Motiv in formaler wie in materialer Hinsicht souverän um, denn er aktualisiert die paulinische Diktion für seine eigene theologische Intention: Es geht bei ihm – noch stärker als zuvor bei Paulus – um die Bewährung im christlichen Glauben und die Bewahrung der christlichen Einheit. So zeigt das Textstück Eph 6,11–18 eine sprachmächtige wie zugleich aussagekräftige literarische Ausschmückung des paulinischen Agon-Verständnisses, die die paulinische Theologie schöpferisch fortschreibt.

Bislang war ausschließlich von der Rezeption des Agon-Motivs in der neutestamentlichen Briefliteratur – das heißt in der diskursiven Theologie – die Rede. Interessant ist daher abschließend noch die weiterführende Fragestellung, ob und wenn, wie sich die Rezeption der Agon-Metaphorik in den narrativen Texten des Neuen Testaments zeigt.

Es wurde schon darauf hingewiesen, dass dort das agonale Sprach- und Deutungsmuster nur in schwachen Spuren nachzuweisen ist. Es gibt aber eine prominente Stelle, die in dieser Hinsicht besonders bemerkenswert erscheint – nämlich die bereits am Anfang dieses Beitrags erwähnte Getsemani-Episode, die einen „Gebetskampf" Jesu am Beginn seiner Passion überliefert.[70]

---

[70] Einige wenige Erzählzüge der Getsemani-Geschichte, die stark bearbeitet sind, lassen sich auch in der johanneischen Überlieferung finden – so in Joh 12,23. 27f. und in 18,1. 11c (vgl. Luck, Mt-ZBK, 288; Eisele, Vaterunser, 72f.). Anklänge an die Agon-Motivik, die im vorliegenden Beitrag behandelt wird, sind in diesen Stellen allerdings nicht gegeben.

4. Der „Gebetskampf" bei Jesus

4.1 Der „Gebetskampf" in Mt 26,36–46; Mk 14,32–42; Lk 22,39–46 – Text und Kontext[71]

In der synoptischen Tradition wird die Passion Jesu durch die Getsemani-Perikope eröffnet. Sie bildet damit eine Zäsur in der Handlung: „Jesus ist im weiteren Verlauf nicht mehr der Handelnde, sondern der Erleidende".[72]

Vorher bringen die bei allen Synoptikern an dieser Stelle vorkommenden drei Szenen über den Tötungsbeschluss des Hohen Rates (vgl. Mt 26,1–5; Mk 14,1f.; Lk 22,1f.), über den Plan des Judas zum Verrat (vgl. Mt 26,14–16; Mk 14,10f.; Lk 22,3–6) sowie über das Letzte Abendmahl (vgl. Mt 26,17–29; Mk 14,12–25; Lk 22,7–23) die Erzählung über das irdische Wirken des Messias zum Abschluss. Die Situation spitzt sich zu, und Jesus ist sich der ihm drohenden Gefahr des Todes wohl bewusst: Die Entdeckung des Verrats des Judas durch Jesus während des Mahls (vgl. Mt 26,21–25; Mk 14,18–21; Lk 22,21–23) belegt sein geheimes, göttlich-messianisches Wissen. Damit ist der weitere Kontext der Stelle umrissen.

Den näheren Kontext bilden die die Getsemani-Szene rahmenden Texte über den Weg Jesu und seiner Jünger zum Ölberg sowie über die Ankündigung der Verleugnung Jesu durch Simon Petrus – ausgerechnet des ersten und engsten Anhängers des Messias (vgl. Mt 26,30–35; Mk 14,26–31; Lk 22,31–34. 39 [Lukas dreht die Reihenfolge um: erst die Verleugnung, dann der Gang zum Ölberg]) – und über den Verrat des Judas und die Verhaftung Jesu (vgl. Mt 26,47–56; Mk 14,43–52; Lk 22,47–53): Jesus verlässt also die Stadt Jerusalem und begibt sich auf offenes Land – auf den Ölberg (εἰς τὸ ὄρος τῶν ἐλαιῶν – vgl. Mt 26,30; Mk 14,26; Lk 22,39a) und dort „zum Grundstück mit Namen Getsemani" (vgl. Mt 26,36a: εἰς χωρίον λεγόμενον Γεθσημανί; Mk 14,32a: εἰς χωρίον οὗ τὸ ὄνομα Γεθσημανί).[73] Das ist also die bekannte Szenerie.

Die Getsemani-Erzählung lässt sich in zwei – im Fall des Lukasevangeliums – oder drei Abschnitte – bei Markus und Matthäus – aufteilen: Der Anfangsteil beschreibt die Ankunft Jesu und seiner Jünger in Getsemani, die Anweisung des

---

[71] Auf eine detaillierte Übersetzung der drei Perikopen soll aus Platzgründen verzichtet werden; das ist zudem auch inhaltlich nicht unbedingt geboten: Die wesentlichen Termini und Syntagmen, die die Agon-Metaphorik betreffen, können nämlich problemlos direkt in Analogie zur paulinisch-nachpaulinischen Applikation des Agon-Motivs gesetzt werden.
[72] So treffend Gnilka, Mk-EKK, 264 (unter dem Punkt „Zusammenfassung").
[73] Lukas gibt keine nähere Bestimmung des Ortes an, er spricht nur vom „Ölberg". – Vgl. zu den Konvergenzen und Divergenzen in der Darstellung der Getsemani-Perikope bei den Synoptikern ausführlich Eckey, Lk, 904f.

Messias an sie zum Wachbleiben und die Absonderung Jesu (vgl. Mt 26,36–38 [gemeinsam mit Petrus und den beiden Zebedäiden]; Mk 14,32–34 [ebenfalls mit Petrus und den Zebedäiden]; Lk 22,39f.). Der zweite Teil – vgl. Mt 26,39–45; Mk 14,35–41; Lk 22,41–46 – behandelt das Bittgebet Jesu, seine Rückkehr zu den schlafenden Jüngern[74] und seine Reaktion auf das Schlafen der Jünger. Bis auf die lukanische Darstellung, die das Ende der Geschichte unmittelbar in die Passage über die Verhaftung Jesu hinübergleiten lässt (vgl. Lk 22,46 in Verbindung mit Lk 22,47), schließt die Szene in der matthäischen und markinischen Fassung mit einer Bemerkung, die zur nachfolgenden Perikope über die Gefangennahme Jesu (vgl. Mt 26,46; Mk 14,42) überleitet.

4.2 Agon und Passion

Jesus zieht sich in Getsemani zum Gebet zurück, er fällt auf die Knie und bittet den himmlischen Vater (vgl. Mt 26,39b; Mk 14,36b; Lk 22,42b) – den „Abba" (vgl. Mk 14,36b[75]) – flehentlich, sein Leben zu verschonen, unterstellt sich aber gleichzeitig aus freien Stücken ganz dem Willen Gottes (vgl. Mt 26,39c-e; Mk 14,36c-e; Lk 22,42c-d).

Die Jünger hingegen bleiben abseits (vgl. Mt 26,36–39a; Mk 14,32–35; Lk 39–41). An sie wendet sich Jesus in seiner tiefen Todesangst (vgl. den zweifachen, betonten Hinweis auf die Betrübnis sowie die Erwähnung der Angst in Mt 26,37. 38b; Mk 14,33. 34b; Lk 22,44a. b [mit der plastischen Schilderung der ἀγωνία – die Bestärkung durch den Engel und das Schwitzen von Tropfen, die wie Blutstropfen aussehen: vgl. Lk 22,43. 44b]), die ihn sehr menschlich erscheinen lässt,[76] mit dem eindringlichen Appell, doch wach zu bleiben und mit ihm gemeinsam um den göttlichen Beistand zu beten (vgl. Mt 26,36–38; Mk 14,32–34; Lk 22,39–40): „Harrt hier aus und wacht mit mir!" – μείνατε ὧδε καὶ γρηγορεῖτε μετ'ἐμοῦ, heißt es bei Matthäus und Markus (vgl. Mt 16,38c; Mk 14,34c).[77] Dann findet Jesus

---

[74] Die Erzählelemente des Gebetes und des ängstlichen Schauens Jesu nach den Jüngern werden im Markus- wie im Matthäusevangelium dreimal erwähnt, bei Lukas einmal.

[75] Der aramäische Begriff erschließt schlagwortartig die tiefe Beziehung des Gottessohnes zu Gott-Vater, in der Jesus unbedingtes Vertrauen auf den Heilswillen JHWHs gründet: vgl. z. B. prägnant Eckey, Mk, 459f.

[76] Vgl. ebenso Schweizer, Mk-NTD, 170 (zu Mk 14,33); Gnilka, Mt-HtKAT, 411; Luz, Mt-EKK, 133. 134f.; Schenke, Mk, 325f.; Eckey, Mk, 459f.; Ebner, Mk, 150; Lentzen-Deis / Grilli / Langner, Mk, 282; Limbeck, Mk-SKK, 404; Müller, Lk-SKK, 548; Klaiber, Mt-BNT, 228. 229f (zu Mt 26,37f.). 233; Klaiber, Mk-BNT, 278f. 280.

[77] Lukas zieht den Appell Jesu an seine Jünger zum „Wachen und Beten" mit dem eschatologischen Aspekt der „Versuchung" zusammen und verkürzt somit die Darstellung der Szene: προσεύχεσθε μὴ εἰσελθεῖν εἰς πειρασμόν (vgl. Lk 22,40b) (in abgewandelter Form greift Lk 22,46c. d die Aussage wieder auf und verschärft sie). Darüber hinaus erzählt Lukas im Unterschied zu Markus und Matthäus auch nur von einem einmaligen Bittgebet Jesu. – Die beiden anderen Synoptiker führen das Mahnwort über die „Versuchung" und

sie jedoch schlafend vor (vgl. Mt 26,40a. 43; Mk 14,37a. 40; Lk 22,45) und rügt ihre Schwäche daraufhin scharf (Mt 26,40b–c. 41. 45; Mk 14,37b–e. 38. 41; Lk 22,46): „Wacht und betet, damit ihr nicht in Versuchung geratet!" (γρηγορεῖτε καὶ προσεύχεσθε, ἵνα μὴ εἰσέλθητε εἰς πειρασμόν· – vgl. Mt 26,41a. b; Mk 14,38a. b) bzw. „Betet, damit ihr nicht in Versuchung geratet!" (προσεύχεσθε μὴ εἰσελθεῖν εἰς πειρασμόν – vgl. Lk 22,40b).[78] Der berühmte Ausspruch „Der Geist [ist] zwar willig, das Fleisch aber [ist] schwach" (vgl. Mt 26,41c; Mk 14,38c: τὸ μὲν πνεῦμα πρόθυμον ἡ δὲ σὰρξ ἀσθενής) verdeutlicht den Vorwurf.[79]

Die Jünger versagen also in einer entscheidenden Stunde ihres Meisters – des „Menschensohnes" (vgl. ὁ υἱὸς τοῦ ἀνθρώπου – vgl. Mt 26,45c; Mk 14,41e; bei Lukas wird das Syntagma in der nachfolgenden Szene der Verhaftung Jesu nachgetragen: vgl. Lk 22,47–53 [48b]), wie Jesus sich an dieser Stelle selbst bezeichnet, und Jesus steht mit seiner Angst somit allein vor Gott.[80] Resümierend gesagt: Die drei Evangelisten zeigen Jesus als Vorbild für das vertrauensvoll-hoffende Beten auch und gerade in der Stunde der Not, das selbstverständlich ebenso das Leben in Christi Nachfolge bestimmen soll.[81]

Wie die Begriffe „Versuchung", „Menschensohn"[82] und der Ausdruck „die Stunde soll an ihm vorübergehen" (παρέλθῃ ἀπ᾽ αὐτοῦ ἡ ὥρα – vgl. Mk 14,35) bzw. „die Stunde ist angebrochen" (ἤγγικεν ἡ ὥρα – vgl. Mt 26,45c) und „die Stunde ist gekommen" (ἦλθεν ἡ ὥρα – Mk 14,41d) belegen, ist dieser Text eindeutig apokalyptisch-eschatologisch grundiert.[83] Die Kernaussage der Szene ist

---

die Aufforderung zum „Wachen und Beten" getrennt auf. – Die jesuanische Forderung an die Jünger zum „Mitsein", die sie dann so sträflich vernachlässigen, wird im Matthäusevangelium im Vergleich zu den beiden anderen Synoptikern besonders herausgestellt (vgl. Mt 26,38c. 40c): vgl. übereinstimmend etwa Lohmeyer, Mt-KEK, 361; Schnackenburg, Mt-NEB, 263; Luz, Mt-EKK, 135; Fiedler, Mt-ThKNT, 393; Frankemölle, Mt, 221.

[78] Das Versagen der Jünger akzentuiert ebenso Gnilka, Mk-EKK, 262f. (zu Mk 14,39f.); anders dagegen Lentzen-Deis / Grilli / Langner, Mk, 283 (zu Mk 14,35–38). 284 (zu Mk 14,39f. und Mk 14,41f.).

[79] Eine Entschuldigung für das Einschlafen der Jünger findet sich hingegen bei Lukas – die geistige Ermattung, die Niedergeschlagenheit der Jünger (vgl. Lk 22,45). – Vor allem Schnackenburg, Mt-NEB, 264, sieht im Dualismus von „Geist" und „Fleisch" das Motiv des apokalyptisch-eschatologischen Kampfes abgebildet, das sich so auch in den Schriften von Qumran wiederfindet.

[80] Vgl. zur Intention des Textes auch Luck, Mt-ZBK, 289; Fiedler, Mt-ThKNT, 393f. (zu den VV. 43–46).

[81] Vgl. Schmithals, Lk-ZBK, 214. 215 (zu den Versen 43 und 44); Schnackenburg, Mt-NEB, 264; Gnilka, Mt-HtKAT, 412. 415; Eckey, Lk, 906f. 908; Eckey, Mk, 462f.; Frankemölle, Mt, 222; Ebner, Mk, 150; Limbeck, Mk-SKK, 405.

[82] Das Lexem „Menschensohn" ist daneben selbstverständlich auch ein expliziter christologischer Titel.

[83] So zu Recht auch Lohmeyer, Mk-KEK, 315 (zu Mk 14,35). 317f. (zu Mk 14,38). 318f.; Grundmann, Mk-ThHNT, 400f. (zu Mk 14,35); Schweizer, Mk-NTD, 170 (zu Mk 14,35); Kertelge, Mk-NEB, 145 (zu Mk 14,35); Gnilka, Mk-EKK, 261 (zu Mk 14,35). – Lohmeyer, Mk-KEK, 313f. (zu V. 36), weist noch auf das epiphane Moment der Szene hin.

mit dem Schlüsselbegriff „Versuchung" (vgl. πειρασμός: vgl. Mt 26,41b; Mk 14,38b und Lk 22,40b. 46d – dort sogar durch die zweifache Erwähnung besonders akzentuiert) gegeben: Die „Versuchung" besteht in der Todesgefahr, in der Jesus schwebt.

Jesus und seine Jünger sind nun in die Entscheidung gerufen,[84] denn sie müssen die Unbedingtheit ihres Glaubens unter Beweis stellen, indem sie ganz auf die Schöpfermacht Gottes setzen, obwohl nach menschlichem Ermessen kein gutes Ende für Jesus zu erwarten ist.[85] Im Gegensatz zu seinen Jüngern bewährt sich Jesus, da er im tiefen Vertrauen darauf, dass Gott ihn durch die Vernichtung des Todes zum Leben hindurchtragen wird, sein Schicksal bewusst und freiwillig Gott-Vater überantworten kann.[86] Die Getsemani-Szene zeigt somit einen dramatischen „Kampf um den Glauben":[87] Jesus wacht und betet inständig. Die Aspekte „Wachen und Beten" einerseits sowie „Versuchung" andererseits werden miteinander kombiniert. Das „Wachbleiben" ist natürlich nicht nur konkret zu verstehen, sondern primär abstrakt im Sinne von „Wachen" oder „Wachsamkeit" als Ausdruck des Glaubens an das heilsame Handeln Gottes,[88] wie es im Beten geschieht, so dass der Begriff „Beten" als Synonym des Lexems „Wachen" zu begreifen ist.[89]

Das „Wachen" ist zugleich ein dem Bildspender des Agons in seiner militärischen Ausprägung entlehnter Terminus: Er bezeichnet nämlich die gespannte Haltung der Soldaten in Erwartung feindlicher Angriffe. Ergänzt wird die Aussage in der knappen Aufforderung Jesu an seine Jünger (vgl. Mt 26,38c; Mk 14,34a) durch die Imperativform von μένω (μείνατε), die Standhaftigkeit oder Beharrlichkeit – gerade auch in der kriegerischen Auseinandersetzung[90] – meint, so dass diese militärische Semantik die gesamte agonale Prägung der Perikope unterstützt und zugleich auf den paulinischen Appell zur Standhaftigkeit

---

[84] Vgl. den treffenden Titel der Dissertation R. Feldmeiers über die markinische Getsemani-Szene: „Die Krisis des Gottessohnes" (vgl. Feldmeier, Krisis).

[85] Vgl. zur Intention der Getsemani-Perikope prägnant auch Eisele, Vaterunser, [42–78] 70f. 76–78 (für das Beispiel der markinischen Überlieferung). – Vgl. ebenfalls Lohmeyer, Mk-KEK, 315 (zu V. 36); Grundmann, Mk-ThHNT, 401 (zu Mk 14,38); Schweizer, Mk-NTD, 170 (zu Mk 14,34). 172; Gnilka, Mt-HtKAT, 414; Kertelge, Mk-NEB, 145f.; Schenke, Mk, 326f.; Klein, Lk-KEK, 683; Ebner, Mk, 150; Wolter, Lk-HNT, 721 (zu Lk 22,40); Lentzen-Deis / Grilli / Langner, Mk, 283; Klaibe, Mk-BNT), 278f. 280; Klaiber, Mk-BNT, 280f. 282f.; Stolle, Mk, 345.

[86] Vgl. resümierend auch Lentzen-Deis / Grilli / Langner, Mk, 284; vgl. ebenso Dormeyer, Mk-SBB, 299.

[87] So sinngemäß gleichfalls Klein, Lk-KEK, 683 (zu V. 42); vgl. auch Dschulnigg, Mk-ThKNT, 370 (unter dem Abschnitt „Gattungskritik").

[88] Vgl. auch ausführlich Feldmeier, Krisis, 192–197 (zum Begriffspaar „Wachen und Beten"). 197–202 (zum Begriff „Versuchung"); vgl. ebenfalls Luz, Mt-EKK, 136f.

[89] Vgl. ebenso Gnilka, Mk-EKK, 261f. 264 (im Abschnitt „Zusammenfassung").

[90] Vgl. Liddell / Scott, Lexicon, 1103 („*stand fast*, in battle" [Kursivdruck im Original] – mit entsprechenden Nachweisen).

Der Kampf um den Glauben

verweist – so etwa in Phil 4,1d: στήκετε – „bestehen" oder „beständig sein". „Wachen und Beten" stellen also die entscheidenden endzeitlichen Haltungen dar. Diese agonal-apokalyptisch geprägten Begriffe sind dem zuvor beispielhaft in 1 Thess 5,4–8 und Röm 13,11–13 untersuchten Sprachgebrauch des Paulus (und auch der nachpaulinischen Tradition) frappierend ähnlich: Dort wurde ebenso von „Wachsamkeit" und von „Nüchternheit" gesprochen.

Diese Konvergenz zur paulinischen Diktion gilt auch für das weitere Vokabular: Es ist bei Matthäus wie bei Markus vom Tod die Rede (vgl. Mt 26,38b; Mk 14,34b: ἕως θανάτου – „auf den Tod"); ebenso heben die Evangelisten in Jesu Rüge – teilweise mehrfach – das „Schlafen" (καθεύδοντας – vgl. Mt 26,40a. 43a, οἱ ὀφθαλμοὶ βεβαρημένοι – vgl. Mt 26,43b; καθεύδετε – vgl. Mt 26,45b; καθεύδοντας – vgl. Mk 14,37a. 40a; καθεύδεις – vgl. Mk 14,37d; οἱ ὀφθαλμοὶ καταβαρυνόμενοι – vgl. Mk 14,40b; καθεύδετε – vgl. Mk 14,41b;τί καθεύδετε – vgl. Lk 22,46b) bzw. das „Ausruhen" (ἀναπαύεσθε – vgl. Mt 26,45b; ἀναπαύεσθε – vgl. Mk 14,41b) hervor.

Die genannten positiven (Wachen, Beten) oder negativen Begriffe (Schlafen, Tod) können – wie bei Paulus in der genannten Römerbriefstelle – nun zu einem antithetischen Begriffspaar zusammengesetzt werden, indem das jeweils positive bzw. negative Pendant angefügt wird. So ergeben sich die dualistischen Dichotomien „Leben und Tod", „Wachen und Schlafen" bzw. als intensivierendes Synonym „Beten und Schlafen". Ebenso illustriert und intensiviert das im lukanischen Kontext erwähnte Schwitzen von Tropfen, die wie Blutstropfen aussehen (ὁ ἱδρὼς αὐτοῦ ὡσεὶ θρόμβοι αἵματος – vgl. Lk 22,44b), den Aspekt „Leben und Tod".

Darüber hinaus muss noch eine Beobachtung hinzugenommen werden: Es ist auf die erzählte Zeit zu achten, denn die Getsemani-Szene spielt in der Nacht (vgl. Mt 26,31b. 34b; Mk 14,30b; Lk 22,34d [implizit]). Das ist zugleich im wörtlichen wie im übertragenen Sinn gemeint. Die Handlung findet in der Dunkelheit statt, und die Situation Jesu „verdunkelt" sich angesichts seines befürchteten Todes. Es kann metaphorisch vom „Todesdunkel" gesprochen werden. Damit lassen sich mit „Tag und Nacht" und „Helligkeit und Dunkelheit" zwei weitere Antithesen bilden. Somit liegen auch für den narrativen Zusammenhang die von Paulus bekannten agonal-apokalyptischen Motive vor. Auch wenn das typisch athletische und bzw. oder militärische Vokabular an dieser Stelle bei Markus und Matthäus nicht expressis verbis fällt, so ist durch die Verwendung der genannten Begriffspaare doch eine deutliche agonale Prägung gegeben.

Bemerkenswert erscheint die Bezeichnung ἐν ἀγωνίᾳ aus Lk 22,44a, die in den Versionen des Matthäus- und des Markusevangeliums paraphrasiert wird (vgl. Mt 26,37: „er wurde betrübt und geriet in Angst" – ἤρξατο λυπεῖσθαι καὶ ἀδημονεῖν; Mk 14,33: „und er wurde von Entsetzen gepackt und geriet in Angst" – καὶ ἤρξατο ἐκθαμβεῖσθαι καὶ ἀδημονεῖν; vgl. Mt 26,38b; Mk 14,34b: „Zu Tode betrübt ist meine Seele" – *περίλυπός ἐστιν ἡ ψυχή μου ἕως θανάτου* [Kursivdruck im Original]).⁹¹ Zwar ist der Text Lk 22,43–44 ursprünglich nicht belegt, er wird jedoch frühzeitig in die Textzeugen eingefügt, weil die Schreiber die Stelle auf diese Weise angemessen deuten konnten. Die beiden Verse sind damit gut bezeugt. Das Syntagma ἐν ἀγωνίᾳ stellt einen klaren Hinweis auf den athletisch-militärischen Agon-Begriff dar: Das Wörterbuch von Liddell / Scott führt für den Begriff ἀγωνία die Bedeutungen „contest, struggle for victory"⁹² und „gymnastic exercise"⁹³ einerseits – das heißt „Kampf" bzw. „Wettkampf" – sowie „agony, anguish"⁹⁴ – wörtlich also „(Todes-) Qual" – andererseits an.

Auch wenn insbesondere Lukas die Szene sehr drastisch ausmalt, sollte doch der Kontext Beachtung finden: Jesus kämpft gegen seine Angst an⁹⁵, die seine Passion vorwegnimmt (also eine literarische Antizipation, bei Lukas veranschaulicht in den Schweißtropfen, die „wie" – ὡσεί – Blutstropfen sind⁹⁶); sein Tod steht ihm aber selbstverständlich noch bevor, so dass die „Agonie" mit „Todesangst" übersetzt werden sollte. Der Ausdruck ἐν ἀγωνίᾳ lautet dann: „in Todesangst".⁹⁷ Dennoch schließen sich die beiden Bedeutungsebenen von „Kampf" oder „Wettkampf" einerseits und „Todesangst" andererseits an dieser Stelle nicht aus; es ist sogar von einem Changieren der Bedeutungen auszugehen – ein Sprachspiel, das der Evangelist Lukas zur Verlebendigung der Szene für seine Leser und Hörer wohl absichtlich verwendet.

Der agonale Sinnzusammenhang wird in der lukanischen Darstellung insbesondere unterstrichen durch den Verweis auf den Engel, der aus dem Himmel herabsteigt und Jesus Kraft spendet (vgl. Lk 22,43: „Ein Engel aber erschien vom Himmel, der ihn stärkte" – ὤφθη δὲ αὐτῷ ἄγγελος ἀπ᾽ οὐρανοῦ ἐνισχύων αὐτόν).

Es lässt sich noch eine weitere Betrachtung anschließen, die die agonale Lesart bekräftigt: Man kann die Getsemani-Episode durchaus auch als neutestamentlichen, jesuanischen Exorzismus interpretieren. Hier steht das dämonistische Weltbild im Hintergrund. Das bereits erwähnte Motiv der „Nacht", das bei

---

91 Der verzweifelte Ausspruch Jesu zitiert Ps 42,6. 12; 43, 5 (bzw. Ps 41,6. 12; 42,5 LXX) und erweitert den Vers mit dem Syntagma ἕως θανάτου („zu Tode").
92 Vgl. Liddell / Scott, Lexicon, 19 [Kursivdruck im Original].
93 Vgl. Liddell / Scott, Lexicon, 19 [Kursivdruck im Original].
94 Vgl. Liddell / Scott, Lexicon, 19 [Kursivdruck im Original].
95 Den Aspekt des Kampfes akzentuiert auch Klein, Lk-KEK, 684 (zu den VV. 44. 45. 46).
96 Eine angemessene Erklärung dieses kryptischen Ausdrucks bietet Wolter, Lk-HNT, 724, an: Jesus schwitzt in seiner Todesfurcht so stark, dass sein Schweiß dicke Tropfen, die großen Blutstropfen ähneln, bildet.
97 So richtig gesehen von Dautzenberg, ἀγών, Sp. 64 (er spricht sich bei der Stelle Lk 22,44a deswegen für die Übersetzung „*angstvolle Erregung*" [Kursivdruck im Original] aus; der 6. Textabschnitt in seinem Artikel ist zudem überschrieben mit „ἀγωνία *Angst*"" [Kursivdruck im Original]); zustimmend auch Eckey, Lk, 907 und 907 Anm. 1138; Klein, Lk-KEK, 684 und 684 Anm. 31; Wolter, Lk-HNT, 723f. („in innere[r] Erregung") (mit weiteren Nachweisen); Bovon, Lk-EKK, 44; Ringwald / Feldmeier, ἀγών, 1103 („‚in seiner Angst'"). – Dagegen etwa Pfitzner, Motif, 130–133 („an intense and decisive struggle for victory" – vgl. ebd. 131 [mit weiteren Nachweisen]).

Der Kampf um den Glauben

den drei Synoptikern bezeugt ist (vgl. insbesondere Lk 22,53b: „und die Macht der Finsternis" – καὶ ἡ ἐξουσία τοῦ σκότους – vgl. den Vollmachtsbegriff!), ist die Metapher für das Widergöttliche, das Satanische. Bei Lukas erscheint das dämonisch-satanische Moment zusätzlich gesteigert, indem der personifizierte Widersacher am Anfang und am Ende des Evangeliums auftaucht: In der Versuchungsperikope (vgl. Lk 4,1–13) betont der Erzähler, dass der Satan „bis zu einer gewissen Zeit" (vgl. Lk 4,13: ὁ διάβολος ἀπέστη ἀπ' αὐτοῦ ἄχρι καιροῦ) von Jesus ablässt. So bemächtigt sich der Teufel im Rahmen der Passionserzählung des Judas Iskariot (vgl. Lk 22,3: Εἰσῆλθεν δὲ σατανᾶς εἰς Ἰούδαν τὸν καλούμενον Ἰσκαριώτην) und tritt in der Verhaftungsszene wieder in Erscheinung.

Die Auseinandersetzung Jesu mit dem Bösen wird in der lukanischen Überlieferung also überdeutlich herausgestellt. Der Satan ist buchstäblich der „Antagonist" – der Gegenspieler – Jesu. Modern-psychologisch gesprochen „kämpft" Jesus dann in seinem Bittgebet an Gott-Vater gegen die widerständige Stimme der Angst in sich selbst. Er, der sonst als machtvoller Exorzist auftritt, muss jetzt sozusagen gegen den Satan in seinem Inneren antreten und ihn in der Stunde höchster Not überwinden – ihn „niederringen" bzw. „niederkämpfen", um es in der Metapher des Agons zu sagen.

Zieht man die direkt an die Getsemani-Perikope anschließende Verhaftungsszene (vgl. Mt 26,47–56; Mk 14,34–52; Lk 22,47–53; Joh 18,2–11) mit heran, dann ergibt sich ein noch deutlicheres Bild der Situation: Hier schlägt die Auseinandersetzung tatsächlich in einen physischen Kampf um, denn alle drei Synoptiker und auch Johannes bezeugen mit dem Schwertstreich gegen den Diener des Hohepriesters, der dabei ein Ohr verliert (vgl. Mt 26,51; Mk 14,47; Lk 22,50; Joh 18,10), ein gewaltsames Widersetzen der Jünger bzw. der Begleiter Jesu gegen die Gefangennahme des Messias – bei Johannes ist es sogar Simon Petrus selbst, der zum Schwert greift (vgl. Mt 26,51: „Und siehe, einer der bei Jesus stand, [...]" – Καὶ ἰδοὺ εἷς τῶν μετὰ Ἰησοῦ; Mk 14,47: „Einer aber der Dabeistehenden [...]" – εἷς δὲ [τις] τῶν παρεστηκότων; Lk 22,50: „einer von ihnen" – εἷς τις ἐξ αὐτῶν; Joh 18,10: „Simon Petrus aber" – Σίμων οὖν Πέτρος).

Jesus bietet dieser Gewalttat Einhalt, indem er sich widerstandslos festnehmen lässt (vgl. Mt 26,50d; Mk 14,46; Joh 18,8), die Gewaltanwendung – wie Matthäus und Lukas akzentuieren (vgl. Mt 26,52b. c. 53;[98] Lk 22,51b) – explizit verurteilt, den verletzten Mann nach lukanischem Zeugnis sogar heilt (vgl. Lk 22,51c – als Zeichen der Feindesliebe: vgl. dazu Lk 6,27–36) und auf den Willen Gottes verweist (vgl. Mt 26,54;[99] Mk 14,49b; Lk 22,53b; Joh 18,11b. c):[100] Die Passion Jesu kann nicht verhindert werden!

---

[98] Hier steht der Aufruf zur Feindesliebe aus der Bergpredigt im Hintergrund: vgl. Mt 5,9. 38–48.
[99] Es liegt wohl eine Anspielung auf die Gottesknechtsthematik Jes 53 vor.
[100] Vgl. zum Aspekt der Gewaltlosigkeit bzw. des Gewaltverzichts prägnant etwa Bovon, Lk-EKK, 328–330 (zu Lk 22,49–51).

Man wird also den insgesamt agonalen Charakter der Getsemani-Szene nicht verleugnen können und in diesem Kontext insbesondere auch nicht die militärische Bedeutungskomponente des Agon-Begriffs: Es geht bei Jesus in der Tat um Leben und Tod!

5. Schlussbemerkung

Die synoptische Getsemani-Erzählung über den „Gebetskampf" Jesu und die Ausführungen des Apostels Paulus über den christlichen „Glaubenskampf" verweisen auf die gemeinsame Grundlage beider Traditionsstränge – auf das tiefe menschliche Urvertrauen in JHWHs souveräne, schöpferische Macht zum Heil, das Ausdruck der lebendigen Beziehung zwischen Gott und Mensch ist (vgl. die Ursprungsbedeutung des πίστις-Begriffes!): Am Ende des irdischen Lebens sollte somit nicht die Furcht vor Grab und Tod, sondern die Hoffnung auf Auferweckung und ewiges Leben stehen.

Dieser „christliche Glaube" verbindet sich mit einem entsprechenden „christlichen Leben", worauf die dualistischen Dichotomien verweisen, die im Appell zum „Wachen und Beten" in der Getsemani-Episode und zur „Wachsamkeit und Nüchternheit" in der paulinischen (wie nachpaulinischen) Darstellung kulminieren: Es geht um die Bewahrung des Glaubens durch die Bewährung im Leben.

Was in den metaphorischen Forderungen nach „Wachen und Beten" sowie nach „Wachsamkeit und Nüchternheit" auf der Bildebene als Zeichen der Bewusstheit des Wachseins statt der Unbewusstheit des Schlafes (Jesus) und nach Klarheit der Sinne statt Verwirrtheit durch den Wein (Paulus) beschrieben ist, ist auf der Sachebene als endzeitlich gespannte Aufmerksamkeit zu verstehen, die die Ernsthaftigkeit der Glaubensbotschaft angemessen würdigt.

Es gilt für die Christen, ihren christlichen Glauben in den vielfältigen Anfechtungen – den „Versuchungen" – der Welt entschlossen zu bewahren, um sich zu bewähren – agonal-militärisch gesprochen: in ihrem Glauben „standhaft" und „widerständig zu bleiben", christlich gesehen: den Glauben zu bezeugen.

Das geschieht in zwei Hinsichten: passiv in der Abwendung von der paganen Welt durch den spezifischen „christlichen Lebenswandel" – agonal-militärisch gesagt: als Defensive, als Verteidigung, als Abwehr – und aktiv in der Hinwendung zur paganen Welt durch die „christliche Verkündigung" – nochmals agonal-militärisch ausgedrückt: als Offensive, als Angriff. Im plastisch wirkenden Syntagma „Waffen des Lichtes" aus Röm 13,12d werden das defensive und das offensive Moment vereint.

Paulus und Jesus erscheinen dabei – wiederum metaphorisch aus agonaler, athletischer wie militärischer Perspektive betrachtet – als „kämpferische", im wahrsten Sinne des Wortes als „todesmutige" „Soldaten", da sie – um im Sprachbild zu bleiben – wie ein guter Krieger den Einsatz ihres Lebens wagen (nach antikem Zeugnis wurde zudem von den Athleten erwartet, sogar ihren Tod bei den Wettspielen in Kauf zu nehmen![101]). Glaube gilt dann in der Tat als buchstäbliche „Lebensentscheidung" – als „existentielle Entscheidung"; πίστις wird als κρίσις aufgefasst. Das ernsthafte Verstehen und Leben der christlichen Heilsbotschaft fordert eine „Beständigkeit", die im äußersten Fall auch vor Verfolgung und Todesdrohung nicht zurückweicht. Jesus und Paulus zeigen demnach den Christen das Vorbild wahren Glaubens und Lebens auf.

Für die Christen ergibt sich somit für die rechte Nachfolge das aktive wie passive Zeugnisgeben für das Evangelium, das an Jesus Christus und Paulus Maß nimmt – als „imitatio Christi" und – in der Aktualisierung – sozusagen als „imitatio Pauli", die mittelbar wiederum auf Christus verweist.

Zur Charakterisierung und Plausibilisierung der eschatologischen Dimension des christlichen Evangeliums bietet sich das klassische Agon-Motiv als geeignetes Sprach- wie Deutungsmuster an, das aber entsprechend der eschatologischen Intention der neutestamentlichen Texte durch die Verwendung agonal-apokalyptischer Dichotomien modifiziert wird. Die traditionelle, militärisch-athletische Agon-Motivik erweitert sich somit zu einer militärisch-athletischen wie apokalyptisch-eschatologisch strukturierten Agon-Metaphorik.

Zugleich liegt eine motivische Dependenz zwischen der Rezeption des Agon-Motivs in den paulinisch-nachpaulinischen Briefen einerseits und in der Getsemani-Perikope der synoptischen Evangelien andererseits vor.

Ihre Vollgestalt zeigt die neutestamentliche Adaption der Agon-Metaphorik in 1 Thess 5,4–8 und in Röm 13,11–13. Die übrigen Stellen weisen jeweils eine stärkere oder schwächere agonale Prägung und somit eine stärkere oder schwächere Hinwendung zu den beiden Bedeutungsebenen auf, die entweder mehr militärisch (wie etwa in 1 Thess 5,4–8 oder in Eph 6,11–18) oder mehr athletisch strukturiert ist (wie markant in 1 Kor 9,24–27, in Gal 2,2d und in Phil 3,12–16) oder auch beide Bedeutungen vereint (wie z. B. in 1 Thess 2,1f. 19). Gerade die letztgenannte Beobachtung belegt, dass man neben der unzweifelhaft gegebenen athletischen Bedeutungsnuance ebenso die militärische Semantik des Agon-Begriffs gleichwertig beachten muss, damit sich ein vollständiges Verständnis des neutestamentlichen Agon-Motivs ergibt.

---

[101] Vgl. Lavrencic, Krieger, 174f. (mit weiteren Nachweisen); Poplutz, Athlet, 98 (mit weiteren Nachweisen).

Literatur

ARISTOTELES, Nikomachische Ethik (übers. und hg. von Günther Bien auf der Grundlage der Übers. v. Eugen Rolfes, Hamburg 1985.
AUFFARTH, Christoph, Art. „Dionysos / Bacchus", in: Betz, Hans-Dieter / Browning, Don S. / Janowski, Bernd / Jüngel, Eberhard (Hg.), Religion in Geschichte und Gegenwart. Handwörterbuch für Theologie und Religionswissenschaft (RGG 2: C–E), Tübingen ⁴1999, Sp. 863f.
BOVON, François, Das Evangelium nach Lukas. 4. Teilbd.: Lk 19,28–24,53 (EKK 4), Neukirchen-Vluyn 2009.
BRÄNDL, Martin, Der Agon bei Paulus. Herkunft und Profil paulinischer Agonmetaphorik (WUNT 222), Tübingen 2006.
DAUTZENBERG, Gerhard, Art. „ἀγών, ῶνος, ὁ agōn, (Wett-)Kampf, ἀγωνίζομαι, agōnizomai, kämpfen", in: Balz, Horst / Schneider, Gerhard (Hg.), Exegetisches Wörterbuch zum Neuen Testament (EWNT I–III), Stuttgart ³2011, Spp. 59–64.
DORMEYER, Detlev, Das Markusevangelium als Idealbiographie von Jesus Christus, dem Nazarener (SBB 43), Stuttgart ²2002.
DSCHULNIGG, Peter, Das Markusevangelium (ThKNT 2), Stuttgart 2007.
EBNER, Martin, Das Markusevangelium. Neu übersetzt und kommentiert, Stuttgart ³2012.
ECKEY, Wilfried, Das Lukasevangelium. Unter Berücksichtigung seiner Parallelen; Bd. 2: Lk 11,1–24,53, Neukirchen-Vluyn ²2006.
ECKEY, Wilfried, Das Markusevangelium. Orientierung am Weg Jesu. Ein Kommentar, Neukirchen-Vluyn ²2008.
EIDEM, Erling, Bildwelt, BRW 1 (1913/14), 212–222.
EISELE, Wilfried, „‚Und er ist [nicht] erhört worden' (Hebr 5,7). Das Vaterunser und seine Bewährung im Getsemani-Gebet Jesu", in: Ders. (Hg.), Gott bitten? Theologische Zugänge zum Bittgebet (QD 256), Freiburg i. Br. u. a. 2013.
FABRY, Heinz-Josef, „2. Eschatologie und Apokalyptik", in: Ders. / Scholtissek, Klaus, Der Messias (NEB.Themen 5), Würzburg 2002.
FELDMEIER, Reinhard, Die Krisis des Gottessohnes. Die Gethsemaneerzählung als Schlüssel der Markuspassion (WUNT 21), Tübingen 1987.
FIEDLER, Peter, Das Matthäusevangelium (ThKNT 1), Stuttgart 2006.
FRANKEMÖLLE, Hubert, Das Matthäusevangelium. Neu übersetzt und kommentiert, Stuttgart 2010.
GNILKA, Joachim, Das Matthäusevangelium. Kap. 14,1–28,20 (HtKAT 2), Freiburg i. Br. u. a. 1988.
GNILKA, Joachim, Das Evangelium nach Markus. Teilbd. 1: Mk 1,1–8,26, Teilbd. 2: Mk 8,27–16,20 (EKK 2), Studienausgabe, Neukirchen-Vluyn / Mannheim 2010.
GRUNDMANN, Walter, Das Evangelium nach Markus (ThHK 2), Berlin ⁷1977.
HAACKER, Klaus, Der Brief des Paulus an die Römer (ThHK 6), Leipzig 1999.
HAUFE, Günter, Der erste Brief des Paulus an die Thessalonicher (ThHK 12/1), Leipzig 1999.
KÄSEMANN, Ernst, An die Römer (HNT 8a), Tübingen ⁴1980.
KERTELGE, Karl, Markusevangelium (NEB- NT 2), Würzburg 1994.
KLAIBER, Walter, Das Matthäusevangelium; Mt 16,21–28,20 (BNT 2), Neukirchen-Vluyn 2015a.
KLAIBER, Walter, Das Markusevangelium, Die Botschaft des Neuen Testaments, Neukirchen-Vluyn ²2015.
KLEIN, Hans, Das Lukasevangelium (KEK 1/3), Göttingen 2006.
KOENEN, Klaus / KÜHSCHELM, Roman, Zeitenwende (NEB.Themen 2), Würzburg 1999.
KVALBEIN, Hans, Art. „ὁ στέφανος", in: Coenen, Lothar / Haacker, Klaus (ThBNT), Ausgabe mit aktualisierten Literaturangaben, 2. Sonderauflage, Witten 2010, Spp. 1112–1115.
LAUB, Franz, 1. und 2. Thessalonicherbrief (NEB-NT 13), Würzburg 1985.
LAVRENCIC, Monika, „Krieger und Athlet? Der militärische Aspekt in der Beurteilung des Wettkampfes der Antike", Nikephoros 4 (1991), 167–175.
LENTZEN-DEIS, Fritzleo / GRILLI, Massimo / LANGNER, Cordula, Das Markusevangelium. Ein Kommentar für die Praxis, Stuttgart 2014.

LIDDELL, Henry G. / SCOTT, Robert (ed.), A Greek-English Lexicon. With a Supplement, Oxford 1968.
LIMBECK, Meinrad, Das Markusevangelium (SKK-NT), Sonderausgabe, Stuttgart ³2014.
LOHMEYER, Ernst, Das Evangelium des Matthäus (KEK 1/1), Göttingen ⁴1967a.
LOHMEYER, Ernst, Das Evangelium des Markus (KEK 1/2), Göttingen ¹⁷1967b.
LOHSE, Eduard, Der Brief an die Römer (KEK 4), Göttingen 2003.
LUCK, Ulrich, Das Evangelium nach Matthäus, (ZBK.NT 1), Zürich 1993.
LUZ, Ulrich, Das Evangelium nach Matthäus: Mt 26–28 (EKK 1/4), Düsseldorf u. a. 2001.
MARXSEN, Willi, Der erste Brief an die Thessalonicher (ZBK.NT 11/1), Zürich 1979.
METZNER, Rainer, Paulus und der Wettkampf. Die Rolle des Sports in Leben und Verkündigung des Apostels (1 Kor 9,24–7; Phil 3,12–16), NTS 46 (2000), 565–583.
MÜLLER, Paul-Gerhard, Der Erste und Zweite Brief an die Thessalonicher (RNT), Regensburg 2001.
MÜLLER, Paul-Gerhard, Das Lukasevangelium (SKK-NT), Sonderausgabe, Stuttgart ³2014.
PAPATHOMAS, Amphilochios, Das agonistische Motiv 1 Kor 9,23ff. im Spiegel zeitgenössischer dokumentarischer Quellen, NTS 43 (1997), 223–241.
PESCH, Rudolf, Römerbrief, Die Neue Echter Bibel (NEB-NT 6), Echter ⁴2002.
PFITZNER, Victor Karl, Paul and the Agon Motif. Traditional Athletic Imagery in the Pauline Literature (NT.S 16), Leiden 1967.
POPLUTZ, Uta, Athlet des Evangeliums. Eine motivgeschichtliche Studie zur Wettkampfmetaphorik bei Paulus (HBS 43), Freiburg i. Br. u. a. 2004.
THEIẞEN, Gerd / GEMÜNDEN, Petra von, Der Römerbrief. Rechenschaft eines Reformators, Göttingen 2016.
THEOBALD, Michael, Der Römerbrief, Erträge der Forschung; Bd. 294, Darmstadt 2000.
REINMUTH, Eckhart, Der erste Brief an die Thessalonicher (NTD 8/2), Göttingen 1998.
RINGWALD, Alfred / FELDMEIER, Reinhard, Art. „ἀγών", in: Coenen, Lothar / Haacker, Klaus, Theologisches Begriffslexikon zum Neuen Testament (TBLNT). Ausgabe mit aktualisierten Literaturangaben, 2. Sonderauflage, Witten 2010, Spp. 1102–1105.
ROOSE, Hanna, Der erste und zweite Thessalonicherbrief (BNT), Neukirchen-Vluyn 2016.
SCHENKE, Ludger, Das Markusevangelium. Literarische Eigenart – Text und Kommentierung, Stuttgart 2005.
SCHLESIER, Renate, „Dionysos (Διονυσος). I. Religion", in: Cancik, Hubert / Schneider, Helmuth (Hg.), Der Neue Pauly. Enzyklopädie der Antike (NP 3: Cl–Epi), Stuttgart / Weimar 1997, Spp. 651–662.
SCHLIER, Heinrich, Der Römerbrief (HThK NT). Ungekürzte Sonderausgabe, Darmstadt 2002.
SCHMIDTHALS, Walter, Das Evangelium nach Lukas (ZBK.NT 3/1), Zürich 1980.
SCHNABEL, Eckhard, Der Brief des Paulus an die Römer. Kapitel 6–16 (HTA), Witten / Gießen 2016.
SCHNACKENBURG, Rudolf, Matthäusevangelium 16,21–28,20, Die Neue Echter Bibel (NEB) – Neues Testament; Bd. 1/2, Würzburg 1987.
SCHNELLE, Udo, Einleitung in das Neue Testament, Göttingen ⁸2013.
SCHWANKL, Otto, „Lauft so, daß ihr gewinnt". Zur Wettkampfmetaphorik in 1 Kor 9, BZ NF 41 (1997), 174–191.
SCHWEIZER, Eduard, Das Evangelium nach Markus (NTD), Bd. 1, ⁵1978.
STOLLE, Volker, Das Markusevangelium. Übersetzung und Kommentierung (unter besonderer Berücksichtigung der Erzähltechnik), Oberurseler Hefte – Ergänzungsbände – 17, Göttingen 2015.
STUHLMACHER, Peter, Der Brief an die Römer (NTD), Göttingen / Zürich 1989.
WOLTER, Markus, Das Lukasevangelium (HNT 5), Tübingen 2008.
ZELLER, Dieter, Der Brief an die Römer (RNT 6), Regensburg 1985.

Der Sport des Apostels.
Die Dialektik von Kampf und Sieg
auf dem Weg von Phil 3 zu 2 Tim 4

Thomas Söding

Sport fasziniert, in der Antike[1] wie in der Moderne. Sport ist ein starker politischer Faktor, damals wie heute. Sport ist Kult – bei den Griechen und Römern in einem genuinen, heute in einem säkularisierten Sinn. Für das Neue Testament ist der Sport eine wichtige Referenz. Die frühe Kirche ist in einem stürmischen Wachstum begriffen – durch die Faszination des Evangeliums. Das Neue Testament wirft einen wachen Blick auf die Menschen, der nicht nur ihre Seele und ihren Geist, sondern auch ihren Leib resp. ihren Körper erfasst. Es blickt mit scharfen Augen auf die pagane Kultur, die nicht zerstört, sondern verwandelt werden soll. Das Urchristentum sucht den Weg in die Öffentlichkeit und ist damit ein politischer Faktor von Gewicht, der aber nicht auf die Errichtung eines Gottesstaates, sondern einer Kirche zielt, die mitten in der Welt ihren Ort findet. Alles zusammen erklärt die Bedeutung des Sports im Neuen Testaments. Er wird nicht als solcher reflektiert, sondern dient als Bildspender auf einem weiten Metaphernfeld[2], besonders im Corpus Paulinum.[3] Dadurch stellen sich hermeneutische Fragen von erheblicher theologischer Bedeutung, die bei der Ethik wie bei der Ästhetik des Sports[4] ansetzen und auf den Sportsgeist des Christseins bezogen werden müssen, der in der Kirche gefragt ist und gefördert werden soll.

---

[1] Vgl. Weiler / Mauritsch / Petermandl / Pleket, Quellen, passim; Golden, Sport, passim; Sinn, Sport, passim; Miller, Arete, passim; Weiler, Sport, passim; speziell zu Griechenland: Decker, Sport, passim; Harris, Athletes, passim; speziell zu Rom: Thuillier, Sport, passim.

[2] Auch die stoische Diatribe kennt und nutzt die Metaphorik. Dio Chrysostmos beschreibt mit ihr Diogenes (or 8,9–12).

[3] Vgl. Bolaño, contacto, 81–109 (der eine ikonographisch gestützte Verbindung zwischen dem sportlichen Lokalkolorit und 1 Kor 9,24–27 nachweisen will); Hullinger, background, 343–369 (der die bereite Präsenz des Sports im kulturellen Gedächtnis der Zeit als Bezugspunkt für Paulus markiert).

[4] Vgl. Bentz / Wünsche, Lorbeer, passim; Hübner, Werke des Sports, passim.

1. Der Sport als hermeneutische Herausforderung

Die Sportmetaphern des Neuen Testaments haben hermeneutisch eine doppelte Bedeutung: Erstens markieren sie eine Schnittstelle zwischen der biblischen Theologie und der antiken Kultur der Griechen wie der Römer, und zwar gerade dort, wo Körper, Geist und Seele, Religion und Kultur, Politik und Popularität zusammenkommen. Zweitens bauen sie theologisch ein weites Spannungsfeld auf, weil sie durchweg mit Kämpfen und Siegen zu tun haben, damit aber in ihren Kontexten Grundfragen des Verhältnisses von Gnade und Freiheit aufwerfen, von göttlicher Verheißung und menschlicher Mühe, himmlischer Belohnung und irdischer Anstrengung.[5]

Im Corpus Paulinum zeichnen die meisten Sportmetaphern ein Portrait des Apostels.[6] Im Ersten Korintherbrief greift Paulus die Standards antiker Sportethik und -ästhetik auf, wenn er, das Laufen und Boxen im Blick, den Korinthern vor Augen führt: „Wisst ihr etwa nicht, dass zwar alle, die im Stadion um die Wette laufen, starten, doch nur einer den Preis ergreift? Lauft so, dass ihr ihn ergreift. Jeder, der kämpft, diszipliniert sich in allem – jene um eines vergänglichen Kranzes, wir aber um eines unvergänglichen willen" (1 Kor 9,24f.). Als guter Coach spielt Paulus, um die Gemeinde zu motivieren, die Karte seiner eigenen Sportlerkarriere aus, die er als Apostel macht: „Ich aber, ich laufe niemals ziellos – so wie ich auch nicht boxe, um in die Luft zu schlagen; sondern ich trainiere meinen Körper und zwinge ihn, damit ich nicht anderen Predigten halte, aber selbst unwürdig werde" (1 Kor 9,26f.). Den sportiven Zusammenhang zwischen Talent und Training, körperlicher und mentaler Fitness, Wettbewerb und Siegeswillen, Triumph und drohender Disqualifikation ruft Paulus so ab, wie er ihn bei den Korinthern voraussetzen durfte, die als Gottes Volk (1 Kor 1,1f.) in einer Stadt mit einer großen Sporttradition[7] leben. Auch den Unterschied zwischen

---

[5] Über den Sport hinaus reicht das Agon-Motiv; vgl. Koch, Wettkampfmetaphorik, 39–55 (der einen direkten Einfluss des Sports verneint und stattdessen auf Traditionen stoischer Diatribe verweist); Brändl, Agon, passim (der sie in erster Linie vom Alten Testament her im Kontext des hellenistischen Judentums erklären will); Esler, agon, 356–384 (der ikonographisch einen Bezug auf realen Sport bei Paulus nachweisen will, nicht lediglich eine Rezeption philosophischer Topoi); Poplutz, Athlet, passim (die hellenistische Einflüsse betont und die hermeneutischen Prozesse differenziert analysiert); Pfitzner, Agon-Motif, passim (der eine radikale Umcodierung der Agon-Metaphorik konstruiert).

[6] Vgl. Metzner, Wettkampf, 565–583 (der die agonistischen Motive aus der Biographie des Apostels zu erklären trachtet).

[7] Die Isthmischen Spiele in Korinth sind auch ein großes Sportfest, das alle zwei Jahre ausgetragen wird; vgl. Pausanias, Graecae descriptio I 44,1. Sie kannten eine Siegprämie, auf 500 Drachmen festgesetzt von Solon, 500 v. Chr. (Plutarch, Solon 23,3). Paulus bezieht sich direkt auf diese Spiele, die er 51 n. Chr. mitbekommen haben kann. Seine Bilder sind aber nicht spezifisch, sondern bleiben allgemein; vgl. Papathomas, agonistische Motiv, 223–241.

welkendem Lorbeer und bleibendem Ruhm ruft ihnen Paulus ins Gedächtnis, den Starkult im Sinn, der den Olympioniken Denkmäler setzt.[8] Sogar die Rolle des Verkünders könnte zu den Spielen passen, da ein Herold die Sieger zu proklamieren hatte.[9] Nicht zuletzt führt Paulus das harte Ethos des antiken Wettkampfes vor Augen: The winner takes it all. Trostpreise gibt es nicht. Wer im Wettkampf läuft, will gewinnen; wer gewinnen will, muss kämpfen; nur einer gewinnt den Siegespreis, alle anderen gehen leer aus. Das macht den Anspruch deutlich, die Notwendigkeit der Konzentration, der Anspannung aller Kräfte.

So konventionell aber die knappe Sportreportage des Apostels Paulus ausfällt, so unkonventionell ist die Übertragung: Paulus will bei den Korinthern um Verständnis für seinen Stil des Apostolates werben: nicht auf Rechten zu bestehen, sondern notfalls auch freiwillig auf Rechte zu verzichten und nicht nur stark, sondern auch schwach zu sein – um zu gewinnen: nämlich Menschen für das Evangelium (1 Kor 9,15–23).[10] Dies wiederum soll den Korinthern im Götzenopferstreit (1 Kor 8–10) als Paradigma dienen (1 Kor 11,1), Stärke nicht gegen Schwäche auszuspielen, sondern in reflektierter Rücksichtnahme zu erweisen, so dass nicht durch die eigene Freiheit andere zu Verlierern werden. Sportsgeist in der Kirche ist von der Agape bestimmt. Deshalb gewinnt auch der Wettbewerb eine neue Rolle. Im Reich Gottes gibt es nur erste Plätze. Wer den Lauf des Lebens im Glauben gewinnt, verdrängt nicht andere vom Siegerpodest, sondern zeigt allen den Weg zum Sieg, die im Wettbewerb stehen.

Die Ethik und Ästhetik des Sports, die Paulus im Ersten Korintherbrief beschreibt, weil er nach populären Bildern sucht, die auf das Zusammenleben zwischen den Gläubigen unterschiedlicher Gewissensstärke übertragen werden können, spiegelt sich apostolatstheologisch in zwei motivisch eng verwandten Passagen, die den Kampf im Glauben mit der Verheißung des ewigen Lebens korrelieren. Die erste Passage stammt aus dem Philipperbrief, den Paulus selbst geschrieben hat. Hier vergleicht er sich mit einem Läufer, der das Ziel vor Augen hat und alles daransetzt, den Siegespreis zu erringen, aber noch eine Strecke zurücklegen muss (Phil 3,12–14). Die zweite Passage stammt aus dem Zweiten Timotheusbrief, den die traditionelle Schriftauslegung zwar der Spätzeit des Apostels zugerechnet hat, die historisch-kritische Exegese aber mehrheitlich einer jüngeren Generation zuordnet, die auf die paulinische Anfangszeit zurückschaut, um ihr eine Orientierungskraft für die Gegenwart zuzuschreiben.[11] Hier

---

[8] Die lange Wirkung belegt Gutsfeld, Staat, 153-175.
[9] Skeptisch ist an dieser Stelle allerdings Kingsley Barrett, First Corinthians, 218.
[10] Vgl. Vorholt, Dienst, passim.
[11] Die herrschende Meinung zur nachgeahmten Verfasserschaft der Pastoralbriefe ist gut begründet; vgl. nur Schnelle, Einleitung, 405-413: um 100 n. Chr. Der Ansatz von Herzer, Fiktion, 489-536, die Autorenfrage für den Zweiten Timotheusbrief und den Titusbrief wieder zu öffnen, weist zwar nach, mit wie strittigen Indizien eine literarische Theorie aufgebaut werden muss, kann aber kein anderes Urteil begründen. Die jüngst wieder forcierten Spätdatierungen, so von Häfner, Pastoralbriefe, 456-479: um 140 n Chr. lesen die

hat der Apostel bereits den Siegeskranz vor Augen und blickt auf seine erfolgreiche Karriere zurück (2 Tim 4,7f.)[12], nicht ohne Timotheus zu ermuntern, selbst in den Wettbewerb einzutreten und seine pastorale Aufgabe sportlich anzugehen (2 Tim 2,5). Die Bildverschiebung im Metaphernfeld spiegelt nicht nur eine veränderte Zeit, sondern auch eine neue Sicht auf den Sport, in dem sich der Dienst der apostolischen wie der nachapostolischen Verkündigung erkennen lässt.

Die exegetische Aufgabe besteht also darin, zuerst die Wegstrecke der Bildverschiebung vom Philipper- zum Zweiten Timotheusbrief zu vermessen, dann die soteriologischen Perspektiven des apostolischen Laufes zu öffnen und schließlich das neutestamentliche Bild vor dem Hintergrund der antiken Ethik und Ästhetik des Sports nachzuzeichnen.

2. Der Weg der Sportmetaphorik von Phil 3 zu 2 Tim 4

Auf dem Weg vom Philipper- zum Zweiten Timotheusbrief, der etwa ein halbes Jahrhundert überbrückt, verschiebt sich das Bild des sportlichen Apostels vom Läufer, der siegen will, zum Sieger, der gelaufen ist und andere ans Laufen bringen will.

2.1 Der Apostel im Wettbewerb (Phil 3,12-14)

Im Philipperbrief[13] zeichnet Paulus Bilder des Sports, wo er seine Bekehrung und deren Konsequenzen[14] beschreibt, um am Beispiel der eigenen Biographie zu zeigen, weshalb die Gerechtigkeit Gottes, der Inbegriff des Heiles, nicht aus dem Gesetz erhofft werden kann, dessen Gebote erfüllt werden, sondern aus Jesus

---

Pastoralbriefe eher als Widerspiegelung realer Verhältnisse, die in die Zeit Polykarps wiesen, denn als Manifeste, die eine neue Kirchenordnung etablieren wollen, wie sie nach einer längeren Inkubationszeit - und nicht ohne erhebliche Modifikationen – später das Gesicht der Kirche geprägt haben.

[12] Vgl. Guida, battaglia, 45-50.
[13] Vgl. Frey, Philipperbrief, passim.
[14] An anderen Stellen betont Paulus das Motiv der Berufung, besonders stark in Gal 1, hier jedoch das der Konversion; zur Verhältnisbestimmung vgl. Söding, Paulus, 12-43. Die Bekehrung ist aber nicht als Religionswechsel zu verstehen, so als ob Paulus vom Juden zum Christen geworden wäre, sondern als Abkehr von seiner gewaltförmigen Frömmigkeit, die sich vermeintlich auf das Gesetz stützen konnte, zum Christusglauben, der das Gesetz erfüllt.

Christus, dem Glauben geschenkt wird (Phil 3,5–12).[15] Paulus muss diese Debatte führen, weil es in Philippi eine Alternative gibt, die auf der Notwendigkeit der Beschneidung besteht (Phil 3,2); Paulus verwirft sie, weil er sie als Indikator eines soteriologischen Konzeptes sieht, in dem die Rechtfertigung an Werke des Gesetzes gebunden wird. Wie er im Galater- und im Römerbrief breiter ausführt, ist ihm – an seiner eigenen Person wie an der Heiligen Schrift Israels – aufgegangen, dass die Werkgerechtigkeit sowohl den Abgrund der Sünde als auch den Gipfel des Heiles unterschätzt und deshalb, so die Worte des Philipperbriefes, eine eigene Gerechtigkeit aufbaut, die zwar Gottes Gerechtigkeit entsprechen soll, ihr aber widerspricht.

Vom Wettlauf um den Siegerkranz schreibt Paulus (Phil 3,12–14), um die enorme Motivationskraft des Glaubens zu charakterisieren, der alles auf Jesus Christus setzt, den Leidenden, der von den Toten auferstanden ist (Phil 3,10). Diese Dynamik ist im Passus über die rettende Macht der Gerechtigkeit Gottes vorbereitet. Paulus spricht von seinem Urteil (Phil 3,7.8) und seiner Erkenntnis (Phil 3,8) – als Konsequenz dessen, dass Gott ihn auf seinen Abwegen (Phil 3,3–6) gefunden hat (Phil 3,9). Dies geschah durch seine Vision Jesu Christi (1 Kor 9,1), die er anderenorts als Offenbarung (Gal 1,16) deutet. Durch seine Bekehrung weiß er sich auf die Spur gesetzt, sein Glaubenswissen zu vertiefen, indem er eine persönliche Beziehung zu Jesus aufbaut, einschließlich der Gemeinschaft im Leiden und Sterben (Phil 3,10), so dass er Hoffnung schöpft, an der Auferstehung der Toten Anteil zu erhalten (Phil 3,11).

Genau dieses Spannungsmoment qualifiziert Paulus, wenn er den Sport ins Spiel bringt: „[12]Nicht dass ich es schon ergriffen hätte oder schon vollendet wäre. Aber ich jage danach, ob ich es wohl ergreife, weil auch ich von Christus Jesus ergriffen bin. [13]Brüder, ich urteile nicht etwa, dass ich es erreicht hätte. Aber eines: Ich vergesse, was hinter mir liegt, und strecke mich aus nach dem, was vor mir ist. [14]Auf das Ziel jage ich zu, nach dem Preis, der Berufung Gottes nach oben in Christus Jesus" (Phil 3,12–14).[16] Paulus baut mit dem Einblick in seine sportliche Laufbahn die Brücke zwischen der Reflexion seiner Bekehrung und der Orientierung der Philipper an seinem Vorbild (vgl. Phil 3,16). Dies gelingt, weil der Apostel seine Bekehrung nicht als Endstation, sondern als Startblock für ein Leben sieht, das aus der Hoffnung lebt.

Ohne Frage hat Paulus in Phil 3 – ähnlich wie im Ersten Korintherbrief – den Wettlauf im Sinn. Zu den olympischen Disziplinen der Antike, deren Genese Pausanias beschreibt (Graecae discretio V 8,5–10), gehörten der Kurzstreckenlauf über ein „Stadion" (Pindar, od. 10,64–66), ca. 175–200 m, der Mittelstreckenlauf über zwei Stadien (*Diaulos*), ca. 350–400 m, und der Langstreckenlauf

---

[15] Vgl. Becker, Polemik, 233–254.
[16] Zur Einzelexegese vgl. Focant, lettres, 167–172. Er arbeitet die Bedeutung der Negationen heraus, die einen kritischen Diskurs anzeigen, eine rhetorische *retractatio*, die nicht mit wirklichen Einwänden rechnet, aber diskursiv die positiven Pointen setzt.

(*Dolichos*) über 20 oder 24 Stadien, ca. 3500-4000 m, sowie als Spezialdisziplin der Waffenlauf über zwei Stadien (*Hoplitenlauf*). Die Metaphorik des Ziels, das vor Augen steht, lässt in Verbindung mit der Person des Paulus, der das Bild prägt, an die Zielgerade denken, auf der nach der Langstrecke der Endspurt angesetzt wird.

Paulus arbeitet mit anschaulichen und populären Sportmetaphern. Sie werden zu einer Allegorie seines apostolischen Lebens. Das „Jagen", das schnelle Laufen um den ersten Platz, wird genannt (Phil 3,12.14: διώκω); es entspricht dem enormen Einsatz für das Evangelium, den Paulus sich ohne falsche Bescheidenheit immer wieder zuspricht (vgl. 1 Kor 15,10f.). Auch das Ausstrecken, die gesammelte Körperspannung (Phil 3,13: ἐπεκτείνομαι), gehört in diesen Rahmen, wie sie auf antiken Läuferdarstellungen typisch ist – ein Bild für die große Hoffnung, die ihn antreibt. Der konzentrierte Blick nach vorn passt ins Bild, der sich durch alles, was vor dem Start gewesen ist, vor allem das Training, ebensowenig belasten lässt wie durch die bislang zurückgelegte Wegstrecke, um die kommenden Aufgaben konzentriert wahrnehmen zu können (Phil 3,13); was Paulus auf der realen Ebene hinter sich lässt, ist sein verderblicher Eifer, die eigene Gerechtigkeit aufzubauen; was er vor sich sieht, ist die Gerechtigkeit Gottes, die ihm verheißen ist und der er sich verschreibt. Das Ziel wird markiert: einmal im Sinn von τέλος als Vollendung eines Laufes (Phil 3,12: τελειόω), einmal im Sinn von σκόπος (Phil 3,14) als Fokus, auf den hin die ganze Konzentration gerichtet ist; keine Frage, dass Paulus hier die Ethik und Ästhetik des Glaubens fokussiert. Der Siegespreis wird genannt (Phil 3,14: βραβεῖον, vgl. 1 Kor 9,24), der nach Schiedsrichterentscheid vergeben wird (als Siegerkranz nach 1 Kor 9,25).[17] Dieser Preis ist auf der theologischen Sachebene die „Berufung Gottes nach oben", d.h. die eschatologische Vollendung in der Auferstehung der Toten (Phil 3,11), die aus der Gemeinschaft mit dem Leiden Christi resultiert und sich in der Erkenntnis Jesu Christi manifestiert (Phil 3,10). Die Berufung, dieses Ziel zu erreichen, ist jetzt schon erfolgt; sie ist der Startschuss für den Lebenslauf des Apostels. Der futurischen entspricht die präsentische Eschatologie: Paulus jagt nicht nur dem Preis nach, der ihm dereinst, so Gott will, im Himmel verliehen werden wird, sondern ist in eben dieser Bewegung auch dabei, den Sinn seiner Berufung zu entdecken. Dieselbe eschatologische Dynamik ist der Christuserkenntnis eingeschrieben, die Paulus zuvor als Aspekt des rechtfertigenden Glaubens beschreibt: Christus, den zu kennen sein Ziel ist (Phil 3,10), ist ihm nicht unbekannt. Von Angesicht zu Angesicht wird er ihn erst im Jenseits

---

[17] Das Verb bezeichnet den Schiedsrichterspruch; vgl. Kol 2,18, aber auch Sap 10,12. Gott ist Schiedsrichter nach Philo, vit. Mos 1,16. Den Siegespreis bezeichnet das Substantiv in der Inschrift von Priene (118,5) und in zahlreichen weiteren Inschriften. Den metaphorischen Gebrauch belegt Menander, Mon 653; vgl. grBar 12. Die engste Parallele zieht Philo, praem. et poen. 5f.; dort wechselt βραβεῖον mit ἄθλον. Die stärkste Resonanz findet das Bild in 1 Clem 5,5ff., passend zu 2 Tim 4,7f. Auf das Martyrium weitet den Blick MartPol 17,1 aus; vgl. Tertullian, Mart. 3.

erblicken, jetzt aber steigt er in den Prozess einer immer tieferen Erkenntnis ein, die weiß, dass sie nie die vollkommene ist (vgl. 1 Kor 13,12).

Im Ersten Korintherbrief ist die Anstrengung des Laufsports das Rhema, im Philipperbrief das Thema, das Rhema aber der Umstand, dass Paulus „nicht schon" (Phil 3,12) am Ziel ist. Die Konsequenz ist nicht Frustration, sondern Motivation. Aus dem „eschatologischen Vorbehalt" (Erik Peterson) gewinnt Paulus Energie; er hat eine Naherwartung nicht in dem Sinn, dass er Zeitgewinn nur als Zeitverlust interpretieren könnte, sondern ist entschieden, die Zeit zu nutzen, die ihm geschenkt ist, um sich auf den Weg zu machen und die nächste Etappe erfolgreich zu absolvieren, besonders wenn es die letzte ist. Das Ziel vor Augen, wird ihm der Weg nicht zu lang, sondern eine Gelegenheit der Bewährung. Jesus Christus ist aber nicht nur das Ziel dieses Weges; er hat vielmehr den Weg gebahnt, weil er den Apostel „gepackt", „ergriffen" hat: durch die Berufung zum Apostel.

Aus demselben Grund verdrängt er niemanden, wenn er selbst gewinnt, sondern zeigt allen den Weg, wie sie durch die Niederlagen ihres Lebens hindurch, im Glauben aus dem Tod heraus zum ewigen Leben gelangen. Das Ziel aller Gläubigen ist die himmlische Vollendung. Auf sie zielt nicht nur die Berufung des Apostels; sondern auch die Berufung aller Gläubigen (vgl. 1 Thess 2,12). So wie es eine fundamentale Gemeinsamkeit zwischen dem Apostel und der Gemeinde im Glauben und im Leiden gibt, so auch in der Hoffnung. Paulus weiß von ihr und schreibt von ihr, um die Philipper darin zu bestärken, dass sie mit seiner Hilfe längst auf dem richtigen Weg sind, ohne dass sie sich von den Gegnern irremachen lassen.

2.2 Der Apostel am Ziel (2 Tim 4,7f.)

Der Zweite Timotheusbrief ist als Testament des Paulus gestaltet. Der Apostel hat seinen Tod vor Augen (2 Tim 4,6.18) und drängt mit dem Brief auf einen schnellen Besuch des Timotheus, noch vor dem Winter (2 Tim 4,21), damit letzte Angelegenheiten besprochen werden können. Es geht darum, die Kirche, die stürmisch wächst, in schwierigem Gewässer auf Kurs zu halten. Dazu braucht es den Pastoralbriefen zufolge zweierlei: eine geklärte Weitergabe des paulinischen Erbes in Form einer „gesunden" Lehre, die sich gegen „die sogenannte Gnosis" (1 Tim 6,20) durchzusetzen weiß, und eine episkopale Struktur der Gemeindeleitung, die von Timotheus organisiert, garantiert und personifiziert werden soll (1 Tim 3,1–7). Beides kommt in dem furchtlosen, mutigen, konfliktfähigen, friedensstiftenden Dienst der Verkündigung zusammen, den Timotheus vorbildlich ausüben soll (2 Tim 4,2.5).

An dieser Stelle bringt Paulus – auf der literarischen Bühne des Schülerbriefes – sich selbst ins Spiel.[18] Er deutet sein unmittelbar bevorstehendes Martyrium als Opfertod – in der Metaphorik einer Libation (2 Tim 4,6).[19] Daran schließt sich das literarische Selfie an, das der Apostel nach dem Zieleinlauf geschossen haben soll: „Den guten Kampf habe ich gekämpft, den Lauf vollendet, den Glauben bewahrt. Hinfort liegt bereit für mich der Kranz der Gerechtigkeit, den mir der Herr verleihen wird an jenem Tag, der gerechte Richter, und nicht allein mir, sondern allen, die seine Erscheinung liebgewonnen haben" (2 Tim 4,7f.). Das Sportphoto des Briefes entsteht, um die Lebensleistung des Apostels zu würdigen: seinen Mut, seine Entschlossenheit und Ausdauer, seine Energie und Widerstandskraft.

Das Leitwort heißt hier ἀγών. Es gehört zum Grundwortschatz paulinischer wie deuteropaulinischer Theologie (1 Thess 2,2; Phil 1,30 – Kol 2,1 – 1 Tim 6,12), ist aber kein Spezialbegriff des Neuen Testaments, sondern im besten Sinn ein Allerweltswort. Es meint den Kampf, nicht nur gegen andere, sondern auch gegen sich selbst; es fokussiert aber nicht die Gewalt, die ausgeübt werden muss, um sich durchzusetzen, sondern die Energie, die aufgebracht, die Anstrengung, die unternommen, die Kraft, die eingesetzt werden muss, um ein Ziel zu erreichen. Das Agieren kann nicht nur mit dem Sport, sondern auch mit der Arbeit und dem Krieg verbunden sein (vgl. 2 Tim 2,4–6). In der hagiographischen Einstellung, die ein Selbstportrait des Apostels kreiert, ist die Aktion ein Lauf (δρόμος), genau passend zur Metaphorik der paulinischen Homolegoumena (die in 1 Kor 9,24f. das passende τρέχω bieten). Der Aspekt ist aber hier nicht die Strecke, sondern das Finish. Paulus hat das Ziel seines Lebens erreicht – und zwar im Glauben, der ihn auf den Weg gebracht hat.[20] Was noch aussteht, ist die Siegerehrung. Der „Paulus", der nach den Worten seiner Schüler in sein Herz schauen lässt, weiß nicht nur, wie die Zeremonie abläuft; er schaut im Glauben bereits in die himmlische Sphäre, wo der Siegerkranz (στέφανος; vgl. 1 Kor 9,25), den ihm Gott selbst überreichen wird, schon bereitliegt. Gott wird ihm diesen Kranz als „gerechter Richter" aufsetzen, als unparteiischer Schiedsrichter, der sich nicht beirren noch beeinflussen und bestechen lässt.

Was im Philipperbrief wie im Ersten Korintherbrief implizit bleibt, aber präsent ist, wird hier explizit: Paulus ist nicht nur kein Einzelkämpfer; er ist auch nicht der einzige, der sich auf eine Siegerehrung freuen darf. „Alle", die auf sie aus sind, werden sie genießen dürfen, und zwar durch die Epiphanie Jesu, die Vergegenwärtigung seiner Göttlichkeit im Horizont menschlicher Wahrnehmung, sowohl im Blick auf die Menschwerdung des Präexistenten (vgl.

---

[18] Vgl. Merz, Selbstauslegung, passim.
[19] Die Opfersprache ist fest verwoben in die paulinischen Texte; vgl. Vahrenhorst, Sprache, passim.
[20] Vgl. zum Konzept des Glaubens Mutschler, Pastoralbriefe, 561–607.

1 Tim 3,16) und die geschichtliche Präsenz des Irdischen als auch auf die Erscheinungen des Auferweckten (2 Tim 1,9f.; vgl. 2 Tim 4,8) und die Parusie des Erhöhten (1 Tim 6,14; 2 Tim 4,1; Tit 2,13).[21] Paulus ist ein sportliches Vorbild, das am Ende seiner Laufbahn angekommen ist, aber andere motiviert, es ihm nachzutun. Das Motiv des kämpferischen Paulus ist auch aus den echten Paulusbriefen bekannt (1 Thess 2,2; Phil 1,30), immer unter dem Aspekt des noch andauernden Contests, wie in Phil 3,12–14, aber nicht schon des gewonnenen Kampfes, wie im Zweiten Timotheusbrief.

Der wichtigste seiner Nachfolger (vgl. 2 Tim 3,10; ferner 1 Tim 4,6) ist Timotheus. Der Brief liest sich wie ein Trainingsplan für ihn, der auf Gefahren und Chancen hinweist, auf Übungseinheiten und erlaubte Techniken der Leistungssteigerung. Auch der Kampfgeist soll angespornt werden. Timotheus soll sich auf den Feldzug konzentrieren, wie ein guter Soldat, damit er beim Heerführer gut angeschrieben ist (2 Tim 2,4–5); er soll sich schinden wie ein Bau-er, der darauf vertrauen kann, beim Essen nicht zu kurz zu kommen (2 Tim 4,7). Er soll aber auch Sportsgeist entwickeln – um zu gewinnen. Im Ersten Timotheusbrief findet sich die Aufforderung: „Kämpfe den guten Kampf des Glaubens" (1 Tim 6,12). Im Zweiten wird das Ethos des Kampfes qualifiziert, das im Ersten durch den Kontext angezeigt wird (1 Tim 6,11.13), zugleich wird es als Voraussetzung der Preisverleihung benannt: „Wenn aber einer in den Wettkampf zieht, wird er nur bekränzt, wenn er regelkonform kämpft" (2 Tim 2,5). Für den Wettkampf steht wieder ἀγών (vgl. 2 Tim 4,7–8). Fairness ist erforderlich (wie nach 1 Kor 9,27). Dass der Gewinner den Siegerkranz erhält, bildet den Hintergrund; im Vordergrund steht der Kampf gegen unlauteren Wettbewerb, der nur mit sauberem Sport gewonnen werden kann. Wer foul spielt (wie angeblich die Gegner), wird disqualifiziert; aber Fairplay wird belohnt.

Timotheus soll sein Amt – als Brückenbauer zwischen dem Apostel und den Gemeinden, die Bischöfe an ihre Spitze stellen sollen – in einer sportlichen Manier ausüben. Zu den gymnastischen Übungen, die Paulus ihm empfiehlt, gehört eine Frömmigkeit, die sich nicht durch einen Leib-Seele-Dualismus schwächt, wie er den Gegnern zugeschrieben wird, sondern sich durch gesunde Ernährung, geistig wie körperlich (1 Tim 5,23; 6,8), für die schwierige Aufgabe vorbereitet, die Frömmigkeit dadurch zu verbreiten, dass sie anschaulich wird (1 Tim 3,7f.). In diesem Kampf sind der Apostel und sein Meisterschüler vereint (1 Tim 4,10f.; 2 Tim 4,5).

---

[21] Vgl. Söding, Erscheinen, 149–192.

2.3 Zwischenfazit: Das Bild des Apostels in Bewegung

Die Strukturanalogie zwischen dem echten und dem nachgeahmten Paulusbrief ist unübersehbar. Sie enthält gemeinsame Bildmotive und starke Bildverschiebungen. Beides erklärt sich am besten aus literarischer Abhängigkeit.[22] Der Zwei-te Timotheusbrief arbeitet mit Motiven auch des Philipperbriefes. Beide sind als Gefangenschaftsbriefe gestaltet.[23] Allerdings wird die Sportmetaphorik nicht kopiert, sondern transponiert. Die Traditionsbildung der Pastoralbriefe ist kreativ, so auch im Bild des sportlichen Apostels.

In beiden Texten ist Wesentliches gleich: Gott verleiht den Siegespreis, er allein; erst im Himmel wird der Preis verliehen – aber auf Erden darf man sich schon auf die Siegerehrung freuen. Siegen wird nur, wer – mit ehrlichen Mitteln – gekämpft hat. Nur die Sieger werden geehrt – aber alle, die antreten, werden gewinnen, wenn sie den Blick aufs Ziel richten, nicht nur einer. Mehr noch: Der Siegertyp Paulus zeigt anderen, wie es geht, damit sie ihren Kampf kämpfen und ihren Sieg erringen.

Freilich gibt es einen gravierenden Unterschied, der das gesamte Bildfeld verändert. Der Zweite Timotheusbrief schreibt das Sportprogramm des Philipperbriefes um, so dass einerseits Paulus schon mit dem Blick auf die Märtyrerkrone dargestellt werden kann, andererseits aber Timotheus den nötigen sportlichen Ehrgeiz entwickeln soll. Ist Paulus im Philipperbrief ein Vorbild nicht nur an Ausdauer, sondern auch an Hoffnung, so im Timotheusbrief nicht nur an Kampfkraft, sondern auch an Gewissheit. Schreibt Paulus im Philipperbrief selbst mitten aus den Nöten seines Lebens im Ringen um den rechten Weg, so zeigt der Zweiten Timotheusbrief im zuversichtlichen Rückblick des Glaubens, dass Paulus nicht nur seinen Weg gemacht hat, sondern auch seine eschatologische Siegerehrung erleben wird.

3. Die Dialektik von Kampf und Sieg im Corpus Paulinum

An allen Belegstellen, auch in der Wettbewerbslogik der beiden Gegenbilder von Phil 3 und 2 Tim 4, bringt die paulinische Sportmetaphorik die Dialektik von Kampf und Sieg zum Ausdruck. Es ist immer der Apostel, der mit vollem Einsatz

---

[22] Andere Einflüsse sind mit dem Hinweis auf paulinische Traditionsbildung nicht ausgeschlossen; vgl. Weiser, EKK XVI/1, 310.
[23] Der Zweite Timotheusbrief hat seinen Anteil an der traditionellen Lokalisierung des Philipperbriefes in Rom. Die Debatte wird nach wie vor intensiv geführt. Die Alternative ist Ephesus, wohin die Timotheusbriefe adressiert sind.

kämpft oder gekämpft hat; aber es ist Gott, der ihm die Kampfbahn bereitet und den Kampf führen lässt. Umgekehrt: Es ist immer Gott, der den Siegeskranz überreicht, aber es ist immer der Apostel, der ihn empfängt und trägt – und dies im Vorhinein weiß oder zumindest erhofft. Die Sportmetaphern veranschaulichen, dass Gottes Gnade befreit und dass die menschliche Freiheit begnadet ist. Paulus ist der Mann, der diese Dialektik selbst erlebt hat und sie weitergibt – im eigenen wie im zugeschriebenen Lebenszeugnis.

3.1   Theologische Spannungsbögen

Der Philipperbrief macht bis in die Grammatik der Sätze hinein deutlich, dass der Apostel sich nicht etwa seinen Platz an der Sonne erkämpfen muss, sondern dass er, um den Kampf zu kämpfen, den Jesus Christus ihn kämpfen lässt, sich anstrengt, indem er in seinem Kampf „mit" ihm leidet, um mit ihm aufzuerstehen (Phil 3,10). Gott hat ihn durch Jesus berufen, so dass er sich überhaupt auf den Weg gemacht hat; er bahnt ihm den Weg; er wird ihm den Triumph bereiten. Aber Paulus ist es, der läuft. Er spricht auch vom „Ergreifen" (Phil 3,12: καταλαμβάνω; vgl. 1 Kor 9,24) des Preises, weil er sich zwar auf den Moment konzentriert, da der Siegerkranz aufgesetzt wird, aber den Aspekt hervorhebt, dass er ihn annehmen wird, als Erfüllung sehnlichster Wünsche und Belohnung härtester Arbeit. Der Siegerkranz, der verliehen wird, geht nach den Regeln des antiken Sports in den persönlichen Besitz des Athleten über; er wird seine dauernde Zierde. Weil er diese Perspektive auf die Preisverleihung öffnet, kann Paulus die gnadentheologische Pointe setzen: dass ergreifen will und ergreifen wird, wer ergriffen ist, von Jesus Christus (Phil 3,12).

Der Paulus des Zweiten Timotheusbriefes ist eine entscheidende Phase weiter; er hat den Wettlauf bereits gewonnen. Deshalb kann er im Rückblick auf sein Leben als Apostel drei Mal in der 1. Person Singular sprechen: Ich habe gekämpft – Ich habe vollendet – Ich habe bewahrt (2 Tim 4,7). Gott kommt als der in den Blick, der die Siegerehrung vornehmen wird (2 Tim 4,8). Die Unterscheidung zwischen dem, was der Apostel hat machen können: seinen Dienst zu verrichten, und dem, was er ganz allein von Gott erwarten darf: die Auferstehung von den Toten und das ewige Leben, kommt durch diese Grammatik klar zum Ausdruck. Das Verhältnis ist aber nicht so, dass Gott erst reagiert, wenn der Apostel agiert hat. Vielmehr ergibt sich aus dem Kontext, dass er nicht nur der Erlöser ist, sondern auch der Schöpfer, der Begleiter, der Motivator und der Helfer. Im Sportbild selbst öffnet das Motiv der Epiphanie diesen Horizont, im gesamten Brief die Theologie der Berufung, der Rechtfertigung, der Erziehung und Erlösung.

Es bleibt im Corpus Paulinum bei einer Dialektik von Kämpfen und Siegen, die für das Neue Testament charakteristisch ist, auch im kulturgeschichtlichen Umfeld; aber die Perspektiven ändern sich, und damit sowohl die kommunikativen Schnittstellen zur Umwelt als auch die theologischen Positionierungen in den Schnittmengen von Soteriologie und Ethik. Sowohl der Philipperbrief als auch der Zweite Timotheusbrief sind je auf ihre Weise gerechtigkeits- und gnadentheologisch engagiert (Phil 3,2-11; 2 Tim 1,8f.; 2,21f.; 4,8; vgl. 1 Tim 1,9; 6,11)[24]. Sie haben das Grundproblem, wie sich göttliches und menschliches Handeln unter dem qualitativen Primat der Gnade Gottes zueinander verhalten und wie sich Barmherzigkeit als Gerechtigkeit verstehen lässt, klar vor Augen, betonen aber genau deshalb die Notwendigkeit, die Härte und die Siegesaussicht des Glaubenskampfes, den es auf Erden gerade dann auszutragen gilt, wenn pastorale Verantwortung zu übernehmen ist. Auch der Erste Korintherbrief argumentiert im näheren Kontext des Sportbildes rechtfertigungstheologisch (1 Kor 9,20f.). Es ist deshalb schwerlich ein Zufall, dass zwar nicht überall dort, wo Rechtfertigungstheologie getrieben wird, Sportmetaphern zu finden sind, dass aber überall dort, wo der Wettkampf das Bildfeld arrondiert, sichergestellt ist, dass die Siegesprämie nicht dem winkt, der sich am besten gegen andere durchgesetzt hat, sondern dem, der sich am besten von Gott auf den Weg des Lebens führen lässt.

3.2 Personale Perspektiven

Die soteriologische Dialektik ergibt sich durch die personale Perspektivierung des Zeugnisses[25], die in beiden Briefen mit Hilfe des Sports gelingt, sowohl in der originären als auch in der imitierten Version.

Paulus, der im Philipperbrief das Bild eines kampfesmutigen, siegeswilligen, zukunftsfrohen Wettläufers prägt, ist selbst, da er schreibt, in einer prekären Lage. Unabhängig davon, wie man die literarische Einheitlichkeit oder Uneinheitlichkeit des Philipperbriefes beurteilt, steht Phil 3 unter dem Vorzeichen von Phil 1-2, wo Paulus seine Gefangenschaft (Phil 1,7.13f.) beschreibt, die er als Verkünder Jesu erleidet, nach traditioneller Deutung in Rom, nach alternativer in Ephesus. Paulus muss sogar um sein Leben fürchten (Phil 1,20. 22f.), ist aber optimistisch, wieder freizukommen (Phil 1,25f.). Vor Ort erfährt er nicht nur Unterstützung, sondern auch Missgunst und Neid (Phil 1,13-18). Nach Phil 3 muss er ins Kalkül ziehen, dass selbst in seiner „Lieblingsgemeinde" (Rudolf Pesch) die Gegner die Oberhand gewinnen. Paulus ist also keineswegs ein Laufwunder, das unangefochten das Feld anführt, um einen unwiderstehlichen Spurt anzuziehen, der ihm unweigerlich den Sieg bringen wird, sondern jemand, der vielfach aus der Bahn geworfen worden ist (vgl. nur 2 Kor 11,1 - 12,13). Paulus ist ein Verlierer, der gerade dadurch zum Gewinner wird, dass er alles verloren hat: sein altes Leben. Er ist aber ein Verlierer, der im Verlust den Gewinn seines Lebens macht:

---

[24] Einen guten Überblick mit genauen Unterscheidungen und ohne Abwertungen anderer als der genuin paulinischen Konzepte gibt Klaiber, Gerecht, passim.
[25] Vgl. Söding, Bekennen, 133-152.

die Rechtfertigung, die Christuserkenntnis, die Auferstehungshoffnung, weil Gott seinen bisherigen Weg beendet hat und ihn auf den neuen Weg führt.[26] Er weiß nicht nur um seine menschlichen Schwächen; er weiß auch, dass am Ende des Lebens definitiv der Tod steht – und dass der Siegespreis erst jenseits dieser Ziellinie zu erlangen ist. Triumphalismus liegt dem Paulus des Philipperbriefes fern. Die Dialektik von Kämpfen und Siegen besteht darin, dass er selbst besiegt wurde, damit er kämpfen konnte und dass er in seinem Kampf nichts ausrichten könnte, wenn er sich nur auf seine eigenen Kräfte konzentrierte: Gott hat ihn ergriffen; deshalb kann er streiten und zugreifen, wenn es um die Siegerprämie geht.

Der Paulus, der im Zweiten Timotheusbrief zu Wort kommt, ist ein Sünder, der Gottes Gnade gefunden hat (1 Tim 1,12–16). Er erklärt gegenüber Timotheus, dass er sich nicht schäme (2 Tim 1,12), obgleich alles gegen ihn spricht, von seiner Gefangenschaft bis zu seiner aberwitzigen Botschaft von der Rettung aller Menschen durch Jesus (2 Tim 2,8–10). Auch im Spiegel des Zweiten Timotheusbrief wird Paulus nicht als strahlender Held gezeigt, der unwiderstehlich alle Hindernisse überwunden hat, sondern als Kämpfer, der dringend Vorsorge treffen muss, dass sein Erbe nicht verschleudert wird (2 Tim 1,15; 4,9–22). Wenn er weiß, dass er sich zum Sieger erklären kann, dann nicht, weil er eine makellose Erfolgsbilanz aufzuweisen hätte, sondern weil er sich selbst in den Kampf des Glaubens investiert hat, mit all seiner Kraft, bis in den Tod. Er sucht ihn nicht, aber er scheut ihn auch nicht, ähnlich wie nach dem Philipperbrief. Doch während dort die Sportmetapher eine Wegstrecke imaginiert, die noch zurückzulegen ist, öffnet sie hier den Blick zurück nach vorn, weil Paulus denen den Weg bereitet hat, die sich von ihm trainieren und anführen lassen. Paulus hat gekämpft; Timotheus soll kämpfen, wie es der Apostel Paulus von sich selbst im Philipperbrief sagt. Der Sport verbindet sie; der Staffelstab wird weitergereicht.

Genau diese Dialektik von Sieg und Niederlage begründet in der theozentrischen Perspektive sowohl des originalen wie auch des imaginativ aktualisierten Paulus, dass der Sieg des Apostels nicht die Niederlage aller anderen begründet, sondern im Gegenteil zeigt, wie alle zu Siegern werden können. Der Grund besteht darin, dass Gott in Jesus Christus um alle und für alle kämpft und dass deshalb alle nicht gegen andere, sondern gegen sich selbst kämpfen – um sich selbst zu gewinnen. Sie alle würden diesen Kampf verlieren, Paulus einbeschlossen, wenn Jesus Christus ihn nicht für sie gewinnen würde, durch seinen Tod und seine Auferstehung. Wer den Kampf gegen andere führte, um sie zu verdrängen, hätte schon verloren. Sowohl der Paulus des Philipperbriefes als auch der des

---

[26] Dieselbe Dialektik zeigt das archaische Bild, dass Paulus im Triumphzug Gottes mitgeführt wird (2 Kor 2,14ff.). Gott hat Paulus besiegt; dadurch hat er gewonnen. Im Triumphzug Gottes findet Paulus seinen Platz, als Gottes Sklave. Er bejaht seine Niederlage – und gewinnt dadurch. Als Besiegter nimmt er am Siegeszug teil.

Zweiten Timotheusbriefes kämpft durchaus mit harten Bandagen gegen diejenigen, die der Apostel und seine Leute als Irrlehrer meinen be- und verurteilen zu müssen. Aber in beiden – durchaus anders gelagerten – Fällen exkludiert Paulus diejenigen, die andere exkludieren, obgleich sie im Glauben den sportlichen Wettkampf angenommen haben. Das Ethos des Evangeliums ist, soteriologisch begründet, die Inklusion; Inklusion ist nicht leistungshemmend, sondern leistungssteigernd.

4. Der Sport als hermeneutische Schnittstelle des Evangeliums

Die paulinische Sportmetaphorik ist treffsicher. Sie setzt keine Spezialkenntnisse voraus. Sie erklärt sich im Rahmen einer allgemeinen Sportbegeisterung der Antike, die Paulus offensichtlich geteilt hat. Im kulturgeschichtlichen Vergleich zeigen sich die großen Schnittmengen der Hermeneutik, aber auch charakteristische Unterschiede. Sie kann und soll nicht alle Phänomene des Sports wie des wirklichen Lebens erhellen. Sie blendet Verletzungen aus, Schwächeanfälle und Hilfestellungen. Aber sie nutzt die Ethik und die Ästhetik des antiken Sports, um den Sportsgeist des Evangeliums zu wecken.

4.1 Ethik und Ästhetik des antiken Sports

Die Antike kennt ein Ethos des Sports, das durch Trainingsfleiß, Fairness, Kampfkraft und Siegeswillen geprägt ist, meist für Männer, aber auch für Frauen[27]. Es gibt starke Überschneidungen mit einer militärischen oder paramilitärischen Ausbildung, besonders in Sparta. Die besten Sportler waren Profis, die teils über erhebliches Einkommen verfügten (POxy IV 705). Die Antike kennt Trainingslehren, die einerseits die Motivationskunst des Coaches beschreiben und vor falschem Ehrgeiz wie vor falschen Methoden warnen, andererseits die Sportler anhalten, sich strikt nach den Weisungen ihrer Trainer zu richten, aber auch

---

[27] Pausanias (Graecae descriptio V 16,1) erwähnt, dass es in Olympia alle vier Jahre auch Mädchenrennen über 150 m zu Ehren von Hera gegeben hat. Im Britischen Museum steht eine Bronzestatue solch einer Gewinnerin; vgl. Tzachou-Alexandri, Mind, Illustration 135. In einer Inschrift 45 n. Chr. in Delphi rühmt ein Vater seine drei Töchter wegen mehrerer Siege, u.a. bei den Isthmischen Spielen in Korinth; Nachweis (englische Übersetzung) bei H.A. Harris, Greek Athletes 180.

Eigeninitiativen zur Steigerung ihrer Leistungsfähigkeit zu ergreifen.[28] In der antiken Wissenschaft vom Sport verbinden sich Medizin, Ökotrophologie, Psychologie, Physiognomie, Bewegungslehre und athletische Technik. Die Antike kennt handfeste Sportskandale, neben Doping auch Bestechung[29], Zaubereien, Beschwörungen, Magie. Sportler werden durchaus gerne einmal pauschal kritisiert und ironisiert – in der Komödie (z.B. Euripides, Autolykos).[30] Die Skandalisierung spiegelt aber die eigentliche Erwartung: dass regelkonform gekämpft wird und dass der Beste gewinnen möge. Die Fairness wird sowohl beim Training als auch im Wettkampf erwartet (vgl. 2 Tim 2,5; 2 Clem 7,1–6). Epiktet fordert, bei seiner Übertragung ins Gebiet der Philosophie: „Beweise mir, dass du regelkonform gekämpft hast, dass du gegessen hast, was vorgeschrieben ist, die Übungen gemacht und den Trainer anerkannt hast" (dissertationes III 10,8; vgl. 15,2–5). Zu Beginn der Wettbewerbe wird ein olympischer Eid geschworen (Philostrat, Apollonius von Tyana 5,43), der Fairness verspricht. Wer die Regeln bricht, wird disqualifiziert.[31]

Die Ethik zeigt sich in der Ästhetik des Sports. Zwei Urszenen werden (neben dem Start) immer wieder dargestellt: der Kampf selbst, z.B. der Wettlauf mit mehreren Sportlern, und der Moment der Siegerehrung, die Verleihung des Siegeskranzes, meist aus Lorbeer- oder Olivenzweigen. In beiden Szenen spielen Menschen die Hauptrolle, die Sportler; aber Götter können sichtbar sein, als Zuschauer, als Kampfrichter, vor allem als Zeremoniare der Siegerehrungen. Die Bekränzungen finden am letzten Tag der Spiele statt, im Rahmen einer großen Prozession, die in Olympia zum Zeustempel führt. Die Ästhetik des Sports ist religiös aufgeladen. Es ist Nike, die den Sieger krönt und den Sieg personifiziert. Der materielle Wert des Kranzes ist gering, der immaterielle sehr hoch. Er ist nicht nur mit Geld und Ehre verbunden, sondern auch mit göttlichem Wohlgefallen. Ethik und Ästhetik passen zusammen; der Ruhm ist der einzige Antrieb, der den Sportler zu Höchstleistungen anspornt (Dio Chrysostomos, or. 31,20f.).

Ethos und Ästhetik des antiken Sports sind religiös codiert. Der Rahmen ist ein religiöses Fest. Prozessionen und Tempel sind nicht nur Folklore und Staffage, sondern Fundament und Prospekt des antiken Sports, auch wenn Religion

---

[28] Ein besonders schönes Beispiel ist Philostrat, De arte gymnastica: Philostratos, Sport in der Antike. Peri Gymnastikes / Über das Training. Zweisprachige Ausgabe, übersetzt und hg. von Kai Brodersen, Wiesbaden 2015.

[29] POxy LXXIX 5209 ist ein Vertrag zwischen zwei Ringern über eine inszenierte Niederlage gegen Geld.

[30] Eine scharfe Kritik formulierte bereits, allerdings als Außenseiter, Xenophanes von Kolophones, nach Euripides, fr. 282 (M.L. West, Iambi et elegi Graeci ante Alexandrum cantati, Oxford 1972, II 186f.).

[31] Pausanias erwähnt drei Fälle: 107 n. Chr. wird ein Boxer aus Alexandria disqualifiziert, weil er zu spät zu den olympischen Spielen erschienen ist (Graecae descriptio V 21,12–14); Cleomedes läuft nach einer Disqualifikation Amok (VI 9,6); in einem anderen Fall führt eine nachträgliche Disqualifikation dazu, dass dem Kontrahenten postum die Siegerkrone verliehen wird (VIII 40,1–2).

nicht mit Glaube, Liebe und Hoffnung, sondern mit Pietät und Loyalität zu tun hat.[32] Ohne die Gunst der Götter gäbe es weder Wettbewerb noch Siegerkranz, weder Motivation noch Promotion.

In seinem religiösen und politischen Umfeld gehören zum antiken Sport zwei eng miteinander verbundene Phänomene. Das eine: Nur einer kann gewinnen, alle anderen sind Verlierer (vgl. 1 Kor 9,24). Es gibt keine zweiten und dritten Plätze auf dem Siegerpodest. „Dabei sein ist alles" ist eine moderne, keine antike Maxime. Zwar ist es bereits eine Ehre, sportlich so gut zu sein, die Startlizenz für einen der prominenten Wettbewerbe zu erhalten. Aber am Ende zählt nur der Sieg. Alle anderen Sportler fallen nicht gleich in Schande; aber sie stehen im Schatten.

Mit diesem Merkmal geht ein zweites einher. In den antiken Texten gibt es kein Ethos der Niederlage. Zwar ist es wichtig, zu kämpfen, ohne dass der Ausgang klar ist; nur diejenigen Sieger werden geehrt, die wirklich gekämpft haben; sie alle hätten auch verlieren können. Es gibt durchaus Sieger, die es erst beim zweiten Anlauf geschafft haben. Aber weder in den Gesängen noch in den sportpädagogischen Abhandlungen oder in den Sportberichten gibt es die Tugend, verlieren zu können, oder die Option, aus einer Niederlage zu lernen.[33] Diese Charakteristik lässt sich nicht nur soziologisch aus dem harten Überlebenskampf der griechischen Städte oder dem unwiderstehlichen Siegeszug des Imperium Romanum erklären, sondern auch religiös, weil es eine scharfe Konkurrenz der Götter um Anerkennung, um Opfer, um Reputation gibt, den die Menschen befriedigen müssen, auch durch die sportlichen Wettkämpfe, die zu ihren Ehren veranstaltet werden.

4.2 Der Sportsgeist des Evangeliums

Der Sport bildet mit seiner Ethik und Ästhetik eine starke Resonanz für die Verkündigung des Evangeliums. Im Corpus Paulinum wird diese kommunikative Chance genutzt. Es gibt christliche Tugenden, die mit den sportlichen hoch kompatibel sind: hartes Training, fairer Wettbewerb, starke Zielstrebigkeit, gute Ausdauer, schnelle Reaktionsfähigkeit. In ähnlicher Weise hat die Stoa den Sport als Metaphernspender genutzt; Paulus und seine Schule finden im Vergleich mit dem Sport Energiequellen, um die intrinsische Motivation zu fördern, ohne die es keinen Glauben und keine Gemeinschaft der Kirche gegeben hätte.[34] Die Ästhetik des Sports spiegelt die Schönheit des Evangeliums, den Glanz Gottes, der

---

[32] Vgl. Linke, Antike, passim.
[33] Diese Siegermentalität ist nicht nur dem Sport, sondern der gesamten antiken Kultur eingeschrieben; vgl. Hölscher, Geschlagenen, 120–136. Eine seltene Ausnahme bietet Laokoon, in der ursprünglichen Form der Skulptur aus dem 1. Jh. n. Chr.; vgl. Daldrop, Ethos, 190–202.
[34] Dem folgt der Zweite Clemensbrief; vgl. Pratscher, Wettkampfmetaphorik, 47–59.

die Gesichter der Gläubigen zum Strahlen bringt (2 Kor 4,6) und die Freude begründet, die nach dem Philipperbrief das Charakteristikum des Christseins ist.[35]

Die religiöse Dimension des antiken Sports behindert die christliche Rezeption nicht, sondern fördert sie, fordert aber auch klare Differenzierungen. Der entscheidende Unterschied besteht darin, dass nicht eine Gottheit den Preis verleiht, sondern Gott selbst. Das erhöht den Wert ins Unermessliche. Die Göttin ist Teil eines Götterkosmos, im Grunde ohne eigene Charakteristik. Selbst wenn die Spiele, die Zeus geweiht sind, wie in Olympia, oder Poseidon, wie in Korinth, hat keiner der Götter die Kraft Gottes selbst. Die göttlichen Siegerzeremonien sind immer vermittelt; sie finden auf Erden statt; selbst wenn sie den unsterblichen Ruhm der Sportler verheißen, ist die Halbwertzeit des Gedenkens doch überschaubar, so sorgfältig auch immer die Siegerlisten der olympischen Spiele geführt worden sind. Im Neuen Testament aber ist es Gott selbst, der – unmittelbar – die Siegerehrung vornimmt, durch Christus und im Eschaton. Deshalb trifft die Differenzierung zwischen dem Vergänglichen und dem Unvergänglichen, die 1 Kor 9,25 vornimmt, ins Schwarze. Mit der Theozentrik des Evangeliums hängt zusammen, dass in theologischer Betrachtung der Sport – nur Sport ist, kein Gottesdienst, sondern ein irdisches Geschehen, das nicht religiös überhöht zu werden braucht und gerade dadurch einerseits menschlich zivilisiert werden kann, während andererseits ein Kult zelebriert wird, der nicht den Kampf ums Dasein, sondern die Dankbarkeit für Gott zum Inhalt hat.

Mit dieser Theozentrik sind zwei wesentliche Unterschiede zum antiken Sport gegeben. Zum einen gibt es bei Paulus ein Ethos der Niederlage. Es nimmt Maß am leidenden Christus Jesus und durch ihn am Apostel. Es ist keineswegs so, wie Friedrich Nietzsche dem Christentum unterstellt hat[36], dass es die Niederlage, die Schwäche, die Krankheit schönredete; aber der neue Mensch, den Paulus verkündet, ist, anders als bei Nietzsche, der Sünder, der gerechtfertigt, und der Tote, der auferweckt wird – und dieses Leben aus der gnädigen Gerechtigkeit definitiv schon hic et nunc zu leben begonnen hat.

Dies wiederum ist die Begründung dafür, dass in der gesamten Paulustradition der christliche Sport nicht als Verdrängungswettbewerb organisiert wird, der nur einen Sieger und sonst lauter Verlierer kennt, die ins Nichts fallen. Es gilt vielmehr die christologische Maxime: „Einer für alle" (2 Kor 5,14) und „Alle für einen". Auch das ist eine ethische Maxime des Sports. Wenn sie nicht nur den Mannschaftsgeist beschwört, sondern Gott ins Spiel bringt, hat sie die tiefste Begründung dafür erfasst, dass der Glaube an das Evangelium ein Teamwettbewerb ist, bei dem es auf jeden Einzelnen ankommt.

---

[35] Vgl. Vollenweider, Einheit, 99–107.
[36] Der Antichrist. Ein Fluch auf das Christentum, KSA Bd. 6, 165–255.

Literatur

Becker, Eve-Marie, Polemik und Autobiographie. Ein Vorschlag zur Deutung von Phil 3,2-4a, in: O. Wischmeyer / L. Scornaienchi (Hg.), Polemik in der frühchristlichen Literatur. Texte und Kontexte (BZNW 170), Berlin/New York 2011, 233-254.

Bentz, Martin / Wünsche, Raimund, Lockender Lorbeer. Sport und Spiel in der Antike. Ausstellung Staatliche Antikensammlung und Glyptothek München, München 2004.

Bolaño, Tomás, El contacto de San Pablo con el atletismo helénico, in: Studium 49 (2009), 77-108.

Brändl, Martin, Der Agon bei Paulus. Herkunft und Profil paulinischer Agonmetaphorik (WUNT II/222), Tübingen 2006.

Daldrop, Georg, Das Ethos des Verlierens. Gedanken zur Laokoon-Gruppe, in: J. Beutler (Hg.), Der neue Mensch in Christus. Hellenistische Anthropologie und Ethik im Neuen Testament (QD 90), Freiburg i. Br. 2001, 190-202.

Decker, Wolfgang, Sport in der griechischen Antike, Hildesheim 2012.

Esler, Philip F., Paul and the agon. Understanding a Pauline motif in its cultural and visual context, in: A. Weissenrieder (Hg.), Picturing the New Testament. Studies in ancient visual images (WUNT 2/193), Tübingen 2005, 356-384.

Focant, Camille, Les lettres aux Philippiens et à Philémon (CBNT 11), Paris 2015, 167-172.

Frey, Jörg u.a. (Hg.), Der Philipperbrief des Paulus in der hellenistisch-römischen Welt (WUNT 353), Tübingen 2015.

Golden, Mark, Sport in the ancient world from A to Z, London/New York 2004.

Guida, Annalisa, La buona battaglia, la corsa, la corona. Il testamento di Paolo in 2Tm 4,6-22, in: Parole di vita 57 (2012), 45-50.

Gutsfeld, Andreas, Staat und gymnischer Agon in der Spätantike (391-565), in: ders. / S. Lehmann (Hg.), Der gymnasiale Agon in der Spätantike (Pietas 6), Gutenberg 2013, 153-175.

Häfner, Gerd, Die Pastoralbriefe (1 Tim/2 Tim/Tit), in: M. Ebner / S. Schreiber (Hg.), Einleitung in das Neue Testament, Stuttgart ²2013, 456-479.

Harris, Harold A., Greek Athletes and Athletics, London 1964.

Harrison, James R., Paul and the athletic ideal in antiquity. A case study in wrestling with word and image, in: S. E. Porter (Hg.), Paul's world (Pauline Studies 4), Leiden 2008, 81-109.

Herzer, Jens, Fiktion oder Täuschung? Zur Diskussion über die Pseudepigraphie der Pastoralbriefe, in: F.-W. Horn u.a. (Hg.), Pseudepigraphie und Verfasserfiktion in frühchristlichen Briefen (WUNT I/249), Tübingen 2009, 489-536.

Hölscher, Tonio, Die Geschlagenen und Ausgelieferten in der Kunst der Antike, in: Antike Kunst 28 (1985), 120-136.

Hübner, Emanuel, Werke des Sports in der Kunst der Antike. Führer durch die Sonderausstellung aus Anlaß des ISHPES-Kongresses „Sport für alle" in Münster, Münster ²2018.

Hullinger, Jerry Michael, The historical background of Paul's athletic allusions, in: Bibliotheca sacra 161 (2004), 343-369.

Kingsley Barrett, Charles, Commentary on First Corinthians (BNTC), New York 1968, repr. Peabody, MA 1987.

Klaiber, Walter, Gerecht vor Gott. Rechtfertigung in der Bibel und heute, Göttingen 2000.

Koch, Alois, Paulus und die Wettkampfmetaphorik, in: TrThZ 117 (2008), 39-55.

Linke, Bernhard, Antike Religion, München 2014.

Merz, Annette, Die fiktive Selbstauslegung des Paulus. Intertextuelle Studien zur Intention und Rezeption der Pastoralbriefe (NTOA/StUNT 52), Göttingen/Freiburg i. Üe. 2004.

Metzner, Rainer, Paulus und der Wettkampf. Die Rolle des Sports in Leben und Verkündigung des Apostels (1 Kor 9,24-7; Phil 3,12-16), in: NTS 46 (2000), 565-583.

Miller, Stephen G., Arete. Greek Sports from Ancient Sources, Berkeley/Los Angeles/Oxford ²1991.

Mutschler, Bernd, Die Pastoralbriefe als kanonische „Vollender des Glaubens". Integrierender und belastbarer Glaube als Grundbegriff des Christseins und als charakteristischer und zentraler

Grundbegriff des Christentums, in: J. Frey u.a. (Hg.), Glaube. Das Verständnis des Glaubens im frühen Christentum und in seiner jüdischen und hellenistisch-römischen Umwelt (WUNT I/373), Tübingen 2017, 561-607.

NIETZSCHE, Friedrich, Sämtliche Werke. Kritische Studienausgabe, hg. von G. Colli / M. Montinari, 15 Bde., München/Berlin/New York 1980.

PAPATHOMAS, Amphilochios, Das agonistische Motiv 1 Kor 9,24ff. im Spiegel zeitgenössischer dokumentarischer Quellen, in: NTS 43 (1997), 223-241.

PFITZNER, Victor C., Paul and the Agon-Motif. Traditional Athletic Imagery in the Pauline Literatur (NT.S XVI), Leiden 1967.

POPLUTZ, Uta, Athlet des Evangeliums. Eine motivgeschichtliche Studie zur Wettkampfmetaphorik bei Paulus (HBS 43), Freiburg i. Br. 2004.

PRATSCHER, Wilhelm, Die Wettkampfmetaphorik im 2. Klemensbrief, in: Wiener Jahrbuch für Theologie 5 (2004), 47-59.

SCHNELLE, Udo, Einleitung in das Neue Testament (UTB 1830), Göttingen ⁸2013.

SINN, Ulrich (Hg.), Sport in der Antike. Wettkampf, Spiel und Erziehung im Altertum (Nachrichten aus dem Martin von Wagner Museum der Universität Würzburg A 1), Würzburg 1996.

SÖDING, Thomas, Bekennen und Bezeugen. Perspektiven personalisierter Christologie, in: ZThK 116 (2019), 133-152.

SÖDING, Thomas, Das Erscheinen des Retters. Zur Christologie der Pastoralbriefe, in: K. Scholtissek (Hg.), Christologie in der Paulus-Schule. Zur Rezeptionsgeschichte des paulinischen Evangeliums (SBS 181), Stuttgart 2000, 149-192.

SÖDING, Thomas, Paulus von Tarsus – seine Berufung und Bekehrung, in: N. Kleyboldt (Hg.), Paulus. Identität und Universalität des Evangeliums, Münster 2009, 12-43.

THUILLIER, Jean-Paul, Sport im antiken Rom, Darmstadt 1996.

TZACHOU-ALEXANDRI, Olga (Hg.), Mind and Body. Athletic Contests in Ancient Greek. The Catalogue of an Exhibition at the National Archaeological Museum Athens, 15th May 1989 – 15th January 1990, Athen 1989.

VAHRENHORST, Martin, Kultische Sprache in den Paulusbriefen (WUNT 230), Tübingen 2008.

VOLLENWEIDER, Samuel, Sich freuen auf Einheit. Ein ökumenischer Impuls aus Philippi, in: U. Luz / Th. Söding / S. Vollenweider (Hg.), Exegese – ökumenisch engagiert. Der EKK in der Diskussion über 500 Jahr Reformation, Ostfildern/Neukirchen-Vluyn 2016, 99-107.

VORHOLT, Robert, Der Dienst der Versöhnung. Studien zur Apostolatstheologie bei Paulus (WMANT 118), Neukirchen-Vluyn 2008.

WEILER, Ingomar, Der Sport bei den Völkern in der Alten Welt, Darmstadt 1981.

WEILER, Ingomar / MAURITSCH, Peter/ PETERMANDL, Werner / PLEKET, Harry Willy, Quellen zum Antiken Sport, Darmstadt 2012.

WEISER, Alfons, Der Zweite Brief an Timotheus (EKK XVI/1), Düsseldorf/Neukirchen-Vluyn 2003.

Paulus als Wettläufer und Faustkämpfer auf der Zielgeraden in Korinth. Zur agonalen Motivik in 1 Kor 9,24–27[1]

Volker Niggemeier

1. Agonale Motivik bei Paulus – Hinführung und Problemexposition

Der Sport war und ist damals wie heute von „hohe[r] metaphorische[r] Qualität"[2], der sich gut dazu eignet als Bildspender für die Illustration, Argumentation oder Darlegung durchaus unterschiedlicher Zusammenhänge zu fungieren.[3] So wurde der sportliche Wettkampf (ὁ ἀγών) gerade auch im jüdisch-hellenistischen Umfeld als Begründungsmuster und Erzeuger für ein „ganzes metaphorisches Konzept [genutzt], mit dem sich verschiedene, auch abstrakte Sachverhalte anschaulich und leibhaftig beschreiben lassen."[4]

---

[1] Beim vorliegenden Beitrag handelt es sich um die leicht modifizierte Fassung des Vortrags im Rahmen der NTR-Tagung zum Thema „Sport und Kampf im Neuen Testament und in der jüdisch-hellenistischen Umwelt" am 09.06.2018 in Münster. Ich danke allen Teilnehmerinnen und Teilnehmern für die ertragreiche Diskussion, besonders Alexander Weihs für weiterführende Hinweise. Ebenfalls danke ich Katharina Fockenbrock für die Mithilfe bei der Redigierung und Joana Konrad für stets wertvolle theologische Impulse.

[2] Schwankl, Wettkampfmetaphorik, 174. Ähnlich Metzner, Paulus, 565. Zum Metaphernbegriff sollen an dieser Stelle keine weiteren hermeneutischen Überlegungen angestellt werden – hier sei auf die umfassende metapherntheoretische Vergewisserung bei Poplutz, Athlet, 17, verwiesen. Für die folgenden Ausführungen reicht die Betonung des Aspekts, dass der Sprache grundlegend eine metaphorische Qualität zukommt.

[3] Vgl. Brändl, Agon, 1. Brändl legt einleitend dar, dass die hohe metaphorische Dichte des sportlichen Wettkampfs noch in stärkerem Maße für die Antike zu gelten habe. Für die Agonistik und Gymnastik sind die Bildwelten des Sports vielfältig und ausführlich in den Quellen bezeugt und dargelegt – agonale Motive finden sich bei den Vorsokratikern, bei Platon, in Kynismus und Stoa sowie in den Schriften des hellenistischen Judentums (z. B. 4 Makk und im Opus des jüdischen Theosophen Philo von Alexandrien).

[4] Schwankl, Wettkampfmetaphorik, 174, mit Verweis auf heutige beliebte Metaphern aus dem ursprünglichen Bereich des Sports (bspw. aus der Politik oder aus dem Alltag: „Kopf-an-Kopf-Rennen"; „Wahlkampf"; „Regierungsmannschaft"; „um Worte ringen"; „Lebenslauf"). Vgl. auch Pappas, Idee, 8–13. Zum Phänomen Sport in dessen alltäglicher Präsenz und zur Ausdrucksstärke seiner Metaphorik vgl. darüber hinaus Lakoff / Johnson, Metaphers, bes. 14–21.77–86, sowie Klauck, Volk Gottes, 277–301, bes. 280f.

Daneben gilt es einleitend auch zu beachten, dass der sportliche Wettkampf in der Zeit der Entstehung der neutestamentlichen Schriften nicht nur fester Bestandteil des sozio-kulturellen Lebens, sondern auch im ethisch-religiösen Bereich von entscheidender Bedeutung war.[5] Den griechischen Agonen kam ein heiliger und kultischer Charakter zu – ursprünglich waren sie in religiöse Feste eingebunden, der Wettkampf selbst war λειτουργία und der Sieger wurde als Liebling der Götter angesehen.[6]

Im Neuen Testament finden sich agonistische Anklänge insgesamt nicht so häufig wie im Umfeld der neutestamentlichen Schriften. Das semantische Feld um ὁ ἀγών ist im Wesentlichen auf das *Corpus Paulinum* beschränkt[7], wird hier allerdings in den Protopaulinen zahlreich verwendet und an zwei Stellen ausführlich entfaltet (neben der in diesem Beitrag im Fokus stehenden Stelle 1 Kor 9,24–27 noch in Phil 3,12–16[8]). Schon diese beiden Textstellen für sich genommen zeigen sehr deutlich, dass Paulus mit der antiken Agonistik verbunden und gleichsam vertraut war. Er nutzt Fachbegriffe (στέφανος, βραβεῖον, τρέχειν, στάδιον, ἀγωνίζεσθαι, ἐγκρατεύομαι, πυκτεύω) und spiegelt dabei sportliche Verhältnisse real in ihrer Bildwelt, wie A. Papathomas in einem Vergleich der paulinischen Sprechweise mit epigraphischem und papyrologischem Quellenmaterial zur Agonistik[9] zeigen konnte – ähnlich wie Philo, dessen Schriften ebenfalls „auf Schritt und Tritt eine Vertrautheit mit den Gegebenheiten des Wettkampfes offenbaren [...]."[10]

Die Frage nach der Verwendung agonaler Motivik bei Paulus ist in der Exegese zwar immer wieder gestellt, jedoch nur in wenigen großangelegten Studien umfassender beantwortet worden. Seit den letzten fünfzig Jahren widmen sich insgesamt nur drei Monographien der Thematik[11] und auch die Anzahl kleinerer

---

[5] Vgl. Brändl, Agon,1.
[6] Vgl. Schwankl, Wettkampfmetaphorik, 176, mit Verweis auf Pappas, Idee, 27–33 und Pfitzner, Paul, 18–20. Auch bei Broneer, Isthmian Games, bes. 26–30 sowie Ders., Pagan Cults, 175–178.
[7] Ausnahmen bilden Belege im lk Doppelwerk (Lk 13,24; 18,5; Apg 20,24); Joh 18,36; Hebr 10,32f.; 12,1–4; 1 Petr 5,4; Jak 1,12; Jud 3 (Belege bei Brändl, Agon, 2).
[8] Phil 3,12–16 (daraus nur aus V. 13f.: [...] τὰ μὲν ὀπίσω ἐπιλανθανόμενος τοῖς δὲ ἔμπροσθεν ἐπεκτεινόμενος, κατὰ σκοπὸν διώκω εἰς τὸ βραβεῖον τῆς ἄνω κλήσεως τοῦ θεοῦ ἐν Χριστῷ Ἰησοῦ. – [...] *einerseits vergesse ich das, was zurückliegt und strecke mich nach dem aus, was vor mir liegt; ich jage dem Ziel nach hin zum Siegespreis, der Berufung durch Gott in Christus Jesus.* [ZüB]) steht im Kontext der polemischen Auseinandersetzung mit den Gegnern des Paulus, die in die Gemeinde von Philippi eingedrungen sind (Phil 3,2–4,1). Der Völkerapostel stellt sich selbst hier als Beispiel dar, und betont, dass sich die Gemeinde an der Berufung Gottes orientieren sollen. Vgl. hierzu ausführlich Brändl, Agon, 289–310, bes. 289–305.
[9] Papathomas, Motiv, passim. Zur agonalen Motivik im Opus des Philo von Alexandrien vgl. bes. den Beitrag von Adrian Wypadlo in diesem Band.
[10] Metzner, Paulus, 579, mit Verweis auf Harris, Athletics, 51–95.
[11] In chronologischer Reihenfolge: Pfitzner, Paul [1967]; Poplutz, Athlet [2004]; zuletzt: Brändl, Agon [2006].

Beiträge zu 1 Kor 9,24–27, bleibt überschaubar.¹² Die geringe Beachtung gerade der im Text des 1 Kor enthaltenen agonalen Motivik verwundert insofern, als dass hier unter sämtlichen Agon-Stellen in der paulinischen Korrespondenz¹³ am „ausführlichsten und konsequentesten das metaphorische Feld [vorliegt] und [...] somit als besonders gewinnversprechend für die Erforschung der spezifischen agonistischen Bildanwendung durch den Apostel angesehen werden [kann]."¹⁴ Nicht zuletzt schreibt Paulus an vielen Stellen im Sinne agonaler Sprechweise und wählt entsprechende Bilder aus den Wortfeldern des sportlichen Wett- oder des militärischen Kampfes. Die Tatsachen, dass diese einerseits in der zu untersuchenden Textstelle massiv verdichtet und konzentriert vorkommen und Paulus andererseits im Besonderen in der Korrespondenz mit seiner Problemgemeinde in Korinth immer aber auch eine Zweckmäßigkeit mit seinen Äußerungen verfolgt, sollen dabei im Fokus des vorliegenden Beitrags stehen.

Was will Paulus den Korinthern veranschaulichen, wenn er im Modus des Leistungssportlers auftritt und in hohem Maße agonale Motivik heranzieht? Welche Rolle spielt die Bildwelt des Agon bei Paulus und welche Realien sind damit angesprochen? Welche Pragmatik verfolgt Paulus im Transfer auf die Situation in Korinth? Diese leitenden Fragen rechtfertigen eine erneute exegetische Analyse von 1 Kor 9,24–27 unter stärkerer Berücksichtigung des Kontextes und in der historischen Situiertheit der Textstelle.

Im Rahmen dieses Beitrags wird daher folgender Weg eingeschlagen: Zunächst erfolgen, neben einer kurzen forschungsgeschichtlichen Einordnung,

---

¹² Hier sind, ebenfalls chronologisch sortiert, zu nennen: Garrison, Athlete Metaphor [1993]; Papathomas, Motiv [1997]; Schwankl, Wettkampfmetaphorik [1997]; Metzner: Paulus [2000]; Joubert, Competition [2001]; Hullinger, Allusions [2004]; Koch, Wettkampfmetaphorik [2008].

¹³ ἀγών bzw. ἀγωνίζεσθαι – (Wett)Kampf bzw. (wett)kämpfen – sind hier generell, neben Lexemen von Stamm ἀθλ- (Athletik) und γυμν- (Gymnastik/Gymnasium), führende Begriffe (vgl. Schwankl, Wettkampfmetaphorik, 175, mit Anm. 6). Das Substantiv ἀγών erfährt im NT nur bildhaft und im übertragenen Sinn Verwendung (Ausnahme: Joh 18,36) – gleiches gilt für Komposita zu ἀγών (ἀντ-, ἐπ-, κατ-, συν-) mit Ausnahme von Hebr 11,33 (καταγωνίζομαι – niederkämpfen; vgl. auch Jos Ant IV 153; VII 53). Zum semantischen Feld gehören im NT z. B. noch ἀθλέω – kämpfen (bildl.: als Ringkämpfer); βραβεῖον – Kampfpreis; πυκτεύω – als Faustkämpfer kämpfen; στέφανος – (Sieges)kranz, im übertragenen Sinn: Preis; τρέχω – laufen. Dieses wurde in der sog. Diatribe und im hellenistischen Judentum um philosophische Begriffe erweitert. (vgl. Dautzenberg, ἀγών, 59f. sowie zur bevorzugten Verwendung der Lexeme ἀγών/ἀγωνίζεσθαι Jüthner, Agon, 189.) – So dreht sich in der Verwendung des Agon-Motivs bei Philo von Alexandrien alles um Tugenderwerb und -erhalt (Migr Abr 200; Agrc 119, Praem Poen 4-6.52; VitMos II 136, LegAll 3,48, u. v. m. – vgl. Schwankl, Wettkampfmetaphorik, 178, mit Verweis auf Pfitzner, Paul, 38-48.) In 4 Makk wird das Bild vom Wettkampf mehrmals für das Martyrium des Eleazar und der sieben makkabäischen Brüder samt deren Mutter (4 Makk 17,11-16) gebraucht (Vgl. ebd. 178f.).

¹⁴ Poplutz, Athlet, 245.

vorbereitende Schritte für eine exegetische Analyse der Textstelle 1 Kor 9,24–27. Dabei ist zunächst der Kontext (2.1) in den Blick zu nehmen. In einem zweiten Unterkapitel (2.2) wird die Struktur des Textes beschrieben. Hier erfolgt auch die Präsentation und Übersetzung des Textabschnitts. Sodann werden in zwei weiteren Unterkapiteln, die der Analyse von 1 Kor 9,24–27 unterstehen, zunächst V. 24f. unter der Frage „Wer läuft wie, um welches Ziel zu erreichen?", danach V. 26f., in denen Paulus sich selbst als Wettläufer und Faustkämpfer präsentiert, exegetisch untersucht. Der Beitrag schließt mit einer kurzen Zusammenfassung der Ergebnisse.

In der Auslegung zur Textstelle lässt sich die Forschung[15] in drei Stränge bündeln, mit denen sich die exegetische Wissenschaft seit Beginn des 20. Jahrhunderts in unterschiedlicher Intensität befasst:

1. Die paulinische Agon-Metaphorik verdanke sich der kynisch-stoischen Diatribe (u. a. durch Bultmann und dessen Schule vertreten).[16]
2. Die paulinische Agon-Metaphorik verdanke sich maßgeblich dem hellenistisch-jüdischen Umfeld und der Synagoge.
3. Der Ursprung der agonistischen Metaphern entstamme der eigenen Anschauung des Paulus und liege in dessen eigener Kreativität.

Ausgehend von H. Conzelmanns kurzer Studie „Paulus und die Weisheit"[17] wurde immer wieder der angebliche Diatribenstil in den Apostelbriefen thematisiert, dessen Verwendung jedoch seit T. Schmellers vergleichender Stilinterpretation zu Paulus und der „Diatribe" deutlich modifizierter gesehen werden muss.[18] Es ist jedoch festzuhalten, dass alle Positionen immer noch, wenn auch mit Differenzierungen, vertreten werden. U. Poplutz verbindet die drei Ansätze in ihrer motivgeschichtlichen Studie „Athlet des Evangeliums"[19] miteinander,

---

[15] Auf struktureller Ebene lassen sich die Fragen zur paulinischen Agon-Motivik genauso auf die Verwendung von Sportmetaphern bei Philo von Alexandrien herantragen. So neben den Arbeiten von Poplutz und Brändl auch die populärwissenschaftliche, wenngleich informative Kurzstudie von Poliakoff, Kampfsport, passim., der über die Verwendung agonistischer Metaphern die Brücke zum hellenistischen Judentum und zur Popularphilosophie schlägt. Daneben auch Pfitzner, Paul, bes. 38–48, Harris, Athletics, bes. 51–95, sowie (in Anlehnung an Pfitzner) Schwankl, Wettkampfmetaphorik, 177–179.

[16] Seit der Untersuchung V. Pfitzners kann kaum mehr konstatiert werden, dass nur die kynisch-stoische Diatribe im Hintergrund stehe. Vgl. auch Brändl, Agon, 409.

[17] Conzelmann, Paulus.

[18] Schmeller, Paulus, passim. Schmeller kommt sogar zu dem Schluss, dass die Bezeichnung verfehlt sei. Die „Diatribe" entstammt aus dem popularphilophischen Diskurs, näherhin der ethischen Unterweisung, wobei als ursprünglich wohl der Schulvortrag zu gelten habe. Formelemente der Diatribe bei Philo und Paulus weisen in die Richtung, dass diese Sprechweise in der Kaiserzeit auch im hellenistischen Judentum Fuß gefasst hatte. (Vgl. auch Wolff, Paulus, 9f.)

[19] Die Arbeit von Poplutz zeichnet sich dadurch aus, dass in ihr, weit über das Maß der eigentlichen Paulus-Exegese hinaus, sehr detailliert auf Realien und religionsgeschichtliche Hintergründe Bezug genommen wird. Eine ausführliche Besprechung der Studie bietet Brändl, Agon, 19–23.

nimmt die Realien bzw. die realen Hintergründe (Autoren kennen konkrete lokale Realien und können diese bei ihren Adressaten voraussetzen) ernst, sieht aber gerade in Bezug zur hier zu untersuchenden Textstelle nach Ansicht M. Brändls zu stark einen Einfluss der philosophischen Agon-Metaphorik gegeben. Für Poplutz – genauso für Brändl – ist es „unzweifelhaft, daß Paulus mit der antiken agonistischen Terminologie vertraut war"[20] und damit sowohl durch die antike Popularphilosophie, das jüdisch-hellenistische Umfeld (Synagoge) und durch lokale athletische Wettbewerbe in Kontakt gekommen ist.[21] Ob die positive Bewertung des sportlichen Wettkampfes durch Paulus in dessen „Mobilitätsintensität"[22] mit angelegt sei, wie R. Metzner mutmaßt, lässt sich nicht abschließend klären, ist aber für den vorliegenden Beitrag auch nicht zielführend.

Dass Paulus an die Isthmischen Spiele denkt, wenn er vom Wettkampf spricht, ist nicht nur keine neue Beobachtung, sondern immer schon gesehen worden.[23] Anders verhält es sich in der Frage, ob Paulus auch auf konkretes isthmisches Lokalkolorit anspielt. Diese Frage wird neuerdings von M. Brändl bejaht.[24] Die Isthmien wurden in nachchristlicher Zeit alle ungeraden Jahre im Frühjahr (April / Mai / Juni) über einen Verlauf von mehreren Tagen abgehalten, also wahrscheinlich in den Jahren 49, 51, 53 und 55 n. Chr.[25] Nimmt man mit

---

[20] Poplutz, Athlet, 105.

[21] Vgl. Poplutz, Athlet, 105. – Einen biographischen Bezug zu den Realien bzw. realhistorischen Hintergründen lehnt Koch, Paulus, passim., völlig ab. Auch die Schriften aus dem jüdisch-hellenistischen Umfeld des NT sieht er nicht hinreichend als Traditionsfundus für die paulinische Wettkampfmetaphorik an. Für Koch sind Pauli „‚Kenntnisse‘ [...] zureichend zu erklären aus der Vertrautheit mit der philosophischen ‚Diatribe‘ seiner Zeit." (ebd. 39) Dieses Deutungsmuster widerspricht maßgeblich den profunden Ergebnissen von Poplutz, Athlet, und Metzner, Paulus, beide passim, und ist so nicht zu halten.

[22] Vgl. Metzner, Paulus, 571. Dass Paulus dabei „auf seinen Reisen [...] mehrfach Gelegenheit [hatte], mit der hellenistischen Agonistik in Kontakt zu kommen" (ebd.), steht jedoch wohl außer Frage. In zahlreichen Städten gab es teils mehrere Berührungspunkte mit der Agonistik: Zu nennen sind Damaskus (vgl. Jos Bell 1.422), Caesarea Maritima (vgl. Jos Ant 16.5.1), Antiochien am Orontes, Ephesus, Philippi, Athen und Thessalonich (vgl. ausführlich Metzner, Paulus, 571f.) – am stärksten wohl jedoch Korinth mit den Isthmischen Spielen, die zu den vier großen panhellenischen Festspielen in der Antike gehörten und in klassischer und hellenistischer Zeit Weltruhm genossen. Nach Strabon, Geogr. 8.6.20 gelten die Spiele neben Handel und Prostitution als größte Einnahmequelle der Stadt.

[23] Vgl. nur den forschungsgeschichtlichen Überblick bei Brändl, Agon, 15–19. Zu den Isthmien ferner: Broneer, Apostle, bes. 7–19 sowie Ders., Paul, passim. Zurückhaltender ist man in der exegetischen Forschung jedoch bzgl. der Frage, ob Paulus selbst – anders als Philo – konkret Spiele, etwa die panhellenischen Spiele in Isthmia, besucht hat. – Als wegweisend mit Blick auf die Untersuchung der Isthmischen Spiele von Korinth zugunsten der Auslegung von 1 Kor 9,24-27 hat die auf Latein abgefasste Studie von Hofmann, Exercitatio, zu gelten.

[24] Vgl. Brändl, Agon, bes. 230 sowie die gesamte Anlage des zweiten Hauptteils seiner Studie („Paulus und die Spiele"). Zur Realisierung von isthmischen Lokalkolorit in 1 Kor 9,24–27 vgl. auch Poplutz, Athlet, 263f.

[25] Vgl. Metzner, Paulus, 572f. mit Verweis auf Schneider, Isthmia, 2249.

der Mehrheit der Exegeten an, dass Paulus sich 50–51 in Korinth aufgehalten hatte, so hätte er die Spiele im Jahr 51 n. Chr. selbst miterleben können. Die korinthischen Spiele waren zudem in diesem Jahr sog. „Große Isthmien" zu Ehren des vergöttlichten Cäsar und des regierenden römischen Kaisers Claudius.[26]

Neben der zur Erhellung wertvollen Einbeziehung der Untersuchung von realhistorischen Hintergründen in den letzten Jahren durch die Arbeiten von Poplutz und Brändl soll einleitend ein letzter Aspekt angesprochen werden, der den weiteren Verlauf des Beitrags vorgibt: Paulus nutzt die Metaphorik des Agon insgesamt positiv, auch wenn sie innerhalb des *Corpus Paulinum* nur stichwortartig, manchmal gar unterschwellig, dann wieder mit detaillierten Skizzen agonistischer Praktiken begegnet. Zurecht kann mit R. Metzner festgehalten werden: „Die enge Vertrautheit mit dem Agon schlägt sich in der theologischen Verarbeitung des Motivs [durch Paulus; V.N.] nieder."[27] Eine Untersuchung der paulinischen Agon-Metaphorik, so ergibt es sich, muss im Zusammenhang der Theologie des Völkerapostels gesehen werden. Gleichwohl hängt sie mit der Kenntnis der antiken Agonistik zusammen und ist nicht einseitig zu erklären.

2. Kontextuelle Verortung und Struktur von 1 Kor 9,24–27

2.1 Disposition von 1 Kor 9,24–27 innerhalb des Kontextes von 1 Kor 9.10

In 1 Kor 9 hält Paulus den Korinthern die Gestalt seines apostolischen Dienstes als *exemplum*[28] für seine „Freiheit zum Verzicht"[29] vor Augen: Paulus hat auf die ihm zustehende ἐξουσία verzichtet (9,1–18) und sich als Freier zum Sklaven aller gemacht (9,19–23). Die von Brändl treffend ins Wort gebrachte „Freiheit zum Verzicht" zielt auf das paulinische Grundverständnis von seinem apostolischen Dienst ab, der „nichts mit Unsicherheit oder Schwäche zu tun hat, sondern Konsequenz seines zielorientierten missionarischen Einsatzes ist [...]."[30].

Auf die zentrale Stellung von 1 Kor 9,19 ist gesondert hinzuweisen (Ἐλεύθερος γὰρ ὢν ἐκ πάντων πᾶσιν ἐμαυτὸν ἐδούλωσα, ἵνα τοὺς πλείονας

---

[26] Seit 30 n. Chr. wurden die Spiele alle vier Jahre zu den „Großen Isthmien" bzw. „Caesarea" erweitert. Hierzu ausführlich Broneer, Paul, passim. Vgl. auch Brändl, Agon, 223–225 sowie Metzner, Paulus, 573, Anm 46.
[27] Metzner, Paulus, 565.
[28] Schrage, EKK-1 Kor II, 280.
[29] So treffend Brändl, Agon, 193.
[30] Brändl, Agon, 194.

κερδήσω…), da hier die Thematik der Freiheit (ελευθερία) aus 9,1 wieder aufgenommen wird. Freiheit zum Verzicht meint ein „sich selbst zum Sklaven machen" (ἐμαυτὸν δουλοῦν) und schlägt eine Brücke zum letzten Vers des Kapitels (9,27: δουλαγωγεῖν). Ebenfalls begegnet in 9,19 das Lexem πάντα, welches die Kapitel 8,1–11,1 als Einheit miteinander verknüpft (insgesamt im genannten Abschnitt allein 26x).

Im folgenden mikrokontextuellen Umfeld unserer Textstelle unternimmt Paulus eine deutende Nacherzählung des Schicksals der Wüstengeneration als mahnendes Beispiel (10,1–13), bevor er die entschiedene Abwendung vom Götzenopfermahl als Ausdruck der Treue zu Gott (10,14–22) thematisiert. Dabei argumentiert er in der Frage nach dem Götzenopferfleisch (hier in Rückgriff auf 8,1–13)[31] in ähnlicher Weise wie in 9,1–27 (10,23–11,1).

Anhand der Disposition der Textstelle innerhalb des kontextuellen Umfeldes in Kap. 9 und 10 zeigt sich, dass 9,24–27 als Scharnier zu sehen ist, das beide Kapitel miteinander verbindet[32] und in welchem sich Paulus den Korinthern als „beispielhafter Vorkämpfer"[33] vorstellt. E. Schnabel (HTA-1 Kor) hält fest, Paulus mache in 9,24–27 im Sinne eines positiven Beispiels zum Thema, dass nicht alles erlaubt sei, um den Siegespreis zu erringen. Schnabel führt dazu aus:

> „Die athletischen Metaphern können leicht von der Absicht ablenken, in der sie von Paulus angeführt werden: Es handelt sich um eine ‚verdeckte' Art und Weise, den Korinthern klar zu machen, dass sie sich von Götzenopferfleisch enthalten sollen."[34]

Das engere kontextuelle Umfeld bildet das Kap. 9, welches sowohl formalsprachlich im Hinblick auf die Rhetorik als auch sachlich-inhaltlich als auffallend ausgeprägtes Ganzes bezeichnet werden muss.[35] Kurz zusammengefasst geht es um das „Berufsethos des Paulus als Apostel"[36]. Liest man das Kapitel mit Blick auf die Pragmatik des Textes, so fällt auf, dass Paulus strategisch geschickt und zielgerichtet argumentiert: Er unternimmt alles, um die Gemeinde für sich

---

[31] Da die Götzenopferfleisch-Problematik bereits mit Kap. 8 eröffnet wird, ist eine Untersuchung von 1 Kor 9,24–27 im Kontext von 1 Kor 8–10, wie sie Schwankl, Wettkampfmetaphorik, 185–190 vornimmt, gerechtfertigt. Auch Wolff, Paulus, 359, sieht mit 1 Kor 8,1–11,1 den größeren Abschnitt als insgesamt kohärente Einheit vorliegen, den er inhaltlich unterteilt in: 1. Rücksicht auf die Schwachen / Liebe – Kenntnis – Gewissen (8,1–13); 2. Paulus als Beispiel / Freiheit – Berechtigung (9,1–27); 3. Israel als mahnendes Beispiel / Daimonia-Dienst vs. Herrenmahl (10,1–22); 4. Selbstverzicht trotz Berechtigung / Das Gewissen des anderen (10,23–11,1).

[32] Vgl. Brändl, Agon, 196. Die Textstelle als „Schlussappell" zu bezeichnen (so Zeller, KEK-1 Kor, 321), greift deutlich zu kurz.

[33] Schwankl, Wettkampfmetaphorik, 186, mit Verweis auf Pfitzner, Paul, 89.195 und ferner Conzelmann, KEK-1 Kor, 199f.

[34] Schnabel, HTA-1 Kor, 511.

[35] Schwankl, Wettkampfmetaphorik, 182, spricht in Bezug auf Kap. 9 von einer „relativ markante[n] rhetorische[n] und sachliche[n] Einheit" (ebd.). Zur Erklärung von 9,24–27 innerhalb des Kap. 9 vgl. auch Brändl, Agon, 182–185.

[36] Schwankl, Wettkampfmetaphorik, 182.

und sein Evangelium zu gewinnen. Die Hauptgedanken bilden dabei das Recht des Apostels auf Versorgung durch die korinthische Gemeinde, den bewussten Verzicht des Paulus auf dieses Recht und die Erklärung des Ziels und Zwecks mit der Begründung von Freiheit und Vollmacht.[37] Skopus des Kap. 9 bildet seine Argumentation vom Verzicht auf Status und Rechte als Apostel, damit er so die Menschen in Korinth für den Glauben an Jesus Christus gewinnen kann.[38] Nachdem Paulus dies dargelegt hat, kann er mit den Versen 24–27 nun Grundparameter christlicher Existenz[39] entfalten, die alle Christen (24f.) und ihn selbst (26f.) charakterisieren. Paulus spielt in der Untermauerung seiner Ermahnung mit Blick auf das Essen von Götzenopferfleisch nun agonale Motivik ein und wählt dabei die Bilder der Anstrengung im Wettkampf und des enthaltsamen, disziplinierten Athleten, der den Sieg für sich erringen will.[40]

2.2 Struktur der Textstelle 1 Kor 9,24–27

Bevor nachfolgend Überlegungen zur Struktur des Textabschnitts 1 Kor 9,24–27 erfolgen können, ist dieser zunächst in kolometrischer Aufbereitung und Übersetzung widerzugeben:

24a Οὐκ οἴδατε
b ὅτι οἱ ἐν σταδίῳ τρέχοντες πάντες μὲν τρέχουσιν,
c εἷς δὲ λαμβάνει τὸ βραβεῖον;
d οὕτως τρέχετε
e ἵνα καταλάβητε.
25a πᾶς δὲ ὁ ἀγωνιζόμενος πάντα ἐγκρατεύεται,
b ἐκεῖνοι μὲν οὖν ἵνα φθαρτὸν στέφανον λάβωσιν,
c ἡμεῖς δὲ ἄφθαρτον.

26a ἐγὼ τοίνυν οὕτως τρέχω
b ὡς οὐκ ἀδήλως,
c οὕτως πυκτεύω
d ὡς οὐκ ἀέρα δέρων·
27a ἀλλ' ὑπωπιάζω μου τὸ σῶμα
b καὶ δουλαγωγῶ,
c μή πως ἄλλοις κηρύξας αὐτὸς ἀδόκιμος γένωμαι.

---

[37] Vgl. Schwankl, Wettkampfmetaphorik, 183, mit Verweis auf Vollenweider, Freiheit, 280–283.290f.
[38] Vgl. Schnabel, HTA-1 Kor, 473.
[39] Vgl. Schnabel, HTA-1 Kor, 474.
[40] Vgl. Schnabel, HTA-1 Kor, 511.

Paulus als Wettläufer und Faustkämpfer auf der Zielgeraden in Korinth

24a Wisst ihr nicht,
 b dass die Wettläufer im Stadion zwar alle laufen,
 c (nur)[41] einer aber den Kampfpreis erhält;
 d Lauft so,
 e dass ihr (ihn) erlangt!
25a Jeder Wettkämpfer aber enthält sich in allem[42],
 b jene nun, damit sie einen vergänglichen (Sieges-)Kranz empfangen,
 c wir dagegen einen unvergänglichen.

26a Ich laufe daher wie einer,
 b der nicht ins Ungewisse läuft;
 c ich kämpfe mit der Faust wie einer,
 d der nicht in die Luft schlägt.
27a Vielmehr treffe ich mit Schlägen meinen Leib
 b und versklave ihn,
 c damit ich nicht, nachdem ich anderen verkündigt habe, selbst abgelehnt werde.

Unsere Textstelle stellt zunächst mit V. 24f. eine unvermittelt eingespielte Gemeideparänese dar, unter die sich Paulus durch ein ekklesiologisches „wir" (ἡμεῖς) in V. 26f. selbst stellt. Hier wie an weiteren Stellen des 1 Kor wird die besondere Herausforderung des Paulus in seinem Schreiben an die korinthische Gemeinde deutlich: Diese besteht darin, angesichts der Streitigkeiten und Parteiungen in Korinth und den damit verbundenen Problemen als Autoritätsperson aufzutreten und die Gemeinde zu ermahnen, ohne sich dabei selbst höher zu stellen. Gleichzeitig muss Paulus im Sinne der für ihn charakteristischen kreuzestheologisch geprägten christologischen Verkündigung an vielen Stellen Korrekturen anbringen, ohne dabei seine Gemeindemitglieder zu verlieren.[43]

V. 24f. lässt sich klar durch zwei Beispiele aus der Welt des antiken Stadions gliedern, die wiederum durch zwei Gegenüberstellungen (jeweils durch eine Konstruktion mit μέν ... δέ) spezifiziert werden. Die Gegenüberstellung des ersten Beispiels stammt aus dem Bereich des Wettlaufs im Stadion. Dies ist das eigentliche Bild – die Metapher beginnt erst in 24 d mit οὕτως τρέχετε... („Lauft so"...). Die Gegenüberstellung des zweiten Beispiels orientiert sich am στέφανος ἄφθαρτος. Verbunden werden beide Beispiele durch die Orientierung am Ziel

---

[41] Baumert, Sorgen, 136, weist darauf hin, dass es „irreführend" sei in der Übersetzung von 24c ein „nur" einzufügen. Dennoch wird aus rein sprachlichen Gründen als Gegensatz zum „zwar" in 24b an der vorliegenden Übersetzung festgehalten.
[42] Baumert, Sorgen, 136 präferiert die adverbiale Übersetzung („lebt völlig enthaltsam").
[43] Ähnlich sehr treffend bei Wolff, Paulus, 208. Zur kreuzestheologisch geprägten Christologie des Paulus in 1 Kor vgl. Wypadlo / Niggemeier, Traditionen, 131–141.

(ἵνα καταλάβητε in 24e bzw. ἵνα ... λάβωσιν in 25b) Die Teile 25b.c bilden formal als auch thematisch die Mitte des vorliegenden Textabschnitts.[44]

Um Zielorientierung geht es auch in V. 26f.: Paulus greift die Laufmetaphorik aus V. 24 auf und beschreibt sich selbst parallel dazu als Faustkämpfer. So nimmt er die Unterscheidungen von Leicht- und Schwerathletik auf, mit der gymnische Agone klassifiziert wurden.[45] Die Art und Weise des Laufens und Kämpfens in 26 sind streng parallel formuliert. In V. 27 fokussiert Paulus sodann die zweite Metapher vom Faustkämpfer und expliziert – nun kontrastierend zum nur in die Luft schlagenden Faustkämpfer positiv – was er zuvor in 26 negativ formuliert hatte. Die Begriffe ὑπωπιάζειν und δουλαγωγεῖν stehen dabei parallel und beziehen sich beide auf σῶμα.[46] Es zeigen sich einerseits die enge Anbindung der Verkündigungstätigkeit des Völkerapostels an das eigene Schicksal und andererseits der Einbezug in die Gemeindeparänese (wie schon in V. 25) mit der Funktion der Verdeutlichung, dass es zum Erreichen des Zieles um einen gemeinsamen Wettkampf geht.

Sowohl auf sprachlich-syntaktischer als auch auf semantischer Ebene ist der Textabschnitt kohärent und enthält neben strukturellen auch logische Verknüpfungen.[47] Insgesamt finden sich sechs Sätze, von denen der erste eine zweigeteilte rhetorische Frage (24a-c) beinhaltet, der zweite (24d.e) eine Aufforderung (Imperativ!)[48] enthält, wogegen die übrigen vier als Aussagesätze (indikativisch) formuliert sind. In V. 26 werden mittels eines synonymen Parallelismus das Laufen und das Boxen beschrieben. Drei Sätze münden in einen Finalsatz – dies ist ein syntaktisches Merkmal, welches den Text sowohl semantisch als auch pragmatisch bestimmt. Schon hierdurch zeigt sich erneut, dass es um ein zielgerichtetes Verhalten geht.[49] Die Syntax des Textabschnitts ist durch Subjekte und Prädikate dominiert – auffällig sind zahlreiche Personenwechsel (in V. 24: von der 2. zur 3. Pl. und wieder zur 2. Pl.; V. 25: von der 3. zur 1. Pl.; V. 26: programmatisches ἐγώ - ab hier nur noch in der 1. Sg.).

---

[44] Vgl. Poplutz, Athlet, 262. Die zentrale Stellung ergibt sich in einer Dreiteilung v. 24–25a, 25b.c und 26–27. Zählt man die Silben, so ergibt sich: 57+21+27. „Die Verse 25b.c bilden also das exakte Zentrum. Das deutet auf die rhetorische Sorgfalt hin, mit der Paulus den vorliegenden Abschnitt komponiert hat." (ebd.); Vgl. dazu ebenfalls Pfitzner, Paul, 83, ähnlich auch Conzelmann, KEK-1 Kor, 100.

[45] Vgl. Philostr. Gymn 3; Philo SpecLeg II 246; Agr 113–115; Congr 46; Belege bei Brändl, Agon, 197.

[46] Vgl. Brändl, Agon, 197. Genauso parallel steht ἄλλοις ... αὐτός in 27c mit Rückbezug auf 9,23.

[47] Vgl. Poplutz, Athlet, 258.

[48] Alle neueren Ausleger und Kommentatoren gegen Pfitzner, Paul, 88f., der τρέχετε als Indikativ (2. Pers. Pl. Präs. Aktiv) bestimmt und den Satz, was rein grammatikalisch möglich ist, als Aussagesatz interpretiert. Vgl. nur Poplutz, Athlet, 259.

[49] Vgl. Schwankl, Wettkampfmetaphorik, 180.

3. Analyse von 1 Kor 9,24–27

3.1 Wer läuft wie, um welches Ziel zu erreichen? (24f.)

Mit V. 24 nimmt Paulus die Laufentscheidung im Stadion in den Blick.[50] Zwei Stadien sind auch für Isthmien, in der unmittelbaren Umgebung Korinths, belegt. Die Lage ist perfekt, da durch die natürliche Einbuchtung viele Zuschauer den Spielen beiwohnen konnten[51] – für Paulus bietet sich die agonale Bildwelt geradezu an, da er an den Erfahrungshorizont seiner Adressaten anknüpfen kann.

Paulus erinnert an ein Charakteristikum des Wettkampfes: Alle Wettläufer laufen im Stadion – aber nur einer erhält den Kampfpreis (βραβεῖον)[52], wobei „*alle* Gemeindemitglieder (ihr, Plural) dieser *eine* (Singular) sein sollen. Die Aufforderung zur Anstrengung ergeht an die gesamte korinthische Gemeinde [...]."[53] U. Poplutz weist den Vorwurf zurück, dass die Metapher nicht ganz glücklich gewählt sei. Diese Kritik gehe an der Sache vorbei und verkenne das Potential einer Metapher, deren „kommunikative[r] Clou" darin bestehe, dass „dieser singuläre Sieger mit einer pluralen Größe gleichgesetzt wird: *Ihr* sollt der *eine* Sieger sein. [...] Die Pointe, um die es geht, ist die Anstrengung und die Zielstrebigkeit, mit der *alle aufgerufen werden*."[54] Die imperativisch formulierte Mahnung „Lauft so, dass ihr gewinnt" wendet nun das Bild vom Wettlaufen auf die Gemeinde an.[55] *Tertium comparationis* ist dabei die *Anstrengung* des Laufens, die notwendig ist um das Ziel erreichen zu können.[56]

Als Preis für den Wettkämpfer dient ein Siegeskranz. Von den sog. Kranzagonen (ἀγῶνες στεφανῖται – belaubte Kränze sowie Palm- oder Myrtenzweige) unterscheiden sich die Wertagone (ἀγῶνες θεματικοί – lokale Agone, die Preisgelder aussetzten; vgl. Philo, Agr 112). Bei den Isthmischen Spielen bestanden die Siegeskränze aus verwelkter Sellerie und Palmzweigen[57]; die Verwendung

---

[50] Zu στάδιον vgl. Brändl, Agon, 197.
[51] Vgl. Brändl, Agon, 198.
[52] Zu βραβεῖον vgl. Brändl, Agon, 198, Anm. 59.
[53] Poplutz, Athlet, 269 (Kursiv bei Poplutz).
[54] Poplutz, Athlet, 269f (Kursiv bei Poplutz).
[55] Vgl. Schnabel, HTA-1 Kor, 513, mit Verweis auf Parallelen der metaphorischen Verwendung in der Stoa bei Epiktet, Diss. 2,18,27–28; 3,10,6–8 u.a. oder Seneca Ep. 17,1; 78,16 u. a.
[56] Vgl. Metzner, Paulus, 513.
[57] Vgl. Metzner, Paulus, 576. – Zur Unterscheidung der Agone vgl. Papathomas, Motiv, 226f. und 231f. – Oft wird ein Bezug zum Ruhmeskranz in 1 Thess 2,19 gesehen, „[...] wobei nicht eindeutig zu klären ist, ob nun der Kyrios nach dem Vorbild der olympischen oder isthmischen Spiele (vgl. 1 Kor 9,24–27) Paulus mit der Gemeinde für seine erfolgreiche Missionsarbeit bekränzt oder umgekehrt Paulus dem Kyrios die Gemeinde ‚anhängt'." (Heiniger, Parusie, 300).

des Bildes zielt auf das Heil, welches am Ende erlangt wird, und wird an dieser Stelle ohne den „sonst üblichen kompetitiven Aspekt gebraucht", wie J. Frey ausführt:

> „Da aus Werken dem Tun des Gotteswillens faktisch kein Mensch gerecht wird und insofern kein Mensch dem Zorn entgeht, ist Heil durchgehend nicht an die ‚Werke' gebunden, auch nicht an das Tun der guten Werke, zu denen die Paränese mahnt, sondern an die Gnade Gottes, die im Evangelium zugesagt und im Glauben erlangt wird und damit schon gegenwärtig lebensbestimmend wird, aber doch einer eschatologischen Manifestation entgegensieht."[58]

Auch wenn die Kranzagone oder die heiligen Agone (ἱεροί ἀγῶνες)[59] dem Sieger theoretisch nur einen Kranz verliehen, so waren diese doch auch mit Zuwendungen für die Sieger (Statuen, Geldprämien) versehen.[60] Weiterhin begegnet in V. 24 βραβεῖον in eigentlicher Bedeutung, während ἵνα καταλάβητε [τὸ βραβεῖον] den metaphorischen Gebrauch impliziert (vgl. auch Phil 3,14). Warum Paulus dieses Bild aufgreift, wird allerdings erst in V. 25 deutlich. Der Imperativ τρέχετε ist ebenfalls metaphorisch zu verstehen und zielt in erster Linie auf eine christliche Lebensführung ab.[61]

Mit ἵνα καταλάβητε (Plural!) wird deutlich, dass Paulus nicht daran festhält, dass nur einer den Kampfpreis erhält, sondern *alle* angesprochenen Christen in seiner Gemeinde den Siegespreis erhalten sollen.[62] Der Apostel betont durch die Gegenüberstellung von πάντες μὲν ... εἷς δέ am Beispiel der Läufer im Stadion bewusst die Tatsache, dass der Glaube an Christus nicht automatisch ein eschatologisches Heil garantiert.[63]

Kommen wir noch einmal auf den logischen Duktus des Textes zurück und fokussieren dabei schon die noch auszulegenden Verse: Es wurde bereits herausgestellt, dass unterschiedliche Personengruppen innerhalb des Textes unterschiedliche Ebenen repräsentieren. Im Hinblick auf das Stadion werden genannt: Die Wettläufer – einer – jeder Wettkämpfer – jene; mit Blick auf die Adressaten samt Paulus bzw. Paulus allein: ihr - ich - wir - ich; auf der strukturellen Ebene aber vermischen die Prädikate der Textstelle beide Ebenen, indem sie sämtlich vom antiken Agon geprägt sind. „So entstehen widersprüchliche Prädikationen; das christliche Leben wird in Begriffen erfaßt, die ‚eigentlich' zum Sport gehören, wird mithin *als* sportliche Wirklichkeit gesehen."[64] Diese logische Struktur

---

[58] Frey, Gerichtsaussagen, 477.
[59] Schnabel, HTA-1 Kor, 512.
[60] Mit Schnabel, HTA-1 Kor, 512 gegen Pfitzner, Motiv, 17.
[61] Brändl, Agon, 199, Anm. 63, mit Verweis auf Bauernfeind, τρέχω, passim., der darauf verweist, dass Paulus das Lexem metaphorisch unterschiedlich verwendet – so etwa in Gal 5,7 als Metapher für die christliche Lebensführung oder in Gal 2,2 sowie in Phil 2,16 für seinen apostolischen Dienst.
[62] Vgl. Brändl, Agon, 199.
[63] Vgl. Brändl, Agon, 199f.
[64] Schwankl, Wettkampfmetaphorik, 181 (Kursiv bei Schwankl).

lässt sich auf der Ebene der Semantik wie folgt bestimmen: Personen werden durch bestimmte Tätigkeiten bzw. Haltungen charakterisiert, die auf ein klar definiertes Ziel hinauslaufen.[65]

	Personen	Tätigkeiten	Ziel
24a–c	οἱ τρέχοντες	τρέχω	λαμβάνω βραβεῖον
25a–c	ὁ ἀγωνιζόμενος	ἐγκρατεύομαι	λαμβάνω στέφανον
26a–27c	ἐγώ [sc. Paulus]	τρέχω, πυκτεύω, ὑπωπιάζω, δουλαγωγέω	μή πως... ἀδόκιμος γένωμαι

Bereits an dieser Stelle sei angemerkt, dass es sich beim dritten Abschnitt (26a–27c) um eine Überbietung der vorausgegangenen beiden handelt: Es erfolgt eine vierfache Aufzählung von Tätigkeiten. Ebenfalls fällt auf, dass das Ziel durch Paulus diesmal negativ formuliert ist.

In V. 25 erläutert Paulus seine Ermahnung an die korinthische Gemeinde wieder anhand zweier Beispiele aus der antiken Agonistik. Der Einstieg erfolgt mit einem adversativem δέ. Das Lexem ἀγωνιζόμενος bezeichnet Athleten im Gesamten und kann somit für Läufer (24.26) und Faustkämpfer (26f.) stehen.[66] Erst mit ἡμεῖς wird die metaphorische Bedeutung impliziert – Paulus und die Christen in Korinth sind Wettkämpfende im Glauben, die auf alles (πάντα) verzichten. Während die Athleten alles tun, um den Siegespreis zu gewinnen, unternimmt Paulus alles – ein Rückbezug auf 9,23 – um am Evangelium Anteil zu gewinnen.[67]

Der Begriff ἐγκρατεύεσθαι (25a) zielt auf das athletische Verhalten ab und beinhaltet neben dem Training eine besondere Diät, ausreichend Erholung bzw. Schlaf, die Enthaltsamkeit von Alkohol sowie im Besonderen von Geschlechtsverkehr.[68] Letzterer Bezug ist auch im ntl Kontext gegeben[69] – meint aber auch umfassend die Selbstbeherrschung.[70] In der Antike gilt grundsätzlich: Jeder Wettkämpfer enthalte sich / übe völlige Enthaltsamkeit (πᾶς δὲ ὁ ἀγωνιζόμενος

---

[65] Vgl. Poplutz, Athlet, 260. Die nachfolgende Tabelle ist entnommen aus Poplutz, a. a. O.
[66] Vgl. Brändl, Agon, 201.
[67] Vgl. Brändl, Agon, 201. Ebenso Pfitzner, Paul, 87f., Fee, NIC-1 Cor, 436 und Schrage, EKK-1 Kor II, 365, Anm. 512.
[68] Brändl, Agon, 201. Dass das Lexem nur auf das Training im eigentlichen Sinn abziele, wie Conzelmann, KEK-1 Kor, 200 feststellt, ist nicht zutreffend. Richtig daher Poplutz, Athlet, 271 (mit Verweis auf Pappas, Idee, 60f. 98f.): „[...] die gesamte Lebensführung [wurde] dem Erreichen eines agonalen Sieges untergeordnet."
[69] Grundgelegt schon bei Plat Leg 839e–840a, Vgl. Brändl, Agon, 201.
[70] Vgl. Goldstein, ἐγκράτεια, passim. oder auch Grundmann, ἐγκράτεια, 338: „Die Wortgruppe ἐγκρατ- hat das ihre Bedeutung bestimmende Stammwort κρατ-, welches Macht, Herrschaft bedeutet, und bringt zum Ausdruck die Macht oder Herrschaft, die einer bei sich, über sich selbst oder auch über etwas hat."

πάντα ἐγκρατεύεται). Das Verb ἐγκρατεύομαι meint: „sich einer Sache enthalten", in Papyri: „etwas in Besitz haben; über etwas Gewalt haben". Enthaltsamkeit ist also ebenso eine Trainingsdisziplin, die jeder Wettkämpfer einhalten muss, um erfolgreich sein zu können.[71] Training meint Einübung – nicht nur in Bezug auf das Einüben einer sportlichen Disziplin, sondern auch in Bezug auf die eigene Lebensweise.[72]

Paulus selbst denkt dabei an eine „funktionale Selbstdisziplin"[73]: Er „will daran erinnern, daß jeder Sieg etwas kostet und einen hohen Einsatz verlangt. Das βραβεῖον fällt einem nicht in den Schoß."[74] Wenn dies gilt, dann zielt ἐγκρατεύεσθαι bei Paulus ganz auf die Gestaltung der christlichen Lebensführung[75] – was mehr ist als nur eine Selbstbestimmung wie in der philosophischen Ethik der klassischen Zeit und des Hellenismus.[76] Es soll auf alles verzichtet werden, was von der eschatologischen Vollendung abhalten könnte.[77]

Ob Paulus hier eine enkratische Tendenz einträgt, die auf den Verzicht von Fleischgenuss (vgl. 1 Kor 8,4–13) und auf sexuelle Enthaltsamkeit (vgl. 1 Kor 7,1–9) abzielt, muss m. E. – trotz der Fokussierung auf V. 25 – nicht abgelehnt werden.[78] Wenn aber Athleten in ihrer Vorbereitung in allen Bereichen ihres Lebens enthaltsam leben – nur um einen vergänglichen Siegeskranz zu erhalten – so hat dies erst recht für Christinnen und Christen zu gelten, die einen unvergänglichen Kranz erwarten – infolge des Glaubens an Jesus Christus.[79] Der unvergängliche Kranz, das ewige Leben, ist somit letztlich christliches Endziel, welches den Sieg im sportlichen Wettkampf übersteigt. Mit ἡμεῖς schlägt Paulus den Bogen von der Gemeindeparänese hin zur paradigmatischen Bedeutung seines apostolischen Dienstes, wie es schon in 8,13 und bes. in 9,1–23 treffend von ihm ins Wort gebracht worden ist.[80]

3.2 Paulus als Wettläufer und Faustkämpfer (26f.)

Mit den Versen 26f. richtet Paulus den Blick auf sich, indem er sich selbst (26a: programmatisches ἐγώ!) mittels einer Parallelisierung als Wettläufer und Faustkämpfer stilisiert. Als Wettläufer läuft er zielstrebig – selbsterklärtes Ziel ist das vorher bereits genannte βραβεῖον (24c), der στέφανος ἄφθαρτος (vgl. 25a.c) – in

---

[71] Vgl. Schnabel, HTA-1 Kor, 514.
[72] Vgl. zu antiken Trainingsmethoden Harris, Athletes, passim.
[73] Goldstein, ἐγκράτεια, 914.
[74] Schrage, EKK-1 Kor II, 367. Ähnlich in der Sache auch Baumert, Sorgen, 136.
[75] Vgl. Brändl, Agon, 202.
[76] Vgl. Goldstein, ἐγκράτεια, 915f.
[77] Vgl. Brändl, Agon, 202.
[78] Gegen Poplutz, Athlet, 276.
[79] Vgl. Schnabel, HTA-1 Kor, 515.
[80] Vgl. Brändl, Agon, 203.

der Perspektive des Apostels und seiner Gemeinde die durch den Glauben an Christus geltende Heilsperspektive.

Mit dem zweiten Vergleichspunkt in unserem Textabschnitt wählt Paulus eine weitere Sportart: die des Boxens. Das Lexem πυκτεύειν, ntl *Hapaxlegomenon*, bezieht sich, genau wie das parallel stehende τρέχω in 26a, auf den Dienst des Apostels am Evangelium. Paulus kämpft als Faustkämpfer bzw. Boxer, der nach 26d. „„...nicht in die Luft schlägt" (ὡς οὐκ ἀέρα δέρων). Denkt er dabei nun an einen Faustkampf mit oder ohne Gegner? Beides wäre prinzipiell möglich.[81] Im ersten Fall bedeutete dies: Paulus ist ein geschickter Boxer und ein erfolgreicher Kämpfer – im zweiten Fall: Paulus hätte hier einen Faustkämpfer vor Augen, dem es mit dem Boxen gar nicht ernst ist. Der ersten Deutung wird hier deutlich der Vorzug gegeben, da diese gut zu 9,27 (ὑπωπιάζειν) passt, wo ja gerade die Metapher vom *erfolgreichen* Kämpfer aufgegriffen wird.[82] Allerdings darf nicht verschwiegen werden, dass die Form des Schlagens in die Luft, also die des Schattenboxens[83], eine bewusste Demonstration von Stärke sein konnte.[84]

Der von Paulus zielsicher getroffene Gegner ist er selbst. ὑπωπιάζω ist *Verbum denominativum* von ὑπώπιον (ein Teil des Gesichtes unterhalb der Augen, oder aber auch das ganzes Gesicht)[85] und meint ein „ins Gesicht schlagen", was dann mit einer Schwellung bzw. Entstellung verbunden ist.[86] Eine solche durch einen Faustschlag hervorgerufene Entstellung im Gesicht (ὑπωπιάζειν) berichtet Diogenes Laertius (VI 89) in der Erzählung vom Kyniker Krates, der wegen eines provozierenden Auftritts von einem Zitherspieler mit der Faust ins Gesicht geschlagen wurde und sich dann, wegen der nicht zu übersehenden Entstellung des Gesichts, dessen Namen – Nikodromos – auf die Stirn heftete.

Dass Paulus explizit die den Faustkämpfer entstellenden Verletzungen im Blick gehabt haben könnte, setzt das sich anschließende μου τὸ σῶμα nahe. Der Kampf des Paulus hinterlässt sichtbare Spuren. Einige Kommentatoren verbinden 27a mit den Mühen, Entbehrungen und Gefahren der paulinischen Peristasenkataloge in 1 Kor 4,1–13 sowie 2 Kor 4,8–11; 11,23–28.[87] Vielleicht mögen

---

[81] Vgl. Brändl, Agon, 204. So schon bei Foerster, ἀήρ, 165: „In der Selbstaussage des Paulus 1 K 9,26 [...] kann das Bild besagen: *keinen Scheinkampf führen* (sondern wirklich kämpfen), oder *nicht daneben hauen* (sondern treffen)." (Kursiv bei Foerster).

[82] Mit Brändl, Agon, 205.

[83] Vgl. Philo Cher 81; Det 41; Plant 175; Philostr Gymn 50. Philo Det 41 (*Quod deterius potiori insidiari soleat* – Über die Nachstellungen die das Schlechtere dem Besseren bereitet) wirft den Sophisten mit dem Bild vom Schattenboxen fehlenden Ernst vor. (Vgl. Brändl, Agon, 205).

[84] Vgl. Vergil Aen V 376–377. (Übers. J. Götte), 195.: „Solch ein Held, reckt Dares sogleich zum Kampfe sein Haupt hoch, / trägt seine Schultern, die breiten, zur Schau und wirft nun im Wechsel / vorwärts wuchtend die Arme und trifft mit Hieben die Lüfte." Zum Schattenboxen und den damit verbundenen Elementen vgl. Poliakoff, Kampfsport, 28f.

[85] Auch bei Hom Il XII 463 oder Philostr Gymn 48.

[86] Der Hinweis ist Brändl, Agon, 207, verdankt.

[87] Vgl. nur Schrage, EKK-1 Kor II, 370, mit Anm. 542 oder Fee, NIC-1 Cor, 439.

gerade die dort genannten Leiden Grund für die Wahl des drastischen Bildes gewesen sein, denn der Faustkampf galt in der Antike als gefährlichster und verletzungsreichster Agon und rückte so in die Nähe zum Gladiatorenkampf.[88]

Mit der o. a. Deutung meint das Faustkämpfen nicht ein zielloses in die Luft schlagen, vielmehr hebt Paulus mit dem Bild in V. 26

> „[...] auf die Effektivität, Zielstrebigkeit und Präzision des Schlages ab, die den Erfolg des Boxers garantiert. Diese konsequente Zielstrebigkeit verbindet den eifrigen Läufer und Boxer gleichermaßen: der Läufer läuft nicht ins Ungewisse (οὐκ ἀδήλως), sondern mit unbedingtem Willen und Ziel vor Augen (vgl. Phil 3.14 κατὰ σκοπὸν διώκειν), und der Boxer schlägt nicht in die Luft (οὐκ ἀέρα), sondern setzt gezielte Treffer."[89]

Das Verb δουλαγωγεῖν (vgl. 1 Kor 9,19), wörtlich: „in die Sklaverei führen"[90], ist die einzige Vokabel innerhalb unserer Textstelle, die nicht im agonistischen Zusammenhang steht. In der neueren Forschung wird sie nahezu kohärent als Ausdruck des Paulus verstanden, welchen er wählt, um seine eigene Person dem Apostelamt und seinem Verkündigungsauftrag unterzuordnen und so das eigene Ziel zu erreichen.[91] Paulus begründet schließlich seinen eigenen Verzicht (wie schon im aufgezeigten kontextuellen Umfeld des Kap. 9) mit der Orientierung am Ziel, welches er in 9,27 in Zuspitzung auf die eigene Person gleichermaßen „in den Horizont seiner Adressaten rückt."[92] Dabei stilisiert er sich in der Rolle als Verkündiger des εὐαγγέλιον als Herold (κῆρυξ; vgl. 27c), was in der Aufnah-me seiner agonalen Bilderwahl schließlich wieder konsequent ist, denn zu den bedeutendsten Herolden gehörten u. a. diejenigen der Agone.[93]

4. Paulus auf der Zielgeraden in Korinth – ein Fazit

Ziehen wir ein kurzes Fazit: In 1 Kor 9,24–27 findet eine Übertragung der Agon-Terminologie auf das Verhalten des Apostels und der Gemeinde in der Tradition eines nahezu umfassenden athletischen Bildgebrauchs statt. Die Bilder und Vergleiche dienen Paulus dazu, den in 9,3–18 begründeten Verzicht auf ein aposto-

---

[88] Vgl. Poliakoff, Kampfsport, 119–122 (Hinweis bei Brändl, Agon, 209).

[89] Metzner, Paulus, 575. – Die Wendung οὐκ ἀέρα δέρων steht dabei parallel zum οὐκ ἀδήλως τρέχειν des Stadionläufers. Zudem setzt V. 27 einen realen Gegner voraus, so dass an einen Scheinkampf / Schattenboxen (σκιαμαχία) nicht zu denken ist. Vgl. ebd. sowie die Diskussion bei Pfitzner, Paul, 90f. sowie in den Kommentaren bei Schrage, Pfitzner, Paul, 369 und Fee, NIC-1 Cor, 483.

[90] Bauer / Aland, 412.

[91] Vgl. Brändl, Agon, 213 – vorher in ausführlicher Besprechung (211–213). Vgl. auch Pfitzner, Paul, 92f.; Wolff, ThHK-1 Kor, 35; Fee, NIC-1 Cor, 439 sowie Schrage, EKK-1 Kor II, 370f.

[92] Vgl. Brändl, Agon, 214.

[93] Der κῆρυξ („Herold") war in der Antike eine angesehene Person. Es gab mehrere Klassifizierungen von Herolden. Ausführlicher bei Brändl, Agon, 215.

lisches Unterhaltsrecht und den in 19–23 dargelegten selbstlosen Einsatz für seine Verkündigung zu veranschaulichen. Völlig treffend setzt der Völkerapostel dabei das Bildfeld des Wettkampfes ein, und betont somit ganz bewusst den Einsatz der Kräfte zur Erreichung des höchsten Zieles – im Wettkampf ist dies das βραβεῖον.[94]

Die maßgeblichen Quellen sind für Paulus möglicherweise die eigene Kenntnis spezifischer Agone, etwa die der Isthmien in Korinth, sicher aber die des hellenistischen Umfeldes sowie Kenntnisse aus der Popularphilosophie. Fest steht, dass Paulus konkrete agonistische Sachverhalte vor Augen hat und sich diese und die damit verbundene Bildwelt für seine Verkündigung zunutze macht. Die Wettkampfmetaphern in 9,24–27 sind zudem von starker kommunikativer Aussagekraft – ihr Sinn ergibt sich aus dem zweifachen Kontext der Selbstdarstellung des Apostels und seiner Paränese bezüglich der Thematik in 1 Kor 8.

„Der Agon ist [Paulus] zum *kongenialen Ausdruck* seiner Verkündigungstätigkeit geworden."[95] Paulus steht als Apostel in Solidarität mit seiner Gemeinde und strebt dasselbe Ziel an. Der Wettlauf zielt vor allem auf den Dienst des Apostels in der Verkündigung des Evangeliums ab und der Siegeskranz verdeutlicht dabei die eschatologische Dimension christlichen Lebens. Die von Paulus gewählten agonalen Metaphern beinhalten zudem eine hohe Lebendigkeit.[96] Paulus gelingt es, seiner Gemeinde mittels Beispielen aus der ihr vertrauten Lebenswirklichkeit die von ihm dargelegten Sachverhalte zu veranschaulichen: So wie sich Athleten mit Ausdauer, Training und Disziplin auf den Wettkampf vorbereiten, so sollen sich die Korinther auf das Ziel des ewigen Lebens einstellen, indem sie ihr Verhalten auf eben jenes Ziel ausrichten.[97] Zielorientierung, voller Einsatz und notwendiger Verzicht meinen in diesem Zusammenhang aber auch Ermahnung vor einer überzogenen Heilsgewissheit.[98] „Das Rennen der christlichen Existenz ist im Gang, aber noch nicht beendet. Die Sache ist ‚noch nicht gelaufen' [...] Das christliche Leben ist kein Spaziergang, sondern ein Wettkampf. Vor sorgloser Heilssicherheit ist zu warnen."[99] In diesem Zusammenhang kämpft Paulus um die Aufmerksamkeit seiner Adressaten – gerade in Korinth.

---

[94] Vgl. Dautzenberg, ἀγών, 60; Ferner: Ringwald / Feldmeier: ἀγών sowie Gebauer: βραβεῖον.
[95] So treffend von Metzner, Paulus, 583, ins Wort gebracht.
[96] Vgl. Brändl, Agon, 414, zuvor ausführlich zur Lebendigkeit der Metaphorik (231–236).
[97] Vgl. Schnabel, HTA-1 Kor, 520.
[98] Mit Schwankl, Wettkampfmetaphorik, 188f. Anders Zeller, KEK-1 Kor, 322: „Daß Paulus gegen den Wahn der Korinther anschreibt, den eschatologischen Preis schon erreicht zu haben, ist nicht zu merken."
[99] Schwankl, Wettkampfmetaphorik, 188f. mit Verweis auf sachliche Analogien zur Unterscheidung von Laufen und Gewinnen in der Jesustradition, etwa in Lk 13,24 [ZüB]: „*Setzt alles daran, durch die enge Tür einzutreten! Denn viele [...] werden es versuchen, und es wird ihnen nicht gelingen.*"; Vgl. zur Heilsgewissheit der sog. Starken in Korinth Vollenweider, Freiheit, 231f.

Literatur

BAUERNFEIND, Otto, Art. τρέχω κτλ., in: ThWNT VIII (1969) 230–232.
BAUMERT, Norbert, Sorgen des Seelsorgers. Übersetzung und Auslegung des ersten Korintherbriefes (Paulus neu gelesen 1), Würzburg 2007.
BRÄNDL, Martin, Der Agon bei Paulus. Herkunft und Profil paulinischer Agonmetaphorik (WUNT II 222), Tübingen 2006.
BRONEER, Oscar, Paul and the Pagan Cults at Isthmia, in: HThR 64 (1971) 169–187.
BRONEER, Oscar, The Apostle Paul and the Isthmian Games, in: BA 25 (1962) 2–31.
COLLINS, Raymond F., First Corinthians (Sacra Pagina Series 7), Collegeville, Minnesota 1999.
CONZELMANN, Hans, Der erste Brief an die Korinther (KEK 5), Göttingen ²1981.
CONZELMANN, Hans, Paulus und die Weisheit, in: NTS 12 (1966) 231–244.
DAUTZENBERG, Gerhard, Art. ἀγών κτλ., in: EWNT (³2011) 59–64.
FEE, Gordon D., The First Epistle to the Corinthians (NIC), Grand Rapids, Michigan 1987.
FOERSTER, Werner, Art. ἀήρ, in: ThWNT I (1933) 165.
FREY, Jörg, Die Gerichtsaussagen im sachlichen Zusammenhang, in: F. W. Horn (Hg.), Paulus Handbuch, Tübingen 2013, 476f.
GARRISON, Roman, Paul's Use of the Athlete Metaphor in I Corinthians 9, in: SR 22 (1993) 209–217.
GEBAUER, Roland, Art. βραβεῖον, in: ThBLNT (³2011) 1105f.
GERBER, Christine, Paulus und seine ‚Kinder'. Studien zur Beziehungsmetaphorik der paulinischen Briefe (BZNW 136), Berlin / New York 2005.
GOLDSTEIN, Horst, Art. ἐγκράτεια κτλ., in: EWNT (³2011) 913–915.
GRUNDMANN, Walter, Art. ἐγκράτεια κτλ., in: ThWNT II (1935), 338–340.
HARRIS, Harold A., Greek Athletes and Athletics, Westport ³1979.
HARRIS, Harold A., Greek Athletics and the Jews, hg. v. I. M. Barton / A. J. Brothers, Cardiff 1976.
HEININGER, Bernhard, Die Parusie des Kyrios, in: F. W. Horn (Hg.), Paulus Handbuch, Tübingen 2013, 299–305.
HOFMANN, Carl Friedrich, Exercitatio philologica de ludis Isthmicis in N.T. commemoratis. Wittenberg 1760.
HORN, Friedrich W., Die Kollekte für die Jerusalemer Gemeinde, in: Ders. (Hg.), Paulus Handbuch, Tübingen 2013, 116–119.
HULLINGER, Jerry M., The Historical Background of Paul's Athletic Allusions, in: BS 161 (2004) 343–359.
JOUBERT, Stephan, I Corinthians 9:24-27. An Agonistic Competition?, in: Neotest. 35 (2001) 57–68.
JÜTHNER, Julius, Art. Agon, in: RAC I (1950), 188f.
KLAUCK, Hans-Josef, Volk Gottes und Leib Christi, oder: Von der kommunikativen Kraft der Bilder. Neutestamentliche Vorgaben für die Kirche von heute, in: Ders., Alte Welt und neuer Glaube. Beiträge zur Religionsgeschichte, Forschungsgeschichte und Theologie des Neuen Testaments (NTOA 29), Freiburg i. Ü. / Göttingen 1994.
KOCH, Alois, Paulus und die Wettkampfmetaphorik, in: TThZ 117 (2008) 39–55.
LAKOFF, George / JOHNSON, Martin, Metaphers We Live By, Chicago 1980.
LINDEMANN, Andreas, Der Erste Korintherbrief (HNT 9/1), Tübingen 2000.
MERKLEIN, Helmut, Der erste Brief an die Korinther. Kapitel 5,1–11,1 (ÖTK.NT 7/2), Gütersloh 2000.
METZNER, Rainer, Paulus und der Wettkampf: Die Rolle des Sports in Leben und Verkündigung des Apostels (1 Kor 9.24–7; Phil 3.12–16), in: NTS 46 (2000) 565–583.
NESTLE-ALAND. Novum Testamentum Graece, hg. v. Aland, Barbara / Aland, Kurt u. a., Stuttgart ²⁸2012.
PAPATHOMAS, Amphilochios, Das agonistische Motiv 1 Kor 9,24ff. im Spiegel zeitgenössischer dokumentarischer Quellen, in: NTS 43 (1997) 223–241.
PAPPAS, Christos, Die antike agonale Idee als Grundstein der Olympischen Spiele und des heutigen Wettkampfsports, Saarbrücken 1986.
PFITZNER, Victor C., Paul and the Agon Motif. Traditional Athletic Imagery in the Pauline Literature (NT.S 16), Leiden 1967.

POLIAKOFF, Michael B., Kampfsport in der Antike. Das Spiel um Leben und Tod. Zürich / München 1989.
POPLUTZ, Uta, Athlet des Evangeliums. Eine motivgeschichtliche Studie zur Wettkampfmetaphorik bei Paulus (HBS 43), Freiburg i. Br. 2004.
RINGWALD, KARL HEINRICH / FELDMEIER, REINHARD, Art. ἀγών, in: ThBLNT (³2011) 1102–1105.
ROTH, Michael / VOLP, Ulrich (Hg.), Gut, besser, am besten. Ethische, theologische und historische Reflexionen zu Leistung und Erfolg in Sport, Kirche und Gesellschaft (Theologie – Kultur – Hermeneutik 20), Leipzig 2016.
SCHMELLER, Thomas, Paulus und die „Diatribe". Eine vergleichende Stilinterpretation (NTA NF 19), Münster 1987.
SCHNABEL, Eckhard J., Der erste Brief des Paulus an die Korinther (HTA), Wuppertal 2006.
SCHNEIDER, Karl, Art. Isthmia, in: PRE 9 (1916) 2248–2255.
SCHRAGE, Wolfgang, Der erste Brief an die Korinther. 2. Teilband. 1 Kor 6,12–11,16 (EKK 7/2), Neukirchen-Vluyn u. a. 1995.
SCHWANKL, Otto, „Lauft so, daß ihr gewinnt". Zur Wettkampfmetaphorik in 1 Kor 9, in: BZ NF 41 (1997) 174–191.
VOLLENWEIDER, Samuel, Freiheit als neue Schöpfung. Eine Untersuchung zur Eleutheria bei Paulus und in seiner Umwelt (FRLANT 147), Göttingen 1989.
WOLFF, Christian, Der erste Brief des Paulus an die Korinther (ThHK 7), Leipzig ²2000.
WOLFF, Dominik, Paulus beispiels-weise. Selbstdarstellung und autobiographisches Schreiben im Ersten Korintherbrief (BZNW 224), Berlin / New York 2017.
WYPADLO, Adrian / NIGGEMEIER, Volker, Traditionen, Traditionsbrüche und -kontextualisierungen christologischer Vorstellungen und Bekenntnisaussagen im 1. Korintherbrief, in: Häfner, Gerd / Huber, Konrad / Schreiber, Stefan (Hg.), Kontexte neutestamentlicher Christologien (QD 292), Freiburg i. Br. u. a. 2018, 130–160.
ZELLER, Dieter, Der erste Brief an die Korinther (KEK 5), Göttingen 2010.
ZÜRCHER BIBEL, hg. v. Kirchenrat der Evangelisch-reformierten Landeskirche des Kantons Zürich, Zürich ³⁰2007 [ZüB].

Wettkampf im Lykostal?
Agonale Motivik im Kolosserbrief und soziokultureller Kontext

Heinz Blatz

„πυθομένου δέ τινος εἰ καὶ αὐτὸς ἥκοι τὸν ἀγῶνα θεασόμενος, οὐκ, ἔφη, ἀλλ' ἀγωνιούμενος. / Jemand fragte aber, ob er auch kommt, die Agone zu sehen. Nein, antwortete er, ich werde vielmehr an den Agonen teilnehmen." (Dio Chrys., Or 8,11)

Aktiv als Teilnehmender Agone bestreiten oder passiv als Zuschauer diese besuchen – im 1. Jh. n. Chr. bieten sich im römischen Reich mannigfaltig Gelegenheiten. Agone sind in der griechisch-römischen Welt ein fester Bestandteil städtischen Lebens. Neben den vier panhellenischen Agonen (Olympische, Pythische, Isthmische und Nemeische Spiele) fügt Kaiser Augustus noch die Aktia in Nikopolis und die Sebasteia in Neapel hinzu.[1] Schon für die östlichen Provinzen des römischen Reiches sind über 500 verschiedene Agone auf Inschriften und Münzen vom 1.–3. Jh. n. Chr. belegt.[2] Auch in den neutestamentlichen Schriften erweist sich agonale Motivik nicht als randständiges Phänomen.[3] Folgender Beitrag nimmt den Kolosserbrief in den Blick, der mehrheitlich als deuteropaulinischer Brief eingeordnet wird:[4] Dabei wird der Befund im Kolosserbrief erhoben, das Weiterschreiben paulinischer Agon-Metaphorik untersucht und der soziokulturelle Kontext im Lykostal zur Exegese herangezogen.

---

[1] Um die Capitolinischen Spiele in Rom erweitert Domitian die Spielereihe im Jahr 86 n. Chr. – Zu den Realien siehe bereits Weiler, Sport, 103–135 (zu den panhellenischen Agonen), 135–139 (zur griechischen Agonistik außerhalb der panhellenischen Wettkampfstätten); Pfitzner, Paul, 16–75 (zur hellenischen Agontradition); Poplutz, Athlet, 35–99 (Agon in der Antike).

[2] So Leschhorn, Verbreitung, 31, der hier nur von einem ersten Überblick (!) spricht.

[3] Vgl. Poplutz, Athlet; Brändl, Agon. – Agon-Motivik begegnet weiterhin in Apokryphen sowie in Väter-Schriften; s. a. Pfitzner, Paul, 196–204. Verstärkt wird in der Exegese jedoch das Corpus Paulinum behandelt.

[4] So bspw. Theobald, Kolosserbrief, 433–435; Maisch, Kol, 16–20. Oftmals wird der Verfasser als Mitglied einer „Paulusschule" angesehen, bspw. Gnilka, Kol, 19–22; MacDonald, Col, 6–9. Auch die Mitarbeiter-/Sekretär-Hypothese wird noch vertreten, bspw. Luz, Kol, 190–192; Dunn, Col, 38. – Zu den sprachlichen, stilistischen sowie inhaltlich-theologischen Besonderheiten des Kol, die auf einen pseudepigraphischen Brief verweisen, siehe knapp Schnelle, Einleitung, 362–366.

1. Agonale Motivik im Kolosserbrief

Blickt man in die griechisch-hellenistische Zeit, ist bereits ein weiter Traditionsstrom auszumachen, welcher gymnische, hippische oder musische Agone ebenso wie Militärisches (u. a. Epheben-Ausbildung) oder Philosophisches umschließt. „Übersetzen wir [...] ἀγών mit ‚Wettkampf' [...], so erfassen wir damit nur einen Teil des Wortinhaltes, insbesondere berücksichtigt eine solche Übersetzung nicht die Tatsache, daß der griechische Ausdruck in seiner Skala von Spiel zu Ernst viel umfassender ist."[5] Der Terminus ἀγών zählt zu einem semantischen Feld,[6] dem Lexeme derselben grammatischen Kategorie mit gemeinsamen Bedeutungsbestandteilen sowie weitere Ausdrücke verschiedener Wortarten mit zumindest einem gemeinsamen rekurrenten Sem angehören.[7]

1.1 Befund im Kolosserbrief

Fünf Belege für solch agonale Vorstellungen finden sich im Kolosserbrief: Kol 1,29; 4,12 (ἀγωνίζομαι), Kol 2,1 (ἀγών), Kol 2,18 (καταβραβεύω) sowie Kol 3,15 (βραβεύω).

Blicken wir zunächst auf den Befund im jeweiligen Briefkontext. Zwei Belege trifft man innerhalb der breit gehaltenen Selbstempfehlung Pauli (Kol 1,24–2,5).[8] Hier wird seine große Anstrengung hervorgehoben (Kol 1,24–29): Paulus müht sich und kämpft (Kol 1,29: ἀγωνιζόμενος) einen schweren Kampf (Kol 2,1: ἀγών) für/ὑπέρ die Kolosser – auch für die Laodizener und für ihm persönlich Unbekannte. Kol 2,1 ist dabei nicht nur ein innerer Kampf im Gebet (Röm 15,30), sondern zeigt auch den Einsatz im Dienste der Verkündigung (Kol 2,1f.).[9] Die in Kol 1,29 allgemein gehaltene Aussage wird in Kol 2,1f. spezifiziert: Die Anrede

---

[5] Weiler, Mythos, 24.
[6] Poplutz, Athlet, 35–69, bietet einen ausführlichen Überblick zum Terminus ἀγών.
[7] Ein semantisches Feld kann als Kombination aus Wortfeld und Isotopien gesehen werden; Blatz, Semantik, 13: „Grundlegend ist ein eng gefasstes Wortfeld, welchem Lexeme derselben grammatischen Kategorie angehören, deren Bedeutungen gemeinsame Bestandteile haben; neben diesem stehen Isotopien, die sich im Text entfalten und zu denen Ausdrücke verschiedener Wortarten zählen, die aufgrund (mindestens) eines rekurrenten Sems zusammengehörig sind." Zur „semantischen Analyse" und der Vielzahl der methodischen Ansätze vgl. Blatz, Semantik, 5–15.
[8] Kol 2,6 schließt passend an Kol 1,23; die Verse Kol 1,24–2,5 wirken fast wie ein Einschub, die durch den Verweis auf das Freuen (χαίρω) in Kol 1,24; 2,5 gerahmt werden und v. a. durch die Verwendung der 1. Person auffallen. Zur Abgrenzung und Einordnung als Scharnierfunktion von Kol 1,24–2,5 zwischen Einleitung und Briefkorpus, Wolter, Kol, 98f.; Maisch, Kol, 25.
[9] Brändl, Agon, 360–362, sieht hier die Gesamtheit des missionarischen und apostolischen Wirkens Pauli angesprochen.

der Adressaten stellt einen Bezug zu den Gemeinden im Lykostal her, womit sich ein konkretes Umfeld zumindest nahelegt.[10]

Am Ende des Briefes in den Schlussgrüßen (Kol 4,10–18), näherhin in den Grüßen der Mitarbeiter (Kol 4,10–14), begegnet Epaphras.[11] Untergliedert wird die Liste durch das dreifache ἀσπάζεσθαι (Kol 4,10.12.14), wodurch bereits Epaphras als im Zentrum stehend herausgehoben wird. Der Paulusschüler und evtl. der Gemeindegründer wird ebenfalls als jemand dargestellt, der „allezeit für euch kämpft in den Gebeten/πάντοτε ἀγωνιζόμενος ὑπὲρ ὑμῶν ἐν ταῖς προσευχαῖς" (Kol 4,12). Weiterhin bezeugt man (μαρτυρέω), „dass er viel Mühe (für den Agon) für euch und die in Laodizea und die in Hierapolis (aufgewandt) hat/ὅτι ἔχει πολὺν πόνον ὑπὲρ ὑμῶν καὶ τῶν ἐν Λαοδικείᾳ καὶ τῶν ἐν Ἱεραπόλει" (Kol 4,13). Demnach gibt es zudem noch eine Gemeinde in Hierapolis – ein weiterer Hinweis auf eine konkrete Verortung im Lykostal.

Neben der quasi rahmenden Verwendung agonaler Motivik im Briefaufbau in Bezug auf die Lehrenden Paulus und Epaphras werden im Hauptteil des Briefes zwei weitere Belege gebraucht – nun bzgl. der Adressaten. Thematisch geht es nicht um den Agon für jemanden, sondern um eine Auseinandersetzung mit gegnerischen Lehren (Kol 2,16–23). Die Gemeinden brauchen keine anderen Heilslehren und nach Kol 2,18 soll ihnen niemand „den Siegespreis aberkennen" (καταβραβεύω).[12] Man steht mitten in der Auseinandersetzung mit der ‚kolossischen Philosophie', die in den Augen des Verfassers eine Häresie ist.[13] So prahlen wohl Gemeindemitglieder nach Kol 2,18f. mit der „Schau von Visionen als Eingeweihte" (Kol 2,18: ἃ ἑόρακεν ἐμβατεύων).[14] Mit den Verben ἐμβατεύω und καταβραβεύω begegnen zwei Hapaxlegomena. Das Verb ἐμβατεύω, das auch vor einem Vertrauen auf ekstatische Visionen warnt, findet sich inschriftlich im 2. Jh. n. Chr. als *terminus technicus* für die zweite Einweihungsstufe in die Apollonmysterien in Klaros (Asia).[15] Das Verb καταβραβεύω ist ebenso als Fenster in

---

[10] Vgl. Schweizer, Kol, 93.

[11] Die Namen der Grüßenden stimmen mit der Liste in Phlm 23f. überein – mit Ausnahme von Jesus Justus. Es sind aber auch inhaltliche Unterschiede auszumachen; so ist Epaphras nach Kol 1,7; 4,12f. wohl frei, nach Phlm 23 ein Mitgefangener.

[12] Siegespreis/-zeichen (τὸ βραβεῖον; lat. *brabeum*): 1 Kor 9,24; Phil 3,14); häufiger findet sich „Siegeskranz" (ὁ στέφανος: 1 Kor 9,25; Phil 4,1; 1 Thess 2,19; 2 Tim 4,8; Offb 2,10; 3,11); zur „Siegeskranz"-Metaphorik siehe Brändl, Agon, 289–328.

[13] Für mögliche Vorstellungen hinter Kol 2,18–20 werden verschiedenste Vorschläge eingebracht, s. a. Bormann, Kol, 143–147.

[14] Siehe Rowland, Vision, 76–78; vgl. zur Einweihung in die Isismysterien auch Apul, Met 11,23,5–7.

[15] Der erste Schritt ist die Einweihung der Kultteilnehmer in die Mysterien von Klaros (evtl. mit Visionserfahrungen); vgl. Arnold, Syncretism, 104–157, v. a. 109–119, mit der Besprechung von vier Inschriften aus Klaros bzw. Pergamon. – In Hierapolis befindet sich ein Tempel des Apollon Kareios, wobei sich Inschriften mit Hinweisen auf eine Orakeltätigkeit (Buchstabenorakel) finden (z. B. SEG 26,137; 2./1. Jh. v. Chr.); Würfelorakel begegnen auch in Laodizea (IvLaodikeia 69; ~ 2./3. Jh. n. Chr.).

ein paganes Umfeld ansehbar, denn Agone finden auch im Kontext von Orakelheiligtümern statt. Zwar ist das neutestamentliche Hapaxlegomenon im griechischen Sprachgebrauch selten,[16] das Simplex βραβεύω ist jedoch häufiger belegt.[17] Letzteres steht im Kontext ethischer Ermahnungen (Kol 3,5–4,6) in Kol 3,15: Hier soll der Friede (ἡ εἰρήνη) Christi Schiedsrichter in den Herzen sein (βραβεύω) – und nicht der römische Kaiser, der ansonsten die *pax Romana* herbeiführt. Die Agonmotivik verdeutlicht demnach den Adressaten Auseinandersetzungen und macht diese ersichtlich – gerade mit anderen „Philosophien", die die Adressaten des Briefes von der überlieferten Lehre abzubringen suchen.[18] Im Agon mit jenen Gegnern und deren Lehre stehen im Kolosserbrief Paulus und Epaphras, die für die Gemeinden kämpfen.

1.2 Weiterschreiben paulinischer Agonmetaphorik?

Nicht selten trifft man auf Agonmotivik in paulinischen Briefen,[19] wobei diese aus verschiedenen Perspektiven lesbar ist.[20] Das agonistische Vokabular in Kol 1,29 (κοπιῶ ἀγονιζόμενος) und Kol 2,1 (ἀγῶνα ἔχω ὑπὲρ ὑμῶν) lässt deutlich die Semantik paulinischer Briefe anklingen.[21] In diesen zeigt sich dabei auch Verbundenheit, Solidarität und ein gemeinsames Kämpfen mit der Gemeinde für den Sieg aller Glaubenden (vgl. 1 Kor 9,25; Phil 1,27–30).[22] Im Kolosserbrief dage-

---

[16] Zu weiteren, in der übrigen Gräzität seltenen Wortbelegen von καταβραβεύω siehe Bauer/Aland, 831; Liddell-Scott, 885.

[17] Am Ende des 1. Jh. n. Chr. ist βραβεύω bei griechischen und jüdischen Autoren belegt, z. B. Jos., Bell 5,502f.; 503: „[...] καὶ τῶν ἡγεμόνων τὴν ἅμιλλαν ἐβράβευε Καῖσαρ περιιών/und den Wetteifer der letzteren belohnte der Caesar (= Titus bei Belagerung Jerusalems)".

[18] Zu den Gegnern im Kol und deren religionsgeschichtliche Einordnung siehe den knappen Überblick zur Diskussion bei Schnelle, Einleitung, 372–375.

[19] 1 Thess 2,1f.19; 1 Kor 9,24–27; Gal 2,2; 5;7; Phil 1,27.30; 3,12–16; 4,1.3; Röm 9,16; 15,30. – Einen forschungsgeschichtlichen Überblick bietet Brändl, Agon, 3–24.

[20] So lassen sich Herleitung und Bezüge der Agonmetaphorik zur kynisch-stoischen Diatribe, dem hellenistischen Judentum oder auch zu den Isthmischen Spiele ausmachen. Siehe bspw. zur kynisch-stoischen Diatribe Poplutz, Wettkämpfer, 127f.; Brändl, Agon, 76–137, stellt v. a. Bezüge zum hellenistischen Judentum heraus; das erhellende Werk von Poplutz, Athlet, 71–222, behandelt v. a. Bezüge zum griechisch-römischen Kontext.

[21] So auch Brändl, Agon, 360: „Kol 1,28f schließt deutlich an die paulinische Metaphorik an. Ähnlich wie in 1Kor 9 betont das dreimalige πᾶς die Universalität des Evangeliums und das hohe Ziel der apostolischen Wirksamkeit. Die folgende Verbindung κοπιῶ ἀγονιζόμενος (Kol 1,29) greift auf geprägte Wendungen paulinischer Agon-Metaphorik zurück". – Bzgl. der paulinischen ekklesiologischen Leib-Christi-Metapher (1 Kor 12,12–27) zeigen sich hingegen klare Veränderungen; diese wird christologisch und kosmologisch zugespitzt – Christus ist das Haupt, die Ekklesia der Leib (Kol 1,18). S. a. Maisch, Kol, 16f.113–117.

[22] Siehe Schwankl, Wettkampfmetaphorik, 182–185; Metzner, Paulus, 581f.

gen werden mit der Agonmotivik verstärkt der Kampf und Einsatz *für* die Gemeinden betont.[23] Zwar kommt paulinisch wie deuteropaulinisch mit der Agonmetaphorik der große Kampf und Einsatz zum Ausdruck, die klare Gegnerschaft fehlt jedoch zumeist in den paulinischen Briefen (Ausnahmen bspw. 1 Thess 2,1f.[24]) bzw. wird gerade nicht mit dieser verknüpft (Phil 1,30; 3,2.18). Im Kolosserbrief hingegen werden mittels der Agonmetaphorik das Gegenüber im Wettkampf aufgezeigt und die Gegner-Rollen zugewiesen (Kol 1,29; 2,1).[25]

Weshalb wird die Agonmetaphorik im Kol im Vergleich zu den paulinischen Schriften weitergeschrieben?[26] Ist dies möglicherweise durch das spezifische Umfeld vor Ort bedingt? In diesem exegetischen Forschungsbereich, in dem auf den ersten Blick scheinbar jeder Stein bereits mehrfach umgewendet wurde, steht im Folgenden der soziokulturelle Kontext im Fokus. Der Horizont der Erstrezipienten kann einen ertragreichen Zufahrtsweg für die Exegese des Kolosserbriefs eröffnen – nämlich dann, wenn man „andere Steine" umdreht.

---

[23] Auch Brändl, Agon, 360, stellt dies heraus.

[24] Siehe hierzu Poplutz, Athlet, 230–234.

[25] Dies arbeitet Heininger, Metaphorik, 71f., heraus. Ebenso macht er darauf aufmerksam, dass trotz der Gegnerfront „auffälligerweise gerade nicht im Phil [die] häufige Agonmetaphorik [diesbezüglich] eingebunden" wird (71).

[26] Frank, Kolosserbrief, 2f., sieht den Kolosserbrief als paulinisches Pseudepigraphon, das eine „bewahrende und aktualisierende Fortschreibung des paulinischen Erbes" leisten will; sie sucht mittels intertextueller Strategien zu klären: „Wie will der Autor des Kolosserbriefes Paulus verstanden wissen – und mit welchen Mitteln sucht er dieses Verständnis sicherzustellen und alternative Lesarten auszuschließen?" (356); hierbei nimmt sie Textanalysen vor (336–355) und liefert u. a. hilfreiche Tabellen intertextueller Berührungspunkte des Kol mit paulinischen Briefen (348.351). Zur pseudepigraphischen Konzeption des Kol siehe Standhartinger, Studien, 29–59.

2. Soziokultureller Kontext im Lykostal ...

Verbunden mit dem soziokulturellen Kontext stellt sich auch die Frage nach den Adressaten.[27] Nach Kol 1,2 ist das Schreiben von Paulus und Timotheus an die heiligen, gläubigen Brüder in Christus in Kolossä adressiert.[28] Paulus ist dort persönlich nicht bekannt (Kol 1,4; 2,1f.), auch wenn er nach Apg 16,6; 18,23 nach Phrygien kommt. Als Gemeindegründer wird der Paulusschüler Epaphras genannt (Kol 1,7f.; 4,12f.). Neben den Kolossern werden im Brief weitere Gemeinden in Laodizea (Kol 2,1; 4,13.15.16) und in Hierapolis (Kol 4,13) angeführt, womit der Brief wohl an mehrere benachbarte Gemeinden im Lykostal geht. Hierbei ist das Umfeld, der alltägliche Erfahrungshorizont möglicher Erstrezipienten relevant. Spiegeln sich in der Verwendung agonaler Motivik örtliche Gegebenheiten?

2.1 Geographische Lage: Kolossä – Laodizea – Hierapolis

Kolossä liegt am oberen Lykos im Südwesten Phrygiens und ist im 1. Jh. n. Chr. wohl eine bekannte, aber keine große Stadt.[29] Das mehrfach erwähnte Laodizea ist im 1./2. Jh. n. Chr. zwar keine „Großstadt", wird aber nach Tacitus als eine bedeutende Stadt der Asia angesehen (Ann 14,27,1: „*ex inlustribus Asia urbibus*"). Außerdem zählt Laodizea zum Bewerberkreis der elf Städte um den zweiten provinzialen Kaiserkult in der Asia (23/26 n. Chr.), wobei sie unter die Bewerber fällt, die zuerst davon ausgenommen werden (Tac., Ann 4,55f.). Auch Hierapolis findet sich am Rande des Lykostals gelegen in der Nähe von Kolossä. Die Entfernungen zwischen diesen drei Städten sind überschaubar (Kolossä – Laodizea: ca. 14 km; Laodizea – Hierapolis: ca. 10 km; Kolossä – Hierapolis: ca. 19 km).[30]

---

[27] Zur Gemeindesituation siehe Standhartinger, Studien, 175–194.
[28] Naheliegend sind es vorwiegend keine judenchristliche Adressaten (Kol 1,21.27; 2,13), wobei ein jüdisches Leben vor Ort anzutreffen ist. In Phrygien wurden 2.000 jüdische Familien angesiedelt (Jos., Ant 12,147–150); Cic., Flacc 26.68, nennt u. a. Laodizea als Ort, an dem jüdische Opfergaben abhandengekommen seien; mehrfach führt Josephus Erlasse/Beschlüsse bzgl. jüdischer Privilegien an (Ant 14,241–243: Schreiben der Magistrate Laodizeas/45 v. Chr.). Allgemein zum jüdischen Leben im Umfeld siehe Trebilco, Communities.
[29] Schon bei Herodot 7,30 und Xenoph., An 1,2,6 wird Kolossä erwähnt.
[30] Zur Geographie des Lykostals siehe Huttner, Christianity, 17–26.

2.2 Straßenanbindung

Kolossä liegt an der Straße von Ephesus nach Side (Entfernung nach Ephesus 190 km/nach Side 298 km). Bereits zu Beginn der Eingliederung ins römische Reich ist Kolossä an das „Fernstraßennetz" angeschlossen, wie IK 17,2 3602, ein Meilenstein von Manius Aquillius (129 v. Chr.; Proconsul der neuen Provinz Asia) belegt.[31] Jene Verkehrswege werden gerade unter den Flaviern Ende des 1. Jh. n. Chr. weiter ausgebaut bzw. saniert; dabei wird die römische Strategie verfolgt, über die Durchdringung der Provinzen zur Herrschaftskonsolidierung beizutragen.[32] So zeigen bspw. zwei Meilensteinen mit bilingualen (lat./gr.) Aufschriften eine aktive Bautätigkeit im Jahr 75 n. Chr.: TAM V,2 869 (Fundort Thyatira)[33] belegt den Anschluss an die Route Pergamon – Thyatira – Sardes – Laodizea. SEG 47,1612, eine zylinderförmige Marmorsäule (Fundort Tralles/Ionia),[34] verweist auf den Anschluss an die Route Ephesos – Tralles – Laodizea – Apamia – Synnada – Docimium.[35] Dieser gute Straßenanschluss zu den dicht besiedelten Gebieten der Asia und den Küsten befördert die Wirtschaft und den Handel;[36] Kolossä sowie Laodizea sind für eine ertragreiche Wollproduktion (Strabo 12,8,16) und Hierapolis für die Weberei mit Wollfärbung sowie den Textilhandel bekannt.

---

[31] Verbesserung bestehender Routen (u. a. Instandsetzung, Begradigung): IK 17,2 3601.3602; s. a. Pekráy, Untersuchungen, 46.139; die Quellen im Überblick bei Rathmann, Untersuchungen, 150–152.

[32] Die Durchdringung der Provinzen zur Herrschaftskonsolidierung wird durch den Bau von Straßen, Wasserleitungen oder Gebäuden – wie z. B. Stoen, die Bestandteil von Heiligtümern oder der städtischen Agora sind – und ebenso durch die kultische Kaiserverehrung vorangetrieben. In politischer wie wirtschaftlicher Hinsicht ist dies oftmals ein Schnittpunkt römischer und lokaler Interessen, womit ein Integrationsangebot und eine Präsenz im Lebensalltag der Provinzbevölkerung entstehen. Gerade Inschriften machen u. a. eine solche Interaktion und Kommunikation sichtbar. Siehe Kolb, Herrschaft, 71–85.

[33] TAM V,2 869 Z. 4f. „censor vias faciendas | curavit / sorgte als Zensor für den Bau der Wege"; Z. 13f. „τειμητὴς τὰς | ὁδοὺς ἐποίησεν / ließ als Zensor die Wege bauen". Hinweise auf Finanzierungsmodalitäten von Reichsstraßen sind auf Miliarien selten.

[34] SEG 47,1612 Z. 4f. „censor, vias | faciendas curavit"; Z. 6 „τιμητής, τὰς ὁδοὺς ἐποίησεν".

[35] Zu den Straßenverläufen siehe die aufschlussreiche Arbeit von French, Roads, 25f. (Straßenkarten der Asia); ein weiterer Beleg für eine aktive Bautätigkeit im 1. Jh. n. Chr. ist der Meilenstein TAM V,2 870 (A: 92 n. Chr./Domitian; B: 97 n. Chr./Trajan).

[36] Beloch, Bevölkerung, 223–242.507, schätzt, dass die Provinz Asia (Fläche: ca. 135.000 km²) um 14 n. Chr. ungefähr sechs Millionen Einwohner gehabt habe; für das römische Reich kommt er insgesamt auf 54 Millionen (507); demnach ist die Asia eine der bevölkerungsdichtesten römischen Provinzen; vergleichbare Zahlen präsentiert auch Ausbüttel, Verwaltung, 2. – Kritisch gegenüber solchen Schätzungen (v. a. aufgrund der schwachen Quellenlage) äußert sich Salmon, Population, 23f.34.

2.3 Erdbebengefährdung

Neben solchen Vorteilen birgt die geographische Lage des Lykostals eine nicht zu unterschätzende Gefahr – eine erhöhte Erdbebenanfälligkeit. Auch aufgrund eines Erdbebens in der Region (60/61 n. Chr.) liest man teilweise in exegetischer Literatur, dass Kolossä wohl zur Abfassungszeit des Kolosserbriefs (70–80 n. Chr.)[37] als Siedlung nicht mehr existent sei.[38] Kolossä werde in späterer Zeit literarisch nicht mehr erwähnt – jedoch begegnet es bspw. bereits bei einer Aufzählung bedeutender Städte Phrygiens im Werk des Plinius (Datierung um 77 n. Chr.).[39] Zudem sind Erdbeben in der Region keine Seltenheit; man hat sich auf die Bewältigung der Folgen eingestellt.

> Nach Suet., Tib 8 treten die lydischen Städte Laodizea und Thyatira sowie die Insel Chios als von einem Erdbeben geschädigte Gebiete vor den Senat (25 v. Chr.). Neben finanzieller Hilfe werden bspw. in die vom Erdbeben zerstörte Stadt Tralles 26/25 v. Chr. zur Unterstützung des Wiederaufbaus eine Kommission von sieben Consularen entsandt und zudem eine Ansiedlung von Kolonisten (συμπολιτευόμενοι Ῥωμαῖοι) vorgenommen.[40] Für umfangreiche Hilfen seitens des Kaisers ändert man sogar Städtenamen: So trägt Philadelphia mit dem Wiederaufbau nach dem schweren Erdbeben im Jahr 17 n. Chr. den Namen Neocaesarea.[41] Unterstützung dürfte die Stadt auch unter den Flaviern erhalten, da sie in dieser Zeit das *cognomen Flavia* trägt; dies findet sich mehrfach auf Münzprägungen aus einfachen Metallen (Bronze, Kupfer), womit dies ebenfalls breiten Schichten kommuniziert wird.[42]

Das Erdbeben, auf das Bezug genommen wird, ereignet sich 60/61 n. Chr., wobei Laodizea nach Tac., Ann 14,27,1 hart getroffen wird – und nahliegend ebenso das benachbarte Kolossä. Jedoch scheint auch in diesem Fall ein rascher Wiederaufbau möglich zu sein. Laodizea bewältigt dies sogar ohne Hilfe aus Rom. Tac., Ann 14,27,1 stellt dies betont heraus: „Im gleichen Jahr wurde Laodizea, eine bedeutende Stadt Asiens, durch ein Erdbeben zerstört, erholte sich (von diesem) ohne

---

[37] Bspw. schreibt Theobald, Kolosserbrief, 441: „Vielleicht ist es noch in den 70er Jahren entstanden."

[38] So Lindemann, Gemeinde, 125–129; Pokorný, Kol, 17. Wenn dies zuträfe, läge eine doppelte Brieffiktion vor (bzgl. Autor und Adressaten). – Bereits Luz, Kol, 184, führt an, dass die Stadt nach dem Erdbeben nicht aufhört zu existieren.

[39] Plin., NatHist 5,145: „*oppida ibi celeberrima praeter iam dicta*". Verbunden mit *urbes* oder *oppidum* wird *celeber* mit ‚volkreich/bevölkert/belebt' übersetzt; s. a. Georges, Handwörterbuch I, 1057.

[40] So zumindest Agathias, Historiai 2,17 (ca. 536–580 n. Chr.). – Bzgl. der Hilfsmaßnahmen im Katastrophenfall wird Augustus als Vorbild dargestellt (z. B. Suet., Aug 47). S. a. Jones, Earthquakes, 56f.; Winter, Baupolitik, 96–108. Allgemein zu Erdbeben in der Asia und zu Hilfegesuchen siehe Ziethen, Gesandte, 80–91.

[41] So legen es Münzprägungen aus Philadelphia unter den Kaisern Tiberius bis Claudius nahe, z. B. RPC 3017 mit der Umschrift ΝΕΟΚΑΙCΑΡΕΙC (Tiberius) oder RPC 3034A mit der Umschrift ΦΙΛΑΔΕΛΦΕΩΝ ΝΕΟΚΑΙCΑΡΕΩΝ (Claudius).

[42] Bspw. RPC 1329 (Vespasian), RPC 1330 (Titus) oder RPC 1331 (Domitian).

Wettkampf im Lykostal?

eine Hilfe unsererseits ausschließlich durch ihre eigenen Mittel."[43] Ein deutliches Zeichen für die wirtschaftliche Potenz Laodizeas. Hierapolis dürfte ebenfalls vom Erdbeben betroffen gewesen sein – zumindest stützt diese Annahme das große Bauprogramm unter Domitian.[44] Zudem war das Erdbeben 60/61 n. Chr. wohl nicht das stärkste Beben in der Asia. Dies dürfte vielmehr das Erdbeben im Jahr 17 n. Chr. sein, das enorme Schäden verursachte. Die Zerstörungen, die Hilfe Roms sowie die Reaktionen darauf sind literarisch, epigraphisch sowie numismatisch breit bezeugt.

> Tacitus schildert das nächtliche Beben in plastischen Bildern – gewaltige Berge verschwinden, ebenes Land türmt sich auf und Flammen schießen aus der Erde hervor (Ann 2,47,1). Jedoch ebenso groß wird die römische Hilfe für die betroffenen Städte dargestellt (Ann 2,47,2-4): So wird ein Senatsmitglied zur Unterstützung in die Asia entsandt, eine Einmalzahlung von zehn Millionen Sesterzen aus der Staatskasse an die am schwersten zerstörte Stadt Sardes sowie ein Steuererlass über fünf Jahre hinweg für insgesamt zwölf namentlich erwähnte Städte gegeben. Rom bietet zur Krisenbewältigung sozusagen einen Dreiklang aus finanzieller Unterstützung, Streichung von Steuern/Abgaben sowie Bereitstellung von Fachpersonal auf. Jene Gewährung kaiserlicher Hilfen an die Städte der Asia wird umfangreich kommuniziert – nicht nur in literarischen Werken (Tac., Ann 2,47; Vell. 2,126,4; Plin., NatHist 2,200; Sen., Nat 6,1,13; Suet., Tib 48,2; Dio C. 57,17,7). So finden sich Münzprägungen wie RIC I² Tiberius 48 mit der Darstellung eines sitzenden Tiberius, der Patera und Zepter hält, und der Legende *Civitatibus Asiae Restitutis*.[45] Außerdem errichten die Städte der Asia in Rom als Dank eine Kolossalstatue (FGrHist 257 F 36,13: Statue des Tiberius), die von kleineren Abbildungen der jeweiligen Stadtgöttinnen umringt ist.[46] Weiterhin schlägt sich die Unterstützung aus Rom auch auf Inschriften zu Ehren des Tiberius in der Asia nieder, wobei Tiberius als Gründer (*conditor*/κτίστης) der durch das Erdbeben zerstörten Städte tituliert wird (bspw. Aegae: CIL III 7096 / 31 n. Chr.; Mostene: IGR IV 13511 / 31 n. Chr.).

Zwar ist anzunehmen, dass Kolossä aufgrund der geographischen Nähe ebenfalls von dem Erdbeben 60/61 n. Chr. betroffen ist, allerdings muss nicht zwingend eine Depopulation erfolgt sein. Dagegen spricht bereits der inschriftliche Befund des späten 1. Jh. n. Chr. sowie des 2. Jh. n. Chr.

---

[43] Tac., Ann 14,27,1: „*Eodem anno ex inlustribus Asia urbibus Laodicea tremore terrae prolapsa nullo [a] nobis remedio propriis opibus revaluit.*"
[44] Siehe Drew-Bear, Hierapolis, 533.
[45] Jene Münze wird 22/23 n. Chr. in Rom als Sestertius geprägt und ist somit als Kommunikationsmedium v. a. für ein breites Publikum der unteren sozialen Schichten gedacht. Die Prägung unterschiedlicher visueller Botschaften auf verschiedenen Münzwerten ermöglicht eine bewusste Differenzierung der Kommunikation mit verschiedenen Zielgruppen; s. a. Mayer, Untersuchungen, 443f.
[46] Eine Kopie jener Inschrift findet sich in Puteoli auf einer Statuenbasis mit 14 Figuren (CIL X 1624; Datierung: 30 n. Chr.). Hier kommen im Vergleich zu Tac., Ann 2,47 mit Ephesus und Kibyra noch zwei weitere „dankende" Städte hinzu, wobei Kibyra nach Tac., Ann 4,13,1 unter dem Beben im Jahr 23 n. Chr. litt.

SEG 57,1382 (Territorium von Kolossä)
```
1      Μάρκωι Μάρκου              Für Markus, (Sohn) des Markus.
       Κολοσσηγῶν                 Der Kolosser
       ἀρχερμηνεῖ                 Oberübersetzer
       καὶ ἐξηγητῇ[ι]             und Exeget
5      ...Λ......Τ...Η
```

Die Ehreninschrift[47] ist auf einem runden Kalksteinsockel angebracht. Der am Lykosufer im Gebiet von Kolossä *in situ* gefundene Stein ist inschriftlich das früheste Zeugnis des Namens Κολόσσαι und wird in das späte 1. bzw. frühe 2. Jh. n. Chr. eingeordnet.[48] Die geehrte Person namens Markus ist ἀρχερμενεύς und ἐξηγήτης[49] der Kolosser; eine derartige Funktion in einer Stadt spricht für eine aktive, funktionierende Siedlung.

Ebenso SEG 61,1160 (Territorium von Kolossä) datiert ins späte 1. bzw. frühe 2. Jh. n. Chr.[50] Zwar ist die Ehreninschrift in einem schlechten Zustand, dennoch bieten die 35 auszumachenden Zeilen den Namen des Geehrten Korymbos (Z. 1f.)[51] sowie die Instandsetzung des Bades sowie der Wasserleitung als Anlass der Ehrung (Z. 3f.).[52] Zudem werden Volk, Rat (Z. 5) und mehrere Personen (Z. 6-28) als Ehrende genannt (Z. 5-35). Auf der zylindrischen Basis aus weißem Marmor sind noch einige Verzierungen zu erkennen (Rosette, Weinblatt, jagender Hund). Die Instandsetzung des städtischen Wassersystems (wohl nach einem Beben), die breite Zahl der Ehrenden sowie die Verwendung des kostspieligen Materials (weißer Marmor) und die aufwendige Darstellung (Verzierungen) legen eine florierende Siedlung mit finanzstarken Bewohnern nahe.

---

[47] Zu den verschiedenen Inschriftengattungen siehe McLean, Introduction.

[48] Aufgrund der Buchstabenform und des griechischen Namens (noch kein *tria nomina*), also aufgrund „relativer" Datierungskriterien votiert Cadwallader, Inscription, 112-118, dafür, die Inschrift gegen Ende des 1./Anfang des 2. Jh. n. Chr. zu datieren; ebenso Bormann, Kol, 26f. – Bzgl. der Datierung sind äußere und innere Anhaltspunkte heranzuziehen: Dies sind Angaben im Text selbst (z. B. Jahreszählung nach einer Ära/einem eponymen Magistrat oder aufgrund eines zeitlich zu verortenden Ereignisses) und ferner – lediglich in ergänzender, stützender Weise – Merkmale für eine relative Datierung, z. B. die Analyse der Buchstabenform (Paläographie) oder kunsthistorische Kriterien. Zu den Methoden sowie Problemen der Datierung griechischer Inschriften siehe McLean, Introduction, 149-178.

[49] Dies dürfte ein Amt sein; mit Bormann, Barbaren, 193-196, der diesbezüglich auch die kontroverse Diskussion aufzeigt.

[50] So Cadwallader, Honouring, 151-179, v. a. aufgrund der hellenistischen Namensformen und der Schriftform, wobei die Buchstaben der Zeilen 1f. jedoch größer gehalten sind (hier auch Nennung des Geehrten).

[51] SEG 61,1160 Z. 2 „Κορύμβωι φιλοπ[άτριδι]/Für den die Vaterstadt liebenden Korymbos".

[52] SEG 61,1160 Z. 4: „εἰς ἐπισκευὴν βαλαν[είου/zur Reparatur des Bad[es" ... „κ]αὶ εἰς ἐπιρουείαν/u]nd für die Wasserleitung".

IGR IV 868 (Territorium von Kolossä)
1   [Αὐτοκράτ]ορι Νέρυα Τραιανῷ   (Dem) Imperator Nerva Trajan
      Καίσαρι Ἀρίστῳ Σεβαστῷ   Caesar Optimus Augustus
      Ἀπφία Ἡρακλέου τοῦ Διὸς   von Apphia, (?Tochter?) des Her-
      Κο[λοσσηνοῦ ἱέ]ρεια   akles, Priesterin des kolosseni-
          schen Zeus [errichtet]

Die Inschrift für Kaiser Trajan (98–117 n. Chr.) ermöglicht eine präzisere Datierung aufgrund des kaiserlichen Namens. Den Titel Optimus (griechisch: Ἄριστος) erhält Trajan offiziell 114 n. Chr. vom Senat verliehen (Dio C. 68,23,1);[53] allerdings erwähnt bereits Plinius, dass Trajan der Beiname Optimus von Senatoren gegeben wird (Paneg 2,7: „illud additum a nobis Optimi cognomen"; ~ 100 n. Chr.).[54] Demnach ist eine Datierung sicher vor 117 n. Chr., naheliegend auch bereits um 100 n. Chr. denkbar. Die Errichtung der Inschrift durch die Zeuspriesterin Apphia[55], die wohl aus der städtischen Oberschicht entstammt, spricht für einen betriebenen Zeuskult (mit Tempel, Opfern, Priesterschaft etc.) in Kolossä zur Regierungszeit Trajans. Diese Ehrung lässt somit auf eine funktionierende Stadt sowie auf eine Vernetzung mit dem römischen Kaiserhaus schließen.[56]

Der Blick auf den inschriftlichen Befund zeigt auf, dass Kolossä rasch nach dem Erdbeben wieder eine funktionierende Siedlung ist – mit einem Oberübersetzer (Hinweise auf eine Sprachenvielfalt vor Ort) sowie mit einem Zeuskult. Archäologisch ist Kolossä bislang zwar nur gering erschlossen, jedoch lässt sich an der Oberfläche des Siedlungshügels zumindest ein Theater ausmachen – wohl mit zwölf bis fünfzehn Sitzreihen à maximal 60 Plätzen (ca. 720–900 Sitzplätze). Weiterhin gibt eine Athleteninschrift aus Kolossä einen Hinweis auf ein agonales Umfeld.

---

[53] S. a. Fell, Princeps, 39–41 (offizielle Titulatur Trajans).68 (Verwendung des Ehrennamens Optimus).38–86 (allgemein zu Inschriften und Münzprägungen unter Trajan).
[54] Der Beiname Optimus findet sich auch auf IGR I 984 (Kreta; 106/107 n. Chr.) sowie auf Münzprägungen Roms; zur Inschrift und Diskussion der Datierung s. a. Bormann, Kol, 23–25.
[55] Der phrygische Frauenname Apphia/Aphia begegnet – ebenfalls in Verbindung mit Kolossä – auf IvBourbon 102: „Hermas für Aphia | seine eigene Frau, | des Tryphon | Tochter, stammend aus || Kolossä (Κολοσσηνῇ) | zur Erinnerung". Boubon liegt ca. 85 km vom Geburtsort der Aphia entfernt; dies spricht u. a. für die Vernetzung sowie für eine gewisse Mobilität der städtischen Bevölkerung.
[56] Die Nähe zum römischen Kaiserhaus zeigt ebenfalls IGR IV 869 (Kolossä), eine Weihinschrift für Kaiser Hadrian von dem Chiliarchen Loukios, dem Makedonier.

Clerc, Nr. 11 (Territorium von Kolossä)⁵⁷

1	. . . .	
	Μ[ᾶ]ρκον. . . .ων[α	den Markus
	σ]τάδιον δὶς	im Stadionlauf zweimal,
	νικήσαντα [τὴν]	der siegte [das]
5	δευτέραν τ[ε-	zweite Mal bei den alle
	τραετ[ίαν τὰ	vier Jahren stattfindenden
	. ιεα Ὀλύμπια	Olympischen Spielen,
	Ἀπολλωνίηα	den Apollonischen,
	ἀγωνοθετοῦν-	während Agonothet war
10	τος διὰ βίου Αὐ[ρ.	auf Lebenszeit Au[r(elius)
	Τατιανοῦ Λ . . .	Tatianus L

Auf einer beschrifteten Säule (*cippus*) wird der Stadionläufer Markus für seinen zweifachen Sieg bei großen Spielen geehrt. Durch die nicht datierbare Inschrift ist zwar die Agonthematik ein Stück weit präsent, die genannten Spiele dürften allerdings nicht in Kolossä zu verorten sein.

So ist zwar für Kolossä eine Verbindung zum römischen Kaiserhaus zu konstatieren, jedoch finden sich bislang keine deutlichen Hinweise, dass die Agonmotivik im Kolosserbrief in Anspielung auf örtliche Gegebenheiten in Kolossä formuliert ist. Weshalb trägt Paulus nach Kol 2,1 den Wettkampf ins Lykostal? Warum werden die Gegner mit agonaler Motivik (Kol 2,18) verbunden? Im Folgenden blicken wir im Lykostal auf Laodizea, das mehrmals im Kolosserbrief angeführt wird.⁵⁸

2.4 Agon in Laodizea

Für eine gewisse Größe der Stadt Laodizea in der Kaiserzeit spricht bereits der archäologische Befund:⁵⁹ u. a. zwei Aquädukte, zwei Theater und ein Stadion, genauerhin ein „στάδιον ἀμφιθέατρον". Die Bezeichnung verweist u. a. darauf, dass die Stadion-Arena ringsherum (ἀμφι-θέατρον) von Tribünen mit Zuschauerplätzen umgeben ist. Im westlichen Teil der Asia trifft man diese Stadionform häufiger an – gut erhalten bspw. in Aphrodisias oder in Nysa/Karien (Strabo

---

57 Clerc, Inscriptions, 353f. (Nr. 11).
58 S. a. Kearsley, Evidence, 130–150, die mit epigraphischen Zeugnissen aus Laodizea und Hierapolis den Einfluss römischer Herrschaft fokussiert und auch Schlussfolgerungen für Kolossä zieht.
59 Die seit 2003 stattfindenden Grabungen bieten ein erhellendes Bild der antiken Stadt Laodizea; einen Plan mit den städtischen Bauten liefert Şimşek, Planning, 29.32. – Vgl. bereits Olshausen, Laodikeia, 1133: „arch[äologische] Reste: zwei Theater, Odeion (?), Stadion, Gymnasion (?), Nymphaion (3. Jh. n. Chr.; Isis-Statue), Ringmauer, Sarkophage an den Ausfallstraßen, zwei Aquädukte, Klärbecken, ein 5 m hoch anstehender Wasserturm."

14,1,43).⁶⁰ Diese Bauweise ermöglicht klassische griechische Agone (Wettlauf etc.) ebenso wie römische *ludi* mit Tierhetzen und Gladiatorenkämpfen.⁶¹

IvLaodikeia 15 = IGR IV 845 (Territorium von Laodizea)

1	[Αὐτοκρ]ά[τορι] Τίτωι Καίσαρι Σεβαστῶι Οὐεσπασιανῶι ὑπάτῳ τὸ ζ´ Αὐτοκράτορος θεοῦ Οὐεσπασια- νοῦ υἱῶι καὶ τῶι δήμωι Νεικόστρατος Λυκίου τοῦ Νεικοστράτου τὸ <σ>τ[άδιον ἀμφι]- θέατρον λευκόλιθον ἐκ τῶν ἰδίων ἀνέθηκεν, τὰ προσλείψαντα τοῦ ἔργου τελειώσαντος Νεικοστρά- του τοῦ κληρονόμου αὐτοῦ, καθιερώσαντος Μάρκου Οὐλπίου Τραιανοῦ τοῦ ἀνθυπάτου.	(Dem) Imperator Titus Caesar Augustus Vespasianus, Consul zum siebten Mal, (dem) Sohn des göttlichen Imperators Vespasianus, und dem Volk hat Nikostratos, der Sohn des Lykios, des Sohns des Nikostratos, das marmorne Stadion Amphitheatron aus eigenen Mitteln errichtet. Die noch nicht ausgeführten Teile des Bauwerks vollendete Nikostratos, dessen Erbe; der Proconsul Marcus Ulpius Trajanus weihte (es).

Möglicherweise zerstörte oder beschädigte das Erdbeben 60/61 n. Chr. den Vorgängerbau.⁶² Das στάδιον ἀμφιθέατρον wird 79 n. Chr. zu Ehren von Kaiser Titus fertiggestellt und der Proconsul der Asia M. Ulpius Trajanus weiht es ein.⁶³ Verkleidet ist das στάδιον ἀμφιθέατρον kostspielig und prachtvoll mit weißem Marmor.⁶⁴ Die Bauzeit ist zwar nicht bekannt, der Baubeginn ist wohl unter Vespasian anzusetzen. Finanziert wird es von einer Familie der städtischen Oberschicht, genauerhin von Nikostratos, Sohn des Lykios. Jener verstirbt während der Bauphase und vererbt diese Aufgabe seinem Verwandten Nikostratos.⁶⁵

---

⁶⁰ Zu den Amphitheatern im Osten des römischen Reiches siehe Dodge, Amphitheatres, 29–45 (zu Laodizea: 40).

⁶¹ Dies sind Attraktionen römischer Unterhaltung. Bereits bei Cicero ist von solchen Kämpfern in Laodizea zu lesen – Cic., Att 6,3,9: „*Hortensius filius fuit Laodiceae gladiatoribus flagitiose et turpiter.*"

⁶² Eine Wettkampfstätte in Laodizea ist anzunehmen; neben Gladiatorenkämpfen zu Zeiten der römischen Republik (Cic., Att 6,3,9) ist bereits in hellenistischer Zeit ein Agon im Monat Antiocheon inschriftlich mehrfach belegt (IvLaodikeia 2; 4A; 5).

⁶³ Das siebte Consulat von Titus datiert ins Jahr 79 n. Chr.; Marcus Ulpius Trajanus (Vater des späteren Kaisers Trajan) ist 79/80 n. Chr. Proconsul der Asia.

⁶⁴ Der Marmor stammt möglicherweise aus den Steinbrüchen von Thiounta, nahe Hierapolis.

⁶⁵ IvLaodikeia 9 (79 n. Chr.; Marmorbasis einer Statue des Kaisers Titus): Der Stifter Nikostratos, (Sohn des) Nikostratos, φιλόκαισαρ/Freund des Kaisers entstammt aus einer einfluss-

Auch diese eigenständige Finanzierung des Baus stützt die Äußerungen des Tacitus bzgl. der anzutreffenden Finanzstärke in der Stadt (Ann 14,27,1).

Die neue Stätte in Laodizea sticht – neben der Ausstattung – aufgrund einer Länge von ca. 285 Metern hervor,[66] da die übliche Stadionlänge in römischer Zeit meist 180–200 Meter beträgt.[67] Die Wettkampfstätte dürfte demnach eine Kapazität von ca. 25.000 Sitzplätzen aufweisen.[68] Auch die städtische Infrastruktur hin zum Stadion erscheint unter den Flaviern im neuen Glanz,[69] wobei gerade die drei breiten Hauptstraßen der Stadt von Portiken flankiert sind, in denen sich wirtschaftlich nutzbare Ladenflächen bzw. Werkstätten befinden. Derart repräsentative Bauten sind für das städtische Prestige sowie für den Wettstreit mit benachbarten Städten bzgl. der Rangordnung bedeutend.[70] Bereits der Bau des Stadions ebenso wie die damit verbundenen Spiele stellen für Laodizea einen gewichtigen Wirtschaftsfaktor dar. Dieser wirtschaftliche Aufschwung bringt wohl der gesamten Stadtbevölkerung Vorteile (Bauhandwerk, Handel, Wirtschaft). Zwar gibt es bereits in hellenistischer Zeit einen im Monat Antiocheon ausgetragenen Agon,[71] allerdings dürften in Laodizea stattfindende Agone mit der 79 n. Chr. eingeweihten Wettkampfstätte in eine neue Größenordnung vorstoßen.[72] Für den herausragenden Stellenwert der neuen Agon-Stätte sprechen auch städtische Münzprägungen unter Titus und Domitian, die erstmals agonistische Motive aufweisen: So wird bspw. ein Athlet mit Preiskrone und Palmzweig

---

reichen Familie Laodizeas. Sein Verwandter weihte 79 n. Chr. das Amphitheater ein; ebenfalls verweist die Ehreninschrift IvLaodikeia 83 (100–150 n. Chr.) für Tatia (Großonkel: Nikostratos) auf jene Baumaßnahme. Ein Familienstemma bietet Corsten, Inschriften, 42.

[66] Siehe Şimşek, Planning, 17f., 47 Fig. 38; Şimşek, Laodikeia, 208–218.

[67] Siehe Humphrey, Hippo-Stadia, 123. – Aufgrund der Maße von ca. 285 m x 70 m dürfte das Stadion ebenfalls für Wagenrennen nicht völlig ungeeignet sein; jene erfreuen sich gerade im Kaiserhaus großer Beliebtheit, womit eine besondere Nähe in Laodizea zum Ausdruck gebracht werden könnte.

[68] Auf eine solche Zahl als unterer Grenzwert lässt sich schließen, wenn man zum Vergleich das von ähnlicher Bauart und gut erhaltene Stadion von Aphrodisias (Ende 1. Jh. n. Chr.) heranzieht: Jene Arena hat kleinere Ausmaße (270 m x 59 m) und kommt mit circa 30 Sitzreihen auf ein Fassungsvermögen von ungefähr 30.000 Zuschauern.

[69] So führt vom syrischen Stadttor (IvLaodikeia 24: Fertigstellung 84/85 n. Chr. unter Proconsul Sex. Iulius Frontinus) die 7,30 m breite syrische Straße hin zur Stadionstraße, die sich auf einer Länge von 288 Meter von 6,50 m auf 4,03 m verengt, siehe Şimşek, Planning, 10–13.

[70] Siehe hierzu Dio Chrys., Or 33,18; 40,5–10; 45,15–16; 47,11–15.17.

[71] Siehe IvLaodikeia 2 (3. Jh. v. Chr.) Z. 16f.: Agon im Monat Antiocheon; Z. 18: goldener Kranz; Z. 20: Agonothet. – IvLaodikeia 4A (ca. 206 v. Chr.) Z. 16–18: Agon im Monat Antiocheon; goldener Kranz. – IvLaodikeia 5 (ca. 200–189 v. Chr.) Z. 19f.24: gymnischer Agon im Monat Antiocheon; Agonothet. – Spiele und Monat sind nach dem Herrscher Antiochos II. benannt.

[72] Auch IvEphesos 1605 (Ehreninschrift für den Athleten Photion; 168/180 n. Chr.) führt Agone in Laodizea an (Z. 5.7.11). Ferner gibt IvLaodikeia 60 (211 n. Chr.) einen Hinweis auf einen einmalig stattfindenden kaiserlichen Agon.

abgebildet (SNG Aulock 3842; 79–81 n. Chr.) oder auch ein Athlet im Siegeskranz (SNG Aulock 3843; 79–81 n. Chr.).[73]

Im Amphitheater werden wohl vermehrt neben klassisch griechischen Agondisziplinen *venationes* (Tierhetzen) und *munera* (Gladiatorenkämpfe) ausgerichtet, wofür bereits die Bauform spricht. Dies legen auch Gladiatoreninschriften nahe, die den römischen Einfluss illustrieren. So finden sich Fragmente kaiserzeitlicher Gladiatoreninschriften (IvLaodikeia 76.77.78); das Relief auf IvLaodikeia 78 erinnert an Tierhetzen und IvLaodikeia 74 (~ 1./2. Jh. n. Chr.) bietet ein Relief mit Gladiatorenabbildung (Bewaffnung: Dreizack, Kurzschwert). Dabei finden Tierhetzen und Gladiatorenkämpfe im östlichen Reichsteil primär bei Kaiserspielen statt.[74] In Laodizea weist zudem IvLaodikeia 73 (~ 1. Jh. n. Chr.) auf Gladiatorenkämpfe im Rahmen der kultischen Kaiserverehrung hin: „Denkmal der Gladiatoren, die gegeben wurden | von dem Kaiserpriester und Stephanephoros | Diokles, dem Sohn des Metrophilos".[75]

Dabei sind Gladiatoren nicht ausschließlich Sklaven; auch freie Bürger treten als Gladiatoren an und erreichen teilweise wohl einen gewissen Wohlstand, wofür auch IvLaodikeia 75 spricht.

IvLaodikeia 75 (Territorium von Laodizea)

1	[— — —]ας Καλλιμόρ[φῳ]	[N.N. (stellte dies auf) für] Kallimorphos,
	[τῷ] ἰδίῳ ἀνδρὶ Θυατειρηνῷ	ihren eigenen Mann, den Thyatirener,
	ἐκ τῶν ἰδίων αὐτοῦ μνεί- νν ας χάριν. vac.	aus eigenen Mitteln, dessen Andenkens wegen.
5	{Relief}	{Relief}
	Καλλίμορφος ὁ καλός.	Kallimorphos, der Schöne.

Auf einer altarförmigen Basis ist ein Relief (Gladiator mit Körperpanzer, links Schild mit darauf abgelegtem Helm, rechts langer Palm-/Siegeszweig) sowie eine Grabinschrift auszumachen. Diese datiert ins 1./2. Jh. n. Chr.; der einfache Stein spricht für die Ehefrau des Verstorbenen (Z. 2: τῷ ἰδίῳ ἀνδρί) als nicht sehr wohlhabende Stifterin. Kallimorphos stammte aus Thyatira und war verheiratet, wonach er ein freier Mann und kein Sklave war.[76]

---

[73] S. a. Dräger, Städte, 87f.99.309 (Münzen Nr. 183.184.186.190).
[74] Siehe Robert, Gladiateurs, 269f., Wiedemann, Kaiser, 13.
[75] Nach Corsten, Inschriften, 145, wird ein städtischer Kaiserpriester geehrt, der Gladiatoren für die von ihm veranstalteten Agone bereitstellt. S. a. Price, Rituals, 88. – Nach Ameling, Kaiserkult, 40, verweist bereits ein Amphitheater im Osten des römischen Reiches auf eine institutionalisierte kultische Kaiserverehrung vor Ort.
[76] Siehe zudem IvLaodikeia 81A (~ 1./2. Jh. n. Chr.; aufgrund der Schrift): Grabinschrift des Asbolas aus Nikomedeia weist diesen als erfolgreichen Gladiator aus (Z. 1f.: achtmal unbesiegt); dieser hat das Bürgerrecht in Nikomedia/Bithynien und Athen, letzteres wohl

Neben den unteren Schichten bringt sich weiterhin auch die städtische Oberschicht ein. So würdigt bspw. die Ehreninschrift IvLaodikeia 82 (~ 1./2. Jh. n. Chr.) den verstorbenen Quintus Pomponius Flaccus. Die erhaltenen 20 Zeilen auf einem edlen Marmorblock rühmen ihn als reichen, wohltätigen römischen Bürger aus Laodizea, wobei er vom Demos aus Laodizea sowie von den Römern und Griechen der Asia geehrt wird. Neben den vielfältigen Diensten für die Stadt, die er freizügig aus eigenen Mitteln finanziert, gibt es einen Hinweis auf Kaiserfeste, die er ebenfalls unterstützt: IvLaodikeia 82 Z. 12 „... ἐπιδίδοντα ἐν εὐαγγελίοις εὐψύχω[ς]/an den (Festen der) guten Nachrichten großzügig dazugab".[77] Gerade Feste gliedern das städtische Leben.[78] Solch kultische Anlässe mit Prozessionen und Agonen etc. sind feste Bestandteile der Jahresstruktur, wobei mit dem Prinzipat vermehrt Kaiserfeste hinzukommen.[79] Dabei werden Agone, die zumeist den jeweiligen Stadtgottheiten gewidmet waren und denen von alters her auch religiöser Charakter zukommt,[80] rasch ebenfalls Teil der kultischen Kaiserverehrung.[81] Entweder wird der Kaiser als σύνναος θεός in bereits bestehende Agone integriert oder es werden neue Spiele ausgerufen.[82] Solch reichsweit – auch in Laodizea[83] – stattfindenden Agone und *spectacula*[84] inszenie-

---

aufgrund erfolgreicher Wettkämpfe. – Allgemein zur Rekrutierung von Gladiatoren (Sklaven/Freie) und deren Herkunft siehe Robert, Gladiateurs, 286–296.

[77] Zur Inschrift s. a. Corsten, Inschriften, 158–163. – Spätere Kaiserspiele führt auch IvLaodikeia 59 an, eine Ehreninschrift für Agonotheten (2./3. Jh. n. Chr.; große Spiele Dia Commodeia; diese sind vom Kaiser privilegiert – darauf verweist das Attribut ἱερός – und stehen auf einer Stufe mit panhellenischen Spielen). – Zur Finanzierung solcher Agone siehe Herz, Kaiserkult, 67–70.

[78] Herz, Herrscherverehrung, 239–241, führt acht Elemente eines griechischen Festes an: 1. Bekränzung der Teilnehmer; 2. Prozession; 3. Opfer; 4. Gebet; 5. Singen eines Festliedes; 6. Festmahl; 7. Spiele; 8. Reden.

[79] Die Versinschrift der Hymnoden der Göttin Roma und des Augustus IvPergamon 374 (Regierungszeit Hadrians) bietet einen Überblick kaiserlicher Festtermine (min. 24!), s. a. Herz, Kaiserkult, 60f. Schon in den Anfängen finden sich 17 Gedenktage für Augustus und die Kaiserfamilie, so das Festverzeichnis des Augustustempels von Cumae (Italien). Zu den kaiserlichen Festkalendern siehe Clauss, Kaiser, 316–319.

[80] Siehe nur die Siegeskränze, die oftmals von einem geweihten Baum stammen, und somit auch zu Ehre der jeweiligen Gottheit gereichen.

[81] Siehe hierzu Herz, Agonistik, 123–131.

[82] Bereits IK 69,14 Z. 61 (9 v. Chr.) belegt kaiserliche Agone in den Städten der Asia. Später zeigt schon die Namensgebung der Agone den Kaiserbezug auf – z. B. Augusteia (TAM V,2 945; 2. Jh. n. Chr.) oder Hadrianeia (SEG 49,1703; 2. Jh. n. Chr.) in Thyatira.

[83] So werden die Koina Asias (Spiele im Rahmen des provinzialen Kaiserkults) nicht nur in Neokoroi, sondern auch in anderen Städten ausgetragen – darunter auch Laodizea (IvEphesos 1605).

[84] Bspw. Jos., Ant 15,267–279 (Spiele zu Ehren des Augustus). Nach Jos., Bell 7,96, richtet Titus zu Beginn der flavischen Herrschaft in den Städten Syriens Spiele mit Hinrichtungen aus (Bell 7,37–40: zu Ehren des Geburtstages Domitians). – Zu den *spectacula* siehe Krinzinger, Spectacula, 103–137.

ren die römische Herrschaftsordnung mit dem Kaiser an der Spitze: Diesen präsentieren bspw. Tierhetzen als Herr über die Natur oder Gladiatorenkämpfe als Herr über Leben und Tod.[85] Somit ist der Kaiser in Abwesenheit dennoch präsent – bei den Wettkämpfen, den Festopfern sowie bei den Prozessionen auf den städtischen Prachtstraßen hin zu Wettkampfstätten,[86] da hier Kaiserbildnisse mitgeführt werden. Spiele und Wettkämpfe werden zu wichtigen Elementen der kultischen Kaiserverehrung.[87] Deren Finanzierung sowie die festgelegte Sitzordnung in den Wettkampfstätten machen die gesellschaftliche Rangstufen und die Hierarchie sichtbar (Calpurnius Siculus 7,26–29; Stat., Silv 1,6,44; Suet., Aug 44).[88] Hierbei demonstriert die hervorstechende Größe des neuen Amphitheaters in Laodizea auch die Macht der Oberschicht vor Ort.[89] Gleichzeitig geht mit diesen Agon-Aktivtäten – als Zeichen politischer Loyalität mit Rom – eine verstärkte Ausrichtung auf das römische Kaiserhaus einher.[90] Darauf verweist ebenso die inschriftliche Titulierung Vespasians als θεός – und zwar zeitnah nach dessen Tod in der zweiten Jahreshälfte 79 n. Chr.: IvLaodikeia 15 Z. 1f. „θεοῦ Οὐεσπασιανοῦ" bzw. IvLaodikeia 9 Z. 4–6 „Καίσαρος [Οὐε]σπασιανοῦ Σεβαστοῦ θεοῦ".[91]

---

[85] S. a. Wiedemann, Kaiser, 64–108; Ebner, Stadt, 73–79. – Ameling, Kaiserkult, 42: „Die Beschränkung der gewalttätigen Spiele auf den Kaiserkult zeigt, dass Macht und Recht vom Kaiser ausgingen".

[86] Vgl. SEG 28,1246; 30,1073; zum beteiligten Personal s. a. Wörrle, Stadt, 8–11.

[87] Siehe IvLaodikeia 82. Zu den Festen und der Finanzierung Herz, Kaiserkult, 63–70.

[88] Vgl. die gefundenen Inschriften auf Theatersitzen: IvLaodikeia 29–35.

[89] An der Existenz eines Amphitheaters ist auch der Grad römischer Inkulturation ersichtlich; archäologisch sind ca. 220 Stadien auszumachen.

[90] Solche Beziehungen ins römische Machtsystem zeigt bereits die Ehreninschrift IvDidyma 148 (um 37/41 n. Chr.) aus dem Apollontempel von Didyma für den θεός Σεβαστός Caligula (Z. 2), die von 13 Neopoioi – darunter auch Laodizea – errichtet wird. S. a. SEG 37,855 (Laodizea; Datierung: Augustus/Claudius) Ehreninschrift für L. Antonius Zeno; *tribunus militum legio XII Fulminata*; Archiereus des provinzialen Kaiserkultes.

[91] Die Inschriften datieren in die zweite Hälfte des Jahres 79 n. Chr. (Titus siebtes Consulat: 79 n. Chr.; Marcus Ulpius Trajanus Proconsul der Asia: 79/80 n. Chr.). Vespasian stirbt am 23.06.79 n. Chr.; nach dem 08.09.79 n. Chr. und vor dem 29.05.80 n. Chr. erfolgt dessen *consecratio* – und zwar durch senatorischen Beschluss, worauf der Vermerk „EX SC/SC" auf den Münzen RIC 1,59–63 (Rom; 80 n. Chr.) verweist. Nach Buttrey, Consecratio, 449–457, datiert die *consecratio* Vespasians erst Anfang 80 n. Chr.; vgl. auch Gallia, Apotheosis, 1–5, mit Blick auf epigraphisches Material. Demnach würden die Inschriften in Laodizea Vespasian bereits vor der offiziellen *consecratio* als θεός bezeichnen! – Allgemein zur Apotheose/*consecratio* s. a. Appian, Civ 2,148; Zanker, Apotheose, 7f.

3.   ... und der Kolosserbrief

Blickt man auf das soziokulturelle Umfeld des Kolosserbriefs, lässt sich mit den Flaviern eine verstärkte Präsenz der Agonmotivik anhand von Münzprägungen, Inschriften sowie der neuen Wettkampfstätte im Lykostal ausmachen. Die städtische Oberschicht nutzt dies auch, um die Nähe zum Kaiserhaus zu suchen und sich gewinnbringend in das römische Machtsystem einzufügen. Gerade die Agonmotivik dürfte somit für die Rezipienten des Kolosserbriefs auch Bezüge zum römischen Machtsystem und zur kultischen Kaiserverehrung herstellen, wobei sich jene mit anderen Themen im Brief verzahnt zeigt. Vor diesem Hintergrund fügt sich ebenfalls das Enkomion in Kol 1,15–20, quasi als musischer Agon, gut ein – auch inhaltlich mit dem Bild von κεφαλή und σῶμα (Kol 1,18), das ebenfalls in Bezug auf den Kaiser Verwendung findet.[92] Aufgegriffen wird dieses Bild wieder in Kol 1,24, wobei Paulus ὑπὲρ τοῦ σώματος αὐτοῦ, ὅ ἐστιν ἡ ἐκκλησία leidet (Kol 1,24), für Christus, der ἀρχή ist und in allem der Erste werde (Kol 1,18: γένηται ἐν πᾶσιν αὐτὸς πρωτεύων). Bei einem Agon ist der Erste der Siegende – im römischen Machtsystem könnte man bei dem Ersten auch an den Princeps denken. Ebenfalls Kol 2,10.19 spielt das Bild von κεφαλή und σῶμα ein, wobei Kol 2,15 die Lesart in Richtung Kaiser nahelegt: „Die ἀρχαί und ἐξουσίαι (Kol 1,16!) hat er ihrer Macht entkleidet und sie öffentlich zur Schau gestellt, im Triumphzug hat er sie mit sich geführt (θριαμβεύσας)." Neben der militärisch-politisch besetzten Sprache[93] verweist gerade der Triumphzug auf den römischen Kaiser, da ein solcher seit Augustus de facto nur dem Kaiser selbst zukommt.[94] Trotz der nur wenigen Belege bringt die Agonmetaphorik im Kolosserbrief Wichtiges zur Sprache. Nicht der Kaiser mit der *pax Romana* ist Herr und Schiedsrichter, sondern der Friede Christi soll Schiedsrichter in den Herzen (Kol 3,15) und Christus das Haupt sein (Kol 1,15–20). Hierbei schwingt Kritik am römischen Machtsystem mit, in das sich u. a. die städtische Oberschicht des Lykostals integriert – wirtschaftlich und politisch wohl erfolgreich.[95] Neben den außergemeindlichen wird ebenso den innergemeindlichen Gegnern eine Schiedsrichterfunktion aberkannt; diese werden vielmehr als Teil der Auseinandersetzung, des Agons bestimmt und kenntlich gemacht. Nun nutzt der Kolosserbrief die Agonmotivik nicht nur negativ abgrenzend, sondern greift diese

---

[92]   Zum Bildfeld siehe Heininger, Metaphorik, 73–81.
[93]   Zu den verschiedenen römischen Machttermini siehe knapp Blatz, Semantik, 153f.
[94]   Auf einem Triumphzug werden auch Beutestücke sowie Gefangene präsentiert, wobei am Ende die Gefangenen getötet werden und der Kaiser den Jupitertempel auf dem Capitol betritt. – Gerade zu Beginn der flavischen Herrschaft wird der Sieg im jüdisch-römischen Krieg reichsweit propagiert und Vespasian ein Triumphzug zugesprochen.
[95]   Mitglieder der städtischen Oberschicht fungieren auch als Schiedsrichter bei Agonen. Bspw. belegt TAM V,2 903 (Thyatira; 1. Jh. v. Chr.) bereits unter Augustus einen Altar und Opfer für den Kaiser sowie Schiedsrichter (Z. 21: βραβευταί).

auch positiv auf – allerdings mit einer Schwerpunktverschiebung gegenüber dem soziokulturellen Umfeld. Es geht nicht primär um den Sieg des Einzelnen beim agonistischen Wettkampf,[96] sondern um das Kämpfen und Gewinnen für die Gemeinde.[97] Paulus, der nicht anwesend ist (Kol 2,1), und ebenso Epaphras, der vor Ort ist (Kol 1,7), wettkämpfen (mittels Gebet und Brief?) *für* die Kolosser (ὑπὲρ ὑμῶν), die Laodizäer usw. – und zwar mit außergemeindlichen sowie innergemeindlichen Gegnern. Epaphras begibt sich dabei in die „Lauf-Spur" von Paulus und in dessen „Zielrichtung", was an den parallelen Formulierungen in Kol 1,7; 1,25–2,1 und Kol 4,12f. ersichtlich wird. Bei den Wettkämpfern Paulus' und Epaphras' ist es wie bei einer Staffelübergabe – von Paulus an die nächste Generation. Der ausdauernde und lange Lauf soll gegen alle gegnerischen Widrigkeiten ins Ziel führen – dies wird im Kolosserbrief auch mittels der Agonmotivik betont.[98]

Abkürzungen

CIL = Corpus Inscriptionum Latinarum
IGR = Inscriptiones Graecae ad res Romanas pertinentes
IK = Inschriften griechischer Städte aus Kleinasien
RIC = Roman Imperial Coinage
RPC = Roman Provincial Coinage
SEG = Supplementum Epigraphicum Graecum
TAM = Tituli Asiae Minoris

Literatur

AMELING, Walter, Der kleinasiatische Kaiserkult und die Öffentlichkeit. Überlegungen zur Umwelt der Apokalypse, in: Ebner, Kaiserkult, 15–54.
ARNOLD, Clinton E., The Colossian Syncretism. The Interface between Christianity and Folk Belief at Colossae (WUNT 77), Tübingen 1995.
AULOCK, Hans v., Münzen und Städte Phrygiens II (IM.B 27), Tübingen 1987.
AUSBÜTTEL, Frank M., Die Verwaltung des römischen Kaiserreiches. Von der Herrschaft des Augustus bis zum Niedergang des Weströmischen Reiches, Darmstadt 1998.

---

[96] Es ist gerade kein Agon, wie man ihn in der kynisch-stoischen Diatribe vorfindet, wo der ideale Weise als Athlet im Kampf des Lebens stilisiert wird und sich beispielsweise gegen die eigenen Leidenschaften (πάθη) oder die Lust (ἡδονή) behauptet. Im Kolosserbrief steht nicht die eigene Person, sondern der Agon für die Gemeinde im Zentrum.
[97] Ebenfalls im griechisch-römischen Kontext gibt es das Bild des „idealen Herrschers", der um den Sieg für seine Beherrschten kämpft, siehe Dio Chrys., Or 2,68–71.
[98] Somit transportiert die Agonmotivik auch eine ekklesiologische Botschaft.

BAUER, Walter / ALAND, Kurt / ALAND, Barbara, Griechisch-deutsches Wörterbuch zu den Schriften des Neuen Testaments und der frühchristlichen Literatur, Berlin ⁶1988. [= Bauer/Aland]
BELOCH, Karl J., Die Bevölkerung der griechisch-römischen Welt, Leipzig 1886.
BLATZ, Heinz, Semantik der Macht. Eine zeit- und religionsgeschichtliche Studie zu den markinischen Wundererzählungen (NTA 59), Münster 2016.
BORMANN, Lukas, Der Brief des Paulus an die Kolosser (ThHK X/1), Leipzig 2012.
–, Barbaren und Skythen im Lykostal? Epigraphischer Kommentar zu Kol 3:11, in: Verheyden, Evidence, 161–198.
BRÄNDL, Martin, Der Agon bei Paulus. Herkunft und Profil paulinischer Agonmetaphorik (WUNT 222), Tübingen 2006.
BUTTREY, Theodore V., Vespasian's Consecratio and the Numismatic Evidence, in: Historia 25 (1976), 449–457.
CADWALLADER, Alan H., Refuting an Axiom of Scholarship on Colossae. Fresh Insights from New and Old Inscriptions, in: Cadwallader, Colossae, 151–179.
CADWALLADER, Alan H., Honouring the Repairer of the Baths. A New Inscription from Kolossai, in: Antichthon 46 (2012), 150–183.
CADWALLADER, Alan H., New Inscription, a Correction and a Confirmed Sighting from Colossae, in: Epigraphica Anatolia 40 (2007), 109–118.
CADWALLADER, Alan H., The Historical Sweep of the Life of Colossae, in: Verheyden, Evidence, 25–67.
CADWALLADER, Alan H., / TRAINOR, Michael (ed.), Colossae in Space and Time. Linking to an Ancient City (NTOA/StUNT 94), Göttingen 2011.
CLAUSS, Manfred, Kaiser und Gott. Herrscherkult im römischen Reich, München 1999.
CLERC, Michel A., Inscriptions de la vallée du Méandre. Tralles, Nysa, Attuda, Laodicée et Colosses, in: BCH 11 (1887), 346–354.
CORSTEN, Thomas (Hg.), Die Inschriften von Laodikeia am Lykos. Bd. 1 (IK 49), Bonn 1997. [= IvLaodikeia]
DODGE, Hazel, Amphitheatres in the Roman East, in: Wilmott, Tony (ed.), Roman Amphitheatres and spectacular. A 21-Century Perspective. Papers from an international conference held at Chester. 16–18 February 2007, Oxford 2009, 29–45.
DRÄGER, Michael, Die Städte der Provinz Asia in der Flavierzeit. Studien zur kleinasiatischen Stadt- und Regionalgeschichte, Frankfurt a. M. 1993.
DREW-BEAR, Thomas, Hierapolis, in: DNP 5 (1998), 533.
DREW-BEAR, Thomas, Kolossai, in: DNP 6 (1999), 667f.
DUNN, James D.G., The Epistles to the Colossians and to Philemon. A commentary on the Greek text, Grand Rapids (MI) 1996.
EBNER, Martin, Die Stadt als Lebensraum der ersten Christen. Das Urchristentum in seiner Umwelt I (Grundrisse zum Neuen Testament I/1), Göttingen 2012.
EBNER, Martin, / ESCH-WERMELING, Elisabeth (Hg.), Kaiserkult, Wirtschaft und spectacula. Zum politischen und gesellschaftlichen Umfeld der Offenbarung (NTOA 72), Göttingen 2011.
FELL, Martin, Optimus Princeps? Anspruch und Programmatik Kaiser Traians (Quellen und Forschungen zu antiken Welt 7), München 1992.
FRANK, Nicole, Der Kolosserbrief im Kontext des paulinischen Erbes. Eine intertextuelle Studie zur Auslegung und Fortschreibung der Paulustradition (WUNT 2/271), Tübingen 2009.
FRENCH, David H., Roman Roads and Milestones of Asia Minor. Vol. 3: Milestones. Fasc. 3.5: Asia (BIAA Electronic Monograph 5), London 2014.
GEORGES, Karl E., Ausführliches Lateinisch-Deutsches Handwörterbuch. Aus den Quellen zusammengetragen und mit besonderer Bezugnahme auf Synonymik und Antiquitäten unter Berücksichtigung der besten Hilfsmittel. 2 Bde., Hannover ¹⁰1959.
GALLIA, Andrew B., Vespasian's Apotheosis, in: The Classical Quarterly 69 (2019), 1–5.
GNILKA, Joachim, Der Kolosserbrief (HThK 10/1), Freiburg i. Br. 1980.
HEININGER, Bernhard, Soziale und politische Metaphorik im Kolosserbrief, in: Müller, Peter (Hg.), Kolosser-Studien, Neukirchen-Vluyn 2009, 55–82.

HERZ, Peter, Die Agonistik und der Kaiserkult, in: Kolb, Anne / Vitale, Marco (Hg.), Kaiserkult in den Provinzen des Römischen Reiches. Organisation, Kommunikation und Repräsentation, Berlin 2016, 123–131.

HERZ, Peter, Herrscherverehrung und lokale Festkultur im Osten des römischen Reiches (Kaiser/Agone), in: Cancik, Hubert / Rüpke, Jörg (Hg.), Römische Reichsreligion und Provinzialreligion, Tübingen 1997, 239–264.

HERZ, Peter, Der Kaiserkult und die Wirtschaft. Ein gewinnbringendes Wechselspiel, in: Ebner, Kaiserkult, 55–80.

HUMPHREY, John H., Amphitheatrical Hippo-Stadia, in: Raban, Avner / Holum, Kenneth G. (ed.), Caesarea Maritima. A Retrospective after Two Millennia, Leiden 1996, 121–129.

HUTTNER, Ulrich, Early Christianity in Lycus Valley (ECAM 1), Leiden 2013.

JONES, Christopher P., Earthquakes and Emperors, in: Kolb, Anne (Hg.), Infrastruktur und Herrschaftsorganisation im Imperium Romanum. Herrschaftsstrukturen und Herrschaftspraxis. Bd. III: Akten der Tagung in Zürich 19.–20.10.2012, Berlin 2014, 52–65.

KEARSLEY, Rosalind A., Epigraphic Evidence for the Social Impact of Roman Government in Laodicea and Hierapolis, in: Cadwallader, Colossae, 130–150.

KOLB, Anne, Herrschaft durch Raumerschließung. Rom und sein Imperium, in: Dally, Ortwin u. a. (Hg.), Politische Räume in vormodernen Gesellschaften. Gestaltung – Wahrnehmung – Funktion, Rahden 2012, 71–85.

KRINZINGER, Friedrich, Spectacula und Kaiserkult, in: Ebner, Kaiserkult, 103–137.

LÄHNEMANN, Johannes, Der Kolosserbrief. Komposition, Situation und Argumentation (StNT 3), Gütersloh 1971.

LESCHHORN, Wolfgang, Die Verbreitung von Agonen in den östlichen Provinzen des römischen Reiches, in: Stadion 24 (1998), 31–57.

LIDDELL, Henry G. / SCOTT, Robert, A Greek-English Lexicon with a revised supplement. Vol. I/II, Oxford 1996. [= Liddell-Scott]

LINDEMANN, Andreas, Die Gemeinde von „Kolossä". Erwägungen zum „Sitz im Leben" eines pseudopaulinischen Briefes, in: WuD 16 (1981), 111–134.

LUZ, Ulrich, Der Brief an die Kolosser (NTD 8/1), Göttingen 1998.

MACDONALD, Margaret Y., Colossians. Ephesians (Sacra Pagina 17), Collegeville (MI) 2000.

MAISCH, Ingrid, Der Brief an die Gemeinde in Kolossä (ThKNT 12), Stuttgart 2003.

MAYER, Markus, Numismatisch-ikonographische Untersuchungen zur Kommunikation und Selbstdarstellung des Flavischen Kaiserhauses, Augsburg 2012.

MCLEAN, B. Hudson, An introduction to Greek epigraphy of the Hellenistic and Roman periods from Alexander the Great down to the reign of Constantine (323 B. C. – A. D. 337), Ann Arbor 2002.

METZNER, Rainer, Paulus und der Wettkampf. Die Rolle des Sports in Leben und Verkündigung des Apostels (1 Kor 9.24–7; Phil 3.1–16), in: NTS 46 (2000), 565–583.

MÜLLER, Ulrich B., Zur frühchristlichen Theologiegeschichte. Judenchristentum und Paulinismus in Kleinasien an der Wende vom ersten zum zweiten Jahrhundert n.Chr., Gütersloh 1979.

OLSHAUSEN, Eckart, Laodikeia 4, in: DNP 6 (1999), 1132f.

PEKRÁY, Thomas, Untersuchungen zu den römischen Reichsstraßen, Bonn 1968.

PFITZNER, Victor C., Paul and the Agon Motif. Traditional Athletic Imagery in the Pauline Literature (NovTestSup 16), Leiden 1967.

POKORNY, Petr, Der Brief des Paulus an die Kolosser (ThHK X/1), Berlin 1987.

POPLUTZ, Uta, Athlet des Evangeliums. Eine motivgeschichtliche Studie zur Wettkampfmetaphorik (HBS 43), Freiburg i. Br. 2004.

POPLUTZ, Uta, „Denn wie ein feiger Wettkämpfer ...". Anmerkungen zur Agonmetaphorik im pseudoplatonischen Dialog Axiochos und im Neuen Testament, in: Männlein-Robert; Irmgard / Schelske, Oliver / Erler, Michael (Hg.), Pseudo-Platon: Über den Tod. Axiochos (SAPERE 20), Tübingen 2012, 127–140.

PRICE, Simon R. F., Rituals and Power. The Roman imperial cult in Asia Minor, Cambridge 1984, Repr. 1987.

RATHMANN, Michael, Untersuchungen zu den Reichsstraßen in den westlichen Provinzen des Imperium Romanum, Bonn 2003.

ROBERT, Louis, Les gladiateurs dans l'Orient grec, Limoges 1940.
ROWLAND, Christopher, Apocalyptic Vision and the Exaltation of Christ in the Letter to the Colossians, in: JSNT 9 (1983), 73–83.
SALMON, Pierre, Population et dépopulation dans l'Empire Romain, Brüssel 1974.
SCHNELLE, Udo, Einleitung in das Neue Testament (UTB 1830), Göttingen ⁹2017.
SCHWANKL, Otto, „Lauft so, daß ihr gewinnt". Zur Wettkampfmetaphorik in 1 Kor 9, in: BZ 41 (1997), 174–191.
SCHWEIZER, Eduard, Der Brief an die Kolosser (EKK XII), Zürich 1976.
ŞIMŞEK, Celal, Laodikeia (laodicea ad Lycum) (Laodikeia Calismalari 2), Istanbul 2013.
ŞIMŞEK, Celal, Urban Planning of Laodikeia on the Lykos in the Light of New Evidence, in: Şimşek, Celal / D'Andria, Francesco (ed.), Landscape and History in the Lykos Valley. Laodikeia and Hierapolis, Cambridge 2017, 1–51.
STANDHARTINGER, Angela, Der Kolosserhymnus im Lichte epigraphischer Zeugnisse, in: Verheyden, Evidence, 69–91.
STANDHARTINGER, Angela, Studien zur Entstehungsgeschichte und Intention des Kolosserbriefes (NT.S 94), Leiden 1999.
SUMNEY, Jerry L., Colossians. A Commentary (NTL), Louisville (KY) 2008.
THEOBALD, Michael, Der Kolosserbrief, in: Ebner, Martin / Schreiber, Stefan (Hg.), Einleitung in das Neue Testament, (Studienbücher Theologie Bd. 6), Stuttgart ²2013, 431–445.
THONEMANN, Peter, The Maeander Valley. A historical Geography from Antiquity to Byzantium (Greek Culture in the Roman World), Cambridge 2011.
TREBILCO, Paul R., Jewish Communities in Asia Minor (SNTS 69), Cambridge 1991.
VERHEYDEN, Joseph / ÖHLER, Markus / CORSTEN, Thomas (ed.), Epigraphical Evidence. Illustrating Paul's Letter to the Colossians (WUNT 411), Tübingen 2018.
WEILER, Ingomar, Der Agon im Mythos. Zur Einstellung der Griechen zum Wettkampf (Impulse der Forschung 16), Darmstadt 1974.
WEILER, Ingomar, Der Sport bei den Völkern der Alten Welt. Eine Einführung, Darmstadt 1981.
WIEDEMANN, Thomas E. J., Kaiser und Gladiatoren. Die Macht der Spiele im antiken Rom, Darmstadt 2001.
WILSON, Robert McL., A critical and exegetical commentary on Colossians and Philemon (ICC), London 2005.
WINTER, Engelbert, Staatliche Baupolitik und Baufürsorge in den römischen Provinzen des kaiserzeitlichen Kleinasien (Asia Minor Studien 20), Bonn 1996.
WOLTER, Michael, Der Brief an die Kolosser. Der Brief an Philemon (ÖTBK 12), Gütersloh 1993.
WÖRRLE, Michael, Stadt und Fest im kaiserzeitlichen Kleinasien. Studien zu einer agonistischen Stiftung aus Oinoanda (Vestigia 39), München 1988.
ZANKER, Paul, Die Apotheose der römischen Kaiser (Carl-Friedrich-von-Siemens-Stiftung 80), München 2004.
ZIETHEN, Gabriele, Gesandte vor Kaiser und Senat. Studien zum römischen Gesandtschaftswesen zwischen 30 v. Chr. bis 117 n. Chr. (Pharos – Studien zur griechisch-römischen Antike 2), St. Katharinen 1994.

Paulus und die zeitgenössische Fankultur. Implikationen für das Verständnis von 1 Kor 1,10–13

Karl-Heinrich Ostmeyer

1. Hintergründe und Parallelen

Jede Zeit hat Themen, die im gesellschaftlichen Diskurs obenauf liegen; Themen, die Haltungen und Handlungen der Protagonisten erst verständlich machen und die den Alltag und die Wortwahl prägen. Z.B. wundert sich Kleopas in Lk 24,18 darüber, dass sein neuer Begleiter auf dem Weg nach Emmaus anscheinend der einzige Fremde in Jerusalem ist, der von dem, was das Stadtgespräch jener Tage bestimmte, nichts mitbekommen hatte.

Mitunter lässt sich erst, wenn es gelingt den aktuellen Verstehenshorizont eines Autors zu rekonstruieren, nachvollziehen, was er als allseits bekannt voraussetzt und was er meint. Auf der anderen Seite versteht ein Lesepublikum Worte und Motive vor dem Hintergrund seiner aktuellen Zeit, selbst wenn nicht alles vom Autor so impliziert war.

Um die Kultur und Mentalität in wichtigen Ländern Europas in der Gegenwart zu verstehen, ist es hilfreich sich mit den Freizeitvorlieben der Menschen zu befassen. Je nach Region wird man heutzutage in einen bestimmten Fußballverein „hineingeboren".[1] Freundschaften richten sich zuweilen danach, ob man einer konkreten Vereinsfarbe anhängt oder gerade nicht. Auch Menschen, die sich nicht als Fußballfans verstehen, bleiben davon nicht unberührt. Erfahrungsgemäß ist es nicht geraten, Termine parallel zu entscheidenden Fußballspielen anzusetzen. Wendungen aus der Sprache des Fußballs haben Einzug in die Alltagssprache gefunden: So denkt bei dem Begriff „Eigentor" heute niemand an die große Tür zu seinem Eigenheim, eine „Heimpleite" wird nicht als Privatinsolvenz verstanden, und jeder, dem eine Rote Karte angekündigt wird, weiß, dass es nicht um einen Geburtstagsgruß geht, sondern dass Vorsicht geboten ist. Zum kulturellen Kanon gehört das Wissen um das „Wunder von Bern", fast alle kennen bestimmte Vereinsabkürzungen und haben den ein oder anderen Spielernamen schon einmal

---

[1] Ähnlich bereits bei Tacitus (58–120), Dial. 29: „Und nun die eigentümlichen und besonderen Untugenden dieser Stadt, die scheinen mir beinahe im Mutterleibe schon sich zu erzeugen, Parteieifer für Bühnenkünstler, Leidenschaft für Gladiatorenspiele und Pferde."

gehört. Es bedarf wenig Fantasie, um zu erahnen, dass in einigen Jahrhunderten bei einer Änderung sportlicher Vorlieben entsprechende gegenwärtig aktuelle Texte falsch oder überhaupt nicht mehr verstanden werden.

Ähnlich verhält es sich heute mit Blick auf antike Texte und die darin vorausgesetzten Alltagssituationen. Im Rom des ersten Jahrhunderts kannte jedes Kind den Unterschied zwischen einer Biga und einer Quadriga, wusste um die vier Faktiones (μέρη)[2] und ihre Farben und war aus eigener Anschauung mit der Bedeutung des equus funalis für den Ausgang eines Rennens[3] vertraut und wurde vor den Spintriae gewarnt.

2. Eingrenzung

Um dem nahe zu kommen, was den Apostel Paulus geprägt und beim Schreiben seiner Briefe beeinflusst hat, konzentriert sich die Untersuchung auf das zweite Drittel des ersten Jahrhunderts. Für die Phase der Jugend und das frühe Erwachsenenalter des Apostels war insbesondere die Herrschaft Kaiser Caligulas (37–41) mit ihren Wirrungen und deren Nachwirken relevant.

Um nachzuvollziehen, was Paulus bewogen hat, den ersten Korintherbrief in der vorliegenden Form zu verfassen, wird der Fokus weiter verengt auf die 50er Jahre und die beiden Städte Korinth und Rom. In den genannten zeitlichen Rahmen fallen neben der Regierungszeit des Kaisers Claudius (41–54) auch die ersten Jahre der Regentschaft Neros (54–68).

Inhaltlich geht es nicht um die politische Großwetterlage jener Zeit, sondern um die allgemeinen Interessen, Vorlieben und um das, worauf Menschen sich im Alltag gefreut haben, oder wovon sie sich distanzierten.

3. Die Allgegenwart der Wagenlenker in Rom

Wenn Fußball heute von einigen als „schönste Nebensache der Welt" bezeichnet wird, wenn echte Fans für „ihren" Verein große Opfer zu bringen bereit sind,[4]

---

[2] Bell, Theatre, 391, berichtet für die Spätantike von der Bereitschaft, für die Faktiones zu sterben.

[3] Schachermeyr, Tarquinius, PRE. Bd IV A,2, Sp. 2361 führt die Einführung des Wagen-Rennsports in Rom auf die etruskischen Könige zurück (ca. 6. Jh v.Chr.); vgl. Dion hall 3, LXVIII, 1.

[4] Ein früher Fall von Parteienfanatismus ist belegt bei Plinius dem Älteren (Plin. sec.nat., VII,186; §67). Bei der Verbrennung der Leiche eines Wagenlenkers der Roten Partei stürzt sich ein treuer Fan in den Scheiterhaufen; Reinmuth, Faktiones, 505, datiert den Vorfall

und Fußballstars vergöttert und für dreistellige Millionenbeträge gehandelt werden,[5] so kann sich der Stellenwert des Fußballs heute doch nicht messen lassen, mit der Allgegenwart der Wagenrennen im Rom des ersten Jahrhunderts.

Die Zahl der Denkmäler für Fußballspieler in der Gegenwart ist überschaubar, in der Antike prägten die der Wagenlenker das Stadtbild Roms.[6] Rombesucher im ersten Jahrhundert waren darüber befremdet,[7] dass Denkmäler von Pferden[8] und Wagenlenkern[9] in Konkurrenz standen zu Standbildern der Kaiser und zu Götterstatuen. Erst Theodosius (347–395) ordnete an, Wagenlenkerstatuen dort zu beseitigen, wo auch Kaiser verehrt werden.[10] Die Protagonisten des Rennsports waren sehr viel präsenter als die Athleten anderer Sportarten und genossen ein ungleich höheres Renommee als etwa

---

auf etwa 77 v. Chr. Vgl. als moderne Parallele: Bill Shankly (1913–1981; schottischer Fußballspieler und -trainer), Sunday Times vom 4. Oktober 1981: "Some people think football is a matter of life and death. I don't like that attitude. I can assure them it is much more serious than that", zitiert bei Skillen, Sport, 343.

5 Der Wagenlenker Skorpus (68–95) verdient 15 Säcke Gold (15000 Sesterzen) für einen einzigen Sieg, was Martial zu einem in ein Epigramm gefassten Seufzer veranlasst: „Soll ich noch immer als Grüßer unter Togavolk und Vorläufern den ganzen Tag verdienen hundert Bleimünzen, indessen fünfzehn schwere Säcke, goldfunkelnd, in *einer* Stund' als Sieger Scorpus fortschleppet?", Mart. Epigr. X,74.

6 Horsmann, Wagenlenker, 126: „Die Belege bei Martial, Lukian, Galen und im *Codex Theodosianus* lassen keinen Zweifel daran bestehen, daß es spätestens seit dem 1. Jahrhundert n. Chr. auch Ehrenmonumente für Wagenlenker in Rom gegeben hat, [...]. Da große Grabmonumente gleichfalls sicher bezeugt sind, waren die Wagenlenker durch beide Hauptformen der Darstellungskunst in Rom präsent." Zugleich sind die „strengen Kriterien [in den Blick zu nehmen], die für das ius imaginis von jeher in Rom galten [... und die] Bedeutung, welche der Zuerkennung einer Ehrenstatue zukam [...]. Sie war eine ganz außerordentliche Ehrung, deren restrictive Vergabe Exklusivität verbürgte"; a.a.O., 129f.

7 Lukian (ca. 120–180) beschreibt in seinem Dialog „Nigrinus" (Nigr. 29; Übersetzung Wieland) die Verwunderung eines Philosophen über die römischen Gegebenheiten: „Von diesen Dingen kam er nun wieder auf andere Gegenstände, besonders auf das immerwährende Getümmel der Stadt und das ewige Drängen und Treiben ihrer Einwohner und auf das Theater und den Circus und die Bildsäulen berühmter Wagenlenker, die da zu sehen sind, und auf die Namen der Rennpferde und wie in allen Gassen und Winkeln von nichts als von diesen Dingen gesprochen werde. Denn wirklich scheine die Pferdewut dermalen die herrschende Leidenschaft zu sein und sogar Männer, die man bisher unter die vorzüglichsten gezählt, angefallen zu haben."

8 CIL VI, 10082; vgl. Friedlaender, Spiele, 524.

9 Martial (40–103/4) Epigr. V,25,10 besingt das goldene Denkmal des Wagenlenkers Scorpus (ca. 68–95). Scorpus zählte zu den Miliarii (mehr als 1000 erste Plätze), er fuhr 2048 Siege ein und starb mit 27 Jahren bei einem Rennunfall; Mart. Epigr. X,50 und 53; vgl. Horsmann, Wagenlenker, 124f.286–288.

10 CTh 15,7,12 pr. = CJ 11,14,4 pr.; Horsmann, Wagenlenker, 126.

Gladiatoren;[11] die Namen der Leitpferde der Quadrigen waren allgemein bekannt.[12]

4. Wagenrennen als Gottesdienst

Im Unterschied zu modernen Sportveranstaltungen waren in der römischen Kaiserzeit die Wagenrennen Teil des religiösen Kultus und damit gleichsam eine Art von Gottesdienst.[13] Für Senatoren und Ritter handelte es sich um Pflichtveranstaltungen. Die ihnen zugedachten Ehrenplätze hatten besetzt zu sein.[14] Für die, die sie aus finanziellen Gründen nicht besetzen konnten, galt das als Entehrung.[15]

Die Einfahrt der Wagen in den Circus maximus,[16] der dem Fruchtbarkeitsgott Consus geweiht war,[17] bildete einen Teil der Einzugsprozession. Mit ihr waren Opfer für die Götter[18] und die Begrüßung des Kaisers verbunden. Die Spina, die Scheidewand, um die herum die Rennen gefahren wurden, war mit Götterstatuen geschmückt. Der zeitgleich betriebene und ebenfalls zehntausende von Menschen fassende Circus Flaminius (für die ludi plebeji)[19] auf dem Marsfeld in Rom war dem Kriegsgott Mars zugeeignet.[20]

---

[11] Regner, Ludi, 1638.
[12] Das linke Pferd, das bei den Wenden in der Arena innen lief, war als Leitpferd (equus funalis) entscheidend; sein Name wurde stellvertretend für das gesamte Gespann genannt; Dessau 1679.5289/91; Cass. Dio LXXIII,4; Hönle, Circus, 1218; Regner, Ludi, 1639. Verdienten Pferden war ihr Gnadenbrot verbürgt; so unter Nero (Cass. Dio LXI,6,1), Hadrian und Commodus (Cass. Dio LXXIII,4,3); Friedländer, Spiele, 524; Regner, Ludi, 1640.
[13] Cameron, Factions, 231; Regner, Ludi, 1626.
[14] Cass. Dio LXXII,20f.; 21,2; Cameron, Factions, 230, betont, dass die Aberkennung eines Zirkussitzes einer Entehrung gleichkam; deren unrechtmäßige Besetzung war eine Straftat.
[15] Ein Schlaglicht auf die ruinösen Kosten für die adeligen Ausrichter und Zuschauer der Wagenrennen wirft das nachstehende Epigramm Martials (40–103/4): „Hundert Sesterz erbat sich der arme Gaurus vom Prätor, war er von alters her doch sein vertrautester Freund. Dieses Hundert nur fehl' ihm zu seinen dreien noch, sprach er, um auf der Ritterbank klatschen zu können dem Herrn. Jener erwidert: »Ich brauch's, wie du weißt, für Scorpus und Thallus, ach, und wären es doch hundert Sesterzien nur!« Schmach lieblosem, o Schmach so übel dienendem Reichtum! Was du dem Ritter versagst, wendest du, Prätor, ans Pferd."; Mart. Epigr. IV,67. Juvenal (ca. 60–127) spricht von einem Prätor als „Beute der Gäule" (praeda caballorum); Sat. 11,193–204.
[16] Eine detaillierte Skizze des Circus maximus bei Pollack, Circus, 2573f.
[17] Habel, Ludi publici, 609; Regner, Ludi, 1646.
[18] Cic. Scripta 23.
[19] Pollack, Circus, 2580.
[20] Habel, Ludi publici, 609; Regner, Ludi, 1627.

Theodosius (347–395) dekretierte, dass aktiven Wagenlenkern Taufe und Aufnahme in die Gemeinde verwehrt wurde.[21] Tertullian (150–220) verurteilte die Teilnahme der Christen als Zuschauer als einen nicht tragbaren Götzendienst.[22]

Die als *feriae* (Ferien) bezeichnete Zeit der Spiele war „Eigentum der Götter, denen gegenüber der Mensch auf sein Recht am Arbeitstag zu verzichten hat."[23] Die Feiertage zu begehen, war folglich eine religiöse und öffentliche Rechtspflicht den Göttern gegenüber, der sich kein Bürger Roms entziehen durfte. Damit verbunden war, dass sich die Bürgerschaft durch die geringste Abweichung vom vorgeschriebenen Ritual den Zorn der Götter zuzog.[24] Man wird sich diese Art von Gottesdiensten nicht als ausgelassene Feiern, sondern – zumindest bei den Akteurinnen und Akteuren – als angstbesetzte Pflichtübungen vorstellen müssen.[25] Ihnen stand immer die Strafe der Götter vor Augen.

Die *Instauratio* war die Institution zur Versöhnung der Götter wegen fehlerhaft durchgeführter Riten.[26] Meist vollzog sie sich durch eine Wiederholung des Ritus. Um eine künstliche Verlängerung der Ferien durch kultische Sabotage zu verhindern, legte Kaiser Claudius eine maximale Verlängerung um einen Tag fest.[27] Die Zahl der Ferientage, an denen Zirkusspiele und Wagenrennen stattfanden, wurden in den ersten beiden Jahrhunderten stetig vermehrt.[28]

---

[21] Lampe, Christen, 107: „Vom Katechumenat ausgeschlossen werden alle, die noch mit den heidnischen Spielen in Amphitheater und Circus zu tun haben: seien sie Funktionäre [...] der Gladiatorenspiele, [...], seien sie Wagenlenker oder Jäger in der Arena." Cod. Theod. IX 40.8.11.

[22] Tert. Spec. 6.9.22.

[23] Regner, Ludi, 1644.

[24] Liv II,36.

[25] Cic. De Harusp. 23: „Wenn der Tänzer anhält oder der Flötenspieler plötzlich verstummt oder der Junge, dessen Vater und Mutter noch leben, wenn er den Wagen nicht festhält, wenn er den Zügel loslässt oder wenn der Ädil mit einem Wort oder mit der Opferschale abweicht, sind die Spiele nicht ordnungsgemäß durchgeführt; vgl. Plut. Coriolan, 25.

[26] Liv II,36; XXIII,30,16; XXXVIII,35,6.

[27] Cass. Dio LX,6,4.

[28] Cameron, Factions, 175, zählt unter August (27 v.–14 n.) 77 Spieltage, von denen 17 für Wagenrennen reserviert waren, denn nicht jeder Tag der feriae war auch Renntag, Hönle, Circus, 1215. Die Zahl der Renntage wuchs schließlich auf 64; Hönle, Circus, 1215.1218.

5. Der Stellenwert der Wagenrennen und Spiele in der Bevölkerung

Dass Julius Caesar während der Rennen seine Mails bearbeitete, war den Massen im Stadion und damit der Bevölkerung übel aufgestoßen.[29] Seinem Nachfolger Augustus wurde hoch angerechnet, dass er den Spielen seine ungeteilte Aufmerksamkeit zukommen ließ.[30] Caligula und Nero gaben sich volksnah und bekannten sich enthusiastisch zu den Wagenlenkern der grünen Partei.[31] Damit machten sich Herrscher einerseits wegen ihrer Volksnähe beliebt, auf der anderen Seite wurden sie verachtet, weil sie sich mit denen gemein machten, die ehrlose Berufe ausübten.[32]

Die Kaiser stifteten die Wagenrennen aus besonderen Anlässen; die „normalen" Rennen hatten Magistrate und Prätoren auszurichten.[33] Wer die Kosten nicht tragen konnte, musste von seinen Ämtern zurücktreten.[34] Um die Massen Roms ruhig zu stellen, bedurfte es sowohl deren auskömmlicher Versorgung als auch der Unterhaltung. Juvenal (60–124) bringt das Lebensgefühl der Zeit mit „panem et circenses" auf den Punkt (Iuv. Sat. X.81). Der vergleichsweise komfortable Alltag der römischen Bevölkerung wurde ermöglicht durch die Ausbeutung der Provinzen.

---

[29] Suet. Aug. 45,1.

[30] Suet. Aug. 45,1: „So oft er aber gegenwärtig war, beschäftigte er sich nie mit anderen Dingen; sei es, daß er dem Tadel entgehen wollte, der seinen Vater Cäsar vielfach getroffen hatte, weil derselbe während des Schauspiels Briefe und Eingaben las oder beantwortete, oder sei es aus lauter Lust und Teilnahme am Schauspiel, die er nie verbarg und oft freimütig bekannte"; Tiberius bemüht sich ebenfalls, Cäsars Fehler nicht zu wiederholen (Cass. Dio LVII,11,5).

[31] Schollmeyer, Unfallfahrer, 237, Nero trat auf „wie die grüne Wagenrennfraktion und mit einem Wagenlenkerhelm auf dem Kopf gekleidet".

[32] Nach Horsmann, Wagenlenker, 134f.: „beweisen die verbürgten Ehren- wie auch die großen Grabmonumente, [...], in welchem Widerspruch das Sozialprestige eines erfolgreichen Wagenlenkers zu seinem personenrechtlichen und infamierten Status stehen konnte." Tertullian benennt den Spagat: Einerseits werden die Akteure vergöttert, auf der anderen Seite sind sie ehrlos (inhonesti); Tert. Spec. 22.

[33] Habel, Ludi capitolini, 608; Habel, Ludi publici, 609.614.628: Veranstalter war der Magistrat; Augustus übertrug in der ersten Phase seiner Amtszeit (22 v.) die Verantwortung für die öffentlichen Spiele von den Ädilen auf das Prätorenkollegium; die Leiter der Spiele waren die Volkstribunen, Consules und Kaiser.

[34] Cass. Dio LX,27,2.

Paulus und die zeitgenössische Fankultur   149

6. Ablauf der Wagenrennen

Ein regulärer Lauf (missus) im Circus maximus bestand aus sieben Runden[35] um die 335m lange Spina. Die Gesamtlänge eines Rennens, durchgeführt mit vier bis maximal 16 Quadrigen,[36] betrug mehr als 5 km. Das ist eine deutlich längere Distanz als bei modernen Pferderennen.[37] Die Länge der von Zuschauerrängen gesäumten Bahnen betrug im Circus maximus auf jeder Seite 600 Meter.[38] Der über 150000 Menschen fassende Circus wurde in seiner Kapazität kontinuierlich erweitert.[39]

Unter Kaiser Claudius (41–54) wurden 18–24 Rennen pro Tag veranstaltet.[40] Die zuweilen genannten höheren Zahlen waren Ausnahmefälle.[41] Neben den Wagenrennen fanden weitere Reiterwettkämpfe statt.[42] Da der Boden der Arena jeweils neu vorbereitet und Unfalltrümmer beseitigt werden mussten, sind mehr als drei Rennen pro Stunde kaum realistisch.[43] Nacht-Rennen bei künstlicher Beleuchtung sind belegt,[44] dürften aber nicht die Regel gewesen sein.

Wagenrennen fanden in den unterschiedlichsten Disziplinen statt. Als besonders schwierig galten die Rennen „a pompa",[45] das heißt das erste Rennen direkt nach dem Umzug durch die Stadt, wenn die Pferde gerade im

---

[35] Phil de animal 58.
[36] Hönle, Circus, 1218.
[37] Die Queen Alexandra Stakes als Teil des Royal Ascot-Meetings geht über 4343 Meter und gilt als längstes Galopprennen auf ebener Fläche.
[38] Der Midrasch: „Der Thron und das Hippodrom des Königs Salomo" (BHM, S. 34–39) ordnet die vier Parteien Bevölkerungsgruppen zu, wobei die Grüne Partei (deren Fans die meisten Kaiser waren) für die „Heiden" steht. Ihre Farben symbolisieren die vier Jahreszeiten. Mit ihrer Größe stellt die Anlage im Midrasch jeden römischen Circus in den Schatten. Der Midrasch beziffert die Maße der beiden Längsseiten mit je drei Parasangen (persischen Meilen; zusammen ca. 16,5km). Zur Länge vgl. Chantraine, Parasanges, 507.
[39] Reinmuth, Circus, 1195, nennt für die Zeit des Augustus (27 v.–14 n.) eine Kapazität von 55000–60000 Zuschauer; laut Cass. Dio LXVIII,72 renovierte und vergrößerte Trajan (98–117) den Zirkus. Horsmann, Wagenlenker, 93, vermutet, dass die Zahlen zwischen 150000 (vgl. Dion hall 3, LXVIII,3; bei der Erbauung durch König Lucius Tarquinius Priscus [616 v.Chr. bis 578 v. Chr.]) und 250000 (Plinius d. Ält hist.nat. 36,102) gelegen haben.
[40] Cass. Dio LX,27,2 spricht von 24 Läufen unter Claudius.
[41] Hönle, Circus, 1218, spricht für die Zeit Domitians (81–96) von bis zu 48 Starts pro Tag an max. 64 Zirkustagen pro Jahr.
[42] Friedländer, Spiele, 498.524, nennt „Abspringer" (Liv XLIV,9,4) und „*desultores*", die im Lauf die Pferde wechselten. Regner, Ludi, 1636; Horsmann, Wagenlenker, 94f.
[43] Regner, Ludi, 1635, veranschlagt für 24 Rennen acht Stunden.
[44] Cass. Dio LVIII,19,2. 494 spricht von 5000 Fackelträger; vgl. Ovid fast V 361-368. Friedländer, Spiele 494f.
[45] Regner, Ludi, 1638.

vollbesetzten Circus eingetroffen[46] und noch nicht wieder ausgeruht waren. Es gab Rennen ohne Peitsche;[47] Rennen mit fremdem Leitpferd (equus funalis);[48] Rennen nur mit Joch-Pferden;[49] Rennen mit Erstläufern („equorum anagogum")[50] und man richtete bestimmte Pferde in der Tradition einer bei Plinius dem Älteren aus der Zeit des Claudius überlieferten Begebenheit[51] so ab, dass sie ohne Wagenlenker ins Ziel kamen.[52] Üblich war das vierspännige Fahren, doch es existieren Siegerlisten für sechs- und siebenspännige Rennen.[53] Kaiser Nero scheiterte bei dem Versuch, in Olympia zehnspännig zu kutschieren.[54]

Manche Rennen wurden mit Beireitern in derselben Farbe wie der Wagenlenker gefahren.[55] Nicht immer ist heute noch erkennbar, welche Funktionen die Mitwirkenden im Einzelnen hatten, etwa die moratores.[56] Zumindest bei bestimmten Arten von Rennen waren Störmanöver erlaubt, die für Menschen und Tiere machmal auch tödlich endeten.[57] Caligula wurde nachgesagt, ihm sei

---

[46] Wer schon einmal ein voll besetztes Stadion erlebt hat, mag ahnen, welchen Eindruck eine dreimal so große Kulisse in der Antike auf Mensch und Tier machte.
[47] Horsmann, Wagenlenker, 137.
[48] Horsmann, Wagenlenker, 136.
[49] In der Quadriga liefen nur die beiden mittleren Pferde unter dem Joch, das mit dem Wagen verbunden war. Nur sie zogen. Die parallellaufenden äußeren Pferde waren allein durch Leinen mit dem Wagenlenker verbunden.
[50] Hönle, Circus, 1218.
[51] Plin. sec.nat., VIII,160; §133: „Als bei den circensischen Secularspielen des Kaisers Claudius der zur weißen Partei gehörige Wagenlenker Corax in den Schranken vom Wagen fiel, gewannen dessen Pferde doch den ersten Preis, indem sie theils den andern den Weg vertraten, theils aus voller Macht rannten, und alles das gegen ihre Nebenbuhler thaten, was sie unter Aufsicht des geschicktesten Wagenlenkers nur hätten vollführen können"; vgl. Phil de animal 58. Wenn derlei Anekdoten auch noch in späteren Zeiten tradiert wurden, ist anzunehmen, dass sie – mit einer der räumlichen Distanz geschuldeten Verzögerung – Tagesgespräch waren. Von den einen wurden solche Berichte mit Interesse aufgenommen, andere wandten sich mit Desinteresse oder Abscheu ab (Plin. epist. VII,29; IX, 6; Tac. Dial. 29; Tert. Spec. 22).
[52] Regner, Ludi 1634.
[53] Horsmann, Wagenlenker, 136.
[54] Suet. Nero 22.
[55] Regner, Ludi, 1632; Friedlaender, Spiele, 498.513, nennt „Abspringer" und „Beireiter"; Liv XLIV,9,4.
[56] Georges Handwörterbuch zum Lexem morātor: „b) beim Wettrennen = Personen, die durch allerlei mutwillige Störungen die Wettrenner in Verlegenheit setzten und dadurch die Unterhaltung der Zuschauer vermehrten (πάριπποι bei Chrysost.), Corp. inscr. Lat. 6, 2867*." Auf Tafel XXXII (Mosaik von Barcelona) in Schreiber, Bilderatlas unten rechts versucht ein Morator das ankommende Gefährt zu stören. Pferde und Fahrzeug unten links sind bereits gestürzt.
[57] Braun, Ruinen, 468, beschreibt die auf einem Sarkophag erkennbaren Figuren am Rande eines Wagenrennens: „Im zweiten Belief ist dieselbe Steigerung der Leidenschaften noch vernehmbarer dadurch angedeutet, dass der am Ziel angelangte Parippos bereits den Siegerkranz emporhält, während in dem auf dem Deckel dargestellten Wettrennen mit dem

jedes Mittel recht gewesen und er habe nicht davor zurückgeschreckt, Lenker und Pferde der Gegenpartei zu vergiften.[58]

Siege wurden unterschiedlich gewertet. Ein Start – Ziel – Sieg[59] hatte einen anderen Stellenwert als ein Sieg, bei dem das Feld von hinten aufgerollt wurde[60] oder als ein Sieg auf den letzten Metern.[61] Die drei ersten erhielten Preisgelder.[62] Bei hochdotierten Rennen bekam der Gewinner für einen einzigen Sieg mit 24000 Sesterzen[63] mehr als ein Drittel des Jahresgehaltes eines der am höchsten bezahlten römischen Verwaltungsbeamten.[64]

Bei den Rennfahrern handelte es sich in den meisten Fällen um (ehemalige) Sklaven. Ein erfolgreicher Wagenlenker konnte sich selbst von seinen Preisgeldern freikaufen. Als libertus, der einen „unehrenhaften" Beruf ausübte, zählte er zu den inhonesti[65] und fiel unter die infamia.[66] Damit war er nicht oder nur eingeschränkt rechtsfähig.

Erfolgreiche Wagenlenker wurden vom Volk vergöttert und vom Adel wegen ihrer Herkunft verachtet. Man mied sie als infames und beneidete sie

---

Handpferd die Rosse des eben am Ziel anlangenden Reiters, durch einen Morator scheu gemacht, stürzen. Letzter hält einen der umflochtenen Krüge in der Hand, welche man, zur Störung des Spiels, den Pferden unter die Beine zu werfen pflegte. In dem dritten Relief, welches ebenfalls ungefähr die nämlichen Motive zeigt, erscheinen diese Aufhalter bei einem jeden Zweigespann und werfen sich demselben in den Weg, sogar auf die Gefahr hin gerädert oder zerstampft zu werden. Nur einem ist es indes geglückt, die Rosse der Gegenpartei zum Stürzen zu bringen. Ob dieses durch seine Geschicklichkeit veranlassten Unfalls jubelt er aber stolz auf."

[58] Cass. Dio LIX,14,5f.
[59] Regner, Ludi, 1638.
[60] Ebd.
[61] Horsmann, Wagenlenker, 137.
[62] Horsmann, Wagenlenker, 94: Dem Zweitplatzierten steht ein Drittel der Preissumme zu, dem Dritten ein Sechstel.
[63] Horsmann, Wagenlenker, 94. Regner, Ludi, 1637: Diocles (104-146) verdiente mit 1462 Siegen 35.863.120 Sesterzen (bei 4257 Rennfahrten). Vier Sesterzen entsprachen einem Denar.
[64] Horsmann, Wagenlenker, 138: „Wenige Sesterze pro Tag betrug der Tageslohn in jener Zeit"; die „Führungselite der kaiserlichen Reichsverwaltung [...] verfügten über ein Jahresgehalt von exakt 60.000 Sesterzen". Vgl. Mart. Epigr. X,74. Zu Geldwert und Löhnen vgl. Liebenam, exercitus, 1669: In den Legionen des Augustus betrug der Jahreslohn im Jahre 5 n.Chr. 225 Denare. Für 14 n.Chr. ist die Forderung nach Solderhöhung auf einen Denar täglich überliefert, die sich aber anscheinend nicht durchsetzen ließ, denn Domitian (81-96 n.Chr.) ließ 300 Denare im Jahr auszahlen. Davon mussten die Legionäre sich selbst ausrüsten und verpflegen.
[65] Hönle, Circus, 1219; Regner, Ludi 1638; Tert. Spec. 22.
[66] Horsmann, Wagenlenker, 168.

zugleich wegen ihres Erfolgs und Reichtums. Christen mieden die Wettkämpfe und den Umgang mit den Wettkämpfern aus religiösen Gründen.[67]

7. Rolle und Bedeutung der Faktiones (μέρη)

Für einen einzigen nur mittelgroßen Renntag mit 18 Rennen zu je vier Quadrigen samt diversen Reiterspielen[68] mussten mindestens 300 Pferde bereitstehen.[69] Hinzu kamen Pfleger, Trainer, Tierärzte, Werber, Handwerker, Verkäufer, Futter, Wagen und Ersatzausrüstung. Inschriften belegen einen Mitarbeiterstab allein im Kontexte der Wagenrennen von ca. 1000 Personen (25 Dekurien für jede der vier Parteien).[70] Vom Catering für den Tross und den Zehntausenden von Zuschauern in den dauernd überfüllten Stadien war dabei noch nicht einmal die Rede.

Bei mehreren Renntagen hintereinander summierte sich der Aufwand.[71] Es versteht sich, dass die zur Ausrichtung der Spiele verpflichteten Magistrate und Prätoren[72] unmöglich die erforderliche Infrastruktur herbeischaffen oder vorhalten konnten. Schon in vorchristlicher Zeit bildeten sich Vereine. Diese Faktiones stellten den zur Ausrichtung Verpflichteten die Pferde und Wagen, das Personal und die Infrastruktur zur Verfügung.

Da zunächst wohl meist *vier* Gespanne auf einmal starteten, bildeten sich bald *vier* Rennställe heraus, die ihre Pferde, Wagen und Wagenlenker mit Farben kennzeichneten (albata, russata, veneta, prasina).[73]

Das Publikum identifizierte sich mit einer bestimmten Farbe und hielt zu den Wagenlenkern, die „ihre" Farbe trugen.[74] Plinius der Jüngere verspottet die Farbentreue und erklärt, wenn mitten im Lauf die Trikots getauscht würden,

---

[67] Tert. Apol. 38 spricht vom „Wahnsinn des Zirkus", den „Gräßlichkeiten der Arena"; und nennt als einzig denkbare Reaktion der Christen: „Aber wir strafen das, woran ihr Gefallen findet, mit Verachtung!"; vgl. Tert. Spec. 20.23.

[68] Horsmann, Wagenlenker, 93, geht von einer Erhöhung der Zahl der Rennen unter Caligula und Nero aus und rechnet mit durchschnittlich 24 Rennen pro Tag seit Claudius. Davon werden sechs Desultorenrennen als missus mitgezählt (a.a.O., 94f.).

[69] Regner, Ludi, 1655, nennt für einen normalen Renntag mit „nur" 12 Läufen zu 4 Quadrigen einen Bedarf von 192 Pferden.

[70] Inschrift Dessau 5313.

[71] Maecena empfiehlt Kaiser Augustus, die Rennen zu reduzieren, um Staats-Bankrotte zu vermeiden (Cass. Dio LII,30f.); laut 30,7 werden dem Heer die besten Pferde entzogen.

[72] Habel, Ludi capitolini, 608, erwähnt, dass noch unter Kaiser Augustus die Bürger, die auf den Capitolshöhen wohnten, die capitolinischen Spiele ausrichten mussten.

[73] Weiß, rot, blau, grün.

[74] Die Farben der Rennparteien wurden auch ins Ausland „exportiert": CIL II 4315 Spanien/Tarraco (2. Jh. n.Chr.); vgl. III 4037. Mosaiken mit den Rennfarben finden sich außer in Rom u.a. in Barcelona und Lyon; weitere Belege bei Pollack, Factiones, 1956.

würde auch unmittelbar die Sympathie die Seiten wechseln. An anderer Stelle gibt er sich verwundert, dass selbst vernünftige Männer sich zu Wagenrennen hingezogen fühlen.[75] Der Fanatismus ging so weit, dass man Schwalben in der Farbe des Siegers einfärbte, um den Ausgang eines Rennens kund zu tun.[76]

Mittels der Wagenlenker fiel der Ruhm für die Siege den Faktiones zu. Es entstanden Abhängigkeiten, denn die vier Betreibervereine konnten die Preise bestimmen und ihre Bedingungen stellen. Niemand hätte gewagt, die Spiele abzusagen. Ohne Zuschüsse aus der Staatskasse oder aus der Privatschatulle der Kaiser wäre die Ausrichtung der Spiele undenkbar gewesen.[77]

Die bereits im ersten Jahrhundert an mehr als 50 Tagen im Jahr veranstalteten Renntage, mit Prozessionen, an denen Hunderte von Pferden und Dutzende von Rennwagen teilnahmen, prägten das Leben der Stadtbevölkerung. An Circustagen waren Hunderttausende auf den Beinen. Menschen von außerhalb mussten sowohl befördert als auch untergebracht werden. Um diese Massen in geordnete Bahnen zu lenken und zu versorgen, bedurfte es einer enormen Infrastruktur, es musste für Verpflegung und für öffentliche Toiletten gesorgt werden.[78] Devotionalien in den vier Parteifarben standen zum Verkauf,[79] auch Wett-[80] und Fluchbüros[81] und Prostituierte beiderlei Geschlechts boten ihre Dienste an. Ob es sich bei den inschriftlich erwähnten und zum Tross der Parteien zählenden sellarii[82] tatsächlich um „Sattler" handelte, scheint fraglich.

---

[75] Plinius epist. IX, 6: „Um so unverständlicher ist es mir, daß so viele tausend Männer so kindisch sein können, immer wieder rennende Pferde und auf Wagen stehende Menschen sehen zu wollen;" vgl. Tac. dial. 29. Als Senator war Plinius selbstverständlich auch selbst zur Ausrichtung und Beaufsichtigung von Spielen verpflichtet (Plin. epist. VII,11,4); vgl. Lukian Nigr. 29.

[76] Plin. hist.nat. X,71.

[77] Im Jahre 54 n.Chr. drohen die Parteiführer dem Ausrichter der Spiele (Fabricius Veiento), bei nicht Eingehen auf ihre Forderungen, Hunde statt Pferde laufen zu lassen. Nero springt ein und zahlt (Suet. Nero 22). Weiterhin setzen sie durch, ihre Pferde nur noch für einen kompletten Tag zur Verfügung zu stellen; Cass. Dio LXI,6,2f.; zum Anwachsen der Staatszuschüsse; vgl. Regner, Ludi, 1653.

[78] Vor diesem Hintergrund wird verständlich, was es bedeutete, wenn Kaiser Vespasian (im Französischen hat sich der Terminus „vespasienne" für öffentliches Urinal erhalten) in den 70er Jahren erstmals Steuern bzw. Gebühren für öffentliche Toiletten erhebt, und Kritik an der Maßnahme mit „pecunia non olet" zurückweist (Suet. Vesp. 23; Cass. Dio LXVI,14,5).

[79] Tertullian (150-220) Spec. 9,4-6, setzt die Farben mit den vier Elementen gleich und zieht den Schluss auf Vergötterung von Naturelementen; zumal Romulus ihm als Erfinder der Pferderennen und als Gott gilt. Vgl. die Zuordnung zu den Jahreszeiten im Midrasch von Salomos Thron und Hippodrom auf vier Personengruppen.

[80] Tert. Spec. 16; Iuv. Sat. 11,193–204; Mart. Epigr. XI,1.

[81] Cameron, Factions, 61, verweist auf Funde von Fluchtäfelchen.

[82] Das Handwörterbuch von K. E. Georges bietet folgende Erklärungen (Fettdruck im Original): „sellārius, a, um (sella), *zum Sitze-, zum Sessel gehörig, subst.,* I) sellārius, iī, m., *der auf Sesseln unnatürliche Unzucht treibt, etwa der Seßler,* Tac. ann. 6,(1)7. (31 n.Chr. unter Tiberius; Tacitus: 58-120) – II) sellāria, ae, f., *die öffentliche Buhldirne, die auf hohem Sessel ihre Reize den*

Die Wagenlenker fuhren stehend und hatten für Sättel keine Verwendung. Eher ist an Sexarbeiter zu denken: Die Berufsbezeichnung „Sellarius" und „Spintria"[83] steht nicht für verschiedene Geschlechter, sondern für unterschiedliche „Arbeitshaltungen". Epaphrae[84] als Name eines Sellarius in Dess. XII 5313 mag als Werbung oder als „Künstlername" verstanden worden sein. Ovid (43 v. – 17 n. Chr) beschreibt den bunten Festzug der Wagen (*discolor agmen*)[85] und preist den Circus, in dem es unter den Zuschauenden keine Trennung nach Geschlechtern gab,[86] als gute Gelegenheit des Kennenlernens. Mit Ironie bedauert er, dass die Auserwählte statt für ihn nur Augen für den Wagenlenker hat (Ovid am. 3,2,7). Auch Juvenal (ca. 60–127) rühmt die Aussicht, bei Wagenrennen die Bekanntschaft einer „culta puella" zu machen (Juv. Sat. 11,202).

8. Wagenrennen und Politik

Die Kaiser Caligula und Nero waren leidenschaftliche Fans der grünen Partei (Prasina).[87] Die Parteien bildeten Machtfaktoren, über die keiner hinwegsehen konnte, auch wenn sie im ersten Jahrhundert noch nicht dezidiert politisch waren. Im Einzelnen werden sich die Sportfans überlegt haben, ob es opportun ist, für eine andere als die Kaiserpartei zu jubeln. Juvenal stellt in einer seiner Satiren auf die Wagenrennen, eine Niederlage der grünen Partei auf eine Ebene mit der traumatischen Niederlage Roms gegen Hannibal bei Cannae im zweiten punischen Krieg (216 v. Chr.).[88]

Blicken der Vorübergehenden aussetzt, Plur., Schol. Iuven. 3, 136. – III) sellāria, ōrum, n., *das Sessel-, Sofazimmer*, Suet. Tib. 43, 1."

[83] A.a.O.: „spīntria (spinthria), ae, m. (v. σφιγκτήρ) = qui muliebra patitur seque aliis abutendum praebet, Tac. u. Suet." „sphīnctēr, ēris, m. (σφιγκτήρ), *der runde Schließmuskel, Muskel an der Afteröffnung, der Aftermuskel, der Sphinkter*, Cael. Aur. de morb. chron. 2, 1, 11."

[84] Pape, Griechisch-Deutsch (Fettdruck im Original): „ἔπ-αφρος, obenauf schäumend, *Hippocr.*"

[85] Ovid amores, III,2,78; vgl. Catull (87/86 v.–56 v.), Camerius, 55,4; Friedlaender, Spiele, 507.

[86] Josephus berichtet, dass „sogar" die Sklaven vermischt mit Herren saßen; Jos Ant XIX,86.

[87] Die Kaiser Vitellius und Caracalla standen zu den Blauen (Veneta). Für die Partei der Grünen (Prasina): Caligula, Nero, Domitian, Verus, Commodus, Elagabalus. Domitian (Suet. Domitian 7) versuchte zusätzlich, eine goldene und eine purpurne Partei zu etablieren, allerdings ohne nachhaltigen Erfolg.

[88] Iuv. Sat. 11,193–204: „[...] und, wenn ich dies ohne den Protest der unermeßlichen und übergroßen Volksmenge sagen darf, ganz Rom faßt heute der Circus, und ein Getöse schlägt an mein Ohr, aus dem ich auf den Erfolg des grünen Tuches schließe. Denn würde es versagen, sähest du diese Stadt traurig und erschüttert wie nach der Niederlage der Konsuln im Staub von Cannae. Zuschauen mögen die jungen Männer, denen das Geschrei und die kühne Wette anstehen, das Sitzen neben dem herausgeputzten Mädchen [...]."

Scheinbar harmlose Fangespräche konnten leicht umschlagen. Dass Kaiser Vitellius im Jahre 69, also nur wenige Jahre nach dem hier im Zentrum stehenden Zeitraum, die Gegner der von ihm favorisierten Blauen im Circus zusammenhauen ließ,[89] macht deutlich, dass jedes Bekenntnis zu der einen Partei notwendig die Abgrenzung von den anderen hatte.[90] Indem Caligula und später Nero deutlich Partei für die Grünen ergriffen, war jedes Bekenntnis zu einem der vier Rennställe zugleich ein politisches Bekenntnis. Spaltungen und Feindschaften unter den Parteiangehörigen waren politisch gewollt, denn Zirkusspiele waren in jener Zeit der wichtigste Raum der direkten Kommunikation zwischen Kaiser und Volk[91] und damit der Partizipation.[92] Den Sprechchören von Zehntausenden im Stadion und ihren Petitionen konnte sich kein Kaiser entziehen.[93] Sie waren ein Grund, warum Kaiser Tiberius (14-37) die Teilnahme an Circusspielen mied.[94]

9. Paulus in Korinth

Hier sei der Bezug zur Einleitung hergestellt: Für die Einwohner Roms lagen im zweiten Drittel des ersten Jahrhunderts die Zirkusspiele obenauf und dabei insbesondere die von den vier Faktiones organisierten Wagenrennen. Ihnen konnte und durfte sich – nicht zuletzt aus religiös-politischen Gründen – niemand entziehen.[95]

Es ist zu fragen, ob das, was für die Einwohnerschaft Roms galt, dem Apostel in Korinth präsent war. Anfang der 50er Jahre des ersten Jahrhunderts lebte, arbeitete und wohnte Paulus in der Hafenstadt Korinth mit Priska und Aquila zusammen (Apg 18,1-3). Beide waren Christen und infolge des Claudiusedikt (ca.

---

[89] Suet. Vitell 14.
[90] Auch Kaiser Caracalla nimmt das Ausbuhen „seiner" Blauen im Circus übel und geht gewaltsam gegen die Urheber vor. Cameron, Factions, 108.
[91] Winterling, Caligula, 77.
[92] Laut Cicero (106–43v.) tut sich der Volkswille in Versammlungen, Wahlen und Spielen kund. Die ersten beiden seien degeneriert; am ehrlichsten werde er bei Spielen, d.h. im Zirkus erkennbar (Cic. Pro Sestio 106.115).
[93] Pollack, Factiones, 1957, spricht von κρακτικοί, deren Aufgabe das Anstimmen der Fangesänge war.
[94] Kaiser Tiberius gab im Jahre 19 n. Chr. der im Circus vorgebrachten Forderung nach, die Getreidepreise zu senken. In der Folge entzog er sich solchem öffentlichen Druck; Cameron, Factions, 164.
[95] Cass. Dio LXXII,20f.21,2.

49 n.Chr.; Apg 18,2b)[96] aus Rom verwiesen worden.[97] Es ist schwer vorstellbar, dass Paulus nicht von ihnen über die sonstigen religiös-kultischen Maßnahmen des regierenden Kaisers informiert wurde.

Eine bewusste Abkehr des amtierenden Kaisers Claudius von seinem Vorgänger Caligula bestand in der Begrenzung der Instauratio, der Wiederholung von Circustagen bei Formverstößen.[98] Im Zuge dessen muss notwendig über Caligulas Pferdemanie, über seine Parteilichkeit zugunsten der Grünen, über seinen Lieblingshengst und seinen bevorzugten und bei seinen Soldaten verhassten Lieblingswagenlenker Eutychus gesprochen worden sein. Eutychus wird laut Josephus unmittelbar nach dem Tod Caligulas von dessen Attentäter Chaerea ausdrücklich erwähnt.[99]

Paulus war sportaffin,[100] mit der Funktion einer Arena vertraut und er verwendete Sportarten als Metaphernspender (vgl. 1 Kor 9,24–27). Dass Paulus bei seinen Aufzählungen von Sportarten keine Wagenrennen nennt, erklärt sich daraus, dass im Unterschied zu den Sportarten, bei denen es allein auf die Leistung des Athleten ankam, beim Wagenrennen zuviele Faktoren eine Rolle spielten, auf die der Einzelne keinen Einfluss hatte. Neben der Leistung des Wagenlenkers kam es auch auf die der Pferde und die Qualität des Geräts an.

Als Missionar, der möglichst viele Menschen für Christus gewinnen wollte, interessierte sich Paulus dafür, wem sich die Menschen (in Rom) aktuell zuwandten. Die Christen Priska und Aquila werden berichtet haben, dass das Publikum Wagenlenker vergötterte und dass die Menschen die mit diesen Sportlern verbundenen Parteien und Farben anhimmelten. Paulus dürfte gewusst haben, dass sich die Menschen im Circus zu einer Farbe bekannten und dass sich das typische Alltagsgespräch[101] auch außerhalb des Stadions und unabhängig von Renntagen[102] auf die Parteienzugehörigkeit bezog: „Ich bin

---

[96] Apg 18,2; Suet. Claud. 25,4; Cass. Dio LX,6,6f.

[97] Paulus hatte mit dem Ehepaar Korinth verlassen (Apg 18,18) und war bei der Abfassung des ersten Korintherbriefes weiter mit ihnen zusammen (1 Kor 16,19). Kurze Zeit später kehrten Priska und Aquila nach Rom zurück (Röm 16,3).

[98] Friedlaender, Spiele, 485.

[99] Jos Ant XIX,256.

[100] Metzner, Paulus, passim.

[101] Das Gespräch über Zirkusparteien galt als unverfänglich: Mart. Epigr. X.48.23–4: „Scherze begleiten das Mahl, der Gall' entbehrend, und Freiheit, die nicht morgen euch reut, nichts zu Verschweigendes gibt's. Mag von der grünen Partei und der blauen sprechen mein Tischgast".

[102] Vgl. zu den Zirkusspielen allgemein Tac. dial. 29: „Wie wenige wird man wohl finden, die zu Hause von irgend etwas anderem reden? Welche andere Unterhaltungen junger Leute vernehmen wir, wenn wir einmal die Hörsäle betreten? Nicht einmal die Lehrer führen über irgend etwas häufiger Gespräche mit ihren Zuhörern." Tacitus spricht hier allein über die Oberschicht Roms und war als Senator selbstverständlich bei den Circusspielen anwesend (Plin. epist. IX,23,1).

einer von den Grünen"; „ich halte zu den Blauen"; „für mich gibt es nur die Roten"; „ich gehöre den Weißen".

Selbst wenn Paulus nie persönlich in Rom gewesen sein sollte, so war er doch über das römische Parteiwesen seiner Epoche und die als manisch gekennzeichnete Vorliebe des Caligula für die Grünen, für den Wagenlenker Eutychus und den Hengst Incitatus im Bilde. Es konnte ihm nicht verborgen geblieben sein, dass Caligula im Circus ermordet wurde.[103] Er wird spätestens von Priska und Aquila über die aktuellen Beschränkungen der Instauratio durch Claudius erfahren haben. Ob er vom Amtsantritt Neros als Pferdenarren und fanatischen Parteigänger der Grünen bereits bei oder vor Abfassung des ersten Briefes an die Korinther gehört hat, hängt von der Datierung des Briefes ab. Wird der Brief mit einigem Abstand zu Neros Ernennung zum Kaiser angesetzt, kann ihn dessen Parteilichkeit nur in seiner Ablehnung des Parteienunwesens (1 Kor 1,10–13) bestätigt haben.

Etwa zwei Generationen später erklärt Tertullian die aktive und passive Teilnahme an Wagenrennen für unvereinbar mit der Zugehörigkeit zu Christus.[104] Circusspiele waren, wie oben beschrieben, per se eine religiöse Veranstaltung. Jede Parteinahme für eine Faktio, wie auch die Anwesenheit im Circus generell, steht zugleich für die Billigung oder Inkaufnahme der damit verbundenen Götzenverehrung. Von der Idolisierung der Wagenlenker und der sittlichen Freizügigkeit ganz zu schweigen. Christen und Juden[105], die in Rom nicht „Farbe bekennen"[106] wollten, machten sich notwendig bei Bevölkerung und Regierung unbeliebt. Aus Sicht des Staates vernachlässigten sie ihre kultischen und staatsbürgerlichen Pflichten und zogen so den Zorn der Götter auf das ganze Gemeinwesen herab.

10. Eutychus

Bereits erwähnt wurde Eutychus, der prominenteste Wagenlenker an der Wende von den 30er zu den 40er Jahren. Ihn nennen sowohl Sueton (70–122) als auch

---

[103] Später fielen auch Nero (54–68) und Commodus (176–192) Anschlägen im Circus zu Opfer.
[104] Tert. Spec. 6.9.
[105] Unter den hunderten überlieferten Namen von Wagenlenkern finden sich mit „Johannes" (Horsmann, Wagenlenker, 237) und „Thomas" (Horsmann, Wagenlenker, 297f.) zwei mit potentiell jüdischem Hintergrund, die allerdings erst im beginnenden 6. Jahrhundert zu verorten sind. Bei den anderen Wagenlenkern lässt sich aufgrund des Namens nicht auf eine wahrscheinliche oder mögliche jüdische Herkunft schließen.
[106] Die vier apokalyptischen Reiter in ihren vier Farben in der Johannesoffenbarung (Offb 6,5–8) haben bei einer Gemeinde, die mit den zeitgenössischen Umständen in Rom vertraut war, selbstverständlich die Assoziation der vier Faktiones hervorgerufen.

Josephus (37–100). Er trat an für die Grünen, die Lieblingsmannschaft des Kaisers. Sueton berichtet, dass er einmal als Gastgeschenk von Kaiser Caligula zwei Millionen Sesterzen erhielt. Das sind mehr als 33 Jahresgehälter der am höchsten bezahlten kaiserlichen Magistratsbeamten. Josephus berichtet, dass Soldaten sich entehrt fühlten, weil sie für seine Pferde Ställe bauen mussten.[107] Laut Sueton[108] ließ Caligula für sein Lieblingspferd Incitatus einen Palast errichten, samt Dienerschaft und einer elfenbeinernen Krippe. An Renntagen war den Anwohnern von Amts wegen Ruhe befohlen. Dass Caligula sein Pferd zum Consul ernennen wollte, sieht A. Winterling als Ausdruck der dem Kaiser eigenen Ironie, mit der er dem Adel gegenüber das Amt des Consuls entwerten wollte.[109]

Eutychus verfügte über soviel Einfluss bei Hofe, dass der Vorsteher der Prätorianergarde Chaerea im Senat, unmittelbar nachdem er Caligula getötet hatte, forderte, man möge ihm ein (Erkennungs-) Zeichen des Eutychus bringen.[110]

Um das Jahr 100 n.Chr. und das heißt in der Zeit der Entstehung der Apostelgeschichte des Lukas ist sein Name zumindest den politisch und sportlich Interessierten noch vertraut. Das wiederum bedeutet, sowohl Lukas als auch sein Lesepublikum haben die Ironie empfunden, wenn ausgerechnet die Schlafmütze von Troas den Namen des wenigstens phasenweise schnellsten Wagenlenkers seiner Zeit trug oder mit diesem Namen belegt wurde (Apg 20,9). Das gilt unabhängig von der Historizität der Episode. Durch die Namensgleichheit wird gewährleistet, dass in Zukunft immer dann, wenn der Name des zeitweise so beliebten Sportlers und Helden Eutychus genannt wird, Christinnen und Christen daran denken, dass „ihr" Eutychus ein gestürzter Held ist, der dem Apostel Paulus sein Leben zu verdanken hat.

Die Depotenzierung der Consules und ihres Renommees, die Caligula durch die angekündigte Ernennung eines Pferdes zum Konsul beabsichtigte,[111] vollzieht Lukas mittels der Troas-Episode mit Blick auf das Ansehen eines berühmten Wagenlenkers: Auf subtile Weise wird das Andenken eines ehemaligen Renngottes entzaubert. Die weiteren Implikationen der Perikope, wie etwa Parallelen zur Totenauferweckungen des Elia und des Elisa (1 Kön 17,21f.; 2 Kön 4,34f.) seien damit nicht in Abrede gestellt, doch es ist *auch*

---

[107] Sowohl Kaiser Vitellius (69; Tac. hist. II,94) als auch Kaiser Caligula (37–41; Jos Ant XIX,257) werden als Stifter von Stallungen erwähnt.
[108] Suet. Calig. 55; Cass. Dio LIX,14.
[109] Winterling, Caligula, 99f.
[110] Jos Ant XIX,256; σημεῖον.
[111] Selbst Martial (58–120) setzt in seinen Epigrammen noch den Namen des Hengstes des Caligula als Allgemeinwissen voraus und klagt, dass sich erst dann Menschen seiner Literatur widmen, „wenn müde die Wetten und das Schwatzen über Scorpus und Incitatus wurden"; Mart. Epigr. XI,1.

zu berücksichtigen, was ein Zeitgenosse bei der Nennung des berühmten Namens „Eutychus" mithörte.[112]

11. Implikationen für das Verständnis der Parteien (μέρη) in 1 Kor 1,10–13

Der zeithistorische Hintergrund, der in den 40er und 50er Jahren maßgeblich durch Rom geprägt war, erreichte über die Flüchtlinge und Besucher aus der Hauptstadt, auch die Hafenstadt Korinth. Paulus und wohl auch die Glieder seiner Gemeinde waren, wenn nicht aus eigener Anschauung, so doch wenigstens durch seine Haus- und Glaubensgenossen Priska und Aquila informiert. Wenn Paulus um die Mitte der 50er Jahre nach Korinth schreibt, kann er von einer gemeinsamen Wissensbasis und einem geteilten Metaphernpool ausgehen.

Paulus nennt fast unmittelbar nach der Einleitung des Briefes vier verschiedene Tauf-Parteien und setzt diese Vierteilung mit einer potentiellen Teilung Christi gleich (μεμέρισται ὁ Χριστός; 1 Kor 1,13); μέρος/μέρη ist das griechische Pendant zu Factio/Factiones. Ausdrücklich erwähnt der Apostel für jede der vier Gruppen einen Protagonisten (Paulus, Apollos, Kephas, Christus; 1 Kor 1,12). Dass Petrus/Kephas in Korinth getauft hat,[113] ist ebenso unwahrscheinlich wie die Parallelexistenz einer eigenen „Christusgruppe".[114] Die letzten beiden Namen scheinen genannt zu sein, um die Vierzahl voll zu bekommen.

Indem Paulus seine Worte in der gegebenen Fassung wählt, schafft er einen bewussten Anklang an die Fangesänge zugunsten der vier Factiones im römischen Zirkus. Durch diese Parallelisierung möchte er die Parteiungen in Korinth ad absurdum führen. Die Haltung der so argumentierenden Korinther entspricht der der götzendienerischen Fanatiker im römischen Zirkus. Die Aufteilung auf Parteien führt zu Konkurrenz und Gemeindespaltung. Wie im Verlauf des 1 Kor noch ausgeführt wird, ist die Gemeinde der Leib Christi (1 Kor 12,27). Ein Bekenntnis zu verschiedenen Fangruppen bedeutet letztlich, dass Christus zerteilt wird.

Lässt sich plausibel machen, dass die Redeweise mit Blick auf und vor dem Hintergrund der zeitgenössischen Fangesänge im römischen Circus zu verstehen sind, muss nach Konsequenzen für das Verständnis der Perikope gefragt werden. Zunächst ist damit eine strukturelle Gleichrangigkeit der vier korinthischen Parteien impliziert. Das bedeutet, die Nennung der Christuspartei

---

[112] Bis heute hat der Wagenlenker Eutychus in den Lexika zur Antike einen eigenen Eintrag.
[113] Klaiber, Korintherbrief, 18: „Ob auch Petrus persönlich in Korinth war (vgl. 9,5) oder ob sich zugezogene Judenchristen auf ihn beriefen, ist unsicher."
[114] Zur Diskussion s. Klaiber, Korintherbrief, 18f.; Wolff, Korintherbrief, 27–29.

als einer vierten Größe ist konstitutiv; ihre Aufzählung verdankt sich *nicht* einer Glosse und ist *nicht* als persönliche Gegenposition des Paulus zu deuten.[115]

Des Weiteren wird deutlich, dass es nicht notwendig um realexistierende „historische" Gruppen oder Anführer geht, sondern dass der Parteienstreit als solcher einer christlichen Gemeinde unwürdig ist.[116] Um es pointiert auszudrücken: „Das wären ja Zustände wie im alten Rom!"

Die Berücksichtigung der zeitgenössischen Zirkusspiele und der Fankultur der Zeit vermag Erhellendes zum Verständnis von Zeitgeist und Sprachgebrauch der verschiedenen neutestamentlichen Schriften beizutragen (z.B. Apg 20,9; 1 Kor 1,13; und Apk 6,2–8). Es erweist sich als weiterführend, zumindest die Schriften des Neuen Testament, die sich auf aktuelle Fragestellungen beziehen, unter anderem auch motivisch und sprachlich vor dem Hintergrund der Tagespolitik, und der aktuellen Bedürfnisse und Ängste zu erklären, also nach dem zu fragen, was in einer bestimmten Gegend innerhalb einer bestimmten Epoche „obenauf liegt".

Literatur

BELL, Peter, How the Theatre and Circus Factions Could Help Prevent Civil War, in: H. Börm u.a. (Hg.), Civil War in Ancient Creece and Rome. Contexts of Disintegration and Reintegration (HABES 58), 389–413.

Beth ha-Midrasch, Sammlung kleiner Midraschim und vermischter Abhandlungen aus der älteren jüdischen Literatur. Vierter Theil. Nach Handschriften und Druckwerken gesammelt u. nebst Einleitungen, hrsg. v. A. Jellinek, Jerusalem ³1967 (hebr.).

BRAUN, Emil, Die Ruinen und Museen Roms. Für Reisende, Künstler und Alterhumsfreunde, Braunschweig 1854.

CAMERON, Alan, Circus Factions. Blues and Greens at Rome and Byzantium, Oxford/New York 1999 (1976).

CHANTRAINE, Heinrich, Parasanges, in: KP Bd. 1, 507.

CASSIUS DIO, Dio's Roman History, in Nine Volumes, with an Engl. Transl. by E. Cary on the Basis of the Version of H. B. Foster; griechisch – englisch (LCL), London 1914–1927 (Nachdruck 1961–1968), Cambridge u.a. 1990.

CASSIUS DIO, Römische Geschichte. In der Übersetzung v. L. Tafel, bearb. v. L. Möller, neu gesetzt u. behutsam revidiert nach der Ausg. Stuttgart 1831–44, Wiesbaden 2012.

CATULL, Sämtliche Gedichte, Lateinisch/Deutsch, C. V. Catullus, übers. u. hrsg. von M. v. Albrecht (Reclams Universal-Bibl. 9395), Stuttgart 2011.

CATULL, Gedichte. Deutsch von P. Lewinsohn, Berlin 1922.

CICERO, M. Tulli, Ciceronis scripta quae manserunt omnia, XXI: Orationes cum senatui gratias egit, cum populo gratias egit, de domo sua, de haruspicum responsis, ed. T. Maslowski (BSRGT), Leipzig 1981.

CICERO, M. Tulli, Pro P. Sestio oratio. Lateinisch – Deutsch, übers. u. hrsg. v. G. Krüger (Reclams Universal-Bibl. 6888), Stuttgart 2010.

---

[115] So auch Wolff, Korintherbrief, 28.
[116] Klaiber, Korintherbrief, 19: „Wer die Gemeinde spaltet, zerteilt den Christus."

Dessau, Hermann, Inscriptiones Latinae selectae, ed. H. Dessau, Vol. 1, 5. unveränd. Nachdr. der 1. Aufl. Berlin 1892, Zürich 1997.
Dessau, Hermann, Inscriptiones Latinae selectae, ed. H. Dessau, Vol. 2, Ps. 1, 4. unveränd. Aufl., Dublin u.a. 1974.
Dessau, Hermann, Inscriptiones Latinae selectae, ed. H. Dessau, Vol. 2, Ps. 2, 4. unveränd. Aufl., Dublin u.a. 1974.
Dessau, Hermann, Inscriptiones Latinae selectae, ed. H. Dessau, Vol. 3, Ps. 1, 5. unveränd. Nachdr. der 1. Aufl. Berlin 1914, Zürich u.a. 1997.
Dessau, Hermann, Inscriptiones Latinae selectae, ed. H. Dessau, Vol. 3, Ps. 2, Ed. 2 luci ope expressa, Berlin 1955.
Dionysios von Halikarnass, Römische Frühgeschichte 1. Eingel. übers. u. kommentiert v. N. Walter, Bücher 1–3 (BGrL), Stuttgart 2014.
Ebener, Dietrich (Übersetzer u. Herausgeber), Griechische Lyrik in einem Band (Bibliothek der Antike), Berlin/Weimar ²1980.
Friedlaender, Ludwig, Die Spiele, in: J. Marquardt (Hg.), Römische Stattsverwaltung III (Handbuch der römischen Altertümer 6), 2. Aufl. besorgt v. G. Wissowa Leipzig 1885, Darmstadt 1957, 482–566.
Fronto, Marcus Cornelius, M. Cornelii Frontonis Epistvlae, schedis tam editis quam ineditis Edmundi Hauleri usus iterum ed. Michael Petrus Josephus van den Hout, Leipzig 1988.
Fronto, Marcus Cornelius, Selected letters, C. Davenport / J. Manley (Classical studies series), London u.a. 2014.
Georges, Karl Ernst, Ausführliches lateinisch-deutsches Handwörterbuch, aus den Quellen zusammengetragen u. mit besonderer Bezugnahme auf Synonymik und Antiquitäten unter Berücksichtigung der besten Hilfsmittel ausgearbeitet. Unv. Nachdruck der 8. verb. u. verm. Aufl., v. H. Georges, 1.–2. Band, Darmstadt 1998 (Repr. der Ausg. Hannover 1913-1918).
Ginzberg, Louis, The Legends of the Jews. Vol. IV. From Joshua to Esther, Baltimore (Maryland), London (Paperback) 1998.
Ginzberg, Louis, The Legends of the Jews. Vol. VI; Notes to Volumes 3 and 4. From Moses to Esther, Baltimore (Maryland), London (Paperback) 1998.
Habel, Paul, Ludi capitolini, in: RE Suppl. V., 607f.
Habel, Paul, Ludi publici, in: RE Suppl. V., 608–630.
Hönle, Augusta, Factiones, II. Kaiserzeit, in: DNP Bd. 4, 391f.
Hönle, Augusta, Circus II, in: DNP Bd. 2, 1210–1220.
Horsmann, Gerhard, Die Wagenlenker der römischen Kaiserzeit. Untersuchungen zu ihrer sozialen Stellung (FASk XXIX), Stuttgart 1998.
Josephus, Jüdische Altertümer, übers. u. mit Einleitung und Anm. verseh. v. Dr. H. Clementz, mit Paragraphenzählung nach Flavii Josephi Opera recognovit B. Niese (Editio minor) Berlin 1888–1895, neu gesetzte u. überarb. Ausgabe nach der Ausgabe Halle a.S. 1899, wiss. Betreuung M. Tilly, Wiesbaden ²2006.
Josephus, Flavii Iosephi opera, edidit et apparatu critico instruxit B. Niese, 7 Bde., Berlin ²1955.
Josephus, Flavii Josephi opera omnia, post I. Bekkerum, recognovit S. A. Naber, 6 Bde. (BSGRT), Leipzig 1888–1896.
Juvenal, Satiren, lateinisch – deutsch, hrsg., übers. u. mit Anm. verseh. v. J. Adamietz (Sammlung Tusculum), München/Zürich 1993.
Juvenal, Römische Satiren, hrsg. von W. Krenkel, aus dem Lateinischen übersetzt von W. Binder / H. Düntzer / W. Krenkel / J. v. Siebold / C. M. Wieland (Bibliothek der Antike), Berlin/Weimar ³1984.
Klaiber, Walter, Der erste Korintherbrief (BNT), Neukirchen-Vluyn 2011.
Lampe, Peter, Die stadtrömischen Christen in den ersten beiden Jahrhunderten. Untersuchungen zur Sozialgeschichte (WUNT II/18), Tübingen 1987.
Liebenam, Wilhelm, Art. exercitus, in: PRE Bd. VI, 1589–1679.
Livius, Titi Livi Ab urbe condita libri erkl. von W. Weissenborn. Gesamtausgabe, Leipzig 1860-1885, unveränd. Nachdr. Berlin 1962.

Römische Geschichte von der Gründung der Stadt an. Nach der Übersetzung von Otto Gühling, hg. v. L. Möller, neu gesetzt u. überarb. nach der Ausgabe Leipzig 1936–1938, Wiesbaden ²2012.

Lukian, Die Hauptwerke des Lukian, griechisch und deutsch, hrsg. u. übers. V. Karl Mras (TuscBü), München ²1980.

Lukian, Werke in drei Bänden, aus dem Griechischen übers. v. C. M. Wieland, hrsg. v. J. Werner / H. Greiner-Mai, Berlin/Weimar ²1981.

Martial, Marcus Valerius Martialis, Die Epigramme, in den Versmaßen des Originals übers. u. erläut. v. A. Berg, Berlin ³1914.

Martial, Marcus Valerius Martialis, Epigramme, lateinisch – deutsch, M. Valerius Martialis, hrsg. u. übers. v. P. Barié und W. Schindler (Sammlung Tusculum), Berlin ³2013.

Metzner, Rainer, Paulus und der Wettkampf: Die Rolle des Sports in Leben und Verkündigung des Apostels (1 Kor 9,24–7; Phil 3,12–16), NTS 46/4, Cambridge 2000.

Pape, Wilhelm, Handwörterbuch der griechischen Sprache. Griechisch-deutsches Handwörterbuch, Bd. 1: A–K, Bd. 2: Λ–Ω, bearb. v. M. Sengebusch, 3. Aufl., 6. Abdruck, Braunschweig 1914.

Ovid, Opera omnia, P. Ovidius Naso. Rudolphus Merkelius (Hg.), Leipzig 1850ff.

Ovid, Die Kunst der zärtlichen Liebe. Liebesdichtungen, aus dem Lateinischen übers. v. W. Herzberg, die Übers. wurde bearb. v. Liselot Huchthausen, kommentiert v. W. Ritschel (Taschenbibliothek Weltliteratur), Berlin/Weimar ²1986.

Ovid, Werke in zwei Bänden, aus dem Lateinischen übers. v. A. Berg / W. Hertzberg / E. F. Mezger / R. Suchier, hrsg. v. L. Huchthausen, Berlin ²1973.

Philo, Terian, Abraham, Philonis Alexandrini De animalibus. The Armenian Text with an Introduction, Translation and Commentary (Studies in Hellenistic Judaism), Chico (Calif.) 1981.

Plinius der Ältere, Caii Plinii Caecilii Secundi Opera Quae Supersunt Omnia. Ad Fidem Optimarum Editionum Diligenter Expressa, Vol. 1 und 2, Glasguae 1751.

Plinius der Ältere, Die Naturgeschichte des Caius Plinius Secundus, ins Deutsche übers. u. mit Anm. versch. v. Prof. Dr. G. C. Wittstein, hrsg. v. L. Möller / M. Vogel, neu gesetzte, korrigierte u. überarb. Ausg., 2 Bde., Wiesbaden 2007.

Plinius der Jüngere, Sämtliche Briefe. Lateinisch/Deutsch, C. Plinius Caecilius Secundus, übers. und hrsg. v. H. Philips, Nachwort v. W. Kierdorf, Stuttgart 1998.

Plinius der Jüngere, Briefe, ausgew., übers. u. mit einem Nachw. versch. v. L. Schuster (Univers. Bibl. 7787), Stuttgart 1995.

Plutarchos, Plutarchi Chaeronensis Quae Supersunt Omnia, Cum Adnotationibus Variorum Adiectaque Lectionis Diversitate Opera Joannis Georgii Hutten, Tübingen 1791–1804.

Plutarchos, Große Griechen und Römer Bd. 2, aus dem Griechischen übertragen u. erläut. v. K. Ziegler, München 1979.

Pollack, Erwin, Factionarius, in: PRE Bd. VI/2, Stuttgart 1909, 1954.

Pollack, Erwin, Factiones, in: PRE Bd. VI/2, Stuttgart 1909, 1954–1957.

Pollack, Erwin, Familia quadrigaria, in: PRE Bd. VI/2, Stuttgart 1909, 1985.

Regner, Johannes, Ludi Circenses. PRE Suppl. VII, Abodogiona bis Triakadieis. Mit Nachträgen, Stuttgart 1940, 1626–1664.

Reinmuth, Oscar W., Circus, in: KP Bd. 1, 1194–1196.

Reinmuth, Oscar W., Factiones, in: KP Bd. 2, 505.

Schachermeyr, Fritz, Tarquinius, in: PRE Bd. IV A/2, Stuttgart 1932, Sp. 2361.

Schollmeyer, Patrick, Ein Unfallfahrer auf dem Kaiserthron. Anmerkungen zu Neros Versagen als Wagenlenker, in: Grieser, Heike u.a. (Hg.), Der Herrscher als Versager (Kraftprobe Herrschaft 1), Göttingen 2019, 235–253.

Schreiber, Theodor (Bearbeiter), Kulturhistorischer Bilderatlas. I Altertum. Hundert Tafeln mit erklärendem Text, Leipzig 1885.

Skillen, Anthony, Sport. An Historical Phenomenology, Philosophy Vol. 68, No. 265, Cambridge 1993, 343–368.

Sueton, C. Suetoni Tranquilli Quae Supersunt Omnia, Recensuit Carolus Ludovicus Roth, Leipzig 1877.

Sueton, Cäsarenleben (KTA 130), übertr. u. erläut. v. Max Heinemann mit einer Einleitung v. Rudolf Till, 7. Aufl. im Rahmenteil bearb. v. Reinhard Häussler, Stuttgart 1986.

TACITUS, Opera omnia, Tacito. Ed. con testo a fronte a cura di Renato Oniga (Italienisch, Latein; Biblioteca della Pléiade), Turin 2003.
TACITUS, C. Cornelii Taciti opera omnia, London 1790–1794.
TACITUS, Publius Cornelius Tacitus sämtliche erhaltene Werke. Unter Zugrundelegung der Übertragung v. Wilhelm Bötticher neu bearb. v. Andreas Schäfer, Essen 2006.
TERTULLIAN, Quinti Septimii Florentis Tertulliani opera omnia. ad fidem optimorum librorum, recensuit Franciscus Oehler, Editio minor cum indicibus et adnotatione critica, Leipzig 1854.
TERTULLIAN, Tertullians private und katechetische Schriften, neu übers. mit Lebensabriss u. Einleitungen versehen. v. K. A. H. Kellner (BKV 7 Bd. 1), Kempten/München 1912.
TERTULLIAN, Tertullians apologetische, dogmatische u. montanistische Schriften (BKV 24 Bd. 2), Kempten, München 1915.
THEODOSIANI libri XVI cum constitutionibus sirmondianis et leges novellae ad Theodosianum pertinentes, T. Mommsen (Hg.), 3. Bde., unveränd. Nachdr. d. 1. Aufl., Dublin u.a. 1970–1971.
WHITBY, Michael, The violence of the circus factions, in: K. Hopwood (Hg.), Organised Crime in Antiquity, Oxford/Oakville (CT) 2009, 229-253.
WINTERLING, Aloys, Caligula. Eine Biographie (Beck'sche Reihe), München 2012.
WOLFF, Christian, Der erste Brief des Paulus an die Korinther (ThHK 7), Leipzig 1996.

„Kranz des Lebens" und „weißer Stein" (Offb 2,10.17). Agonale Motivik in der Johannesoffenbarung

Margarete Strauss

1. Hinführung

Agonale Motivik in der Johannesoffenbarung (=Offb) zu suchen, ist durchaus legitim, denn die metaphorische Dichte im letzten Buch der Bibel ist derart hoch, dass Martin Karrer sie mit griechischer Dichtung vergleicht.[1] Ein wesentlicher Teil dieser Metaphorik besteht aus Bildfeldern der Agonistik und des Krieges. Diese metaphorischen Teilaspekte haben sich wirkungsgeschichtlich am stärksten durchgesetzt, sodass bis heute die Offb als ein blutrünstiger Katastrophenbericht erachtet wird. Dieser Ruf wird dem letzten Buch der Bibel freilich nicht gerecht, zugleich ist der wesentlich agonale und kriegerische Duktus nicht von der Hand zu weisen. Der zeitgeschichtliche Hintergrund der Offb zeigt, dass außer Thyatira alle genannten Städte der Sendschreiben Austragungsorte allein des Agons des Koinon Asias darstellen.[2] Hinzu kommen zahlreiche weitere Agone. In römischer Kaiserzeit ist ein exponentielles Wachstum kaiserkultischer Feste zu beobachten, sodass selbst solche Feste, die ursprünglich traditionellen Gottheiten gewidmet waren, zunehmend kaiserkultische Elemente erhalten.[3]

Im Folgenden wird die agonale Motivik als wesentlicher Teilaspekt der Offb auf Makro- sowie Mikroebene untersucht. Dabei wird die agonale Motivik zunächst anhand der Endgestalt des Bibeltexts herausgearbeitet, bevor zeitgeschichtliche Kontextualisierungen mit historischen Belegen die textliche Analyse stützen. Besonders erschließend sind dabei epigraphische und numismatische Funde.[4] Im letzten Schritt wird auf den Verständnishorizont der Adressaten geschlossen. Konkret geht es dabei um die Frage nach dem hermeneutischen Bildungswissen, welches für das Erkennen agonaler Motivik in der

---

[1] Vgl. Karrer, Motive, 44. Ebenso Schreiber, Offenbarung, 564.
[2] Vgl. Toth, Kult, 118. Dräger, Städte, 34f.
[3] Vgl. Herz, Agonistik, 124; Krinzinger, Spectacula, 112. Lehner stellt für Ephesus eine Vermischung von traditionellen und kaiserkultischen Elementen bei kaiserzeitlichen Agonen heraus. Vgl. Lehner, Agonistik, 5.
[4] In römischer Kaiserzeit sind um die 500 Agone e. und n. belegt, wobei 99 Städte Agone auf Münzen repräsentieren. Vgl. Kaltsas, Agon, 65.

Offb bei den Adressaten vorausgesetzt werden muss. Die folgende Studie konzentriert sich v.a. auf die spezielle Form von Agonen in der Provinz Asia in römischer Kaiserzeit, die wesentlich mit dem Kaiserkult verbunden und deutlich mehr blutrünstige Disziplinen aufweist als die traditionellen Agone der Griechen.[5] Diese Sonderentwicklung schlägt sich in der Metaphorik der Offb deutlich nieder.[6]

Der folgende Dreischritt nimmt zugleich sportliche und kriegerische Aspekte in den Blick, da die kaiserzeitliche Agonistik als „paramilitärisches Training im Umgang mit Waffen, zu Pferde und beim Schwimmen" bewertet werden muss.[7]

2. Agonale Motivik auf makrostruktureller Ebene

In der Beauftragungsvision (1,9–20) erscheint einer ὅμοιον υἱὸν ἀνθρώπου. Von der Tradition des AT und der Apokryphen her wird hier der Menschensohn eingeführt, der eine Richterfigur impliziert. Diese eschatologische Charakterisierung wird in der Offb durch die Korrelation mit weiteren Motiven durch agonale bzw. kriegerische Konnotationen ergänzt. Dies wird teilweise durch die Bekleidung des Menschensohnes gestützt.[8] Eine solche Interpretation ist in der Offb insofern plausibel, als „jurisdiktionäre Gewalt und Schauspiel eine Verbindung eingehen können."[9]

---

[5] „Im Zusammenhang mit dem Kaiserkult kamen im griechischen Osten auch die (blutigen) römischen Spiele auf, die hauptsächlich von den Archiereis des provinzialen Kaiserkults veranstaltet wurden und die in der Publikumsgunst in Konkurrenz zur hergebrachten griechischen Agonistik traten." Lehner, Agonistik, 6.

[6] Eine wesentliche Assoziation wird zwischen Offenbarung und Gladiatorenkämpfen hergestellt, welche eine Eigenart der kaiserzeitlichen Agone darstellt. Vgl. Ameling, Kaiserkult, 47f. Zugleich muss berücksichtigt werden, dass Elemente griechischer Agonistik wie Disziplinen athletischer Agone in die kaiserzeitliche Agonistik integriert worden sind. Dies trifft insbesondere auf Domitian zu. Vgl. André, Feste, 187.

[7] André, Feste, 157. Auch Lehner betont diesen Aspekt in seiner Dissertation, dass der Sport „kein Selbstzweck [ist]", stattdessen „seinen Sinn als praktische Kriegsübung" erhält. Lehner, Agonistik, 13. Bzgl. Gladiatorenkämpfe vgl. Mann, Kranz, 38.

[8] Der Menschensohn trägt um seine Brust einen goldenen Gurt. Dieser signalisiert einerseits einen aristokratischen Status, andererseits die Rüstung zu einem Kampf. Vgl. Schopphoff, Gürtel, 33; Hom. Od. 24,88f. Die Verbindung von Gericht und Krieg wird durch die Kleidung ausgedrückt. Vgl. Klauck, Johannesoffenbarung, 208. Interpretiert man den goldenen Gürtel als Leibgurt, wird der Menschensohn selbst zum Kämpfer. Bei Boxkämpfen wurde ein solcher getragen. Vgl. Weiler, Sport, 251. Ehreninschriften belegen, dass zahlreiche Agonotheten selbst Sieger vorheriger Agone gewesen sind. Dies ist v.a. für die vorhellenistischen Agone belegt. Vgl. Sinn, Olympia, 109.

[9] André, Feste, 211.

Es ist belegt, dass Urteilsvollstreckungen in (Schau-)Spiele integriert worden sind. Insbesondere jene, die aufgrund von Verwandtenmord oder Räuberei verurteilt worden sind, wurden zu Gladiatorenkämpfen ohne vorausgehendes Training verpflichtet, zumeist jedoch bei Tierhetzen eingesetzt. Die richterliche Macht des Kaisers wurde dabei zur Schau gestellt und die grausame Urteilsvollstreckung diente zur Abschreckung der Bevölkerung.[10] Eine solche Art der Verurteilung ist in mehreren bis heute erhaltenen Verzeichnissen von Gladiatorenschulen belegt, die die Verurteilten als Gruppe der katadikai aufführen.[11] Für die Primäradressaten wird zu Beginn der Offb verdeutlicht, dass der Menschensohn mehrere Charakteristika und Vollmachten in sich vereint und zugleich sein eigenes Kämpferdasein eine paränetische Dimension der Offb eröffnet.

In der Beauftragungsvision erhält der Seher Johannes die Aufgabe, die sich anschließenden Visionszyklen aufzuschreiben.[12] Die Beauftragung zum Protokollanten wirkt wie die Einsetzung eines Schriftführers bei Agonen, der den Agonotheten beim Schriftverkehr mit wichtigen Personen unterstützt.

> Numismatische Funde bezeugen neben dem Kürzel ΑΡΧΙ(ερεύς) auch ΓΡΑ(μματεύς).[13] Auch epigraphisch ist belegt, dass die beiden Ämter entweder von zwei verschiedenen Personen oder in Personalunion bekleidet werden konnten.[14] Der Leser der Offb wird die Autorität des Menschensohns mit der des römischen Priesters für den provinzialen Kaiserkult und Ausrichter von Agonen verglichen haben. Zudem wird er die Rolle des Visionärs Johannes zu der des römischen Munizipalsekretärs in Analogie gesetzt haben.[15]

Das Diktat der Sendschreiben (2,1–3,22) erfolgt durch den eingeführten Menschensohn, der für alle sieben Städte eine Autorität darstellt. Die Sendschreiben weisen dasselbe Schema auf, zugleich sind individuelle Elemente zu beobachten. Der Menschensohn scheint die Gemeinden gut zu kennen und ist zugleich bestrebt, jede Gemeinde gleich zu behandeln. Er lobt und tadelt die sieben Gemeinden: Ephesus wird für die Taten, Mühen und Geduld, ferner für den unbedingten Einsatz für die Wahrheit gelobt. Pergamons und Philadelphias Treue zu Gott trotz der Widerstände wird positiv herausgestellt, ebenso die Taten, die Liebe und Geduld der Christen in Thyatira. Zugleich kritisiert der Menschensohn die mangelnde Liebe in Ephesus, die Anhängerschaft an die Lehre Bileams und der Nikolaiten in Pergamon, die Verblendung durch Isebel in Thyatira, den seeli-

---

[10] Vgl. André, Feste, 212.
[11] Dies ist z. B. aus Aphrodisias bekannt: CIG 2759b.
[12] ὃ βλέπεις γράψον εἰς βιβλίον (Offb 1,11).
[13] Vgl. Imhoof-Blumer, Münzen, 58.
[14] Vgl. Reitzenstein, Bundespriester, 81. Gegen eine Personalunion sprechen TAM II 905 VIII B Z. 7–9; IGR III 704 II A Z. 6f.; IGR III 493 und IvE 1122; IvE 1604. Als konkrete Aufgaben des γραμματεύς nennt Lehner „Verwaltungsarbeit, den Schriftverkehr und möglicherweise auch die Abrechnungen". Er erwähnt zudem, dass der γραμματεύς als „agonistische Randfigur" anzusehen ist. Diese Bemerkung passt zu der Tatsache, dass der Autor der Offb ins Präskript Ἀποκάλυψις Ἰησοῦ Χριστοῦ und nicht Ἰωάννου schreibt. Dem kundigen Adressaten wird signalisiert: Der Autor führt sich als Randfigur ein. Vgl. Lehner, Agonistik, 77.
[15] Vgl. Reitzenstein, Bundespriester, 81; Deininger, Provinziallandtage, 76.

schen Tod in Sardes und die Lauheit in Laodizea. Dabei handelt es sich um konstruktive Kritik, die motivieren soll: Ephesus soll zu den ersten Taten zurückkehren, Smyrna bis zum Tod ausharren, Pergamon von den Irrlehren ablassen, die Christen von Thyatira die Lehre Isebels ablehnen, die Gemeinde in Sardes aufwachen und Laodizea sich nicht von weltlichen Reichtümern blenden lassen. Der Menschensohn stellt den Gemeinden individuelle Löhne in Aussicht. Insgesamt muten die Sendschreiben einem Training an, bei dem die individuellen Bedürfnisse der Trainierten durch einen Ausbilder berücksichtigt werden, sodass neben der Herausstellung unterschiedlicher Stärken und Schwächen der Gegenstand der Motivation variiert.

> Auch griechische Agone haben eine gemeinsame Struktur,[16] zugleich Eigenheiten. Diese bestanden in den Disziplinen und Wettkampfklassen. Gemäß griechischer Agonistik, die im römischen Ostreich eine lange Tradition aufweist, wurde je nach Sportart ein individuelles Training angeordnet, „bestehend aus einer bestimmten Kost, Spazierengehen, Massage und Leibesübungen."[17] Die individuelle Ermutigung bzw. Motivation als Bestandteil des Trainings ist z. B. literarisch bezeugt.[18] Auch für Gladiatoren sind unterschiedliche *armaturae* belegt, die unterschiedliches Training erforderten.[19] Die Adressaten der Offb werden ihre eigenen Anstrengungen mit den Tugenden eines Sportlers oder Gladiatoren identifizieren und auf diese Weise den paränetischen Wert der Offb verstanden haben. Da z. B. ein Gladiatorenfriedhof in Ephesus ausgegraben worden ist, müssen den primären Adressaten der Offb die Ideale eines Gladiators bekannt gewesen sein.[20]

Als erstrebenswerte Haltung wird in den Sendschreiben Durchhaltevermögen und Loyalität vermittelt.[21] Dies zeigt sich u. a. durch den Sprachduktus.[22]

> Inschriften bezeugen, dass Agonotheten neue Wettkampfklassen einrichteten, was mit einer Strukturierung und Vorbereitung von Wettkämpfern für die Agone einherging. Agonotheten waren somit nicht nur für die Ausrichtung des Agons selbst zuständig, sondern auch für die Vorbereitung.[23] Zudem gab es weitere Ämter wie die des Gymnasiarchen.[24] Dieser sicherte die religiöse und bürgerliche Erziehung.[25] Ein solches Amt wurde oft mit

---

[16] Überlieferte Ablaufpläne von Agonen besitzen einen gemeinsamen Kern. Lehner etwa vergleicht z. B. die elischen Olympia mit dem Agon von Oinoanda. Vgl. Lehner, Agonistik, 52–53.
[17] Vgl. Jüthner, Leibesübungen, 43.
[18] Philostrat führt Beispiele an, nach welchen der γυμναστής seine Athleten zum Sieg ermutigt oder motiviert hat, welche kurz vor der Niederlage oder Resignation standen. Philostr. gymn. 20–24.
[19] Die jeweilige *armatura* wurde zumeist in der Grabinschrift des Gladiators genannt. Vgl. Mann, Kranz, 98–100.140.
[20] Vgl. den Ausstellungskatalog von Großschmidt, Gladiatoren.
[21] Vgl. Karrer, Offb, 279 zur Paränese der Sendschreiben.
[22] „[...] Revelation uses the language of oppression, struggle, victory and rest." So treffend formuliert bei Colijn, Imges, 289.
[23] Zu denken ist an IvE 24 Teil C. Vgl. Lehner, Agonistik, 72f.
[24] TAM II 661.751.765.838.862.1202.
[25] Vgl. Scholz, Honoratiorenherrschaft, 82.

anderen Ämtern wie dem des Agonotheten in Personalunion bekleidet.[26] Die detaillierte Kenntnis über die individuellen Stärken und Schwächen der Gemeinden lässt als weitere Assoziation die Ämter des Gymnasten oder Paidotriben zu, die direkt mit der Ausbildung der Sportler beschäftigt waren.[27] Die Adressaten der Offb werden den Menschensohn als Union der oben genannten Ämter erkannt haben. Zugleich werden sie die Wichtigkeit des Trainings vor Agonen mit ihrem entscheidenden Verhalten in ihrer gegenwärtigen Situation verknüpft haben.

Die sieben Sendschreiben sind primär an die Engel der Gemeinden gerichtet (2,1.8.12.18; 3,1.7.14), die die vom Menschensohn diktierte Nachricht den Gemeinden vorlesen sollen (Offb 1,3).

> Die im Schema der Sendschreiben fest integrierten ἄγγελοι τῆς [...] ἐκκλησίας erinnern an die epigraphisch bezeugten θεωροί, die als beauftragte Festgesandte die Agone rechtzeitig ankündigten.[28]

In der Thronsaalvision (4,1–5,14) wird die Überreichung der siebenmal versiegelten Buchrolle durch Gott an das geschlachtete Lamm geschildert. Dadurch wird zudem die Kenntnis über den Ablauf der darauffolgenden Ereignisse vermittelt. Diese werden durch das Lamm selbst ausgelöst. Es verfährt nach den Vorgaben, die Gott mit der siebenmal versiegelten Buchrolle festgelegt hat. Das Lamm wird als Exekutivgewalt Gottes beschrieben, die die ausschließliche Befugnis besitzt, das genau festgelegte Programm des Thronenden umzusetzen. Als agonales Procedere gelesen wirkt die Umschreibung Gottes als καθήμενος ἐπὶ τῷ θρόνῳ wie eine Metapher, die die Assoziation mit dem römischen Kaiser suggerieren soll. Als eigentlicher Gastgeber eines Agons beauftragt dieser das geschlachtete Lamm.

> Dass Kaiser Domitian bereits zu Lebzeiten kultisch verehrt wurde, insbesondere im Osten des Reiches, wird in zahlreichen Inschriften angedeutet.[29] Zudem ist numismatisch bezeugt, dass Domitian sich als euergetisches Zentrum seiner veranlassten Agone verstand (vgl. Abb. 1 u. 2).[30]
> Dass der Thronende in der Offb zu einer Assoziation mit dem römischen Kaiser veranlasst, ist insbesondere durch kaiserzeitliche Münzen belegt, die den Kaiser mit Buchrolle darstellen. Ein trajanischer Aureus zeigt Kaiser Trajan auf der Rückseite mit Buchrolle in der Hand (vgl. Abb. 3).[31] Zudem ist die erste trajanische Prägung zu nennen, die auf der

---

[26] IGR III 1422. Zugleich konzentrierte sich das Aufgabenfeld des Gymnasiarchen in römischer Kaiserzeit auf Liturgie. Vgl. Scholz, Honoratiorenherrschaft, 91.

[27] Eine detaillierte Beschreibung liest man bei Philostrat. Philostr. gymn. 14–18. Er betont die ausschlaggebende Bedeutung und Härte des Trainings (11), wo u. a. die Rede von Siegeskränzen ist.

[28] Diese Aufgabe wurde in Ephesus von Frauen übernommen: IvE 891–893.895–897. Vgl. Lehner, Agonistik, 87, in Anlehnung an Dräger, Städte, 145.

[29] AE 1966,424a aus Ephesus. Vgl. Harris, Domitian, 21.

[30] Insbesondere die Bronzemünzen des ludi-saeculares-Typen zeigen Domitian als Zentrum der Spiele, in dem er sitzend oder stehend in einem Opferszenario dargestellt wird. RIC II,1² Dom. 606–609.619–625. – Bei sämtlichen im Beitrag abgebildeten Münzen handelt es sich eigenhändige Umzeichnungen.

[31] RIC II Trajan 93.

Rückseite die Machtübergabe des Kaisers Nerva an Trajan darstellt – symbolisch durch die Überreichung einer Buchrolle (vgl. Abb. 4).[32] Domitianische Münzdarstellungen greifen die Schutzgottheiten Juppiter und Minerva in Siegerpose auf, Attribute sind dabei häufig Adler und Blitzbündel (vgl. Abb. 5) – zwei Elemente, die in Offb 4 ebenfalls begegnen.[33] Für die Adressaten zeichnet sich in der Thronsaalvision das Bild eines Gottes, der eine vergleichbare Rolle spielt wie im paganen Kontext Vatergottheiten wie Juppiter. Im Gegensatz zum Kaiser, der im Ostreich in die Nähe des Juppiter gerückt wurde, ist Gott in der Offb der tatsächlich Thronende.[34]

Abb. 1: RIC II,1² Dom. 606   *Abb. 2: RIC II,1² Dom. 623 (Revers)*

Abb. 3: RIC II Trajan 93    *Abb. 4: RIC II Trajan 28 (Revers)*

Abb. 5: RIC II,1² Dom. 143 (Revers)

---

[32] RIC II Trajan 28. Die Gemma Augustea greift das Buchrollenmotiv als Symbol kaiserlicher Beauftragung ebenfalls auf. Vgl. Klauck, Johannesoffenbarung, 212.
[33] RIC II,1² Dom. 143.633.
[34] Domitian provozierte eine solche Identifizierung durch zahlreiche Münzprägungen, bei denen er Juppiter angeglichen wird, z. B. RIC II,1² Dom. 283.

Das Lamm erscheint in dieser Leserichtung als Agonothet, der die Spiele nach den kaiserlichen Vorgaben ausrichtet. Er wird zudem vom Thronenden feierlich eingeführt.

> „Dem Agonotheten kam als Hauptaufgabe die Organisation und Durchführung des im Rahmen eines Festes ausgetragenen Agons zu."[35] Es gab Antrittszeremonien, bei denen der Agonothet feierlich eingeführt wurde und dem Kaiser sowie den Göttern huldigen musste.[36] Der Adressatenschaft der Offb wird vermittelt, dass die Kompetenz des Lammes höher ist als die der Agonotheten: Allein das Lamm ist befugt, das siebenmal versiegelte Buch zu erhalten, zu öffnen und zu lesen. Dabei veranlasst es nicht nur temporär und lokal veranstaltete Agone wie der Agonothet, sondern wird universal und ewig eingesetzt.[37] Während der Agonothet als Instrument des kaiserlichen Euergetismus fungiert und das Vergnügen des Volkes gewährleistet, handelt das Lamm als Exekutivgewalt Gottes für das existenzielle Ziel des himmlischen Jerusalem.

In diesem Leseduktus erscheinen die verschiedenen Personengruppen, die in der Thronsaalvision zum Thron herankommen, als Prozession in einem Kaiserzeremoniell. Insbesondere die kultischen Gegenstände und gesungenen Loblieder lassen eine solche Interpretation zu. Die Gesänge der verschiedenen Personengruppen sind triumphal und lassen die Szene alternativ als Triumphzug erscheinen.

> Agone sind seit dem Aufkommen von Herrscherkulten mit kultischen Elementen durchsetzt. Insbesondere die Eröffnung von Agonen wird durch Prozessionen, Opfer und Gesänge kultisch gestaltet.[38] Den Adressaten der Offb wird signalisiert, dass Gott im Gegensatz zu Domitian, der Triumphe teilweise inszeniert hat, über alle Herrscher der Welt gesiegt und den endgültigen Triumph erlangt hat.[39]

Die Abfolge der sich anschließenden Visionszyklen ist von unterschiedlichen Kampfszenen geprägt. In der Siegelvision (6,1–8,1) erscheinen hintereinander vier apokalyptische Reiter. Die Andeutung eines hippischen Agons in der Siegelvision ist nicht abwegig, da die Reiter zusätzlich bewaffnet sind: Der erste Reiter sitzt auf einem weißen Pferd und hält einen Bogen. Er ist zudem bereits bekränzt, was einen vergangenen Sieg andeutet. Der zweite Reiter sitzt auf einem roten Pferd und ist mit einem großen Schwert bewaffnet. Der dritte Reiter hat ein schwarzes Pferd und hält eine Waage. Der vierte Reiter ist auf einem fahlen Pferd und kämpft mit Waffen im weiteren Sinne: mit Schwert, Hunger, Tod und

---

[35] Lehner, Agonistik, 71. Ein gemeinsamer Kern der Aufgaben wird epigraphisch oft erwähnt, z. B. IG II² 956–965 für die Theseia in Athen.
[36] Dies ist für die Demostheia in Oinoanda belegt. Vgl. Wörrle, Stadt, 11.
[37] Dabei ist zu beachten, dass es durchaus Agonotheten auf Lebenszeit gab: IvE 2063. Selbst dann ist von einer Beschränkung zu sprechen, da im Gegensatz zum ewig lebenden Lamm der Agonothet sein Amt bis zu seinem Lebensende ausführen kann.
[38] Vgl. Herz, Agonistik, 123. Hinzuweisen sei z. B. auf die Demosthenes-Inschrift aus Oinoanda, in der die mehrmalige Darbringung von Opfern vorgeschrieben wird. Vgl. Wörrle, Stadt, 9. Zu nennen ist auch die ephesische Inschrift IvE VII, I 3070.
[39] Domitian hat z. B. aus Anlass eines simulierten Sieges in Dakien 89/90 n. Chr. einen Triumphzug veranstaltet. Vgl. André, Feste, 204.

Tieren.⁴⁰ Die Vierzahl der apokalyptischen Reiter wirkt als bewusst eingesetzte Zahl, wobei keine Interaktion zwischen den Reitern besteht. Dadurch muss die Assoziation mit hippischen Agonen kritisch hinterfragt werden. Bemerkenswert sind zudem die gleichzeitig vollzogenen Taten des Reitens und Kämpfens mithilfe der jeweiligen Waffe. Dadurch ist eine kriegerische Interpretation denkbar.

> Folgende Beobachtung lässt dennoch eine Analogie zu einer Art der *ludi circenses* zu: Bei den Zirkusspielen entwickelten sich unterschiedliche *factiones*, „Zirkusparteien" heraus, Gruppierungen, denen Reitsportler angehören konnten und unter deren Farbe sie antraten.⁴¹ Unter dem Aspekt der auch epigraphisch belegten *factiones* mit i. d. R. vier verschiedenen Parteifarben scheint die Vision die *ludi circenses* anzudeuten. Darüber wird auch das sukzessive Auftreten der Reiter nicht hinweggetäuscht haben.⁴² Die Primäradressaten werden hinter der Andeutung der beliebten Pferderennen und der damit verbundenen idolatrischen Handlungen eine Kritik erkannt haben. Der Strafvollzug der apokalyptischen Reiter wird der Adressatenschaft vermittelt haben, dass die beliebte Disziplin auf die Menschen zurückfallen wird. Dies verdeutlicht z. B. die Waage des dritten Reiters, die einerseits ein Gerichtssymbol darstellt, andererseits an die Währungspolitik der römischen Kaiser erinnert. Insbesondere die Verbindung von Pferd und Waage stellt eine mögliche Kritik an Domitians Münzprägungen dar, dessen Reiterstandbild in Münzserien verwendet worden ist (vgl. Abb. 6).⁴³

Abb. 6: RIC II,1² Dom. 797 (Revers)

---

⁴⁰ Die Farbe χλωρός des vierten Reiters, die im Deutschen mit „fahl" angegeben wird, ist wörtlich als die Farbe Grün zu identifizieren. Vgl. LSJ, Art. χλωρός, 1995.

⁴¹ CIL VI 10047: In römischer Kaiserzeit existierten als *factiones* Weiß (*alba*), Rot (*russata*), Grün (*prasina*) und Blau (*veneta*). Vgl. Tert. spect. 9. Domitian führte zwischenzeitlich zu den bestehenden Parteifarben noch als *factiones* Gold (*aurata*) und Purpur (*purpurea*) ein. Vgl. Suet. Domit. 7,1. Dies konnte sich jedoch nicht im gesamten Reich durchsetzen. Vgl. Stauffer, Christus, 186. Letztendlich überdauerten nach Fusionen nur die Parteien der Farbe Blau und Grün. Vgl. Weiler, Sport, 248.

⁴² Das Viergespann war nämlich die hauptsächliche Konvention bei Wagenrennen. Vgl. Weiler, Sport, 245.

⁴³ RIC II,1² Dom. 797 zeigt den equus Domitiani, der den absoluten Herrschaftsanspruch symbolisiert. Ein solches Standbild auf dem Forum Romanum erwähnen auch Stat. silv. I 1 und Suet. Dom. XIII. Bemerkenswert ist, dass Domitian für die kaiserzeitliche Numismatik eine entscheidende Rolle spielt, da er den Gold- und Silberanteil in Münzen, der durch Nero herabgesetzt worden war, wiederherstellte. Vgl. Gering, Domitian, 150f.; Carradice, Coinage, 9; Wolters / Ziegert, Umbrüche, 54.68f.

Im selben Visionszyklus (7,9f.) wird eine „große Schar" beschrieben, die aus Menschen aller Nationen zusammengesetzt ist und in weißen Gewändern sowie mit Palmzweigen in den Händen vor Gott tritt. Sie bringt triumphale Gesänge vor den Thron. Die Kleidung, die Palmzweige und der Gesang deuten einen Sieg an. Entweder ist von einem agonalen oder kriegerischen Sieg auszugehen.

> Zugleich muss bedacht werden, dass weiße Gewänder und Bekränzung die Kleiderordnung aller Zuschauer dargestellt haben.[44] Dennoch ist die Kombination von Palmzweigen, Gesang und weißer Kleidung v. a. ein Hinweis auf einen Sieg bei Agonen oder Kriegen.[45] Zudem ist an die Ikonographie von Kampfrichtern oder anderen Ämtern zu denken[46] bzw. eine kultische Konnotation nicht auszuschließen.[47] Die Verwendung triumphaler Symbole im visionären Kontext unterstützt den triumphalen Charakter der Gesänge. Martial beschreibt z. B. in überschwänglicher Weise domitianische Adventsfeiern, bei denen die Zuschauer in weiße Gewänder gekleidet sind und den Kaiser mit Akklamationen bei seiner Rückkehr von einem Krieg begrüßt haben sollen.[48]

Der sich an den Siegelzyklus direkt anschließende Posaunenzyklus (8,2–11,19) enthält erneut das Motiv von Reitern in Offb 9. Im Gegensatz zu Offb 7 vergleicht der Visionär das Geräusch der Flügel von Heuschrecken mit dem Dröhnen vieler Pferdewagen (9,9). Während die Assoziation mit hippischen Agonen in Offb 7 auf den κέλης bezogen wird, verbindet der Leser in Offb 9 die kriegerische Anspielung τρεχόντων εἰς πόλεμον mit Wagenrennen.

> Pferdesportarten wie das Wagenrennen stellen die beliebtesten Disziplinen in römischer Kaiserzeit dar.[49] Dementsprechend werden sie häufig auf Contorniaten oder Gemmen dargestellt.[50] Zudem betont Domitian durch Münzprägungen seine militärische Leistungsfähigkeit.[51] Schließlich ist auf ein Sarkophagrelief hinzuweisen, das den Circus Maximus und ein Wagenrennen darstellt.[52] Das Posaunen der Engel, die im Posaunenzyklus die eschatologischen Ereignisse veranlassen, erinnert an die Konvention, bei Agonen als Startsignal

---

[44] So wird erklärt, dass die Bekränzung bei Agonen verpflichtend war und dadurch der Blumen- und Kranzhandel in jener Zeit florierte. Vgl. Herz, Kaiserkult, 74.
[45] Häufig wurden Sieger dabei mit Blütenkrone geehrt, ansonsten mit einem Blattkranz. Vgl. Rumscheid, Kranz, 63 Kat. 108a. 108c–d Taf. 50,1–2; Kat. 108g. Die Interpretation des Palmzweigs als Siegesinsignie ist literarisch belegt. Paus. 8,48,2. Siehe auch CIL VI 2065.
[46] Eine Darstellung als Kampfrichter ist auf einem Kindersarkophag belegt, der im Louvre ausgestellt ist. Vgl. Rumscheid, Kranz, 63. Zudem müssen die Sebastophoroi aus der Inschrift aus Oinoanda ergänzt werden, die weiße Gewänder tragen sollten. Vgl. Wörrle, Stadt, 11.
[47] Insbesondere sind die weißen Gewänder und die Bekränzung sind epigraphischen Zeugnissen belegt. IvP II 264 [1].
[48] Vgl. die Beschreibung bei Stauffer, Christus, 169.
[49] Vgl. Krinzinger, Spectacula, 103.
[50] Diese nicht für den Geldverkehr gedachten Medaillons stellen verschiedene Bauwerke und Situationen öffentlicher Spiele dar. U. a. werden Viergespanne, Preistische oder Circusgebäude abgebildet. Auch Gemmen stellen agonale Motive, insbesondere Wagenrennen, dar. Vgl. Schröder, Sport, 76; Lehner, Agonistik, 110.
[51] Der domitianische Triumphcharakter ist z. B. anhand der *Germania Capta*-Prägung zu erkennen. Vgl. Wolters / Ziegert, Nero und Domitian, 58f.
[52] INR 37.1338.

Trompetenfanfaren einzusetzen. Dies ist u. a. literarisch bezeugt.[53] Die Adressaten der Offb werden die Kritik hinter dem hippischen Akzent in der Offb erkannt haben.

Die hermeneutisch bedeutsame Episode 12,1–14,20 bietet mehrere Hinweise auf agonale Motivik. Die Beschreibung des ersten Tiers in 13,1–2 sowie der Kampf in 13,7 erinnern an die Praxis der Tierhetze. Insbesondere die Vergleiche des Tieres mit Panther, Bär und Löwe lassen eine solche Assoziation zu. Zudem sind es die Heiligen, die mit dem Tier kämpfen müssen und dabei besiegt werden.

> Bei kaiserzeitlichen Tierhetzen wurden als Tiere Bären, Wildschweine oder Löwen verwendet, ebenso Stiere.[54] Domitian hat bei Tierhetzen neben den üblichen Tieren auch exotische integriert. So ist auf einer Münzserie ein Rhinozeros abgebildet, das er als Kriegsbeute nach Rom gebracht hat (vgl. Abb. 7).[55] Die Adressaten der Offb werden womöglich eine Anspielung auf die *damnatio ad bestias* erahnt haben. Da diese im Kontext einer apokalyptischen Schlacht integriert ist, wird den Adressaten die Unumgänglichkeit des gesamtkosmischen Schicksals im Kontext eschatologischer Ereignisse vermittelt und zugleich heilsgeschichtlich gedeutet.

Abb. 7: RIC II,1² Dom. 250 (Revers)

Im selben Kapitel wird Schwertkampf beschrieben, der durch Gefangene durchgeführt werden soll (13,10). Insbesondere die Betonung von Standhaftigkeit und Glaubenstreue (ἡ ὑπομονὴ καὶ ἡ πίστις) veranlassen den Leser zur Assoziation mit Gladiatorenkampf.

> Für Ephesus und Smyrna ist z. B. belegt, dass Asiarchen auch Gladiatorenkämpfe ausgerichtet haben.[56] Insbesondere die Signalisierung von *munus gladiatorum* in Verbindung mit den Tierhetzen in Offb 13 verdeutlicht den Adressaten, dass ihre Standhaftigkeit u. U. zum Tod führen kann, ein Bewusstsein, mit dem Gladiatoren in den Kampf zogen.[57]

---

[53] Ov. met. 10,652; Heliodor. 4,3; Weiler, Sport, 257. Die Trompeter stellten wiederum die Sieger eines Agons dar, welche am lautesten und stärksten spielen konnten. Vgl. Lehner, Agonistik, 77.
[54] FiE III Nr. 70 gibt detaillierten Aufschluss über die mehrtätigen *munera* und *venationes*.
[55] RIC II,1² Dom. 250. Vgl. Krinzinger, Spectacula, 106.
[56] IK Ephesos 1620; CIG 3213. Vgl. Mann, Kranz, 61.
[57] So verstanden sich Gladiatoren als „Todgeweihte" und stellten sich dem Kaiser dementsprechend vor. Suet. Claud. 21,6.

Agonale Motivik in der Johannesoffenbarung

In Offb 14,16.19 wird beschrieben, wie sowohl der Menschensohn als auch ein Engel eine Sichel auf die Erde schleudern. Der Kontext gibt ursprünglich das Motiv der Ernte vor. Der Akt des Wurfs scheint jedoch unangemessen, sodass als alternative Interpretation nach gymnischen Agonen zu fragen ist, in denen ein Wurfsport vorgesehen ist.

> Diese Metapher erinnert an Münzprägungen erstmalig unter Caligula und später unter Hadrian, in denen Romulus als Krieger mit Speer und Trophäe dargestellt wird (vgl. Abb. 8).[58] Zudem ist auch eine Assoziation mit Bogenwurf in Agonen denkbar, was inschriftlich belegt ist.[59] Eine ganz andere Interpretationslinie betrifft ein ungeklärtes Gerücht, welches sich auf das sichelförmige στλεγγίς bezieht.[60] Es ist zumindest zu berücksichtigen, dass ein Agonothet sowohl in der Vorbereitungsphase als auch bei den Wettkämpfen selbst Streitfälle entscheiden und ggf. Strafen erteilen musste.[61] Durch eine solche Anspielung werden die Erstadressaten der Offb dazu motiviert worden sein, gute „Athleten" zu werden, um einer in ihrem Fall eschatologischen Strafe zu entgehen.

Abb. 8: RIC II Hadrian 266

Ein besonders hervorzuhebendes Motiv ist die Parusieszene (19,11–20,15), in der das „Wort Gottes" auf einem weißen Pferd geritten kommt, um gemeinsam mit einem Heer die apokalyptische Schlacht gegen die Könige der Welt zu führen.

> Die erneute Verwendung eines hippischen Motivs als kriegerisches Symbol erinnert an dieser Stelle besonders eindrücklich an das Reiterstandbild, das Domitian als Triumphsymbol auf dem Forum Romanum aufstellen ließ und zugleich in Form von Gedenkmünzen verewigte.[62] Die Errichtung von Reiterstandbildern war eine Konvention, die seit der späten Republik für große Feldherren vorgenommen worden ist.[63] Ein solches Signal wird die kundigen Adressaten der Offb veranlasst haben, hinter dem „Wort Gottes" eine kriegerische Figur zu erkennen.

---

[58] RIC II Hadr. 266.370.376.653.776.
[59] Syll.³ 958.1060–1062; OGIS 339; Syll.³ 578 und IG IX 1, 873; IAG 32.
[60] Philostrat zufolge bestand ein Gerücht, nach dem ein Trainer in Olympia einen schlechten Sportler mit dem στλεγγίς umgebracht habe. Philostr. gymn. 18. Die Sichelform ist auf Apoxyomenos-Darstellungen erkennbar, insbesondere von Lysippos.
[61] Vgl. Lehner, Agonistik, 75.
[62] RIC II,1² Dom. 205.797.
[63] Vgl. Ley, Domitian, 60.

Ein letzter Visionszyklus (21,1–22,5) beschreibt, wie diejenigen, deren Namen im Lebensbuch verzeichnet sind, ins himmlische Jerusalem eingehen.

> Die Verwendung der Metapher „himmlisches Jerusalem" und ein angestrebtes Bürgertum in ihr erinnern an die Verleihung besonderer Bürgerrechte an Sieger von lokalen Agonen.[64] Die Adressaten der Offb werden diese Analogie verstanden und zugleich daraus geschlossen haben, dass das wirklich anzustrebende Bürgertum eschatologisch und nicht irdisch ist. Ein dadurch als ewig gekennzeichnetes Bürgertum ist als ungleich höheres Gut einzuschätzen.

3. Agonale Motivik auf mikrostruktureller Ebene

Im Folgenden richtet sich der Blick auf drei in den Sendschreiben versprochene Preise, die einen agonalen Charakter besitzen und zusätzlich Aufschluss über die Adressatenkompetenz geben.

3.1 Kranz des Lebens

Der Menschensohn stellt der Gemeinde in Smyrna in Aussicht, für ihre Standhaftigkeit den Kranz des Lebens zu erhalten (2,10).

> Eine Münze, die in die Regierungszeit des Augustus datiert wird, zeigt Zeus, der seinen rechten Arm über einen Kranz ausstreckt, der das Monogramm Z umgibt (vgl. Abb. 9).[65] Zwar ist nicht gesichert, wofür das Monogramm steht, doch könnte durchaus der Begriff Z(Ω'H) – ζωή gemeint sein.

Abb. 9: RPC I 2896

---

[64] „In vielen griechischen Gemeinden brachte der Sieg in einem lokalen Agon für den Gewinner auch fast automatisch das Bürgerrecht oder sogar die Aufnahme in den lokalen Ratsherrenstand mit sich." Herz, Kaiserkult, 73; siehe dazu auch Lehner, Agonistik, 32f.; Kaltsas, Agon, 89.

[65] RPC I 2896.

Agonale Motivik in der Johannesoffenbarung

Ein weiterer Hinweis erhärtet diese Interpretation: Bei griechischen Agonen wurden die Siegeskränze aus Zweigen eines heiligen Baums geflochten, der zu einem entsprechenden Heiligtum gehört. Bei der Preisverleihung nach Agonen glaubte man, dass die Gottheit, der das Heiligtum und der Agon gewidmet waren, den Kranz selbst überreichte.[66]

3.2 Weißer Stein

Den Siegern der Gemeinde in Pergamon werden weiße Steine mit einem neuen Namen verheißen (2,17).

Eine Inschrift aus Milet bezeugt, dass weiße Steine als Zeichen des Sieges in Kleinasien gebräuchlich waren.[67] Darüber hinaus werden weitere Interpretationen diskutiert, die von Stimmsteinen bis zu Abzeichen oder Amuletten reichen.[68] Die Adressaten der Offb werden die erste Bedeutung auf sich bezogen haben. Zugleich gibt es im Kontext von *munera* die Konvention, den rekrutierten Gladiatoren neue Namen zu verleihen. Durch einen Kampfnamen wurde die neue Identität eines Gladiators betont. Auf bis heute erhaltenen Grabsteinen wurde zusätzlich zum bürgerlichen Namen häufig der Kampfname mit aufgeführt.[69] Für die Adressaten der Offb wurde dadurch signalisiert, dass ihr Sieg mit einer neuen Identität einhergeht. Dies wird durch das Signal des neuen Namens unterstrichen.

3.3 Säule im Tempel

Die Christen in Philadelphia erhalten die Zusage, im Falle des Sieges zu Säulen im Tempel Gottes gemacht zu werden (3,12).

Bereits die Griechen kannten die Praxis, Siegern von Agonen eine Ehrenstele in Heiligtümern aufstellen zu lassen, wie eine Inschriftenstele aus Nikuria bezeugt.[70] Solche wurden in der Heimatstadt errichtet.[71] Als Kaiser Domitian die *ludi saeculares* veranstaltete – ein Ereignis, das sich „an der längsten Lebensdauer eines Menschen bemaß"[72] – ließ er mehrere Münzemissionen prägen. Eine Serie zeigt z. B. Domitians Büste nach rechts mit Lorbeerkranz und auf der Rückseite eine Säule umgeben von einem Lorbeerkranz (vgl. Abb. 10).[73] Es ist belegt, dass der Agonothet u. a. die Aufgabe besaß, Siegessäulen anfertigen zu lassen.[74]

---

[66] Vgl. Lehner, Agonistik, 56. Lesenswert in dem Kontext ist auch Blech, Studien, 147.
[67] IvMilet 365.
[68] Vgl. Hemer, Letters, 96–102; Witulski, Hadrian, 613–626; Klauck, Johannesoffenbarung, 222.
[69] Vgl. Mann, Kranz, 97 (Kat.-Nr. 24.25.33.48.69.76.).
[70] IG XII 7,506.
[71] „[I]n ihrer Vaterstadt wurden ihnen [den Siegern bei Agonen, M.S.] Ehrensäulen neben den Bildnissen der Götter um die Tempel gesetzt [.]" Krause, Gymnastik, 642.
[72] Übersetzung von Ley, Domitian, 71 von Cens. 17,1; Zos. 2,1.1.
[73] RIC II,1² 604.
[74] Vgl. Quaß, Honoratiorenschicht, 280.

Die Primäradressaten der Offb werden sich an die lange griechische Tradition und zugleich an die *ludi saeculares* erinnert haben.[75] Ebenso werden sie aus der apokalyptischen Mentalität der Offb heraus verstanden haben, dass die ihnen in Aussicht gestellte Stele im Tempel Gottes von unvergleichlich höherem Wert ist, da sie eschatologische Dimension besitzt und dadurch ewig bestehen bleibt.

Abb. 10: RIC II,1² Dom. 604

4. Zusammenfassung und weiterführende Überlegungen

Die Ergebnisse der vorgenommenen exemplarischen Untersuchung auf agonale Motivik hin sind wie folgt zusammen zu fassen: Fast jeder Visionszyklus weist agonale Motive auf, die sich durch historisch belegte Konventionen sowie Traditionen belegen lassen. Dabei fällt ein hippischer Schwerpunkt ins Auge, der einerseits mit der zeitgenössischen Beliebtheit, andererseits mit der kriegerischen Nähe erklärt werden kann. Durch die gleichzeitige Herausstellung von Motiven griechischer Agonistik und römischem Spielwesen wird ein realistisches Bild des kaiserzeitlichen Kleinasiens gezeichnet. Aufgrund dessen wird den Adressaten der Offb der Zugang zum theologischen Kern der Schrift vereinfacht. Die Verdichtung von Anspielungen führt zudem zu einer kritischen Verarbeitung von Agonistik und ihrem idolatrischen Kern. Zugleich wird von derselben Gebrauch gemacht, um die Adressaten zu einem guten Training und Kampf zu motivieren.

Aufgrund der exemplarisch gebliebenen Untersuchung ist zukünftig nach weiteren agonalen Motiven und dabei nach weiteren zentralen Kernmetaphern

---

[75] Insgesamt ist zu berücksichtigen, dass die Wahrscheinlichkeit einer Kenntnis von Reichsprägungen durch die kleinasiatischen Christen deutlich geringer einzuschätzen ist als die Kenntnis von Provinzprägungen. Stelen auf Münzen sind erst wieder bei hadrianischen Provinzprägungen zu sehen, allerdings aus Galatien/Kappadozien: RPC III 2815. Unsicher ist zudem die Prägung RPC II 1382 aus Sardes, da eine genaue Datierung nicht möglich ist.

zu fragen. Ein vollständiger Blick auf die Agonistik in der Offb ist zudem mithilfe von weiteren exegetischen Herangehensweisen wie der Form- oder der Traditionskritik anzustreben. Aus zeitgeschichtlicher Sicht eröffnet sich zudem noch eine weitere Ebene, die hinsichtlich agonaler Motivik eine Analyse wert ist: die hymnenartigen Gesänge. Domitian ließ sich insgesamt 22 Mal zum Imperator proklamieren und stellte dies z. B. auf Münzen großzügig zur Schau. Ausgehend von den durchgehend triumphalen Gesängen in der Offb müsste ein Zusammenhang zur Kriegspolitik Domitians untersucht werden. Dabei wäre ein Blick auf die hermeneutische Kompetenz von Autor und Adressaten eine hilfreiche Herangehensweise.

Schließlich ist es lohnenswert, das Verhältnis kleinasiatischer Städte zu griechischen Agonen und römischen *ludi* anhand von positiv und negativ konnotierten Metaphern der Offb zu untersuchen.

Literatur

Quellen:
ALBRECHT, Michael von (Hg.), Metamorphosen, Stuttgart 2016.
BÖCKH, August (Hg.), Corpus inscriptionum Graecarum, 4 Bde, Berlin 1977.
BRODERSEN, Kai (Hg.), Censorinus, Über den Geburtstag, Darmstadt 2012.
BRODERSEN, Kai (Hg.), Philstratos: Sport in der Antike, Wiesbaden 2015.
BURNETT, Andrew M. u. a. (Hg.), Roman provincial coinage, 10 Bde, London 1992-2006.
CAGNAT, René (Hg.), Inscriptiones Graecae ad res Romanas pertinentes, 4 Bde, Paris 1911-1927.
COURTNEY, Edward (Hg.), P. Papini Stati Silvae (OCT), Oxford 1990.
ENGELMANN, Helmut (Hg.), Die Inschriften von Ephesos, 8 Bde, Bonn 1979-1984.
HALLOF, Klaus (Hg.), Inscriptiones Graecae. Imagines epigraphicorum, Berlin 2012.
IMHOOF-BLUMER, Friedrich, Kleinasiatische Münzen, Hildesheim 1991.
KALINKA, Ernst (Hg.), Tituli Asiae Minoris. Linguis Graeca et Latina conscripti (ÖAW), 9 Bde, Wien 1920-2007.
KASTER, Robert A. (Hg.), C. Suetoni Tranquilli De vita Caesarum libros VIII, Oxford 2016.
MATTINGLY, Harold u. a. (Hg.), The Roman imperial coinage, 10 Bde, London 1923-1994.
MORETTI, Luigi, Iscrizioni agonistiche greche, Rom 1953.
MÜHLL, Peter von der (Hg.), Homeri Odyssea, Basel 1962.
SCHUBART, Johann H. C. / WALZ, CHRISTIAN (Hgg.), Pausaniae descriptio Graecae, 2 Bde, Leipzig 1857-1863.
WEEBER, Karl W. (Hg.), De spectaculis, Stuttgart 2008.

Sekundärliteratur:
AMELING, Walter, Der kleinasiatische Kaiserkult und die Öffentlichkeit. Überlegungen zur Umwelt der Apokalypse, in: Ebner, Martin / Esch-Wermeling, Elisabeth (Hg.), Kaiserkult, Wirtschaft und spectacula. Zum politischen und gesellschaftlichen Umfeld der Offenbarung (NTOA 72), Göttingen 2011, 15-54.
ANDRÉ, Jean-Marie, Griechische Feste, römische Spiele. Die Freizeitkultur der Antike, Stuttgart 1994.
BLECH, Michael, Studien zum Kranz bei den Griechen (RGVV 38), Tübingen 1982.
CARRADICE, Ian, Coinage and finances in the reign of Domitian. A.D. 81-96 (BAR 178), London 1983.
COLIJN, Brenda B., Images of salvation in the New Testament, Ashland, OH 2010.

DEININGER, Jürgen, Die Provinziallandtage der römischen Kaiserzeit. Von Augustus bis zum Ende des dritten Jahrhunderts n. Chr. (Vestigia 6), Tübingen 1965.
DRÄGER, Michael, Die Städte der Provinz Asia in der Flavierzeit. Studien zur kleinasiatischen Stadt- und Regionalgeschichte (EH), Frankfurt / M. u. a. 1993.
GERING, Jens, Domitian – dominus et deus? Herrschafts- und Machtstrukturen im Römischen Reich zur Zeit des letzten Flaviers (OFAA 15), Rahden / Westf. 2012.
GROẞSCHMIDT, Karl, Gladiatoren in Ephesos. Tod am Nachmittag, Wien 2002.
HEMER, Colin J., The letters to the seven churches of Asia in their local setting (JSNTSS 11), Sheffield 1986.
HERZ, Peter, Die Agonistik und der Kaiserkult, in: Kolb, Anne / Vitale, Marco (Hg.), Kaiserkult in den Provinzen des Römischen Reiches. Organisation, Kommunikation und Repräsentation, Berlin u. a. 2016, 123–131.
HERZ, Peter, Der Kaiserkult und die Wirtschaft. Ein gewinnbringendes Wechselspiel, in: Ebner, Martin / Esch-Wermeling, Elisabeth (Hg.), Kaiserkult, Wirtschaft und spectacula. Zum politischen und gesellschaftlichen Umfeld der Offenbarung (NTOA 72), Göttingen 2011, 55–80.
KARRER, Martin, Hellenistische und frühkaiserzeitliche Motive in der Johannesapokalypse, in: Schmeller, Thomas u. a. (Hg.), Die Offenbarung des Johannes. Kommunikation im Konflikt (QD 253), Freiburg i. Br. 2013, 32–73.
KLAUCK, Hans-Josef, Die Johannesoffenbarung und die kleinasiatische Archäologie, in: Küchler, Max / Schmidt, Karl M. (Hg.), Text – Fakten – Artefakte. Beiträge zur Bedeutung der Archäologie für die neutestamentliche Forschung (NTOA 59), Göttingen 2006, 197–229.
KRINZINGER, Friedrich, Spectacula und Kaiserkult, in: Ebner, Martin / Esch-Wermeling, Elisabeth (Hg.), Kaiserkult, Wirtschaft und spectacula. Zum politischen und gesellschaftlichen Umfeld der Offenbarung (SUNT 72), Göttingen 2011, 103–137.
LEHNER, Michael, Die Agonistik im Ephesos der römischen Kaiserzeit, Diss. München 2004.
LEY, Jochen O., Domitian. Auffassung und Ausübung der Herrscherrolle des letzten Flaviers, Berlin 2016.
MANN, Christian, „Um keinen Kranz, um das Leben kämpfen wir!" Gladiatoren im Osten des Römischen Reiches und die Frage der Romanisierung (Studien zur Alten Geschichte 14), Berlin 2011.
QUAẞ, Friedemann, Die Honoratiorenschicht in den Städten des griechischen Ostens. Untersuchungen zur politischen und sozialen Entwicklung in hellenistischer und römischer Zeit, Stuttgart 1993.
REITZENSTEIN, Denise, Die lykischen Bundespriester. Repräsentation der kaiserzeitlichen Elite Lykiens (Beiträge zur Alten Geschichte – Beihefte 17), Berlin 2011.
RUMSCHEID, Jutta, Kranz und Krone. Zu Insignien, Siegespreisen und Ehrenzeichen der römischen Kaiserzeit (Istanbuler Forschungen 43), Tübingen 2000.
SCHOLZ, Peter, Städtische Honoratiorenherrschaft und Gymnasiarchie in der Kaiserzeit, in: Scholz, Peter / Wiegandt, Dirk (Hg.), Das kaiserzeitliche Gymnasion, Berlin 2015, 79–96.
SCHREIBER, Stefan, Die Offenbarung des Johannes, in: Ebner, Martin / Schreiber, Stefan (Hg.), Einleitung in das Neue Testament (KStTh 6), Stuttgart 2008, 559–585.
SCHRÖDER, Bruno, Der Sport im Altertum, Berlin 1927.
SINN, Ulrich, Das antike Olympia. Götter, Spiel und Kunst, München 2004.
STAUFFER, Ethelbert, Christus und die Caesaren. Historische Skizzen, Hamburg ^{5}1960.
TOTH, Franz, Der himmlische Kult. Wirklichkeitskonstruktion und Sinnbildung in der Johannesoffenbarung (ABG 22), Leipzig 2006.
WEILER, Ingomar, Der Sport bei den Völkern der Alten Welt. Eine Einführung, Darmstadt 1981.
WITULSKI, Thomas, Die Johannesoffenbarung und Kaiser Hadrian (FRLANT 221), Münster 2007.
WOLTERS, Reinhard / ZIEGERT, Martin, Umbrüche – die Reichsprägung Neros und Domitians im Vergleich, in: Bönisch-Meyer, Sophia u. a. (Hg.), Nero und Domitian. Mediale Diskurse der Herrscherrepräsentation im Vergleich, Tübingen 2014.
WÖRRLE, Michael, Stadt und Fest im kaiserzeitlichen Kleinasien. Studien zu einer agonistischen Stiftung aus Oinoanda (Vestigia 39), München 1988.

Die Krankheit zum Tode und das Sterben Jesu. Hamartiologisch-thanatologische Erwägungen im Anschluss an Paulus[1]

Emmanuel L. Rehfeld

1. Das apostolische Christuskerygma im Kreuzfeuer der Kritik

Am Beginn des großen Auferstehungskapitels 1. Korinther 15 zitiert[2] Paulus ein anerkanntermaßen altes Bekenntnis der frühesten Christusgemeinde (V. 3b–5).[3] Die vier kurzen Zeilen lauten:

A   Χριστὸς ἀπέθανεν ὑπὲρ τῶν ἁμαρτιῶν ἡμῶν κατὰ τὰς γραφὰς
B   καὶ ἐτάφη
A' καὶ ἐγήγερται τῇ ἡμέρᾳ τῇ τρίτῃ κατὰ τὰς γραφὰς
B' καὶ ὤφθη Κηφᾷ εἶτα τοῖς δώδεκα.
A   Christus ist gestorben zur Sühnung unserer Sünden gemäß der (heiligen) Schrift,[4]
B   und er wurde begraben;
A' und er ist auferstanden[5] am dritten Tag gemäß der (heiligen) Schrift,
B' und er ist Kephas erschienen, dann den Zwölfen.

Diese im Griechischen nicht einmal dreißig Wörter sprechen 1. vom schriftgemäßen Sterben Jesu zum Zweck der Sühne, 2. von Jesu Begräbnis, 3. von Jesu schriftgemäßer Auferstehung am Ostermorgen und 4. von den exklusiven Ostererscheinungen des Auferstandenen, die das apostolische Christuskerygma begründen und verbürgen.[6]

Ich will jetzt nur *einen* Aspekt aus diesem Urbekenntnis herausgreifen. Um auf unser Thema einzustimmen, zitiere ich noch ein ganz *anderes* Bekenntnis:

---

[1] Die Vortragsfassung wurde für den Druck überarbeitet und um Teil 4.2 erweitert.
[2] Darauf verweisen sowohl die Traditionsformel (παρέδωκα γὰρ ὑμῖν ἐν πρώτοις, ὃ καὶ παρέλαβον = „denn ich habe euch zuvörderst eben das überliefert, was ich empfangen habe") als auch die vier ὅτι *recitativa*, die ich um der klareren Darstellung der ursprünglichen Struktur willen (A+B ‖ A'+B') im Folgenden weglasse.
[3] Zur Diskussion vgl. ausführlich Häußer, Christusbekenntnis, 61–158.
[4] Zur Begründung der Übersetzung vgl. Hofius, Gottesknechtslied, 351–354 m. Anm. 64.
[5] Zur Begründung der Übersetzung vgl. Kremer, Art. ἐγείρω, 899–910; Hofius, „Am dritten Tage auferstanden von den Toten", bes. 211–213.
[6] Zur fundamentalen Bedeutung der Apostel vgl. Hofius, Einzigartigkeit, 189–202.

> Denn sie sagten:
> „Getötet haben wir den Messias Jesus, den Sohn Marias, den Gesandten Allahs."
> Doch weder haben sie ihn getötet noch haben sie ihn gekreuzigt,
> vielmehr erschien es ihnen (nur) so. [...]
> Sie haben ihn sicherlich nicht getötet.
> Im Gegenteil: Allah hat ihn zu sich erhoben.
> Allah ist mächtig und weise.

Dieses Kontrastbekenntnis entstammt dem Qur'ān (4:157f., Sure an-Nisā') und lässt erahnen, als wie anstößig das schändliche Sterben Jesu am Kreuz eigentlich jedem erscheinen muss, der große Stücke auf Jesus hält.[7] Schon das Markusevangelium überliefert, wie der *Jesusjünger* Petrus versuchte, Jesus von seinem Leidensweg abzubringen (Mk 8,32f.). Bis heute steht der Karfreitag (geschweige denn der Karsamstag, der Tag der Grabesruhe) selbst unter vielen, die „mit Ernst Christen sein wollen", nicht sonderlich hoch im Kurs. Die Rede vom toten Christus scheint vor allem *eines* zu sein: eine große Verlegenheit und Zumutung. Seit jeher steht das Kerygma vom Leidenden und Gekreuzigten im Kreuzfeuer der Kritik.[8] Ausdrücklich spricht bereits der Apostel Paulus vom „Anstoß"

---

[7] Mit Recht ist verschiedentlich darauf hingewiesen worden, dass diese Verse ursprünglich keine anti-*christliche* Stoßrichtung haben (vgl. 4:155f.). Der Historische Ort bzw. der „Anlass der Herabsendung" ist in den frühislamischen Auseinandersetzungen mit jüdischen Stämmen in Yathrib (Medina) zu sehen, der Abschnitt 4:150–159 wohl auf das in vielerlei Hinsicht bedeutende Jahr 624 n. Chr. (2 n. H.) zu datieren, in dem es u. a. zur Abkehr von der bisherigen Gebetsrichtung (*qibla*) kommt. Zur Datierung vgl. Khoury, Der Koran, 149. Nach islamischer Überzeugung ist nicht das Sterben Jesu als solches problematisch (die Gesandten Allahs werden als *puri homines* angesehen und gelten allesamt als sterblich, Ewigkeit ist dagegen exklusives Gottesprädikat), sondern das „unzeitige" Sterben durch die Hand seiner Feinde. Hier steht Allahs Allmacht auf dem Spiel: Vermochte er seinen Gesandten ʿĪsā etwa nicht zu beschützen? Vgl. zum Ganzen Busse, Errettung.

[8] Ein aktuelles Beispiel liefert der Emeritus für Mediävistik Johannes Fried mit seinem Buch „Kein Tod auf Golgatha" (2019). Darin behauptet er u. a.: „Jesus [...] war [...] nicht am Kreuz gestorben. Es war den Dabeistehenden nur so erschienen. Er erlitt am Kreuz auf Grund innerer Verletzungen eine CO_2-Narkose, die ihn in todesähnliche Ohnmacht versetzte, aber nicht tödlich endete, da der Stich in die Seite nun wie eine Punktierung bei ausgeatmeter Lunge wirkte. Der vom Kreuz Abgenommene wurde ‚medizinisch' versorgt, die Seitenwunde offenbar verbunden; er konnte langsam wieder Atem schöpfen – sehr schwach, kaum merklich, aber er konnte atmen. So ergibt es sich aus der medizinischen Deutung der einzigen verwertbaren Darstellung des Tods am Kreuz im Johannesevangelium: der Atemnot, dem auffallend raschen ‚Sterben', dem Blut-und-Wasser-Gemisch, dem leeren Grab und den leibhaftigen Auftritten des angeblich Toten. Nichts daran war wunderbar. Zweifel sind unberechtigt" (Fried, Tod, 73). Fried repristiniert hier die alte doketisch-gnostische These, wonach Jesus gar nicht gestorben sei (s. a.a.O., 11–14), und fragt: „Könnte in derartigen Theorien und Überlegungen nicht doch eine Spur Wahrheit zu finden sein? Könnte Jesus nach Kreuzigung und Grablegung tatsächlich weitergelebt haben?" (a.a.O., 14f.). Zur *methodischen* Kritik an Frieds Ansatz, Geschichte mit „konstruktiver Phantasie" zu schreiben (Fried, Wissenschaft, 239–259; ders., Schreiben, 119–130), vgl. Althoff, Fakten, 107–117. Kritik in der Sache äußert z. B. Riesner, Tod, 112–115. Recht hat Fried freilich damit, dass „die frühen Christen und ihre Gegner mit dem Komplex von Tod

(σκάνδαλον) und der „Torheit" (μωρία) des *gekreuzigten* Christus, der sich den Christusgläubigen aber gerade als die unerschöpfliche Wirkmacht und einzigartige Weisheit Gottes erwiesen hat (1 Kor 1,23f.).[9]

2. Der Gekreuzigte als σκάνδαλον und μωρία

Die Verkündigung des gekreuzigten Christus als des Inbegriffs göttlichen Heils erschien von Anfang an aus zwei Gründen als „Anstoß" und „Unsinn": *Religiös anstößig* (skandalös) war die Verkündigung des Gekreuzigten, weil dieser vermeintlich zu Recht als Gotteslästerer hingerichtet worden war – wie sollte da ausgerechnet er das Heil Gottes sein? Als *philosophisch unsinnig* erschien die Verkündigung des Gekreuzigten, weil sie dem Apathieaxiom widerspricht: Sollte ein göttliches Wesen denn leiden und sterben können?

Aber auch aus christlich-theologischer Sicht ist das *Sterben* Jesu alles andere als unproblematisch oder gar selbstevident, handelt es sich bei der Rede vom Gekreuzigten doch dezidiert um die Enthüllung des göttlichen *Geheimnisses* (τὸ μυστήριον τοῦ θεοῦ, 1 Kor 2,1). Die darin verborgene Weisheit Gottes „hat kein Auge gesehen und kein Ohr gehört, und sie ist in kein menschliches Herz hinaufgestiegen" (V. 9). Die Wahrheit des Evangeliums leuchtet dem Menschen innerhalb der Grenzen der bloßen Vernunft – dem ψυχικὸς ἄνθρωπος – prinzipiell nicht ein (V. 14), denn das Geglaubte ist schlechthin *über*vernünftig.[10] Das lässt sich an mehreren paradox zusammengeballten Formulierungen des Apostels Paulus ablesen (z. B. 2 Kor 5,21; s. u. 4.1).[11] Weil allein der Heilige Geist sowohl das intentionale (καρδία) als auch das rationale Zentrum (νοῦς) eines Menschen so zu verwandeln vermag, dass die analogielose Christuswirklichkeit – die ἀλήθεια τοῦ εὐαγγελίου – ihm heilsam einleuchtet, *kann* der Glaube nur das Werk des Heiligen Geistes sein (vgl. 1 Kor 2,10–16; 12,3 u. ö.).[12]

---

und Auferstehung Jesu rangen, mit dem Menschsein des Gottes, mit der Göttlichkeit des Menschen" (Fried, Tod, 14). Unfreiwillig benennt er das wahre Kernproblem: „Die menschlichen Erfahrungen reichten schlechthin nicht aus, das Wunder der Auferstehung zu fassen, welche Erzählmuster auch immer eingesetzt wurden" (ebd.).

[9] Vgl. zum Ganzen Kammler, Torheit, 290–305.
[10] Vgl. Maurer, Fundamente, 144. Dabei geht es „nicht um ein *sacrificium intellectus*, weil die Bibel ‚recht hat', sondern um die Befreiung unserer verengten Vernunft" (a.a.O., 145). In dieser Weise will der neutestamentliche Wahrheitsbegriff verstanden sein, dessen materiale Pointe in der exklusiven Bindung an die Person Jesu Christi als der schlechthin seinsbestimmenden Wirklichkeit Gottes liegt. Vgl. dazu Rehfeld, Wahrheit, 95–125.
[11] Vgl. dazu Hotze, Paradoxien.
[12] Vgl. zur Sache Hofius, Wort Gottes, 148–174.

Worin besteht nun aber das theologische Problem der Rede vom *Sterben* Jesu? Das wird deutlich, wenn wir nach der Bedingung der Möglichkeit des Sterbens überhaupt fragen: Was *nötigt* uns Menschen eigentlich zu sterben?

3. Das Sterben Christi und der Sünde-Tod-Zusammenhang

Im Gegensatz zu einer verbreiteten Weltsicht ist das Sterben jedenfalls für Paulus kein einfacher Naturvorgang, kein integraler Bestandteil kreatürlichen Seins, kein bloßer Ausdruck geschöpflicher Begrenztheit – weder im Blick auf die Menschheit noch im Blick auf die außermenschliche Schöpfung (vgl. Röm 8,20–23).[13] Die zuweilen postulierte Unterscheidung[14] zwischen einem angeblich „natürlichen" Abscheiden und dem Tod als „der Sünde Sold" (Röm 6,23a) hat am paulinischen Schrifttum keinen Anhalt.[15] Vielmehr gilt hier der Tod in *allen* seinen Schattierungen als der radikal böse „Feind" (ἐχθρός) sowohl des Menschen

---

[13] Vgl. Hofius, Adam-Christus-Antithese, bes. 78–81. Präzise formuliert er: „Sowenig Adam als ein unsterbliches Wesen erschaffen wurde, sowenig ist er in dem Sinn sterblich erschaffen, daß ein ‚natürlicher' Tod seinem Leben ein Ende setzen sollte; er ist vielmehr zwar ἐκ γῆς und somit ‚irdisch' erschaffen, dies aber mit der Bestimmung und dem Ziel, die ζωὴ αἰώνιος und mit ihr die δόξα τοῦ θεοῦ zu empfangen" (a.a.O., 80). Folglich gilt: „Adams Sündenfall ist in der Sicht des Apostels der unerhörte Zwischenfall, der das Zum-Ziel-Kommen des Schöpfungsplanes Gottes verhindert hat. Chr. Burchard hat das zutreffend so formuliert: ‚Adam blieb durch seine Sünde eine Kreationsruine'" (a.a.O., 81). – Zur Vertiefung der damit verbundenen schwierigen Fragen verweise ich auf die höchst lesenswerten Erwägungen bei Brunner, Adam, bes. 283–288.

[14] So z. B. Martin Hailer in seinem „theologische[n] Lob der Endlichkeit" (Krankheit, 433): „Die Biologie des Alterns und Sterbens ist ein Teilaspekt der Todverfallenheit des vermeintlich blühenden Lebens, sie wird durch die Sündenverstrickung ihrer Natürlichkeit beraubt und zur Strafe. Sterblichkeit allein ist keine Strafe, genauso wie Unsterblichkeit, als fortlaufend zeitliche Dauer gedacht, keine Belohnung wäre, sondern eher selber ein Schrecken, nämlich der Schrecken des nicht-Enden-Könnens. Die Sterblichkeit des Menschen ist in der Logik des 2. Schöpfungsberichts durch die Leitbegriffe *adama* und *nefesch* bereits eingeholt und wird im Strafspruch Gen 3,17 nicht etwa dekretal produziert, sondern vorausgesetzt. Unter den Bedingungen der Sünde wird der Tod zum Verhängnis und zur Strafe, unter den ‚Paradiesesbedingungen' ist er Teil der Geschöpflichkeit, aber nicht Verhängnis. Vom neuen Adam Christus her existiert die Lebensmöglichkeit so, dass das Leben zum Tode hin ist, aber nicht als Strafe und Zergehen, sondern als Integral der Geschöpflichkeit" (a.a.O., 425f.). Anders jetzt allerdings Vogel, Tod, 103f.108–110.

[15] Richtig Hofius, Adam-Christus-Antithese, 81: „Einen [...] ‚natürlichen' Tod kennt Paulus nicht." Ebensowenig kennt Paulus eine Auferstehung, die nicht im strengen Sinne *Heils*geschehen wäre (vgl. Hofius, Auferstehung, 102–114). Ein „Endgericht" als ein die Menschen *in Christo* und *extra Christum* gleichermaßen betreffendes Endgeschehen hat hier

als auch Gottes (1 Kor 15,26).[16] Es ist kein Zufall, dass Paulus gerade in diesem Zusammenhang *agonale* Motivik aufruft.[17] Wenn Christoph Blumhardt d. J. die Christen als „Protestleute gegen den Tod" bezeichnete,[18] dann lag er damit sehr wohl auf einer Linie mit dem Heidenapostel.

Dabei ist für Paulus der Protest gegen den Tod stets gleichbedeutend mit dem Kampf gegen die *Sünde*. Denn in dieser christusfeindlichen Gegenmacht[19] erblickt der Christusapostel die *eigentliche* „Krankheit zum Tode". Sie greift ihrerseits den *ganzen* Menschen an. Wie Röm 5,12–21 breit entfaltet und Röm 8,20 voraussetzt, kennt Paulus keine andere Ursache für das Sterben in der Welt und für die Vergänglichkeit der Schöpfung als den verhängnisvollen „Fehltritt" (παράπτωμα) des Protoplasten Adam, der den gesamten Kosmos irreversibel in Mitleidenschaft gezogen hat.[20] In Röm 5,12 führt Paulus aus: „Durch *einen* Menschen ist die Sünde in die Welt eingedrungen, und durch die Sünde [ist] der Tod [in die Welt eingedrungen], und so ist der Tod zu allen Menschen durchgedrungen, weil sie [– von Adam herkommend –] alle gesündigt haben" (δι' ἑνὸς ἀνθρώπου ἡ ἁμαρτία εἰς τὸν κόσμον εἰσῆλθεν καὶ διὰ τῆς ἁμαρτίας ὁ θάνατος, καὶ οὕτως εἰς πάντας ἀνθρώπους ὁ θάνατος διῆλθεν, ἐφ' ᾧ πάντες ἥμαρτον). Theologisch pointiert resümiert sodann Röm 6,23a: „Der Sold, den die Sünde [als Sklavenhalterin für die ihr geleisteten Dienste] auszahlt, ist der Tod" (τὰ ὀψώνια τῆς ἁμαρτίας θάνατος).[21] Was uns Menschen zu sterben nötigt, ist einzig und allein die Macht der Sünde, die seit Adam auf der Erde ihr Unwesen treibt und in

---

keinen Platz (gegen Stettler, Endgericht; s. dazu meine Rezension in: ThLZ 143 (2018), 770–772, sowie ausführlicher Rehfeld, Ontologie, 340–343.352f.361f. m. Anm. 30).

[16] Man beachte in diesem Zusammenhang besonders 2 Kor 5,1–10, wo auch und gerade das *physische* Sterben mit seinem spezifischen *horror vacui* der Entleibung im Blick ist (V. 4).

[17] So spricht Paulus etwa von der *Vernichtung* (καταργεῖσθαι) des „letzten Feindes" (1 Kor 15,26) oder vom *Verschlungensein* (καταπίνεσθαι) des Todes in den Auferstehungssieg (1 Kor 15,54). Das agonale Motiv war für die Soteriologie der Alten Kirche und Martin Luthers charakteristisch. Vgl. dazu immer noch Aulén, Haupttypen, 501–538.

[18] So in einer Ansprache über Offb 2,8–11 in Zürich am 1. September 1886, abgedruckt in: Blumhardt, Jesus ist Sieger!, 278–288, hier 280: „Nun, ihr Lieben, solche Protestleute gegen den Tod hat es in Smyrna schon gegeben [...]. Heute aber sage ich: Wir, die wir uns mit Kranken abgeben und selber krank sind, – wir, die wir das in dem Namen Jesu sind und tun, wir sind Protestleute gegen den Tod."

[19] Vgl. dazu Rehfeld, Ontologie, 128–143.220f.

[20] Wer vom Ahnherrn Adam abstammt, ist *ipso facto* Sünder und eben damit und deswegen dem Tod verfallen (Röm 5,12.14; 6,23a). Darin liegt der Sinn der Rede von der „Erbsünde", die den überindividuellen, *generationenübergreifenden* Charakter universaler Sündenverstrickung zum Ausdruck bringen will (vgl. Ps 51,7; Hi 14,4; Joh 3,5.6a).

[21] Vgl. dazu Rehfeld, Ontologie, 213–220. Man kann den Satz nicht schlimmer missdeuten, als wenn man τῆς ἁμαρτίας als Genitivus obiectivus auffasst. Der Tod ist aber *nicht* die „Strafe" Gottes für die Sünde der Menschen! Andernfalls müsste man einen Gegensatz zwischen Gottes Gerechtigkeit und seiner Barmherzigkeit postulieren und damit eine Gespaltenheit *in Gott* konstruieren. Dagegen sprechen jedoch eindeutige Sätze wie Röm 5,8, die das Sterben Jesu für die Sünder *unmittelbar* auf die „Liebe Gottes" zurückführen. Dementsprechend bezeichnet das Syntagma δικαιοσύνη θεοῦ bei Paulus keine technokratisch-

die ausnahmslos alle (πάντες) unausweichlich verstrickt und darum auch sämtlich von den ihr inhärenten Folgen betroffen sind. *Ohne* diese Verderbensmacht gäbe es weder Schmerz noch Leid noch Not noch Krankheit noch Sterben noch Tod in der Welt. Einer „Theodizee" bedarf es hier nicht.[22]

Wird das Sterben jedes einzelnen Menschen aber auf nichts anderes als die Herrschaft der Sünde und den daraus resultierenden Mangel an göttlicher δόξα zurückgeführt (Röm 3,23)[23] – d. h. auf die grundsätzliche *Abwesenheit* heilvoller „Gottebenbildlichkeit"[24] –, dann wird das Bekenntnis zum Gekreuzigten, Gestorbenen und Begrabenen erst recht zum Problem! Denn wenn es zutrifft, dass *wir* allein aufgrund unserer Sündenverfallenheit sterben, wie konnte *Jesus* dann sterben, der doch nach Paulus sündlos war (vgl. 2 Kor 5,21a)? Wie sollte der Sohn Gottes sterben können, wenn die *einzige* Bedingung des Sterbens und des Todes die strukturelle und persönliche Verfallenheit an die Sünde ist?[25]

4. Der differenzierte Zusammenhang von Inkarnation und Passion

Eine erste Antwort hält 2 Kor 13,4aα bereit: Christus, so notiert Paulus, „wurde gekreuzigt (und starb) *aus Schwäche*" (ἐσταυρώθη ἐξ ἀσθενείας). Wie aber ist das zu verstehen? Starb Jesus schlicht an physischer Entkräftung? War sein Sterben

---

abstrakte, an einer absoluten (übergöttlichen) Norm orientierte *iustitia distributiva*, sondern Gottes *heilschaffende* „Gemeinschaftstreue" (Röm 1,16f.; 3,26; 6,23b u. ö.).

[22] Das ist gerade mit Blick auf die Kundgabe der Sinaitora zu betonen! Zwar *verschärfte* deren interimistisches Hinzutreten (παρεισέρχεσθαι) unter Mose (Röm 5,20; vgl. V. 13f.; Gal 3,19–25) die Gemengelage; denn der Todesknüppel „Sünde" bezieht von der Sinaitora eine besondere Durchschlagskraft (vgl. 1 Kor 15,56: τὸ δὲ κέντρον τοῦ θανάτου ἡ ἁμαρτία, ἡ δὲ δύναμις τῆς ἁμαρτίας ὁ νόμος), weil der der Sünde gegenüber machtlose νόμος (Röm 8,3f.) nicht zu *verwirklichen* vermag, was er in Aussicht stellt und verlangt, und eben damit der Sünde und dem Tod in die Karten spielt (Röm 4,15). Als temporäre, theologisch *sekundäre* (Gal 3,19b.20), auf Israel beschränkte Größe hat die Sinaitora aber von Anfang an *nichts* mit dem Heil des Menschen zu tun, weder positiv (Gal 3,21) noch negativ (Röm 7,13). Sie zielt ausschließlich auf ἐπίγνωσις ἁμαρτίας (Röm 3,20; vgl. 5,13; 7,7–13).

[23] Zur Übersetzung der Wendung ὑστερεῖσθαι τῆς δόξης τοῦ θεοῦ mit „die Herrlichkeit Gottes nicht haben" (und zwar weil man sie nie gehabt hat, *nicht* weil man sie „verloren" hätte!) vgl. Hofius, Adam-Christus-Antithese, 81 m. Anm. 120.

[24] Richtig Käsemann, Römer, 89: „Gottebenbildlichkeit wird [...] vom Apostel nicht als habitus, sondern als sachgemäße Relation des Geschöpfes zum Schöpfer verstanden". Ist aber die Sünde die *Verkehrung* dieser Relation, dann kann man nicht ohne Weiteres von der „Gottebenbildlichkeit" des *vorfindlichen* Menschen sprechen. *Imago Dei* wird (!) ein Mensch allererst und nur „in Christus", als qualitativ *„neue* Kreatur" (2 Kor 5,17).

[25] S. dazu bereits Anselm von Canterbury, Cur deus homo II, 10f. (ed. Schmitt, 106–117).

also doch nichts anderes als die biologisch unausweichliche und theologisch notwendige *Konsequenz der Inkarnation*?

4.1 Der sündlos zur Sünde gemachte Gekreuzigte (2 Kor 5,21)

Die Dinge liegen komplizierter. Wäre Jesu Sterben tatsächlich nichts anderes gewesen als die unmittelbare Folge seiner *Inkarnation*, dann müsste Christus mit seiner Menschwerdung die menschliche *Sündernatur* angenommen haben. Dem widerspricht Paulus jedoch, wenn er den irdischen Jesus zuvor noch als den bezeichnet, „der mitnichten Sünde kannte", d. h. weder von Geburt an unter der Macht der Sünde stand noch selbst sündigte. In 2 Kor 5,21 heißt es:

> τὸν μὴ γνόντα ἁμαρτίαν ὑπὲρ ἡμῶν ἁμαρτίαν ἐποίησεν [sc. ὁ θεός],
> ἵνα ἡμεῖς γενώμεθα δικαιοσύνη θεοῦ ἐν αὐτῷ.
> Den, der mitnichten Sünde kannte, hat er (d. h. Gott) für uns zur Sünde gemacht, damit *wir* würden die Gerechtigkeit Gottes in ihm (d. h. in Christus).

Diesem Satz liegt der soteriologische Gedanke des *extra nos pro nobis* zugrunde: Christus wurde „für uns" (ὑπὲρ ἡμῶν, *pro nobis*), was er wurde (nämlich: ἁμαρτία), damit wir „in ihm" (ἐν αὐτῷ) – d. h. *extra nos* – würden, was wir *nicht* waren (nämlich: δικαιοσύνη θεοῦ).[26] Hier liegt die Pointe aber darin, dass das, was *in soteriologicis* gilt, zunächst und zuerst für die Christologie gilt. Genauer gesagt: Das christologische *extra nos pro nobis* ist die *Basis* des soteriologischen *extra nos pro nobis*. Das gibt Paulus deutlich zu verstehen, wenn er gleich zu Beginn hervorhebt, Gott habe eben „den, der mitnichten Sünde kannte", für uns zur Sünde gemacht".[27] Der μὴ γνοὺς ἁμαρτίαν aber ist kein anderer als der Christus *qua Inkarnation*.[28] Paulus zufolge liegt unser Heil außerhalb unserer selbst in Christus, weil Christus der Mensch geworden ist, der von seinem Ursprung her – anders als wir – *nicht* im Schatten Adams stand. Jesus Christus ist nicht als ein Produkt adamitischen Menschseins zu begreifen, er ist vielmehr die vollkommene *Antithese* zu Adam (vgl. Röm 5,12-21; 1 Kor 15,42-49). Er hat sich nicht als ein besonders leuchtendes Exemplar aus der adamitischen Menschheit *herausentwickelt*, sondern ist *von außen* in die Bedingungen irdischen Menschseins eingetreten als der vom Vater *Gesandte* (Gal 4,4; Röm 8,3). Er ist der aus dem Himmel stammende „*zweite* Mensch" (ὁ δεύτερος ἄνθρωπος, 1 Kor 15,47b). Knapp, aber ganz im Sinne

---

[26] Vgl. zum Ganzen Hofius, ‚Extra nos in Christo', 69–97. Die beiden Begriffe ἁμαρτία und δικαιοσύνη θεοῦ stehen einander antithetisch gegenüber: „Sünde", d. h. „Feindschaft gegen Gott" (Röm 8,7; vgl. 5,10), ist der *Gegensatz* zur „heilvollen Gottesbeziehung".

[27] Die Worte τὸν μὴ γνόντα ἁμαρτίαν bilden den betonten *Auftakt* des Satzes. Gleichermaßen betont ist am *Ende* der Präpositionalausdruck ἐν αὐτῷ, der das Achtergewicht erhält. Der ganze Satz ist damit christologisch gerahmt.

[28] Als Aussage über den *präexistenten* Christus wäre die Feststellung theologisch sinnlos. Zudem verweist der unmittelbare Kontext auf den irdischen Jesus (vgl. 2 Kor 5,18f.).

des Apostels Paulus formuliert Hans Joachim Iwand: „Die Menschwerdung ist das extra nos!"[29]

In dem christologischen *extra nos* der Inkarnation ist freilich das *pro nobis* von Anfang an mitgesetzt, so wahr Christus in seiner ganzen göttlichen Sendung untrennbar *einer* ist: Er wurde geboren, um für uns zu sterben. So gehen denn die Sendungsaussagen bei Paulus zumeist unmittelbar in einen Finalsatz über, der die soteriologische Wirkung des Todes Jesu benennt (Gal 4,4f.; Röm 8,3f.). Daran wird deutlich, dass der Sohn Gottes nicht irgendwie unverbindlich in die Bedingungen irdischen Menschseins eingetreten ist, sondern dass er sich in völligem Einklang mit dem Heilswillen des Vaters und in beispielloser Selbsterniedrigung (Kondeszendenz) auf sie *eingelassen* und sämtliche Folgen getragen hat. Davon spricht schon die erste Strophe des von Paulus adaptierten Philipperhymnus: „Er, der in Gottesgestalt war, hielt nicht fest wie einen Raub das Gottgleichsein, sondern er machte sich selbst arm, Knechtsgestalt annehmend. Den Menschen gleich werdend und der Erscheinung nach erfunden als ein Mensch, erniedrigte er sich selbst, sich gehorsam erzeigend bis zum Tod, ja zum Tod am Kreuz" (Phil 2,6–8).[30]

Blickt man nur flüchtig auf Stellen wie Phil 2,7f. oder Röm 8,3f. (s. u. 4.2), dann könnte man zwar den Eindruck gewinnen, „Humanität, wahres Menschsein und Sündersein" stünden, „von der Inkarnation her gesehen, auf einem Blatt".[31] Sieht man aber genauer hin, wird man mit Iwand festhalten müssen:

> „Das wahre Menschsein kann eben doch nicht im Sünder-Sein bestehen. Eben dies ist seit Athanasius das Credo aller großen Theologen, die sich mit der Heilsökonomie Gottes befaßt haben. Die Sünde kann nicht die Substanz der menschlichen Existenz ausmachen. An diesem Satz ist Augustin zum Christen geworden. Diesem Satz ist Anselms Schrift ‚Cur deus homo' gewidmet. Um dieses Satzes willen rückt die Formula Concordiae von Flacius und seiner ‚Existenzialtheologie' ab. Die Sünde, eben indem sie den Menschen als Menschen qualifiziert, ist unvereinbar mit dem Glauben an Gott, an den Sieg Gottes in der Welt. Am Menschen droht Gott selbst zu scheitern. Das ist gemeint, wenn gefragt wird: ‚Cur deus homo?' In einem Menschen, an einem Menschen muß der Sieg über Sünde und Tod errungen werden, wenn Gott recht haben soll. Es muß sozusagen erwiesen werden, daß das Menschsein dieses Menschen nicht schicksalhaft identisch ist mit dem Sündersein. Ein Mensch wie wir – und doch ohne Sünde, ein Mensch wie wir – und doch nicht eine Beute des Todes. Das wäre ein Sieg Gottes, das hieße, daß Gott und nicht der Satan das letzte Wort hat."[32]

Diese systematischen Bedingungen sind bei Paulus erfüllt. Denn so sehr er Inkarnation und Passion *zusammensieht* – als die Eckpunkte der *einen* Sendung des Sohnes im πλήρωμα τοῦ χρόνου (Gal 4,4) –, so sehr *unterscheidet* er sie doch als zwei Akte des *einen* Christusgeschehens. Schon im Philipperhymnus ist Jesu

---

[29] Iwand, Christologie, 458.
[30] Übersetzung nach Hofius, Christushymnus, 137.
[31] Iwand, Christologie, 460.
[32] Iwand, Christologie, 460f.

Kreuzestod „nicht als die Konsequenz der Inkarnation, sondern als ihr *Ziel* gesehen."[33] Gleicherweise ist es nach 2 Kor 5,21 kein anderer als der *an und für sich* (*a se*) sündlose Inkarnierte – eben der μὴ γνοὺς ἁμαρτίαν –, den Gott *in der Zeit* zum Inbegriff der Sünde „gemacht hat" (ἐποίησεν, Aorist). Dieser Akt ist sachlogisch als ein zweiter von der Inkarnation unterschieden und vollzog sich in dem grundstürzenden Ereignis der Passion. Allererst am Kreuz wurde Christus „für uns zur Sünde gemacht" (2 Kor 5,21); dort, auf Golgatha, wurde er „für uns zum Fluch" (Gal 3,13), um uns von Sünde, Fluch und Tod zu befreien.

4.2 Der mit der σὰρξ ἁμαρτίας identifizierte Gekreuzigte (Röm 8,3f.)

In der Sache nichts anderes sagt Paulus auch in dem anspruchsvollen[34] und verständlicherweise exegetisch höchst umstrittenen Satz Röm 8,3f.:

> Τὸ γὰρ ἀδύνατον τοῦ νόμου ἐν ᾧ ἠσθένει διὰ τῆς σαρκός, ὁ θεὸς τὸν ἑαυτοῦ υἱὸν πέμψας ἐν ὁμοιώματι σαρκὸς ἁμαρτίας καὶ περὶ ἁμαρτίας κατέκρινεν τὴν ἁμαρτίαν ἐν τῇ σαρκί, ἵνα τὸ δικαίωμα τοῦ νόμου πληρωθῇ ἐν ἡμῖν τοῖς μὴ κατὰ σάρκα περιπατοῦσιν ἀλλὰ κατὰ πνεῦμα.
> Was nun das Unvermögen der Sinaitora betrifft – [jenes Unvermögen, das] darin [bestand], dass sie (sc. die Sinaitora) durch die [von der Sünde versklavte] σάρξ dauerhaft kraftlos war –, [so gilt:] Gott hat, indem er seinen eigenen Sohn ἐν ὁμοιώματι σαρκὸς ἁμαρτίας und περὶ ἁμαρτίας sandte, die Sünde in der σάρξ abgeurteilt, auf dass die Rechtsforderung der Sinaitora erfüllt werde in uns, die wir *nicht* in Übereinstimmung mit der σάρξ, sondern in Übereinstimmung mit dem πνεῦμα unser Leben führen.

Mit der satzeinleitenden Phrase τὸ γὰρ ἀδύνατον τοῦ νόμου κτλ.[35] rekapituliert Paulus das zuvor erörterte Problem des Verhältnisses von Sünde und Sinaitora (Röm 5,13f.20; 6,14f.; 7,1–25 u. ö.)[36] und stellt diesem im Folgenden die Lösung gegenüber: ὁ θεὸς ... κατέκρινεν τὴν ἁμαρτίαν ἐν τῇ σαρκί. Wie in 2 Kor 5,21 und Gal 3,13; 4,4f., so beschließt auch in Röm 8,3f. eine mit ἵνα eingeleitete *Zielaussage* den Gedanken.

---

[33] Hofius, Christushymnus, 64.
[34] Die Grundstruktur ist klar: Paulus bietet hier eine „[n]ähere Erklärung über die Befreiung von der Macht der Sünde: *wie sie geschehen sei* und *zu welchem Ziele*" (Maier, Römer, 253). Darüber hinaus ist Röm 8,3f. aber „vor lauter Bestreben, möglichst alles und genau zu sagen, recht unverständlich geworden" (Schlier, Römerbrief, 240).
[35] Die Worte τὸ ἀδύνατον τοῦ νόμου sind als „Akkusativ der Beziehung" zu verstehen („was ... betrifft"; s. BDR, § 160,1 m. Anm. 2; vgl. Haacker, Römer, 187; Wolter, Römer I, 475 m. Anm. 23). Der nachfolgende attributive Relativsatz erläutert, worin τὸ ἀδύνατον τοῦ νόμου eigentlich besteht und worin es begründet ist. Vgl. Kuss, Römerbrief, 491: „der davon abhängige Relativsatz [...] deutet auf die näheren Umstände des ‚Nichtkönnens' des Gesetzes hin". Vgl. ferner Lekkerkerker, Romeinen I, 325 m. Anm. 2 (ἐν ᾧ = ἐν τούτῳ ὅτι = „daarin dat"); zur Sache Rehfeld, Ontologie, 195.203–207 u. ö.
[36] Vgl. Haacker, Römer, 187; Wolter, Römer I, 476.

Paulus geht davon aus, dass die Sinaitora, wenn sie auf die von der Sünde versklavte σάρξ trifft, das Gute nicht durchzusetzen vermag (Röm 7). Das bedeutet: Die Sinaitora ist „kraftlos (ἀσθενεῖν) durch die σάρξ". Folglich hat *kein Mensch* – seinerseits geistlich „todkrank" (ἀσθενής, 5,6) – dem von der Sinaitora zur Kenntnis gebrachten δικαίωμα entsprochen (3,19f.). Es musste zuerst die Macht der Sünde über die menschliche σάρξ gebrochen werden, bevor das δικαίωμα τοῦ νόμου, das *in der Substanz* mit der Willensforderung Gottes übereinstimmt,[37] tatsächlich „erfüllt" werden konnte.[38] Diese Voraussetzung, so erläutert Paulus, hat Gott dadurch geschaffen, dass er die Sünde „in ihrem Herrschaftsbereich"[39] – eben auf dem Gebiet der von der ἁμαρτία überwältigten und infolgedessen durch sie qualifizierten menschlichen σάρξ[40] – „abgeurteilt", d. h. in die Schranken gewiesen (gerichtet) und entmachtet hat (κατέκρινεν).[41]

Mit der Sendungsaussage skizziert Paulus sodann die Art und Weise, *wie* Gott die Sünde in der σάρξ bezwungen hat – nämlich „indem er seinen eigenen Sohn

---

[37] Es geht Paulus nicht darum, dass die Sinaitora *als Sinaitora*, also als eine zeitlich und räumlich begrenzte Größe, „erfüllt" wird, sondern dass der ewiggültige *Wille Gottes* getan wird (vgl. Maier, Römer, 255f.). Beides ist für Paulus nicht einfach identisch (gegen Wolter, Römer I, 479, u. v. a.). Zur weiteren Begründung s. Rehfeld, Ontologie, 153–160.

[38] Vgl. Wolter, Römer I, 475. Richtig Maier, Römer, 255: „Die Passivconstruction ist absichtlich, weil die Erfüllung bewirkt wird durch Unterstützung der göttlichen Kraft, also nicht das alleinige Werk des menschlichen Subj. ist."

[39] Haacker, Römer, 187.

[40] Vgl. Maier, Römer, 253f.; Wolter, Römer I, 477. Viard, Romains, 170, führt aus: „la ‚chair' [...] qui, attirée par le péché et finalement dominée par lui, ne pouvait lui échapper. Telle était, depuis la faute des débuts de l'humanité, la situation de celle-ci." Paulus *differenziert* zwischen ἁμαρτία und σάρξ (gegen Maier, Römer, 253) und erblickt in der die σάρξ qualifizierenden ἁμαρτία das *eigentliche* Problem. Da die ἁμαρτία ihren weltlichen Sitz in der leibhaftigen menschlichen Existenz hat (vgl. Röm 6,12; 8,3), musste sie gerade dort und *konnte* auch nur dort bekämpft und überwunden werden. Dabei kann Paulus σάρξ und σῶμα prinzipiell synonym verwenden (s. nur 1 Kor 6,16ab; 2 Kor 4,10b.11b; vgl. Rehfeld, Ontologie, 137, Anm. 60). Es handelt sich um Einflusssphären, deren Sosein allein davon abhängt, von welcher Größe sie beherrscht (vgl. βασιλεύειν in Röm 6,12 und κυριεύειν in Röm 6,14) bzw. welcher Größe sie unterstellt sind (παριστάναι, daher Röm 6,13.19; 12,1; 13,12 u. ö.). Wer das Kommando über σάρξ und σῶμα hat, der bestimmt ihr Wesen. Handelt es sich dabei um die ἁμαρτία, wird aus der σάρξ die σάρξ ἁμαρτίας (Röm 8,3) und aus dem σῶμα das σῶμα τῆς ἁμαρτίας (Röm 6,6), die dann als solche der „Befreiung" (ῥῦσις, vgl. Röm 7,24) bzw. der „Erlösung" (ἀπολύτρωσις, Röm 8,23) bedürfen, weil sie durch die ἁμαρτία zum σῶμα τοῦ θανάτου degradiert worden sind (Röm 7,24).

[41] Richtig Lekkerkerker, Romeinen I, 326: „Dit veroordelen heeft dus niet alleen een forensisch, maar ook een effectief karakter; het is weg-doen van de zonde." Vgl. Wolter, Römer I, 479. Präzisierend Maier, Römer, 255: „Wie dieses κατακρινειν im Sinne von καταργειν nicht absolut zu nehmen sei, s. z. 6, 6; nicht wird das Dasein der Sünde aufgehoben, sondern nur ihre Uebermacht zerstört." Die menschliche σάρξ ist der „Kampfplatz" (Kuss, Römerbrief, 494) der auf sie Anspruch erhebenden Größen. Auch hier ist agonale Motivik impliziert.

ἐν ὁμοιώματι σαρκὸς ἁμαρτίας und περὶ ἁμαρτίας sandte".[42] Die Wendung περὶ ἁμαρτίας gibt den *Zweck* der Sendung an,[43] diese wiederum „ist als der Vorakt der Hingabe in den Tod genannt."[44] Dass Paulus auch in Röm 8,3 speziell an den *Kreuzestod* Jesu denkt,[45] darauf deutet die Aoristform κατέκρινεν hin, darüber hinaus auch die Nennung des πνεῦμα (V. 4), das ja in der Folge als *jene* Kraft dargestellt wird, in welcher Gott den gekreuzigten Christus aus den Toten auferweckt hat und die auch *unsere* Auferweckung bewirken wird (V. 11). Paulus sieht hier Sendung und Kreuz Christi ineins,[46] ohne über eine irdische Wirksamkeit Jesu *vor* der Passion zu reflektieren. Dieselbe Konzentration auf das Wesentliche liegt in Gal 4,4f. vor: Auch dort überspringt Paulus die Zeit des irdischen Auftretens und Wirkens Jesu und lässt die Sendungsaussage direkt in die Sühneaussage münden.

Das alles spricht gegen eine inkarnationstheologische Deutung und für ein dezidiert kreuzestheologisches Verständnis der vieldiskutierten Wendung ἐν ὁμοιώματι σαρκὸς ἁμαρτίας,[47] die als solche in ihrer Differenziertheit bedacht

---

[42] Ich fasse das Partizip πέμψας also modal auf. Gegen Haacker, Römer, 187f., ist die *zweite* Wendung (περὶ ἁμαρτίας) keineswegs „überflüssig". Sie macht nämlich deutlich, dass die Sendung des Sohnes *als solche* und also *von vornherein* ausschließlich auf die Aburteilung der Sünde in der σάρξ abzielte. Vgl. Zeller, Römer, 152f. Die zuweilen erwogene *Streichung* von καὶ περὶ ἁμαρτίας würde den Satz gerade seiner „entscheidende[n] Mitte" berauben (mit Wilckens, Römer II, 126, Anm. 517).

[43] Vgl. Maier, Römer, 254. Gegen Wolter, Römer I, 478f., der περὶ ἁμαρτίας für einen opferkultischen Terminus technicus („Sündopfer") hält. Das περὶ ἁμαρτίας (Röm 8,3) entspricht in der Sache aber dem ὑπὲρ τῶν ἁμαρτιῶν ἡμῶν (1 Kor 15,3b).

[44] Maier, Römer, 253. Gegen Wolter, Römer I, 477: „In Röm 8,3 bezeichnen das Partizip πέμψας und das Verbum finitum κατέκρινεν nicht zwei verschiedene Handlungen Gottes, die aufeinander folgen, sondern ein und dieselbe." Eine Begründung fehlt.

[45] Vgl. dazu besonders Kuss, Römerbrief, 495f. (s. u. Anm. 46f.). Schon Lüdemann, Anthropologie, 121, betont, Paulus denke die „Besiegung" der σὰρξ ἁμαρτίας „nicht durch das Erdenleben, sondern durch den Leibestod des Christus vollzogen". Dagegen könne man den „Gedanke[n], Christus habe durch die Uebermacht seines göttlichen πνεῦμα schon während seines heiligen Lebens die σάρξ überwunden, [...] schon höchstens nur in Röm. 8, 3 und etwa noch Gal. 4, 4 angedeutet finden [...], wo von der *Sendung* Christi die Rede ist" (a.a.O., 122), doch erhelle „grade an jener Stelle aus dem κατέκρινε, an dieser aus dem ἐξηγόρασε, dass Paulus auch hier den Tod Christi im Auge hat" (ebd.).

[46] Zutreffend Kuss, Römerbrief, 496: „Die ,Verurteilung' geschieht doch wohl im Sinne paulinischer Theologie ,eigentlich' in dem dramatischen ,Gerichtsakt' des Todes (und der Auferstehung) Jesu, obwohl selbstverständlich die Menschwerdung, ,Fleischwerdung' die unumgängliche Vorbedingung bleibt und nach der Intention Gottes schließlich auch alles, was durch sie möglich wurde, grundsätzlich schon umfaßte."

[47] Gegen Wolter, Römer I, 477, der die Wendung ἐν ὁμοιώματι σαρκὸς ἁμαρτίας „auf das Mensch-Sein des Sohnes" bezieht und darin eine Parallele zu Phil 2,7c und Gal 4,4c sieht. Vgl. dagegen noch einmal Lüdemann, Anthropologie, 122: „Wenn man zunächst die Stelle nicht vom Tode, sondern vom sündlosen Leben Christi versteht, so ist daran zu erinnern, dass nicht das letztere, sondern constant nur Tod und Auferstehung Christi es sind, worin sich für Paulus das Erlösungswerk concentrirt." Kuss, Römerbrief, 496, gibt zu bedenken: „Es ist leicht einzusehen, daß hier – Röm 8,3 –, wo von der Entmachtung des Fleisches in

sein will. Bewusst sagt Paulus nicht einfach: ἐν σαρκὶ ἁμαρτίας, sondern: ἐν ὁμοιώματι σαρκὸς ἁμαρτίας. Dazu führt Anders Nygren aus:

> „Paulus ist fest davon überzeugt, daß Christus auf irgendeine Weise unter der Gewalt der Sünde gestanden hat. Aber gerade an diesem Punkt begegnen wir einer besonderen Schwierigkeit. Denn es ist für Paulus ebenso klar, daß die Sünde keinen Anteil an Christus hatte. Es heißt ja von ihm, daß ‚er von keiner Sünde wußte' (2. Kor. 5,21). Deshalb kann Paulus in diesem Zusammenhang nicht einfach den Ausdruck σὰρξ ἁμαρτίας, ‚Fleisch der Sünde' verwenden; denn das würde bedeuten, daß Christus der Gewalt der Sünde als Sünder wie wir unterstellt wäre. Paulus will dem so nahe wie möglich kommen, ohne mit der Sündlosigkeit Christi, die für ihn unumstößlich feststeht, in Konflikt zu geraten. Er berührt die Grenze, ohne sie zu überschreiten, und sagt ἐν ὁμοιώματι σαρκὸς ἁμαρτίας, ‚in der Gestalt des sündigen Fleisches'. [...] Nicht ohne Recht ist gesagt worden, Paulus habe eine ziemlich gewählte Ausdrucksweise verwandt; aber er hatte auch allen Grund, seine Worte sorgfältig zu wählen. Denn es geht hier um zwei Verhältnisse, die scheinbar im Widerspruch zueinander stehen, deren keinem aber er zu nahe treten durfte: einerseits Christi Sündlosigkeit, andererseits das, daß er den gleichen Bedingungen und Mächten wie wir untertan gewesen ist."[48]

Die Befreiung der menschlichen σάρξ aus dem Würgegriff der ἁμαρτία, so sagt Paulus, ist durch Christus geschehen,[49] der sich als der von Gott gesandte Sohn der Sündenmacht vorbehaltlos gestellt hat, als er *am Kreuz* den Menschen in ihrer todverfallenen σὰρξ ἁμαρτίας *gleich* (Röm 8,3), ja selbst „zur Sünde" wurde (vgl. 2 Kor 5,21a). Auf diese Weise gelang ihm gleichsam von innen heraus der entscheidende Todesstoß gegen die ἁμαρτία auf dem von ihr besetzten Feld, eben ἐν τῇ σαρκί (Röm 8,3).[50] So wurde die Macht der ἁμαρτία über die σάρξ gebrochen. Darum treten die zuvor noch eng miteinander verbundenen Begriffe

---

seinem eigenen Bereich die Rede ist, das Gesandtwerden des Sohnes Gottes in Fleischesgestalt, das Eingehen in die Fleischesgestalt als Voraussetzung und Beginn der endgültigen Entmachtung im Kreuzestode in den Vordergrund rückt; aber das muß nicht heißen, daß der ‚innere' Akzent nicht doch auch hier auf dem ruht, was für Paulus das zentrale Heilsgeschehen ist. Wäre etwa der Gedanke leitend, daß der Sohn Gottes als der Sündenlose in das Herrschaftsgebiet der Sündenmacht eingedrungen sei und einfach damit ihre Totalherrschaft ‚grundsätzlich' gebrochen habe, dann bliebe rätselhaft, warum eben diese Sündlosigkeit hier nicht hervorgehoben ist, sondern im Gegenteil gerade das Gesandtwordensein ‚in Gestalt des Sündenfleisches' betont wird."

[48] Nygren, Römerbrief, 230. Vgl. Kuss, Römerbrief, 491–493.

[49] Kuss, Römerbrief, 490, betont: „Die VV. 3 und 4 geben den Grund an (γάρ), und zwar den *objektiv-heilsgeschichtlichen* Grund dafür, daß die Glaubenden jetzt einen völlig neuen Status erlangt haben" (Hervorhebung E. R.). Darum wird ihnen – den ἐν Χριστῷ Seienden (V. 1) – „[m]it erstaunlicher Unbedingtheit [...] das ganze Heil zugesagt" (ebd.).

[50] Mit Recht betont Lüdemann, Anthropologie, 123: „Wie man aber auch die Stelle fassen mag, stets ist ein Verständniss derselben völlig abgeschnitten, wenn man nicht Christo genau dasselbe Fleisch beilegt, wie das, in welchem hier – wie auch immer – die Sünde verurtheilt wird. [...] Der Streich, welcher die σάρξ, die im Cap. 7 ihr Wesen treibt, hier treffen soll, würde *daneben* fallen, hätte Christi [sic!] nicht eine wirkliche und wahre σὰρξ ἁμαρτίας gehabt." Der alte Streit, ob ὁμοίωμα hier nur „Ähnlichkeit" (so z. B. Baur, Vorlesungen, 189–191) oder aber „Gleichheit" meint (so dezidiert Overbeck, Ueber ἐν ὁμοιώματι σαρκὸς ἁμαρτίας Röm. 8,3), ist im *letzteren* Sinne zu entscheiden (vgl. Pape,

nun auseinander bzw. einander gegenüber: Die sprachliche Aufsprengung des Syntagmas σάρξ ἁμαρτίας ist Ausdruck des sachlichen Auseinandertretens von σάρξ und ἁμαρτία. Gerade in der *Befreiung* der σάρξ von der ἁμαρτία aber liegt die Pointe des in Röm 8,3 beschriebenen Heilshandelns Gottes in Christus: Die Sendung des Sohnes ἐν ὁμοιώματι σαρκὸς ἁμαρτίας ist eben dazu (περί) erfolgt, dass die ἁμαρτία in der σάρξ bezwungen und so ein Leben ἐν σαρκί bzw. ein περιπατεῖν möglich wurde, das sich κατὰ πνεῦμα, nicht mehr κατὰ σάρκα (sc. ἁμαρτίας) vollzieht (V. 4) – ein Leben *für Gott* also (Gal 2,19; Röm 6,10; 7,4.6).

Die Frage, wie die Affizierung des sündlos Gekreuzigten durch die Sünde im einzelnen zu denken ist, kann hier nicht erörtert werden. Es handelt sich dabei jedenfalls um eine paradoxe *Grenz*aussage.[51] Worauf es in unserem Zusammenhang ankommt, ist Folgendes: Die Inkarnation ist zwar eine notwendige, jedoch nicht *per se* – quasi naturhaft – die hinreichende Bedingung des Sterbens Jesu. Christus war zwar von vornherein unbedingt dazu bestimmt zu sterben, weil eben dies der Heilswille des dreieinen Gottes war; *realiter* sterben konnte der sündlose Inkarnierte aber erst – und tat dies auch –, nachdem er zum *Inbegriff der Sünde* geworden war.[52] Dieser zweite Akt aber vollzog sich nirgends anders als am Kreuz. So ist Jesu Passion von der Inkarnation zwar keinesfalls zu trennen, wohl aber von ihr zu unterscheiden. In ihrem *differenzierten* Zusammenhang bilden sie das *eine* christologisch-soteriologische *extra nos pro nobis*.

5. Die soteriologische Pointe des Sterbens Christi

Das Sterben Jesu am Kreuz hat nach Paulus *Heilsbedeutung*[53] – es war ganz und gar ein Sterben „für uns": „Christus ist gestorben zur Sühnung unserer Sünden"

Handwörterbuch II, 337 s. v. ὁμοίωμα), zumal es sich bei Röm 8,3 um eine *kreuzestheologische* Aussage handelt. Als eine inkarnationstheologische Aussage wäre sie im Sinne des Apostels Paulus falsch. Wenn etwa Baur, a.a.O., 191, meint, der Ausdruck ὁμοίωμα verdecke „nur die nicht gelöste Antinomie, dass Christus in seinem Leibe die σὰρξ ἁμαρτίας getödtet haben soll und doch keine wahre und wirkliche σὰρξ ἁμαρτίας gehabt haben kann", dann ist dieses Fehlurteil auf die fehlende Differenzierung zwischen inkarnatorischen und passionstheologischen Aussagen zurückzuführen.

[51] Zu 2 Kor 5,21 notiert Bultmann, Korinther, 166, gerade darin bestehe „die Paradoxie, daß der Sündlose als solcher zum Sünder gemacht wurde." Zu Röm 8,3 s. o. bei Anm. 48.

[52] Vgl. dazu Luther, WA 40/I, 432,17–452,26 (zu Gal 3,13). Man spürt Luthers fulminanter Auslegung das sachgemäße Ringen ab. Die Rede vom gekreuzigten Sohn Gottes geht nie auf; sie bleibt göttliches *Geheimnis* (s. o. 2.), dem man sich nur staunend nähern kann.

[53] Gegen Vogel, Tod, 79: „Wo immer Paulus auf den Tod Jesu als Tod am Kreuz zu sprechen kommt (griech. σταυρός, σταυρόω), geht es nicht um die Heilswirkung seines Todes, sondern um die kritische Umkehrung geltender sozialer Maßstäbe und um die von den Chris-

(1 Kor 15,3). „Christus hat uns losgekauft (d. h. befreit) von dem Fluch der Sinaitora, indem er für uns zum Fluch geworden ist" (Gal 3,13). Die Einsicht in den Pro-nobis-Charakter des Leidens, Sterbens und Auferstehens Jesu ist der Ausgangspunkt und zugleich der Fluchtpunkt der ganzen paulinischen Theologie. Die beiden Wörtchen „für uns" (ὑπὲρ ἡμῶν) markieren die entscheidende Differenz zwischen der paulinischen Sicht *vor* und *nach* dem „Damaskusereignis". Dazu bemerkt Joachim Jeremias: „Als den von Gott sichtbar Verfluchten hat Saulus Jesus von Nazareth in seinen Anhängern verfolgt. [...] Und dann kam die Stunde von Damaskus, in der ihm der Verfluchte im Lichtglanz Gottes erschien. Der Satz blieb: ‚Gott hat ihn zum Verfluchten gemacht' – nur ist er seit Damaskus um zwei Worte ergänzt: ‚für uns', ‚für mich' (Gal 2,20)."[54]

Exakt diese Erkenntnis wurde Paulus vor Damaskus zuteil, als Gott ihm „seinen Sohn offenbarte" (Gal 1,15f.).[55] Diese ihm von Gott selbst erschlossene Wahrheit über den Gekreuzigten und Auferstandenen – die „Wahrheit des Evangeliums" (Gal 2,5.14) – steht am *Anfang* seiner Existenz in Christus (vgl. Röm 16,7), sie ist der Dreh- und Angelpunkt seiner apostolischen Sendung (Gal 1,16b). Es geht hier *alles* „from solution to plight", wie E. P. Sanders klassisch formulierte.[56] Am Anfang steht die von Gott geschenkte Einsicht in den sühnenden Charakter des Sterbens und der Auferstehung Jesu. Dabei gehen *ratio cognoscendi* und *ratio essendi* Hand in Hand: Es sind die nicht zufälligen *Umstände* des Sterbens Jesu, die dieses Sterben sowohl *noetisch* als auch *ontisch* als ein Sterben zum Zweck der Sühne ausweisen.[57] Relevant ist nicht allein das *Dass*, sondern auch das *Wann*, *Wo* und *Wie* des Sterbens Jesu – und Jesu Personqualität! Wenn Paulus in Röm 3,25 schreibt, Gott habe den gekreuzigten Christus „öffentlich hingestellt als Sühneplatte (ἱλαστήριον) in seinem eigenen Blut (ἐν τῷ αὐτοῦ αἵματι)", dann verweist er damit auf den Kontext kultischer Sühne.[58]

Wie Hartmut Gese gezeigt hat, hat die kultische Sühne (verstanden als Sühnweihe) den Charakter inkludierender Existenzstellvertretung und ist der Sache

---

tusverehrern geforderte Orientierung an den durch das Kreuz gegebenen neuen Maßstäben." Das sind m. E. moderne Eintragungen, die einer exegetischen Überprüfung nicht standhalten. Abgesehen davon ist für Paulus der Tod Jesu immer Tod *am Kreuz*.

[54] Jeremias, Opfertod, 83.
[55] Die die Wendung δι' ἀποκαλύψεως Ἰησοῦ Χριστοῦ (V. 12) aufgreifende *semitisierende* Formulierung ἀποκαλύψαι τὸν υἱὸν αὐτοῦ ἐν ἐμοί (V. 16) ist zu übersetzen mit: „mir (*nicht*: in mir) seinen Sohn zu offenbaren". Vgl. dazu Hofius, Paulus, 5f. m. Anm. 19.
[56] Sanders, Paul, 443. In der Tat ist es entscheidend, „to choose the starting point with care and to begin where Paul began" (a.a.O., 434). Sanders' These: „the main theme of Paul's gospel was the saving action of God in Jesus Christ and how his hearers could participate in that action" (a.a.O., 447), lässt freilich noch sehr viel Interpretationsspielraum.
[57] Dieser Gedanke liegt z. B. Joh 12,32f.; 18,32 zugrunde. Vgl. auch Hebr 13,11f.
[58] Vgl. dazu grundlegend Gese, Sühne, 85–106; Hofius, Sühne, 33–49. Dass Paulus hier anscheinend geprägtes Formelgut aufnimmt, spricht – anders, als zuweilen suggeriert wird – nicht dagegen, dass er die Tradition der Sache nach grundsätzlich *bejaht*.

nach „ein Zu-Gott-Kommen durch das Todesgericht hindurch".[59] Dementsprechend meint die „Rede von der Sühne" immer „Tod und Auferstehung zugleich".[60] Gerade der unlösliche *Konnex von Tod und Leben* ließ das Verständnis des Christusgeschehens im Rahmen kultischer Sühne plausibel erscheinen. Für diese wiederum ist konstitutiv der Gedanke der Subjektübertragung und damit der personalen Partizipation; denn die „kultische, die heiligende Sühne ist alles andere als nur ein negativer Vorgang einfacher Sündenbeseitigung oder bloßer Buße."[61] Sie schließt denjenigen vollumfänglich mit ein, zugunsten dessen (ὑπέρ c. Gen.) die Sühne sich vollzieht. Nach Paulus bildet das Sühnegeschehen von Kreuz und Auferstehung Jesu den Höhe- und Zielpunkt des *gesamten*, proexistenten Christusgeschehens. Hans Joachim Iwand erläutert: „Das ist das Wunderbare und Besondere an der Geschichte dieses Jesus von Nazareth, daß sie immer auch uns einschließt, uns sterbliche, uns sündhafte Menschen. Sie ist immer zugleich unsere Geschichte. Immer sind wir dabei. Bei seinem Sterben sind wir dabei und bei seinem Auferstehen."[62] „Jesus steht nicht neben uns wie ein Freund, ein Bruder, eine Braut, ein Lehrer neben uns steht, sondern Jesus steht *für* uns. Er steht im Tode wie im Leben für uns."[63]

6. Christianologisch-thanatologische Konsequenzen des Sterbens Christi

Wie stellt sich angesichts der grundlegenden Einsicht in den existenzstellvertretenden Charakter des Sterbens und der Auferstehung Jesu nun aber das *eigene* Sterben – unser Sterben – dar? Welche Perspektiven eröffnen sich von daher für den Umgang mit der eigenen physischen Vergänglichkeit und Gebrochenheit, dem eigenen irdischen Ableben?

Da Paulus sehr genau um die leiblich-physische Dimension irdisch-christlicher Existenz weiß[64] und sie weder kontrafaktisch negiert noch philosophisch minimiert,[65] sollte man die Frage nach dem physischen Sterben theologisch keinesfalls vernachlässigen oder gar als unzulässig abtun. Mit Recht betont Peter

---

[59] Gese, Sühne, 104.
[60] Gese, Sühne, 106. Die verbreitete Kritik dieses Ansatzes übersieht allzu oft gerade diesen elementaren Zusammenhang.
[61] Gese, Sühne, 104.
[62] Iwand, Ich lebe und ihr sollt auch leben, 305.
[63] Iwand, Ich lebe und ihr sollt auch leben, 306.
[64] Vgl. z. B. 1 Kor 6,19f.; 9,27; 2 Kor 5,4.6–9; Gal 2,20; Röm 12,1f.
[65] Richtig Schnelle, Paulus, 539: „Menschliche Identität gibt es für Paulus nicht ohne Leiblichkeit, so dass er auch die Auferstehungswirklichkeit und damit die *postmortale Existenz* leiblich denkt. [...] Wenn Paulus von der Erlösung unseres gegenwärtigen Leibes spricht

Stuhlmacher: „Das Sein der neuen Kreatur ist ein *welthaftes* und zugleich doxologisches Sein."[66] Die durch Gottes Wort und Geist ins Dasein gerufene Neuschöpfung ἐν Χριστῷ hat „auf ihrem geschichtlichen Laufe zu Gott leibhaftige Doxologie zu üben".[67] In diesem Rahmen hat auch der Umgang mit dem eigenen Sterben seinen Platz: „Denn sowohl wenn wir leben, leben wir *für den Herrn*, als auch wenn wir sterben, sterben wir *für den Herrn*. Also: Sowohl wenn wir leben als auch wenn wir sterben, gehören wir dem Herrn. Denn dazu ist Christus gestorben und lebendig geworden, damit er sowohl über Tote als auch über Lebende herrsche" (Röm 14,8f.).

Auch und gerade für eine christliche Thanatologie[68] ist der Grundsatz der *exklusiven ontischen Wirksamkeit der Christusbezogenheit* ausschlaggebend. Nach Paulus entscheidet sich das eigene Geschick einzig und allein am „Sein in Christus", d. h. am Mithineingenommensein in *seinen* Tod und *seine* Auferstehung.[69] Daher erweist es sich als schlechterdings *lebensnotwendig*, „Christus zu gewinnen (Χριστὸν κερδάνειν) und in ihm erfunden zu werden (εὑρεθῆναι ἐν αὐτῷ)", wie der Apostel in Phil 3,8f. betont.[70] Denn *extra Christum*, d. h. *in nobis*, herrschen Sünde und Tod; *in Christo*, d. h. *extra nos*, regiert das Leben. Dass Gott selbst in und durch Christus diesen tödlichen Gegensatz für uns und zu unserem Heil überwunden hat, darin besteht das Evangelium, das in sich die Kraft eschatologischer Rettung (σωτηρία) trägt (Röm 1,16f.; vgl. 2 Kor 2,15f.).

Daraus ergibt sich als *erste* und *grundlegende* Konsequenz: Der Tod eines Menschen ἐν Χριστῷ ist etwas kategorial anderes als das Sterben eines Menschen

---

(Röm 8,23), artikuliert er nicht Leibfeindlichkeit, sondern sehnt sich nach der ungebrochenen und immerwährenden Gemeinschaft mit dem Auferstandenen."

[66] Stuhlmacher, Erwägungen, 35 (Hervorhebung E. R.).
[67] Stuhlmacher, Erwägungen, 27.
[68] Zur sachlichen *Problematik* eines solchen Unterfangens s. u. Konsequenz 1.
[69] Das ergibt sich mit Notwendigkeit aus der soteriologischen *Exklusivität* des Christusgeschehens (vgl. Gal 2,21; 1 Kor 1,13). Folglich ist es auch allein die Zugehörigkeit zu Christus, dem auferstandenen „Erstling der Entschlafenen" (ἀπαρχὴ τῶν κεκοιμημένων), welche *unsere* Auferweckung nicht nur ermöglicht, sondern garantiert (1 Kor 15,20–23) – denn das *eo ipso* existenzstellvertretende Sühnegeschehen umfasst beides: Tod *und* Auferstehung (s. o. bei Anm. 60). – Auch Joh 3,18.36; 5,24 erweisen die Christusbezogenheit als *das* soteriologische bzw. eschatologische Kriterium schlechthin, welches vor dem Hintergrund von Joh 14,6 zu profilieren ist. Vgl. zum Ganzen auch 1 Joh 5,11f.
[70] Dass das „Gewinnen Christi" nicht auf eigener Leistung und Anstrengung beruht, wird im Zusammenhang daran deutlich, dass die neue „Gerechtigkeit" dezidiert nicht „*meine*" (ἐμή), sondern die ἐκ θεοῦ δικαιοσύνη ist (V. 9). Vgl. zur Sache auch Phil 2,12f., wo das Gefälle zu beachten ist: „denn *Gott* ist es, der ..." (V. 13). Nicht von einer *cooperatio* ist hier die Rede, sondern von einem Mithineingenommensein in das Handeln des dreieinen Gottes (*imputatio*). Dessen Dynamik überträgt sich auf das Leben der in Christus Seienden, was als der christliche „Gehorsam" bezeichnet werden kann.

extra Christum.⁷¹ Letzteres kann angesichts unausweichlicher Sünden- und Todverfallenheit nur ein *trostloses* Sterben sein – Paulus spricht von „den übrigen, die (objektiv) keine Hoffnung haben" (οἱ λοιποὶ οἱ μὴ ἔχοντες ἐλπίδα, 1 Thess 4,13) – und endet in unwiederbringlicher Vernichtung (ὄλεθρος, ὀργή).⁷² Wenn Paulus dagegen vom Sterben derer spricht, die „in Christus" entschlafen sind, dann tut er das *immer* unter der Hoffnungsperspektive der endzeitlichen Auferweckung anlässlich der Parusie Christi. Insofern kann es eine christliche Thanatologie *für sich genommen* gar nicht geben. Sie kann nur entfaltet werden als Lehre vom Sterben im Horizont der Parusie Jesu Christi und damit im Rahmen christlicher Eschatologie.

Daraus ergibt sich als *zweite* Konsequenz: Der Satz, dass *alle* Menschen Sünder sind und *jeder* Mensch sterben muss, gilt kraft des Todes und der Auferstehung Jesu nicht uneingeschränkt. Denn „in Christus" haben Sünde und Tod ihren Absolutheitsanspruch definitiv eingebüßt, wie Paulus in Römer 6 ausführt: „Denn wenn wir verwachsen worden sind mit der Gleichheit seines (sc. Jesu) Todes, dann werden wir es auch mit der seiner Auferstehung sein. Das begreifen wir: Unser alter Mensch ist mitgekreuzigt worden (ὁ παλαιὸς ἡμῶν ἄνθρωπος συνεσταυρώθη), damit der Sündenleib stillgelegt ist, auf dass wir nicht mehr der Sünde dienen. Denn wer gestorben ist, ist entlassen aus der Sünde[nmacht] (ὁ γὰρ ἀποθανὼν δεδικαίωται ἀπὸ τῆς ἁμαρτίας). Wenn wir aber *gestorben* sind mit Christus, glauben wir, dass wir auch *leben* werden mit ihm. Wir wissen ja: Christus, aus den Toten auferstanden, stirbt nicht mehr; der Tod herrscht nicht mehr über ihn (θάνατος αὐτοῦ οὐκέτι κυριεύει). Denn was er gestorben ist, ist er ein für alle Mal (ἐφάπαξ) der Sünde gegenüber gestorben; doch was er lebt, lebt er für Gott" (Röm 6,5–10). Aus dem Sieg Christi über Sünde und Tod leitet der Apostel die grundsätzliche *Freiheit* der in Christus Seienden von Sünde und Tod ab.⁷³ Da sie *mit ihm* gekreuzigt wurden und *mit ihm* gestorben sind (vgl. Gal 2,19), werden sie auferweckt werden, wie *er* auferstanden ist (vgl. Phil 3,10f.; 1 Kor 15,20–23). Für die bei der Parusie Christi noch lebenden Christusgläubigen rechnet Paulus freilich nicht mehr mit deren eigentlich ja *un*-nötigem *Sterben*, sondern mit ihrer plötzlichen *Verwandlung* (1 Kor 15,51f.) und ihrer „Entrückung in die Luft dem Herrn entgegen" *zusammen* mit den zugleich auferweckten verstorbenen Christusgläubigen (1 Thess 4,14–17).

Daraus ergibt sich als *dritte* Konsequenz: Das physische Sterben von *Christusgläubigen* ist eine rein präparusiale, d. h. in *diesem* Fall tatsächlich nur noch „naturbedingte" Notwendigkeit im Sinne der allgemeinen (als solcher allerdings von den *Folgen* von Adams παράπτωμα gezeichneten!) *conditio humana* oder – wie

---

⁷¹ Vgl. dazu und zum Folgenden Rehfeld, Ontologie, 352f.356–363; zu der grundlegenden Unterscheidung zweier „Anthropologien" („Christianologie" vs. „Hamartologie") bei Paulus s. a.a.O., 119–125.

⁷² Vgl. zum Ganzen 1 Thess 4,13–5,11; dazu Rehfeld, Ontologie, 330–347.361f.

⁷³ Das bedeutet indes *nicht*, dass sie zeitlebens nicht mehr davon „betroffen" sein könnten! Denn die Schlacht ist bereits entschieden, der Kampf aber tobt noch.

Paulus sie nennt – der εἰκὼν τοῦ χοϊκοῦ ἀνθρώπου (1 Kor 15,49a). Weil die in Christus Seienden *in ihm* und *mit ihm* der Sünde und damit dem Tod bereits gestorben *sind*, haben Sünde und Tod grundsätzlich keine Gewalt mehr über sie; sie sind ein für allemal von den Verderbensmächten befreit und endgültig *Gott* übereignet.[74] Da aber das physische Sterben – wie Krankheit und anderes Leid – zu den überindividuellen (strukturellen) Auswirkungen der Macht der Sünde in dem gegenwärtigen Äon gehört und diese sündebedingten *Langzeitfolgen* vollumfänglich erst in der βασιλεία τοῦ θεοῦ[75] geheilt sein werden, können auch Christusgläubige noch von Krankheit und Tod betroffen sein. Dass es die Möglichkeit des Erkrankens und Sterbens für Christusgläubige vor der Parusie (d. h. innerweltlich) überhaupt noch gibt, hat seinen Grund darin, dass der auf Golgatha bereits tödlich getroffene Feind erst bei der Parusie endgültig *vernichtet* werden wird (1 Kor 15,26).[76] Insofern kann das Sterben von Christusgläubigen *in der Zeit* als eine Auswirkung der sog. „Parusieverzögerung" verstanden werden – oder besser: als die leibliche Kehrseite der „eschatologischen Spannung". Ein solches Sterben hat aber keinerlei eigenständige Bedeutung, weil es von vornherein mit der Auferweckung bei der Parusie Christi zusammengesehen werden muss.

Daraus ergibt sich als *vierte* Konsequenz: Das präparusiale Sterben von Christusgläubigen samt parusialer Auferweckung entspricht *in der Sache* dem Verwandelt-Werden der bei der Parusie noch lebenden Christusgläubigen.[77] Nach 1 Kor 15,51f. ist „*Verwandlung* [...] die zentrale Aussage, die sich auf Lebende und Tote bezieht."[78] Paulus schreibt: „Alle werden wir nicht entschlafen, alle werden wir aber verwandelt werden, in einem Augenblick, in einem Wimpernschlag, bei der letzten Posaune; es wird nämlich posaunen, und die Toten (d. h. die verstorbenen Christusgläubigen) werden als Unvergängliche *auferweckt* werden, und wir (d. h. die bei der Parusie noch lebenden Christusgläubigen), wir werden *verwandelt* werden" (1 Kor 15,51f.). Nach Gerhard Sellin interpretiert Paulus die „Kategorie ‚Auferstehung der Toten' generell als ‚Verwandlung' von irdisch-vergänglichem σῶμα in σῶμα πνευματικόν."[79] Damit ist „Verwandlung [...] die paulinische Alternative zu einem (philonischen) ‚Hinübergehen', zur Leibablegung

---

[74] Mit Käsemann, Leib, 116, ist es „von entscheidender Bedeutung, daß nach Paulus eben nur die Christen ein ἐν σαρκί kennen, welches sich vom κατὰ σάρκα unterscheidet. Sonst fallen beide stets zusammen."

[75] Der Begriff erscheint bei Paulus in Röm 14,17; 1 Kor 4,20; 6,9f.; 15,50; Gal 5,21; 1 Thess 2,12; vgl. 1 Kor 15,24.

[76] Auch im Blick auf die Sünde formuliert Paulus mit Bedacht: „wir sind der Sünde gestorben" (ἀπεθάνομεν τῇ ἁμαρτίᾳ, Röm 6,2) bzw. der Sünde gegenüber tot (νεκροὶ τῇ ἁμαρτίᾳ, Röm 6,11) – und *nicht*: „die Sünde ist tot". Paulus denkt hier *apokalyptisch*, d. h. von der Durchsetzung der βασιλεία τοῦ θεοῦ her. Vgl. dazu Förg, Ursprünge, 497f. u. ö.

[77] Vgl. Sellin, Streit, 47: „Die Auferstehung der Toten ist [...] zugleich deren Verwandlung (wie das Ergebnis, ἄφθαρτοι, zeigt)."

[78] So mit Sellin, Streit, 223.

[79] Sellin, Streit, 48.

und Entweltlichung."[80] Was nun bei der Parusie in einem einzigen Akt geschieht (ἐν ἀτόμῳ, ἐν ῥιπῇ ὀφθαλμοῦ), tritt bei der Abfolge von Sterben und Auferweckt-Werden zwar nicht sachlich, wohl aber „zeitlich" auseinander. Man könnte hier von einer „*Zerdehnung*" *der parusialen Verwandlung* sprechen. Unabhängig davon ist eine *Verwandlung* grundsätzlich in jeder – auch leiblicher – Hinsicht nötig, weil „Fleisch und Blut die βασιλεία τοῦ θεοῦ nicht erben können", wie ja auch „die Vergänglichkeit nicht die Unvergänglichkeit erbt" (1 Kor 15,50). Dazu bemerkt noch einmal Sellin: „Was in Christus angefangen hat, erfordert noch seinen ihm gemäßen Abschluß. V. 44b–50 läuft darauf hinaus, daß es zwischen Adam-Existenz und Christus-Pneuma-Existenz keine Kontinuität gibt, keine anthropologische Konstante [...]. ‚Fleisch und Blut', d.h. der natürliche Mensch (ψυχή), sind vom ‚Gottesreich' ausgeschlossen (V. 50). Deshalb ist Verwandlung, neue Leiblichkeit erforderlich."[81] Die Verwandlung bei der Parusie ist demzufolge als ganzheitliche *Vollendung* der „in Christus" bereits anfangshaft entstandenen „Neuschöpfung" (καινὴ κτίσις) zu begreifen und setzt als solche den Gedanken völliger *annihilatio* und damit radikale Diskontinuität voraus.[82] Denn „das Alte" (τὰ ἀρχαῖα) ist in keiner Weise erhaltenswert (vgl. Phil 3,7f.; 1 Kor 6,9–11). Warum sollte man Belangloses, geschweige denn Verwerfliches in die neue Existenz „hinüberretten" und so eine Identität von altem und neuem Menschen konstruieren wollen?

Daraus ergibt sich als *fünfte* Konsequenz: Das *einzige* „Kontinuum" christlicher Existenz ist die pneumatisch vermittelte ontisch wirksame Christusbezogenheit, d. h. das bleibende *extra nos in Christo*. Es ist allein der in den Christusgläubigen wohnende Geist Gottes bzw. Christi, der ihre Selbigkeit über den Tod hinaus bzw. durch die Auferweckung/Verwandlung hindurch gewährleistet. In Röm 8,10f. führt Paulus aus: „Wenn aber *Christus* in euch (ist), dann (ist) der Leib zwar sündebedingt tot (d. h. sterblich), der Geist aber (ist) Leben (d. h. zum Leben bestimmt) um der Gerechtigkeit willen. Wenn aber der Geist dessen, der Jesus aus den Toten auferweckt hat, in euch wohnt, dann wird er, der Christus aus den Toten auferweckt hat, auch eure sterblichen Leiber lebendig machen durch seinen in euch wohnenden Geist." Zugespitzt formuliert: Der Tod eines Menschen ἐν Χριστῷ ist *für sich genommen* genauso eine Nichtung wie das Sterben jedes Sünders. Der entscheidende *Unterschied* besteht darin, dass der Sünder tot *bleibt* (ὄλεθρος), während der Mensch ἐν Χριστῷ, eben *weil* er ἐν Χριστῷ entschlafen ist, zu ewigem Leben auferweckt werden wird. Es ist aber keine Qualität

---

[80] Sellin, Streit, 224f. Er fährt fort: „Weil Paulus nun [sc. in Korinth; E. R.] auf eine Anthropologie trifft, die die leibliche Dimension aus der Soteriologie ausschließt und dabei den Tod zum kontinuierlichen Übergang verharmlost, stellt er hier das ‚Sein zum Tode' als Normalfall und den Gedanken der Auferweckung als Verwandlung als notwendig vor" (a.a.O., 225).

[81] Sellin, Streit, 223.

[82] Es entsprechen sich also kosmologische (*annihilatio mundi*) und „individuelle" Eschatologie.

in diesem Menschen – etwa eine an sich unsterbliche „Seele"[83] –, das seine Auferweckung garantiert. Auch das *zukünftige* Sein des Auferstehungslebens liegt ganz und gar *extra nos in Christo* begründet! Mit Recht betont Ernst Käsemann: „Zu diesem Geistesleib kommt es nicht auf Grund immanenter Entwicklung; diese wird vielmehr gerade durch den Tod abgeschnitten. [...] Damit ist gesagt, daß die Frage nach der Kontinuität des Ichs durch den Tod hindurch nicht einmal als Frage gestellt werden darf. [...] Nicht das Ich, sondern Gott der Schöpfer bleibt; so ‚bleibt' auch seine Schöpfung, die niemals etwas anderes ist als Sein aus dem Nichtsein."[84] Den Gedanken des unableitbaren Gotteswunders und der radikalen Verwandlung – nicht der organischen Entwicklung! – legt schon der von Paulus als *Kontrastbild* verstandene Vergleich mit dem Samenkorn nahe, den er als Ausgangspunkt seiner Darlegungen im dritten Teil von 1. Korinther 15 wählt: „Was du säst, das wird nicht lebendig gemacht, ohne dass es zuvor gestorben ist. Und was du säst – du säst nicht den Leib, der *werden* wird, sondern ein nacktes (d. h. leibloses) Korn, sei es von Weizen oder von einem der übrigen Samenkörner. *Gott* aber gibt ihm einen Leib, wie er (als Schöpfer) wollte, d. h. jedem der Samen einen eigenen Leib" (1 Kor 15,36–38).[85]

7. Epilog: Die Karsamstagsexistenz der Christusgläubigen

Das präparusiale Sterben eines Christusgläubigen ist eine im wahrsten Sinn des Wortes eigenartige Sache: Es ist das Sterben dessen, der mit Christus bereits gestorben und begraben *ist*. Es ist zugleich das Sterben dessen, der – weil er in Christus der Gewalt der Sünde und des Todes definitiv entrissen ist – unaufhaltsam seinem eschatologischen Verwandelt-Werden entgegengeht. Es ist das Sterben

---

[83] Dass die christliche Hoffnung auf die Auferstehung der in Christus Entschlafenen etwas ganz anderes ist als der Glaube an ein Weiterleben der Seele, zeigt Cullmann, Unsterblichkeit. Den Begriff der „Seele" wiederzubeleben, versucht neuerdings z. B. Gestrich, Seele.

[84] Käsemann, Leib, 134 (alle Zitate; tlw. gesperrt i. O.). Es „läßt sich nicht einmal von einer Kontinuität zwischen Psychikos und Pneumatikos sprechen. In der Taufe stirbt der alte, entsteht ein neuer Mensch" (ebd.).

[85] Nur weil Käsemann, Leib, 134–136, den paulinischen Vergleich nicht von Paulus her, sondern mit dem biologischen Wissen des 20. Jahrhunderts interpretiert, kann er zu der These gelangen, die von Paulus gewählte Metapher stelle „einen mißglückten Vorstoß apologetischer Art" dar (a.a.O., 136) und stehe „im schärfsten Widerspruch zur sonstigen paulinischen Lehre" (a.a.O., 135). Demgegenüber hat Jeremias, Gleichnisse, 147f., gezeigt, dass die Metapher vom aufkeimenden Samenkorn ursprünglich nicht den Gedanken der Entwicklung, sondern den des *Kontrastes* impliziert und gerade deswegen nicht von ungefähr des öfteren als „Sinnbild der Auferstehung" gewählt wurde (a.a.O., 148).

eines Gestorbenen, dessen Telos nicht das Tot-Sein ist, sondern die Auferweckung aus den Toten in organischer Analogie zur Auferstehung Jesu Christi. Daher muss der Glaube lernen, „den todten ansehen nicht im grabe und sarck, sondern jnn Christo".[86]

Christliche Existenz ist darum grundsätzlich *gespannte* Existenz: Sie ist ausgespannt zwischen dem Ausharren (ὑπομονή) *in* dem gegenwärtigen Leiden samt Krankheit und ggf. Sterben – und der zuversichtlichen Hoffnung (ἐλπίς) auf das Noch-nicht-Sichtbare, aber gewiss Zugesagte, weil in der Liebe Gottes selbst Verbürgte (Röm 5,1–5; 8,24). Treffend formuliert Alexander Deeg: „Christliche Existenz ist ‚Karsamstagsexistenz' – bis Er wiederkommt und Gott selbst ist ‚alles in allem' (1 Kor 15,28)."[87]

Unter dieser Hoffnungsperspektive erscheint das Leiden samt Krankheit und ggf. Sterben im höchsten Maße *ambivalent*, es ist Anfechtung und Trost zugleich. Es ist kein „fremdes" Leiden (vgl. 1 Petr 4,12–19), sondern bildet in gewisser Weise das Leiden Christi ab. So kann Paulus in Gal 6,17 sagen: „Ich trage die Malzeichen Jesu an meinem Leib." Christliches Leiden ist Teilnahme am Leiden *Christi* – und *deswegen* Anfechtung und Trost zugleich. Denn nicht nur das *Leiden* Christi, sondern das *ganze* Christusgeschehen zeichnet sich im gegenwärtigen und zukünftigen Leben derer ab, die in Christus sind. In 2 Kor 4,10 bringt Paulus die Signatur apostolischer, aber durchaus auch allgemein-christlicher Existenz folgendermaßen auf den Punkt: „Dabei tragen wir jederzeit das *Sterben* Jesu an unserem Leib herum, damit auch das *Leben* Jesu an unserem Leib offenbar werde." Das ist Herausforderung *und Trost* zugleich.

So wird verständlich, warum Paulus sich angesichts seines eigenen Leidens und möglichen Sterbens in einer mehrfachen Aporie sieht: „Für mich nämlich bedeutet das Leben Christus und das Sterben Gewinn. Wenn aber das Leben im Fleisch (ἐν σαρκί) [mir bestimmt ist], dann bedeutet das für mich Arbeitsertrag, und so weiß ich nicht, was ich wählen soll. Ich werde aber von beidem bedrängt: Ich habe Lust, abzuscheiden und mit Christus zusammen zu sein, denn es ist weit besser; das Bleiben im Fleisch aber ist notwendiger um euretwillen" (Phil 1,21–24). Was das Sterben als solches anlangt, so steht dem Wunsch, bald abzuschei-

---

[86] So Martin Luther in seiner „Predigt uber die Leiche des Kurfürsten Hertzog JOHANS zu Sachsen" vom 18. August 1532 (WA 36, 237–254, hier 244,14).

[87] Deeg, Anamnese, 75. Dazu führt er aus: „Ich meine, der Karsamstag kann verstanden werden als ein Tag, der unsere Existenz als Christenmenschen auf dieser Erde recht trefflich deutlich macht. Als die Getauften sind wir, so Paulus, ‚der Sünde gestorben' (Röm 6,11), sind wir ‚in Christus' und ‚eine neue Kreatur' (2 Kor 5,17) – doch unser Leben bleibt der alten Welt verhaftet, kennt (Gott sei Dank) so manche Höhen, aber (Gott sei's geklagt) auch die Tage, in denen ‚die Tiefe' uns ‚umringt' (Jona 2,6)" (ebd.). Zur exegetischen Begründung dieses Gedankens vgl. Rehfeld, Ontologie, bes. 364–366.385f. m. Anm. 81. Eine umfangreiche theologische Würdigung des Karsamstags findet sich bei Lewis, Cross. (Diesen Literaturhinweis verdanke ich Prof. Dr. Volker Rabens.)

den, um für immer bei Christus zu sein, das Unbehagen vor der grausigen Erfahrung physischen „Entleibt-Werdens" gegenüber: „Wir wissen ja: Wenn unser irdisches Zelthaus zerstört wird, haben wir einen Bau von Gott, ein nicht mit Händen gemachtes, ewiges Haus in den Himmeln. Denn in *diesem* seufzen wir ja, weil wir uns danach sehnen, mit unserer Behausung aus dem Himmel bekleidet zu werden, dass wir doch selbst als Entkleidete nicht nackt (d. h. leiblos) befunden werden. Ja, denn in dem Zelt seiend, seufzen wir beschwert, weil wir nicht *entkleidet*, sondern *bekleidet* werden wollen, damit das Sterbliche *verschlungen* werde vom Leben. Der uns aber eben hierzu zubereitet hat, (ist) Gott, der uns die Anzahlung des Geistes gegeben hat" (2 Kor 5,1–5).

Derartige Aporien sind charakteristisch für die christliche Karsamstagsexistenz als Existenz „zwischen den Zeiten".[88] Sie sind nur auszuhalten in der geistgewirkten Gewissheit des gegenwärtigen Seins *in* Christus und des zukünftigen Seins *mit* Christus. Dabei leitet der Heilige Geist die ihrer Erlösung harrenden „Kinder Gottes" zu rechtem Beten in Dank, Bitte und Klage an und tritt hier selber für sie ein (vgl. Röm 8,18–27).[89] Die Gewissheit des gegenwärtigen Seins *in* Christus und des zukünftigen Seins *mit* Christus drückt sich aus in dem Bekenntnis und Lebensmotto: „Denn sowohl wenn wir leben, leben wir *für den Herrn*, als auch wenn wir sterben, sterben wir *für den Herrn*. Also: Sowohl wenn wir leben als auch wenn wir sterben, gehören wir *dem Herrn*" (Röm 14,8).

Literatur

ALTHOFF, Gerd, Von Fakten zu Motiven. Johannes Frieds Beschreibung der Ursprünge Deutschlands, in: HZ 260 (1995), 107–117.

ANSELM VON CANTERBURY, Cur deus homo. Warum Gott Mensch geworden. Lateinisch und deutsch, besorgt und übersetzt von F. S. Schmitt, Darmstadt 1956 (= München 1956).

AULÉN, Gustaf, Die drei Haupttypen des christlichen Versöhnungsgedankens, in: ZSTh 8 (1931), 501–538.

BAUR, Ferdinand C., Vorlesungen über neutestamentliche Theologie, hg. von F. F. Baur, Leipzig 1864, mit einer Einführung zum Neudruck von W. G. Kümmel, Darmstadt 1973.

BLASS, Friedrich / DEBRUNNER, Albert, Grammatik des neutestamentlichen Griechisch, bearbeitet von F. Rehkopf, Göttingen [18]2001 (= BDR).

BLUMHARDT, Christoph, Eine Auswahl aus seinen Predigten, Andachten und Schriften, Bd. 1: Jesus ist Sieger! Predigten und Andachten aus den Jahren 1880 bis 1888, hg. von R. Lejeune, Erlenbach-Zürich/Leipzig 1937.

---

[88] Diese Art von Aporie kennt der Mensch *extra Christum* nicht: Entweder lähmt ihn die Todesangst (vgl. Hebr 2,15) – oder er lebt nach dem nihilistisch-materialistischen Motto: „Lasst uns fressen und saufen, denn morgen sind wir tot" (vgl. 1 Kor 15,32).

[89] Praktische Hilfen in der Zeit der Anfechtung bzw. *davor* bieten z. B. Luthers „Sermon von der Bereitung zum Sterben" (1519) und der reiche evangelische Liederschatz. Genannt seien: „O Haupt voll Blut und Wunden" (EG 85,9f.), „Jesus lebt, mit ihm auch ich" (EG 115,1–6), „Auf, auf, mein Herz, mit Freuden" (EG 112,3–8).

BRUNNER, Peter, Adam, wer bist du? Methodische Erwägungen zur Lehre von dem im Ursprung erschaffenen Menschen, in: KuD 12 (1966), 267–291.
BULTMANN, Rudolf, Der zweite Brief an die Korinther, hg. von E. Dinkler (KEK.S), Göttingen 1976.
BUSSE, Heribert, Jesu Errettung vom Kreuz in der islamischen Koranexegese von Sure 4:157, in: Oriens 36 (2001), 160–195.
CULLMANN, Oscar, Unsterblichkeit der Seele oder Auferstehung der Toten? Antwort des Neuen Testaments, Neuausgabe, Stuttgart 1986.
DEEG, Alexander, Zwischen Anamnese, Historie und Event. Das Triduum sacrum als Brennpunkt liturgischer Fragestellungen der Gegenwart. Eine evangelische Perspektive, in: B. Leven / M. Stuflesser (Hg.), Ostern feiern. Zwischen normativem Anspruch und lokaler Praxis (Theologie der Liturgie 4), Regensburg 2013, 56–77.
Der Koran. Arabisch-Deutsch, übersetzt und kommentiert von Adel Theodor KHOURY, Gütersloh 2004.
FÖRG, Florian, Die Ursprünge der alttestamentlichen Apokalyptik (ABG 45), Leipzig 2013.
FRIED, Johannes, Kein Tod auf Golgatha. Auf der Suche nach dem überlebenden Jesus, München 2019.
FRIED, Johannes, Wissenschaft und Phantasie. Das Beispiel der Geschichte [1996], in: ders., Zu Gast im Mittelalter, München 2007, 239–259.
FRIED, Johannes, Über das Schreiben von Geschichtswerken und Rezensionen. Eine Erwiderung, in: HZ 260 (1995), 119–130.
GESE, Hartmut, Die Sühne, in: ders., Zur biblischen Theologie. Alttestamentliche Vorträge, Tübingen ³1989, 85–106.
GESTRICH, Christof, Die Seele des Menschen und die Hoffnung der Christen. Evangelische Eschatologie vor der Erneuerung (edition chrismon), Frankfurt a. M. 2009.
HAACKER, Klaus, Der Brief des Paulus an die Römer (ThHK 6), Leipzig ⁴2012.
HAILER, Martin, Ist auch Krankheit „der Sünde Sold"? Zur dogmatischen Einordnung des Themas, in: G. Thomas / I. Karle (Hg.), Krankheitsdeutung in der postsäkularen Gesellschaft. Theologische Ansätze im interdisziplinären Gespräch, Stuttgart 2009, 421–433.
HÄUSSER, Detlef, Christusbekenntnis und Jesusüberlieferung bei Paulus (WUNT II/210), Tübingen 2006.
HOFIUS, Otfried, ‚Extra nos in Christo'. Voraussetzung und Fundament des ‚pro nobis' und des ‚in nobis' in der Theologie des Paulus, in: R. Rausch (Hg.), Lutherische Identität. Protestantische Positionen und Perspektiven (Dokumentationen der Luther-Akademie Sondershausen-Ratzeburg e.V., Tagungsband 12), Hannover 2016, 69–97.
HOFIUS, Otfried, Die Auferstehung der Toten als Heilsereignis. Zum Verständnis der Auferstehung in 1Kor 15, in: ders., Exegetische Studien (WUNT 223), Tübingen 2008, 102–114.
HOFIUS, Otfried, Die Einzigartigkeit der Apostel Jesu Christi [2006], in: ders., Exegetische Studien (WUNT 223), Tübingen 2008, 189–202.
HOFIUS, Otfried, „Am dritten Tage auferstanden von den Toten". Erwägungen zum Passiv ἐγείρεσθαι in christologischen Aussagen des Neuen Testaments [2002], in: ders., Paulusstudien II (WUNT 143), Tübingen 2002, 202–214.
HOFIUS, Otfried, Paulus – Missionar und Theologe [1997], in: ders., Paulusstudien II (WUNT 143), Tübingen 2002, 1–16.
HOFIUS, Otfried, Das vierte Gottesknechtslied in den Briefen des Neuen Testamentes [1996], in: ders., Neutestamentliche Studien (WUNT 132), Tübingen 2000, 340–360.
HOFIUS, Otfried, Die Adam-Christus-Antithese und das Gesetz. Erwägungen zu Röm 5,12–21 [1996], in: ders., Paulusstudien II (WUNT 143), Tübingen 2002, 62–103.
HOFIUS, Otfried, Wort Gottes und Glaube bei Paulus [1989], in: ders., Paulusstudien (WUNT 51), Tübingen ²1994, 148–174.
HOFIUS, Otfried, Sühne und Versöhnung. Zum paulinischen Verständnis des Kreuzestodes Jesu [1983], in: ders., Paulusstudien (WUNT 51), Tübingen ²1994, 33–49.
HOFIUS, Otfried, Der Christushymnus Philipper 2,6–11. Untersuchungen zu Gestalt und Aussage eines urchristlichen Psalms (WUNT 17), Tübingen ²1991.
HOTZE, Gerhard, Paradoxien bei Paulus. Untersuchungen zu einer elementaren Denkform in seiner Theologie (NTA N. F. 33), Münster 1997.

IWAND, Hans Joachim, Christologie. Die Umkehrung des Menschen zur Menschlichkeit, bearbeitet, kommentiert und mit einem Nachwort versehen von E. Lempp und E. Thaidigsmann (NW N. F. 2), Gütersloh 1999.

IWAND, Hans Joachim, Ich lebe und ihr sollt auch leben. Johannes 14,19, in: ders., Nachgelassene Werke, Bd. 3: Ausgewählte Predigten, hg. von H. H. Eßer und H. Gollwitzer, München 1963, 304–309.

JEREMIAS, Joachim, Die Gleichnisse Jesu, Göttingen [10]1984.

JEREMIAS, Joachim, Der Opfertod Jesu Christi, in: ders., Jesus und seine Botschaft (Calwer paperback), Stuttgart 1976, 78–95.

KAMMLER, Hans-Christian, Die Torheit des Kreuzes als die wahre und höchste Weisheit Gottes. Paulus in der Auseinandersetzung mit der korinthischen Weisheitstheologie (1. Korinther 1,18–2,16), in: ThBeitr 44 (2013), 290–305.

KÄSEMANN, Ernst, An die Römer (HNT 8a), Tübingen [4]1980.

KÄSEMANN, Ernst, Leib und Leib Christi. Eine Untersuchung zur paulinischen Begrifflichkeit (BHTh 9), Tübingen 1933.

KREMER, Jacob, Art. ἐγείρω, in: EWNT[2] I (1992), 899–910.

KUSS, Otto, Der Römerbrief, zweite Lieferung: Röm 6,11 bis 8,19 (RNT), Regensburg 1959.

LEKKERKERKER, A. F. N., De brief van Paulus aan de Romeinen, Bd. 1 (PNT), Nijkerk [3]1974.

LEWIS, Alan E. (†), Between Cross and Resurrection. A Theology of Holy Saturday, Foreword by John Alsup, Grand Rapids/Cambridge 2003 (= 2001).

LÜDEMANN, Hermann, Die Anthropologie des Apostels Paulus und ihre Stellung innerhalb seiner Heilslehre. Nach den vier Hauptbriefen dargestellt, Kiel 1872.

MAIER, Adalbert, Commentar über den Brief Pauli an die Römer, Freiburg i. Br. 1847.

MAURER, Ernstpeter, Fundamente des Glaubens. Zur Begründung theologischer Aussagen, in: GlLern 30 (2015), 144–158.

NYGREN, Anders, Der Römerbrief, Göttingen [4]1965.

OVERBECK, Franz, Ueber ἐν ὁμοιώματι σαρκὸς ἁμαρτίας Röm. 8,3. Offenes Sendschreiben an Herrn Dr. Carl Holsten in Rostock [1869], in: ders., Werke und Nachlaß, Bd. 1: Schriften bis 1873, in Zusammenarbeit mit M. Stauffacher-Schaub hg. von E. W. Stegemann und N. Peter, Stuttgart/Weimar 1994, 39–73.

PAPE, Wilhelm, Griechisch-deutsches Handwörterbuch, 2 Bde., Nachdruck der dritten Auflage, bearbeitet von M. Sengebusch, Darmstadt/Graz 1954.

REHFELD, Emmanuel L., Christus – die Wahrheit (Joh 14,6)? Neutestamentliche Annäherungen an ein umstrittenes Thema, in: KuD 65 (2019), 95–125.

REHFELD, Emmanuel L., Rezension zu: Christian Stettler, Das Endgericht bei Paulus, in: ThLZ 143 (2018), 770–772.

REHFELD, Emmanuel L., Relationale Ontologie bei Paulus. Die ontische Wirksamkeit der Christusbezogenheit im Denken des Heidenapostels (WUNT II/326), Tübingen 2012.

RIESNER, Rainer, Kein Tod auf Golgatha? Zur neuesten Scheintod-Hypothese, in: ThBeitr 50 (2019), 112–115.

SANDERS, E. P., Paul and Palestinian Judaism. A Comparison of Patterns of Religion, London – Philadelphia 1977.

SCHLIER, Heinrich, Der Römerbrief (HThKNT 6), Freiburg i. Br. u. a. 1977.

SCHNELLE, Udo, Paulus. Leben und Denken, Berlin/Boston [2]2014.

SELLIN, Gerhard, Der Streit um die Auferstehung der Toten. Eine religionsgeschichtliche und exegetische Untersuchung von 1 Korinther 15 (FRLANT 138), Göttingen 1986.

STETTLER, Christian, Das Endgericht bei Paulus. Framesemantische und exegetische Studien zur paulinischen Eschatologie und Soteriologie (WUNT 371), Tübingen 2017.

STUHLMACHER, Peter, Erwägungen zum ontologischen Charakter der καινὴ κτίσις bei Paulus, in: EvTh 27 (1967), 1–35.

VIARD, André, Saint Paul. Épître aux Romains (SBi), Paris 1975.

VOGEL, Manuel, Der Tod im Neuen Testament vor dem Hintergrund antiker *ars moriendi*, in: U. Volp (Hg.), Tod (Themen der Theologie 12 = UTB 4887), Tübingen 2018, 57–115.

WILCKENS, Ulrich, Der Brief an die Römer, Teilbd. 2: Röm 6–11 (EKK VI/2), Zürich/Neukirchen-Vluyn ³1993.
WOLTER, Michael, Der Brief an die Römer, Teilbd. 1: Röm 1–8 (EKK VI/1), Neukirchen-Vluyn/Ostfildern 2014.
ZELLER, Dieter, Der Brief an die Römer (RNT), Regensburg 1985.

Fußball im Paradies?

Thomas Ruster

Wurde im Paradies Fußball gespielt? Die Quellen geben dazu nichts her, auch wenn der grüne Rasen durchaus zum Garten Eden passen würde. Aber schließlich hätten Adam und Eva vor dem Sündenfall keine zwei Mannschaften auf die Beine stellen können. Wenn aber der Sündenfall nicht geschehen wäre und sich das erste Menschenpaar im Paradies vermehrt hätte, wäre dann ein Turnier mit der paradiesischen Reinheit und Gerechtigkeit vereinbar gewesen? Die Frage ist nicht so abwegig, wie es scheint.

Die klassische Theologie behandelte in der Schöpfungslehre auch die Frage nach dem Zustand der Menschen in einer Welt ohne Sünde; so z.B. F. Suarez (1548–1617) im 5. Band seines Buches über das Sechs-Tage-Werk unter der Überschrift: De statu quem habuissent in hoc mundo viatores, si primi parentes non pecassent. Der Sündenfall ist schließlich freie, kontingente Tat. Er musste nicht sein, er kam Gottes Plänen gewissermaßen in die Quere. Wie wäre es denn mit der Welt gegangen, wenn die Sünde nicht passiert wäre, wenn also das eingetreten wäre, was Gott eigentlich wollte? Wie hätte die Welt nach Gottes Willen ausgesehen?

Diese Frage weckt theologische Neugier. Thomas von Aquin behandelt sie ausführlich im ersten Teil seiner theologischen Summe (qu. 94–101). Er fragt nach der Erkenntnis der Menschen im Unschuldsstand, z.B. ob sie die Engel schauen konnten – nein, jedenfalls nicht in ihrer Wesenheit, und ob sie getäuscht werden konnten (nein; das schränkt allerdings das Fußballspielen schon sehr ein). Er fragt nach ihren Leidenschaften (sie hatten nur solche, die dem Urteil der Vernunft folgten; das würde man sich für Spieler wünschen). Er fragt, ob sie über die Tiere geherrscht hätten (uneingeschränkt ja) und auch über die Menschen (ja, aber nur im Sinne einer Leitung zum Guten), ob sie der Nahrung bedürftig waren (ja), ob sie sich geschlechtlich vermehrt hätten (ja, aber ohne unbeherrschte Begierde), ob auch Mädchen geboren worden wären (ja, notgedrungen, so der ausgemachte Misogyniker Thomas), ob die Kinder sich körperlich und geistig entwickelt hätten (ja), ob sie mit der Urstandsgerechtigkeit ausgestattet gewesen wären (ja) und ob sie darin schon von Geburt an gefestigt gewesen wären (nein) usw. Die (neulateinische) Frage „*Utrum homines in statu innocentiae folle pedibusque lusissent*" (ob die Menschen im Stande der Unschuld Fußball gespielt hätten) findet sich zwar nicht, aber sie wäre in dieser Reihe durchaus denkbar gewesen. Wir wollen versuchen, sie im Geist des Aquinaten zu beantworten. Thomas kannte die spätere Bedeutung des Fußballs noch nicht; warum das so ist, wird uns gleich noch beschäftigen.

1. Die Brautgaben der Stars

Bei der Suche nach fußballaffinen Stellen in der Dogmatik stößt man auf die Lehre von den Brautgaben (*dotes*). Und wieder sind wir im Paradies, aber jetzt im Paradies am Ende der Zeiten, in das die Leiber der Erlösten von Gott versetzt werden.[1] Der himmlische Bräutigam übergibt den Erlösten eine Mitgift (*dos*), so die Dogmatik in einer durchaus poetischen Sequenz. Für die Seelen besteht diese in der *visio* (die Gabe, Gott zu sehen), der *comprehensio* (die Gabe, ihn zu verstehen) und der *fruitio* (die Gabe, ihn zu genießen); diese drei Gaben sind analog zu Glaube, Hoffnung und Liebe auf Erden. Für unseren Zusammenhang sind aber besonders die Gaben von Bedeutung, die der verklärte Leib nach der Auferstehung erhält. Diese sind Klarheit (*claritas*), Feinheit (*subtilitas*), Behendigkeit (*agilitas*) und Leidensunfähigkeit (*impassibilitas*).

Und da muss man doch gleich an die großen Stars des Fußballs denken! Machen wir es an dem größten, dem fünffachen Weltfußballer Lionel Messi fest. Welcher Glanz, welche *claritas* ist um ihn! „Ist Messi der beste Fußballer aller Zeiten? Ich sage: Ja!", sagt Ottmar Hitzfeld, der ehemalige Trainer des BVB.[2] „Messis berühmter Landsmann Diego Maradona reihte sich ein in die Schar der Verehrer: ‚Lionel Messi wird besser, als ich es je war!'". Entsprechend glanzvoll ist die Auszeichnungsfeier zur Überreichung des „FIFA Ballon d'Or". „Geladen sind die allerbesten Spielerinnen und Spieler der Welt – und alle werden da sein, ihre Planung darauf ausrichten, dass sie persönlich vor Ort präsent sein können." Dabei ist Messi persönlich so bescheiden, so sympathisch. „Wenn Messi sich mit seinem breiten Lächeln und dem so grenzenlos verdienten Ball seiner großen Nacht vor die spanischen Reporter stellt und behauptet, dass er vor allem froh sei, dass die Mannschaft gewonnen hätte, dann glaubt man ihm das. Er ist niemand, der sich zwanghaft profiliert, der sich gerne im Mittelpunkt sieht." Seine Fans macht er glücklich, sein Glanz strahlt auch auf sie aus. „Litt Messi als Kind noch unter Hormonmangel, so verursachte er bei seinen Fans einen Überschuss an Glückshormonen." Theologisch bedeutet die *claritas* „die Beseitigung alles Unschönen, Entstellenden, Beschämenden, positiv einen glanzvollen Lichtschein, den die verherrlichte Seele in dem Leib bewirken wird." Sie ist „ein Lichtglanz, die vom verklärten Körper ausgestrahlt wird", so wie sie von Messis breitem Lächeln ausstrahlt. Auch in Hinsicht auf die *subtilitas* hat Messi die paradiesische Auszeichnung offenbar schon erhalten. „Diese Eigenschaft besteht wesentlich in der virtus penetrandi d.i. in der Fähigkeit, körperliche Dinge zu

---

[1] Vgl. Gutberlet, Theologie 10, 878–900; Diekamp, Dogmatik 3, 395–397.
[2] http://www.blick.ch/sport/fussball/hitzfeld-zum-heutigen-ballon-dor-messi-ist-der-beste-aller-zeiten-id4539951.html. – Alle folgenden Zitate betreffs Lionel Messi siehe: http://www.bild.de/sport/fussball/lionel-messi/maradona-geraet-ins-schwaermen-41229380.bild.html (11.1.16) und http://www.spox.com/myspox/blogdetail/Lionel-Messi---Eine-Lobeshymne,77251.html (7.4.2010); Aufrufe am 31.3.16.

durchdringen." „Die rohe grobe Stofflichkeit des Körpers wird beseitigt und den Eigenschaften des immateriellen Geistes genähert." Bei Messi: „So elegant und mühelos lässt er seine scheinbar zu Eis erstarrten Gegenspieler stehen. Als sei nichts einfacher auf dieser Welt. Gegen diese Art zu Fußball zu zelebrieren kann wohl kein noch so schneller und gewitzter Verteidiger etwas ausrichten." Seine *virtus penetrandi* beweist er vor der gegnerischen Abwehrmauer. Darin zeigt sich zugleich seine *agilitas*, seine Behendigkeit. „Ihr Grund ist die vollkommene Beherrschung des Leibes durch die Seele, und ihr Inhalt besteht darin, daß der Leib ungehindert und behend dem Geiste in alle Bewegungen und Tätigkeiten zu gehorchen vermag." Das ist es doch, was wir bei den großen Spielern bewundern – die traumwandlerische Sicherheit, mit der Pässe ankommen, die unfassbare Leichtigkeit, mit der sie ihre Gegenspieler ausdribbeln. Beim Dribbelkünstler Messi scheint es Zauberei zu sein: „Selbst verzweifelte Versuche den kleinen, so unwahrscheinlich beweglichen Argentinier mit unfairen Mitteln zu bremsen, bleiben oft erfolglos. Zu schnell ist dieser Ballvirtuose, zu sehr liebt er es das runde Leder eng an seinen Zauberfüßen zu führen, als dass er einen freiwilligen Fall in Erwägung ziehen würde." „Keine Lobeshymne scheint zu bombastisch für Messis Dribbelkünste, kein Superlativ zu übertrieben für den Ballartisten aus Rosario." „Seine perfekte Technik beim Tempo-Dribbling, sein linker Fuss, sein wuchtiger Abschluss, die hohe Spielintelligenz, die Intuition, in noch so schwierigen Situationen das Richtige, das Grossartige zu tun, machen Messi einzigartig" (Hitzfeld). Und dann die Leidensunfähigkeit. Sie beeindruckt unsereinen, der mit seinem schwerfälligen und dumpfen Leib (so die Schilderung der Leiber der Verdammten) auf dem Sofa sitzt, immer wieder. Da ist ein Spieler schwer gefoult worden und wälzt sich schmerzverzerrt am Boden. Unsereiner würde einen mehrwöchigen Krankenhausaufenthalt in Aussicht nehmen. Aber der Spieler steht wieder auf und spielt weiter, als wenn nichts gewesen wäre. Und Messi: „Wenn man ihn da so stehen sieht: Verschwitzt, dreckig, mit dem Ball unter dem Arm, dann meint man nur einen kleinen Jungen zu sehen, der gerade von seinem geliebten Fußballspiel kommt und nun seiner stolzen Mutter erzählt, wie glücklich er ist." Alle Leiden sind vergessen, als habe es sie nie gegeben. Und dies meint auch die *impassibilitas* im theologischen Sinne: Sie ist „bei dem glückseligen Zustand der Himmelsbewohner selbstverständlich", sie verlangt „volle Beseligung an Leib und Seele als dauernde Zuständlichkeit", sie besteht „in einer vollkommenen Herrschaft der Seele über den auferstandenen Leib, die durch nichts aufgehoben oder beeinträchtigt werden kann", auch nicht durch die Leiden und Qualen eines aufreibenden Matchs.

Ich halte diese Entsprechungen zwischen der Lehre von den Brautgaben und den Eigenschaften eines Weltklasse-Fußballers wie Lionel Messi nicht für zufällig, ich halte sie für höchst aufschlussreich. So fern sich die Texte der scholastischen Eschatologie und die Blogs der Fußballbegeisterten auch stehen, sie kommen doch beide aus derselben Sehnsucht: die nach der vollkommenen Harmonie von Leib und Seele, nach Charme und freudigem, ansteckendem Glanz, nach

Leichtigkeit und Beschwingtheit, nach einem stabilen Glückszustand, der, wenn er auch oft mühsam erreicht werden muss, alle Leiden vergessen lässt. Sicher gibt es auch andere Erfahrungen im Leben, die an den Zustand der verklärten Leiber gemahnen: die Beschwingtheit durch Musik, beim Tanzen, beim ausgelassenen Feiern; alle Gelegenheiten also, die den Charme, d.h. die Gnade eines Menschen erglänzen lassen – bei uns und bei anderen. Im Fußball aber, jedenfalls bei den großen Meisterschaften, hat diese Sehnsucht schon ihre Erfüllung gefunden. Sie hat einen Ort und eine Zeit gefunden. Man freut sich darauf, so wie sich die Seelen der Erdenpilger auf den Himmel freuen; aber die Frist ist beim Fußball viel kürzer. Fußballmeisterschaften sind Vorschein und Angeld der eschatologischen Vollendung. In ihnen lebt weiter, was im Glauben weitgehend schon verschüttet ist. Und da haben wir auch schon die theologische Bedeutung des Fußballs.

Dass die Theologie in der Lehre von den Brautgaben nicht nur eine realitätsferne Utopie zeichnen wollte, das belegt übrigens nicht zuletzt mein Gewährsmann, der Fuldaer Theologe Constantin Gutberlet (1837-1928). Er verbindet die Ausführungen zu den *dotes* mit physikalischen Erwägungen zu deren Ermöglichung. Zum Lichtglanz der *claritas* führt er aus, es könne sich nicht um Licht handeln, dass durch chemische Prozesse, Elektrizität oder Reibung hervorgerufen wird, denn dann wäre es mit viel zu viel Wärme verbunden; „Solche Hitze wäre aber dem Leibe der Seelen verderblich." Und er verweist auf die Leuchtkraft mancher Insekten bei Nachtzeit, deren Licht ohne eine Unmenge von Wärme erzeugt wird. Das Glühwürmchen als Vorbild der himmlischen Ökologie: „Das wunderbare aber an diesem hellen und schönen Lichte ist, daß es bloß leuchtet und nicht erwärmt ... wie wunderbar herrlich mag ein Glanz sein, den die übernatürliche Gnade ... verleihen kann, ohne jene natürlichen Mittel anwenden zu brauchen, welche nur auf Kosten von 98% Verlust der thermischen und chemischen Strahlen entfällt, Licht erzeugen können?"[3] In ähnlicher Weise äußert er sich auch zur schnellen Bewegungsart der *agilitas* und zur Durchdringung von Materie in der *subtilitas*. Solche Erwägungen zehren von dem eingangs dargestellten Grundsatz, dass Gott die Welt als Paradies eingerichtet haben wollte und nur durch die Sünde daran gehindert worden ist. Das Paradies, das wir für die Vollendung erwarten, ist kein anderes als das, was Gott von Anfang an begründet und vorgesehen hat. Anzeichen dafür müssen auch in postlapsarischen Welt noch zu finden sein. Ist der Fußball vielleicht eines davon?

---

[3] Gutberlet, Theologie 10, 886. Erwähnt werden sollte, dass Gutberlet einer der ganz wenigen Theologen ist, der die Auferstehung der Tiere lehrt, vgl. ebd. 945f.

2. Der Fußball und der Sündenfall

Der postlapsarische Fußball, den wir heute haben, kann nur gebrochen ein Vorschein des Paradieses sein, denn in ihm besteht die Sünde. Kleinere Sünden, Fouls, Regelverletzungen, werden gleich durch den Schiedsrichter geahndet und können zu Sperren und Verhandlungen vor dem Sportgericht führen. Auch die Ausschreitungen der Fans kann man der noch ungefestigten Gerechtigkeit zurechnen, die Thomas (s.o.) mit dem paradiesischen Zustand für vereinbar hielt. Aber dem Fußball fehlt offensichtlich die Urstandsgerechtigkeit (*iustitia originalis*), die Gott den Menschen im Paradies verlieh: die Fähigkeit, Gott, sich selbst und den Mitgeschöpfen gerecht zu werden. Stattdessen beherrscht ein Freund-Feind-Denken das Feld, das dem Spiel von seinen Ursprüngen her eingestiftet ist. Nicht selten führt die Rivalität zu Häme und Hass („Bei uns in Dortmund fliegen die Tauben zum Kacken nach Schalke"). Die Ur- oder Erbsünde des Fußballs haben wir im Kontext seiner Entstehung zu suchen. Das recht junge Spiel mit seinen heutigen Regeln entstand im 19. Jahrhundert in England und kam erst im 20. Jahrhundert in Mitteleuropa so richtig in Gang. Sein gesellschaftlicher Kontext ist deutlich: Industrialisierung – Nationalisierung – Militarisierung. Auf Letzteres verweisen nicht nur die Nutzung dieser Sportart für die militärische Körperertüchtigung (im deutschen Heer ab 1910[4]), sondern auch Begrifflichkeiten wie Angriff, Abwehr, Verteidigung, Deckung, Flanke usw. Ein erstes Länderspiel gab es 1872 zwischen England und Schottland. Weltmeisterschaften inszenieren den Weltkrieg neu, mit gebändigter Gewalt, aber es ist immer noch der Kampf zwischen den Nationen. Am meisten dürfte aber den Fußball seine Entstehung im Zeitalter der Industrialisierung geprägt haben. Seine Handlungsformen sind analog zur industriellen Arbeit: Es herrscht das Leistungsprinzip, das geprägt ist vom Konkurrenzkampf; die (Fußball-)Arbeit ist streng rationalisiert und muss durch Training bis in die einzelnen Schritte hinein (Standardsituationen) geplant, geordnet und geübt werden; es besteht Rollendifferenzierung bei grundsätzlicher Auswechselbarkeit der einzelnen Positionen; die Ergebnisse werden statistisch bilanziert und damit vergleichbar; mindestens im Profi-Fußball ist der Sport eine bezahlte Arbeit und zugleich eine Ware, für die andere bezahlen.[5] Der Fußball ist wie der Kapitalismus, nur noch einmal anders: als Spiel. Das aber ist die Maskerade des Kapitalismus, dass er sich als das freie Spiel der Kräfte inszeniert. Und alle, die mitspielen oder sich daran erfreuen, wirken daran mit.

Der Fußball ist nicht nur Vorschein des Paradieses, er ist auch ein Fall für die Erlösung. Er ist von Gewalt und Rassismus, heute aber mehr denn je von der Herrschaft des Geldes bedroht. Von ihr gilt, ausweislich der Einnahmen aus der

---

[4] Vgl. Eisenberg, Fußball, 184f.
[5] Vgl. Fatheuer, Eigentore, passim.

Champions-League, den TV-Einnahmen und Mäzenatentum der Großkapitalisten auf der einen Seite, des finanziellen Abstiegs der Zweit- und Drittligavereine auf der anderen Seite (welche Verarmung der Fußballlandschaft im Ruhrgebiet seit Mitte des letzten Jahrhunderts!), das bittere Wort Jesu: „Wer hat, dem wird gegeben werden, wer aber nicht hat, dem wird auch noch weggenommen, was er hat" (Lk 19,26). Christen als die Experten für die Erlösung sind gefragt. Sie müssten an der Spitze des Triumphzugs stehen, von dem es im Kolosserbrief heißt: „Er hat die Mächte und Gewalten ihrer Macht entkleidet und sie öffentlich zur Schau gestellt" (2,15). Gott will, so lässt sich noch einmal die alte Dogmatik vernehmen, dass die ganze Erde „mehr und mehr zum Paradiese werden sollte" und berief dazu den Menschen zu seiner Hilfe. Denn „die ursprüngliche Pflanzung des Paradieses war ausschließlich Gottes Werk, die Erhaltung und Ausbreitung des Paradieses aber wollte Gott durch den Menschen bewirken."[6] Das Paradies wird auf dem grünen Rasen entschieden.

Literatur

DIEKAMP, Franz, Katholische Dogmatik nach den Grundsätzen des heiligen Thomas Bd. 3, Münster 1922.
EISENBERG, Christiane, Fußball in Deutschland 1890–1914. Ein Gesellschaftsspiel für bürgerliche Mittelschichten, in: GeGe 20 (1994), 181–210.
FATHEUER, Thomas, Eigentore. Soziologie und Fußball, Münster 1985.
GUTBERLET, Constantin, Dogmatische Theologie Bd. 10, Münster 1904.
HEINRICH, Johann Baptist, Dogmatische Theologie Bd. 6, Mainz 1887.

---

[6] Heinrich, Theologie 6, 598.

„Der Sport der Exegese".
Überlegungen zur sogenannten „Krise des Schriftprinzips"

Carsten Baumgart

Das seit Jahren innerhalb der evangelischen Theologie diagnostizierte Problem, welches häufig als „Krise des Schriftprinzip"[1] bezeichnet wird, ist gleich einem Trainingsparcour ein Bereich für Theolog*innen geworden, in dem diverse sportliche Übungen mit großer Ausdauer eingeübt werden. Zumeist bleibt es aber beim geheimen Training ohne Anwesenheit der Presse. Dem offenen Wettkampf stellt man sich selten, und wenn doch, dann nur sehr ungern. Meistens sind es Theolog*innen der Systematischen Theologie, die für den Profisport verpflichtet werden.[2] Exeget*innen dagegen scheinen nur im Amateurbereich Fuß zu fassen.[3] Nichtsdestotrotz kann ein kurzer Ausflug in den Profisport auch von einem Exegeten erwartet werden, auch wenn die Gefahr besteht, dass seine Kariere durch einen Kreuzbandriss endgültig beendet wird. Denn die Verletzungsgefahr auf dem Rasen ist omnipräsent, und lässt sich mittels des Begriffs *sola scriptura* diagnostizieren.

Damit wurde der Versuch unternommen, folgende Überlegungen zur sogenannten „Krise des Schriftprinzips" mittels Vokabular aus dem Fußball spielerisch einzuleiten.

---

[1] Die Literatur, die diese Problematik thematisiert und diskutiert, ist äußerst umfangreich. Fast jährlich erscheinen mehrere Beiträge. Oorschot, Krise, 386–400, und Stengel, scriptura, passim, bieten knapp und übersichtlich die Forschungsgeschichte bis 2016.

[2] Zumeist wird die „Krise des Schriftprinzips" aus systematischer Perspektive betrachtet. Siehe dazu u.a. die umfangreichen Darstellungen von Lauster, Prinzip, passim, und Leonhardt, Skeptizismus, passim.

[3] Der Begriff „Krise des Schriftprinzips" wird von Exeget*innen selten verwendet. Eine Ausnahme bildet Rehfeld, Leitlinien, 29–56. Erkenntnis- und wissenschaftstheoretische Überlegungen überhaupt waren in den letzten Jahrzehnten unter Exeget*innen eher selten. Ausnahmen bilden Hofius, Wissenschaft, 278–285, und Luz, Hermeneutik, passim.

1. „Anstoß – das Spiel geht los"

Sola scriptura – so lautet eines der vier protestantischen Prinzipien, welche seit dem sechzehnten Jahrhundert die evangelische Theologie und Frömmigkeit maßgeblich prägten. Die Bibel soll die Instanz sein, der in allen Fragen des christlichen Glaubens und Lebens letztgültige Autorität zugesprochen wird. In seiner Verteidigung vor den versammelten Ständen auf dem Reichstag zu Worms im Jahre 1521 war Martin Luther nicht bereit seine Schriften zu widerrufen, wenn diese „nicht durch Zeugnisse der Schrift und klare Vernunftgründe"[4] widerlegt werden.

Die Konkordienformel, das Dokument welches im Jahre 1577 am Abschluss der evangelisch-lutherischen Bekenntnisbildung stand,[5] fasste dieses Prinzip folgendermaßen zusammen:

> „Wir gleuben, leren und bekennen, Das die einige Regel und Richtschnur, nach welcher zugleich alle Leren und Lerer gerichtet und geurteilt werden sollen, seind allein die Prophetischen und Apostolischen Schrifften, altes und neues Testaments, wie geschrieben stehet: „Dein Wort ist meines fusses Leuchte und ein Liecht auff meinem wege", Psal. 119. Und S. Paulus: „Wenn ein Engel vom Himel keme und predige anders der sol verflucht sein", Galat. 1. Andere schrifften aber der alten oder neuen Lerer, wie sie namen haben, sollen der heiligen Schrifft nicht gleich gehalten, sondern alle zumal mit einander derselben unterworffen und anders oder weiter nicht angenommen werden, dann als zeugen, welcher gestalt nach der Apostel zeit und an welchen örten solche Lere der Propheten und Apostel erhalten worden."[6]

Damit wurde in der evangelischen Kirche die Bibel zur *norma normans non normata*, zur normierenden Norm, welche selbst nicht normiert werden muss oder soll. Im Gegensatz eben zu den Bekenntnisschriften, die lediglich als *norma normata*, als normierte Norm gelten. Diese Bestimmung wurde notwendig, um die Beziehung zwischen den biblischen Schriften und den evangelischen Bekenntnisschriften, die ebenso von der Konkordienformel genannt wurden, in ein geordnetes Verhältnis zu setzen, was Fragen letzter Autoritäten betrifft. Weil die junge evangelische Kirche seit dato neben der Bibel einen weiteren Corpus von Schriften, einen Kanon von Schriften besaß, der zur theologischen Grundlage avancierte, musste die grundlegende Bedeutung der Bibel – gerade auch innerhalb der Bekenntnisschriften – festgeschrieben werden. Hierbei wird nun eine Problematik innerhalb der Verhältnisbestimmung deutlich: Die Bekenntnisschriften sind legitimiert, insofern bzw. weil sie der Schrift entsprechen. Ihre Autorität wird aus der Schrift abgeleitet, wie es schon die Begrifflichkeiten *norma normans* und *norma normata* nahelegen. Da die Bekenntnisschriften durch ihre abgeleitete Autorität die letztgültige Autorität der Schrift überhaupt erst

---

[4] Dt. Reichstagsakten, Jüngere Reihe Bd. II, 581f.
[5] Vgl. Koch, Ausbau, 201–205.
[6] BSELK 1216.

begründen, kommt das scheinbar so einfache Gefüge von Letztgültigkeit und Abhängigkeit in eine merkwürdige Schieflage. Wie können die – ganz grundlegenden – Glaubensdokumente (die biblischen Bücher) durch jene Dokumente (Bekenntnisschriften) legitimiert werden, die überhaupt erst aus ihnen abgeleitet werden? Letztlich sind es die Ausführungen der Konkordienformel, die den Anspruch erheben die Grundlagen des evangelischen Glaubens festzulegen und somit zur *eigentlichen* ersten Autorität werden.

So wurde das *sola scriptura* Prinzip durch eine andere Schrift als durch sich selbst zum Bekenntnis der evangelisch-lutherischen Kirchen stilisiert. Da dieses Prinzip schon allein durch die eben dargelegte merkwürdige Argumentationslinie erste Schwierigkeiten verursachte, ist es nicht verwunderlich, dass im Verlauf der Geschichte weitere Problematiken kamen.

2. „Torchancen um Torchancen"

Martin Luther wollte 1521 in Worms nur aufgrund von Argumenten der Heiligen Schrift oder Gründen der *Vernunft* seine Werke widerrufen.[7] So erwähnt er neben dem Prinzip der Schriftbegründung auch ein anderes, welches spätestens seit der Aufklärung die akademische Theologie weithin bestimmte.[8]

Schließlich war es Wolfhart Pannenberg, der 1962 erstmals von der Krise des Schriftprinzips sprach.[9] Darin spiegelt sich die Einsicht, dass zumindest innerhalb der Systematischen Theologie, die von den Reformatoren geforderte Argumentation allein auf der Schrift keine wirkliche Rolle mehr spielt. Durch die seit der Aufklärung eingesetzte wissenschaftstheoretische Entwicklung der Theologie, v.a. die damit gemeinte Durchdringung des historischen Denkens und historischer Methoden, die in evangelischer Tradition besonders die exegetischen Disziplinen beeinflusste, ja überhaupt erst die als getrennt von der Dogmatik stehenden Fachbereiche der alttestamentlichen und neutestamentlichen Wissenschaften begründete, haben sich die einzelnen Teilgebiete der Theologie losgelöst voneinander entwickelt.[10] Der Neutestamentler geht seitdem andere Wege als die Kirchenhistorikerin, die Alttestamentlerin andere als der Dogmatiker, und die Fundamentaltheologin komplett andere als der Pastoraltheologe. Worin noch der Zusammenhang zwischen den einzelnen theologischen Fächern besteht, ist nicht mehr zu erkennen – zumindest aus streng wissenschaftstheoretischer Perspektive. Es konnten Dogmatiken geschrieben werden, die als Klassiker der evangelischen Theologie gelten – auch zurecht – und dennoch kaum

---

[7] Vgl. Dt. Reichstagsakten, Jüngere Reihe Bd. II, 581f.
[8] Vgl. Hägglund, Geschichte, 261–275.
[9] Vgl. Pannenberg, Heilsgeschehen, passim.
[10] Vgl. Leonhardt, Grundinformation, 188–191.

bis gar nicht auf die Bibel Bezug nehmen.[11] Welchen Bezug zum reformatorischen *sola scriptura* gibt es da noch? Andererseits verloren sich Exeget*innen in einzelne philologische, historische und religionswissenschaftliche Details, die für die Gesamtheit der Theologie nicht von Interesse waren. Mit anderen Worten, die starke Ausdifferenzierung der einzelnen theologischen Fächer macht es schwierig – vielleicht sogar unmöglich – am reformatorischen Prinzip des *sola scriptura* festzuhalten.

Nun gibt es seit mehr als ein halbes Jh. einige Versuche, Versuche der evangelischen systematischen Theologie, auf diese Problematik einzugehen und theologisch damit umzugehen. Da wäre zunächst einmal Wolfhart Pannenberg, dessen Theologie insgesamt als „Reaktion auf den kritischen Zustand des Schriftprinzips in der Moderne"[12] gelten muss, wie es Klaas Huizing beschreibt. Pannenberg versucht in seinem Aufsatz *Heilsgeschehen und Geschichte* aus dem Jahre 1959 die Geschichte bzw. die Geschichtswissenschaft selbst theologisch zu initiieren. Damit holt er den Ursprung des von ihm bezeichneten Dilemmas theologisch-wissenschaftstheoretisch ein, dass v.a. geschichtliches Denken und Arbeiten seit der Aufklärung die theologische Wissenschaft bestimmt.

> „Geschichte ist der umfassendste Horizont christlicher Theologie. Alle theologischen Fragen und Antworten haben ihren Sinn nur innerhalb des Rahmens der Geschichte, die Gott mit der Menschheit und durch sie mit der ganzen Schöpfung hat, auf eine Zukunft hin, die vor der Welt noch verborgen, an Jesus Christus jedoch schon offenbar ist."[13]

Diese Wertschätzung der Geschichte ist zum einen als Frontstellung gegen die Geschichtsvergessenheit der Dialektischen Theologie gerichtet und versucht zum anderen positiv das geschichtliche Denken der historisch-kritischen Methode theologisch zu legitimieren und dadurch die Krise des Schriftprinzips zu bewältigen. Gerade in der ausdrücklichen Bemühung, die Offenbarungswahrheiten Gottes geschichtlich zu verankern, besteht seines Erachtens die vornehmliche Aufgabe der Theologie. Die Schwächen dieses Ansatzes liegen m.E. auf der Hand. Nach Pannenberg müsste jeder Historiker und jede Historikerin allein schon aufgrund seiner oder ihrer Arbeit zu der Einsicht gelangen, dass sich Gott in Jesus Christus offenbart hat, und zwar letztgültig offenbart hat. Ich meine, dass die These nicht zu steil formuliert ist, dass diese Annahme jeder empirischen Überprüfung unter Althistoriker*innen – auch ohne vormalige Überprüfung meinerseits – nicht standhalten wird. Weiterhin lenkt diese Taktik vom eigentlichen Gegenstand der Problematik ab, welche Bedeutung die Schriften des Alten und Neuen Testaments noch für die evangelische Theologie besitzen. Meint Pannenberg, dass Ergebnisse der historisch-kritischen Methode den glau-

---

[11] Als Beispiel seien die Werke von Schleiermacher, Glaubenslehre, passim, und Tillich, Systematische Theologie I–III, passim, genannt.
[12] Huizing, Homo, 81 Anm. 95.
[13] Pannenberg, Heilsgeschehen, 22.

bensbegründeten Charakter der Bibel destruiert haben, so retten seine Überlegungen wohl die historische Methode, aber keineswegs den biblischen Gegenstand dieser historischen Forschung. Ganz im Gegenteil, eine ausdrückliche Erforschung der biblischen Schriften unter bibeltheologischer Perspektive ist gar nicht mehr erforderlich. Die Bibel wird zu einem reinen Geschichtswerk, welches auch keinen Unterschied zu anderer Literatur historischer Prägung mehr aufweist. Sie wäre der Art nach keine andere Sammlung von Schriften als bspw. die eines Flavius Josephus.

Wilfried Härle schlägt einen anderen Weg ein, um das *sola scriptura* für das 20. und 21. Jahrhundert zu retten. Obwohl er es im Endeffekt in seiner Bedeutung zugunsten des ebenso reformatorischen *solus Christus*, allein Christus, abschwächt.

> „Die Ausbildung des biblischen Kanons dient also der Erhaltung der Identität des (jüdischen und) christlichen Glaubens unter geschichtlichen Bedingungen, und zwar dadurch, daß das ursprüngliche Offenbarungszeugnis in möglichst reiner Form als Maßstab aller künftigen Verkündigung und Lehre benannt und ausgezeichnet wird. Das ‚sola scriptura' ist deshalb nicht zu verstehen als eine Konkurrenz zum ‚solus Christus', sondern als dessen Konsequenz angesichts der Notwendigkeit geschichtlicher Überlieferung."[14]

Die Bibel als Schriftensammlung des Alten und Neuen Testaments ist eine historisch notwendige Konsequenz der göttlichen Offenbarung in Jesus Christus. Ihr, der Bibel, wird ein nunmehr sekundärer Charakter zugesprochen, der in seiner Dignität unter der Bedeutung Jesu Christi als (göttliche Person) steht. Dadurch rettet er unter anderem die historisch-kritische Forschung vor der potentiellen Gefahr einer Glaubensauflösung, die er selbst im Bereich des Möglichen sieht. Die Bibel kann bedenkenlos wissenschaftlich untersucht werden. Wenn der Auszug aus Ägypten auch nicht stattgefunden hat oder die Offenbarung an Mose am Sinai keinen historischen Kern behält, Christus fällt dadurch nicht gleich vom Kreuz! Aber vom *sola scriptura* bleibt auch nichts mehr übrig. In welchem Verhältnis der sekundäre Charakter der Schrift zur Offenbarung Gottes in Christus steht, bleibt offen. Kann man letztlich auf die Bibel verzichten, auch im Gottesdienst und der Verkündigung?

Eine andere Schwierigkeit will ich nur kurz benennen. Wenn die Bibel *ausschließlich* auf ihre inhaltliche Mitte Christus hin gelesen werden darf und kann, wie geht man dann redlich mit den Erkenntnissen der Alttestamentlichen Wissenschaft um? Und welche Auswirkung hätte dies zweitens auf einen jüdisch-christlichen Dialog? Härles Überlegungen retten das *sola scriptura* nicht, sondern beseitigen es endgültig.

Für Eilert Herms, der einen weiteren Lösungsvorschlag entfaltet hat, ist die sogenannte Krise des Schriftprinzips eine Dynamik, die dem Protestantismus wesentlich zugrunde liegt, und ihm nicht widerspricht:

---

[14] Härle, Dogmatik, 113.

> „Die konsequente Exekution jenes altprotestantischen Programms von Theologie als Schriftauslegung hat im Ergebnis seine eigenen Voraussetzungen aufgelöst: Was die theologische Arbeit auf den Weg der exegetischen Suche nach dem Literalsinn der Schriften verpflichtete, war die systematische Unterstellung gewesen, daß in den Schriften des Kanons die reale Lehrsynthese der Christologie enthalten sei. Das mußte dargetan werden durch die Erhebung des Literalsinnes der Schrift mit allen dafür zur Verfügung stehenden historischen und philologischen Mitteln, deren Umfang schrittweise erweitert und verfeinert wurde bis zum hochkarätigen Instrumentarium historisch-kritischer Exegese im 19. und 20. Jh. Dieses Methodenensemble ist in allen seinen Teilen die sachlogische Entfaltung seiner humanistischen Keime, die von der Reformation als unverzichtbar eingestuft worden waren, und insofern selbst theologisch legitimiert. Aber gerade die konsequente Erfüllung dieser – selbst theologisch begründeten – Verfahrensforderung in einer inzwischen mehrhundertjährigen historisch-kritischen Suche nach dem Literalsinn der Schriften hat nun zu dem schwer zu bestreitenden Ergebnis geführt, daß die Christuslehre des altkirchlichen Dogmas nicht die in den Schriften der γραφή selbst enthaltene inhaltliche Einheit (reale Sythese) ihres Zeugnisses ist."[15]

Wenn die immer raffinierter werdende und immer ausdifferenziertere exegetische Wissenschaft durch eine geschichtsphilosophische Notwendigkeit die reale Synthese des christlichen Zeugnisses immer weiter entfremdet, wie diese sich beispielsweise in den altkirchlichen Bekenntnissen niedergeschlagen hat, dann kommt das Christentum evangelischer Provenienz logischerweise in Schwierigkeiten. Wie soll eine evangelische Theologie unter den wissenschaftstheoretischen Bedingungen des 21. Jahrhunderts die christlichen und evangelischen Bekenntnisse vertreten, ohne diese preiszugeben oder in einen blinden Biblizismus zu verfallen?

Es ist m.E. unumgänglich, dass die Evangelische Theologie auch und gerade aus exegetischer Sichtweise deswegen über sich selbst Rechenschaft abgeben muss. Da das kirchliche Wesen des Protestantismus, die akademische Tradition und auch die private Frömmigkeit unter evangelischen Christen und Christinnen maßgeblich durch die Bibel geprägt wurde und wird, sollten auch die exegetischen Fächer Antworten auf die Fragen liefern, welche seit den Tagen der Konfessionalisierung Ende des 16. Jahrhunderts akut sind. Dadurch werden nicht allein die exegetischen Fächer wissenschaftstheoretisch durchleuchtet, sondern die gesamte evangelische Theologie profitiert davon.

Ulrich Luz versucht dies in seiner „Theologische(n) Hermeneutik des Neuen Testaments" auf eine Weise, die ausgehend von den eben geschilderten Problemen Ansatzpunkte für Exeget*innen liefert:

> „...die Bibel (ist) das Buch der Kirche [...]. Ihre primäre Rezipientin ist die Interpretationsgemeinschaft Kirche und nicht der einzelne Leser oder die einzelne Leserin."[16]

Dadurch wird nach Luz die Bibel nicht der individuellen Lektüre entzogen, sondern es wird ein gewisser hermeneutischer Rahmen vorgegeben, in dem einzig

---

[15] Herms, Bibel, 129.
[16] Luz, Hermeneutik, 555.

authentisches Verstehen der Bibel möglich ist. M.E. ist es notwendig und der realen Situation geschuldet, dass der Begriff der Kirche zunächst verschiedene institutionelle Größen meint, welche im Laufe der Jahrhunderte unterschiedliche Traditionen, Frömmigkeitskulturen, theologische Vorstellungen, Leitlinien etc. entwickelt haben.[17] Daher können, wenn die Bibel nur im Interpretationsraum der Kirche ausgelegt wird, diese Traditionen nicht einfach gegenstandslos werden. Nein, sie sind vielmehr immer vorhanden und in den Auslegungen zu spüren – besonders im Protestantismus.

3. „Abpfiff"

Wie sollte mit dieser konfessionellen Prägung der Exegese umgegangen werden? Mutig und durchaus entschlossen ist die Antwort! M.E. sollten Exeget*innen mutiger dazu stehen, dass ihre Arbeiten abhängig sind von ihren eigenen Voraussetzungen. Dadurch verliert eine Exegese keineswegs ihren wissenschaftlichen Charakter. Das heißt aber auch nicht, dass Exeget*innen einen Freibrief für bibelwissenschaftlichen Schabernack jeder Art besitzen. Eine nachvollziehbare Methodik und die Möglichkeit, dass exegetische Erkenntnisse – auch von Vertretern anderer Konfessionen – verifiziert und vor allem auch falsifiziert werden können, ist Bedingung von Wissenschaftlichkeit.

Letztlich ist die konfessionelle Herkunft nur eine unter vielen Voraussetzungen, die Wissenschaftler*innen in die Forschung mit einbringen, für die evangelische Theologie gerade aber eine äußerst entscheidende. Wenn die evangelische Theologie nicht ihr eigenes – sich selbst gegebenes – Profil verlieren möchte, muss sie eine mutige konfessionell gefärbte Exegese wagen, ohne die Ansprüche der akademischen Wissenschaften aufzugeben. Man kann nicht von der systematischen und der praktischen Theologie fordern, dass nur sie wissenschaftstheoretische Überlegungen für die evangelische Theologie als Ganze anstellen. Nein, die Exegese muss auch selbst notwendige Schritte dafür tun, damit sie sich nicht komplett von den anderen Teilfächern der Theologie entfremdet. Auch wenn die komplett historisch ausgerichtete Arbeit am Text selbst ein Produkt protestantischen Denkens darstellt, muss die Exegese immer eine Brücke

---

[17] Unter einer „formkritischen" Wahrnehmung wird das Problem der „Krise des Schriftprinzips" noch komplexer, wenngleich diese auch Hinweise für Lösungsversuche parat hält. Die Bekenntnisschriften, die den Ausgangspunkt des Problems darstellen, erfüllen innerhalb der Kirche eine andere Funktion als bspw. Predigten. Wiederum anders ist der Charakter von wissenschaftlicher Literatur der Neutestamentlichen oder systematischen Forschung. Möglicherweise bewirkt das Bewusstwerden der unterschiedlichen Formen und Gattungen christlicher, kirchlicher und theologischer – die drei Begriffe sind keineswegs deckungsgleich – Sprache und Literatur eine ausdifferenzierte Wahrnehmung dessen, was einzelne Aussagen zur Schrift letztlich leisten wollen und können.

zum Ganzen der Theologie schlagen. Dass darin eine gewisse Spannung besteht, sollte nicht entmutigen, sondern in der notwendig dialektischen Struktur der Theologie ein Ansporn zum Weiterdenken sein – und somit ein sportlicher Erfolg auf ganzer Linie!

Literatur

Die Bekenntnisschriften der Evangelisch-Lutherischen Kirche, vollständige Neuedition (abgek. BSELK), hrsg. v. I. Dingel, Göttingen 2014.
Deutsche Reichstagsakten, Jüngere Reihe Bd. 2, Gotha 1899 (Nachdruck Göttingen 1962).
HÄGGLUND, Bengt, Geschichte der Theologie. Ein Abriß, Berlin 1983.
HÄRLE, Wilfried, Dogmatik, Berlin u.a. ²2000.
HERMS, Eilert, Was haben wir an der Bibel? Versuch einer Theologie des biblischen Kanons, in: I. Baldermann u.a. (Hg.), Biblische Hermeneutik (JBTh 12), Neukirchen-Vluyn 1997, 99–152.
Hofius, Otfried, Neutestamentliche Wissenschaft – eine theologische Disziplin, in: E.-M. Becker (Hg.), Neutestamentliche Wissenschaft. Autobiographische Essays aus der Evangelischen Theologie, Tübingen/Basel 2003, 278–285.
HUIZING, Klaas, Homo legens. Vom Ursprung der Theologie im Lesen, Berlin u.a. 1996.
KOCH, Ernst, Ausbau, Gefährdung und Festigung der lutherischen Landeskirche von 1553 bis 1601, in: H. Junghans (Hg.), Das Jahrhundert der Reformation in Sachsen. Im Auftrag der Arbeitsgemeinschaft für Sächsische Kirchengeschichte anlässlich ihres 125-jährigen Bestehens, Leipzig 2005, 191-218.
LAUSTER, Jörg, Prinzip und Methode. Die Transformation des protestantischen Schriftprinzips durch die historische Kritik von Schleiermacher bis zur Gegenwart (HUTh 46), Tübingen 2004.
LEONHARDT, Rochus, Grundinformation Dogmatik. Ein Lehr- und Arbeitsbuch für das Studium der Theologie, Göttingen ³2008.
LEONHARDT, Rochus, Skeptizismus und Protestantismus. Der philosophische Ansatz Odo Marquards als Herausforderung an die evangelische Theologie, Tübingen 2003.
LUZ, Ulrich, Theologische Hermeneutik des Neuen Testaments, Neukirchen-Vluyn 2014.
Oorschot, Frederike v., Die Krise des Schriftprinzips als Krise der theologischen Enzyklopädie; in: EvTh 76/5 (2016), 386–400.
PANNENBERG, Wolfhart, Heilsgeschehen und Geschichte, in: Ders. Grundfragen Systematischer Theologie. Gesammelte Aufsätze, Göttingen 1967, 22–78.
REHFELD, Emmauel L., Hermeneutische und methodische Leitlinien in Calvins Auslegung des Neuen Testaments, in: M. Basse (Hg.), Calvin und seine Wirkungsgeschichte (Dortmunder Beiträge zu Theologie und Religionspädagogik Bd. 8), Berlin 2011, 29–56.
SCHLEIERMACHER, Friedrich Daniel Ernst, Der christliche Glaube nach den Grundsätzen der evangelischen Kirche im Zusammenhange dargestellt, 2. Aufl. von 1830/31, KGA I/13.1-2, hrsg. v. R. Schäfer, Berlin u.a. 2003.
STENGEL, Friedemann, Sola scriptura im Kontext. Behauptung und Bestreitung des reformatorischen Schriftprinzips (ThLZ.F 32), Leipzig 2016.
TILLICH, Paul, Systematische Theologie I–III, Bde. I/II 8. Aufl., Bd. III 4. Aufl., Berlin/New York 1987.

Bibelstellenregister

Genesis
2,2	39
3,17	184
4	42
9,20	44
25,26^{LXX}	43
27,36^{LXX}	43
32,24–28	29, 35
32,25–33^{LXX}	43

2. Samuel
15,24–37	13

1. Könige
2,26f.	13
17,21f.	158

2. Könige
4,34f.	158
23,4–25	24

2. Chronik
34,1–7	24
34,33	24
35,1–19	24

Psalmen
51,7	185

Hiob
14,4	185

Weisheit
2,12–20	29
5,1–7	29
5,18	50
10,10–12	29, 43, 86

Jona
2,6	201

Jesaja
59,17	50

Jeremia
17,22	21
36	24

Ezechiel
44,6–16	13

Daniel
11,29f.	15

Matthäus
26,36–46	51, 56, 69–76

Markus
3,18	18
8,32f.	182
14,32–42	51, 56, 69–76

Lukas
4,1–13	75
13,24	102
22,39–46	51, 56, 69–76

Johannes
3,5f.	185
3,18	196
3,36	196
5,24	196
12,23	68
12,27f.	68
14,6	196
18,1–11	68, 75
18,36	102f.

Apostelgeschichte		14,17	198
18,1–3	155f.	15,13	60
18,18	156	15,30	53, 122
20,9	160	16,3	156
20,24	51, 102	16,7	194
Römer		*1. Korinther*	
1,4	60	1,1f.	82
1,16f.	60, 186, 196	1,10–13	143–160, 196
3,11–13	59–68	2,10–16	183
3,19f.	190	4,1–13	115
3,20–26	60, 186, 194	4,9	51, 59
4,15	186	4,20	198
5,1–5	201	5,21	183, 192
5,6	190	6,9–11	198f.
5,8	185	6,15	64
5,10	187	6,16	190
5,12–21	185–187, 189	6,19f.	195
6,5–10	197	7,1–9	114
6,6	190	7,18	20
6,10	193	8–10	83
6,11	198, 201	8,4–13	114
6,12–19	190	9,1–23	114
6,14f.	189	9,11	85
6,23	184–186	9,24–27	33–35, 51, 58f., 77, 81–97, 101–117, 124, 156, 195
7,1–25	189f.		
7,4–6	193	10,1–11,1	107
7,7–13	186	10,17	64
8,3f.	186–193	11,1	83
8,7	187	12,3	183
8,18–27	202	12,12	64
8,20–23	184f., 190, 196	12,27	64
8,24	201	13,12	87
9,16	51, 58	15	181–183
9,30–33	51, 58	15,3	194
12	60	15,10f.	86
12,1	190, 195	15,20–23	196f.
12,4f.	64	15,24	198
13,8–10	60	15,26	185, 198
13,11–13	49–77, 190	15,28	201
13,14	50, 63f.	15,32	59, 202
14,1–15,13	60	15,36–38	200
14,8f.	196, 202		

Bibelstellen

15,42–49	187, 198f.	2,6–8	188
15,50–52	187f., 199	2,12f.	196
15,54	185	2,15	66
15,56	186	2,16	51, 58, 53, 112
16,19	156	3,2	125
		3,7f.	199
2. Korinther		3,8f.	196
2,14	51, 53	3,10f.	197
2,15f.	196	3,12–14	51, 59, 77, 83–91, 102
4,8–11	115, 190, 201		
5,1–10	185, 195, 202	3,18	125
5,17	50, 186, 201	4,1	51, 53, 59, 73, 123
5,18f.	187	4,3	51
5,21	186–189		
6,7	51, 53	*Kolosser*	
10,3–5	51, 53	1,28–2,2	51, 53
11,23–28	115	1,29	122–126, 138f.
13,4	186	2,1	88, 122–126, 138f.
		2,18	51, 59, 86, 122–126, 138f.
Galater			
1,15f.	85, 194	3,15	51, 53, 122–126, 138f.
2,2	51, 58, 77, 112		
2,5	194	4,12–14	51, 53, 122–126, 138f.
2,7	191		
2,14	194	*1. Thessalonicher*	
2,19f.	193–195, 197	2,1f.	51, 53, 77, 88, 125
2,21	196	2,12	198
3,13	189, 193f.	2,19	51, 53, 59, 77, 111, 123
3,19–25	186		
3,27	64	4,13	197
4,4	187f., 191	4,14–17	197
5,7	58, 112	5,4–8	49–77
5,21	198		
6,15	50	*2. Thessalonicher*	
6,17	201	3,1	51
Epheser		*1. Timotheus*	
6,10–20	50–77	1,18f.	51, 53
		3,1–17	87, 89
Philipper		4,7–10	51, 54, 58
1,21–24	201	6,11f.	51, 54, 88
1,27–30	51, 53	6,14	89
1,30	88, 124f.	6,20	87

2. Timotheus
1,9f.	89
2,3–5	51, 53, 84, 88
4,5–8	51, 54, 59, 84, 86–89, 123

Titus
2,13	89

Hebräer
2,15	202
10,32f.	51, 102
11,33	103
12,1–4	102
12,1–17	51, 54, 59

Jakobus
1,12	51, 54, 59, 102

1. Petrus
4,1	51, 54, 67
4,12–19	201
5,4	51, 102

1. Johannes
5,11f.	196

Judas
3	51, 54, 102

Offenbarung
1,3	169
1,9–20	166
2,1–3,22	167, 169
2,8–11	59, 185
2,10	51, 54, 123, 165–179
2,17	165–179
3,11	51, 59, 123
3,12	177
4,1–5,14	169
6,1–8,1	171, 173
6,2–8	160
8,2–11,19	173
12,1–14,20	174f.
19,11–20,15	175
21,1–22,5	176

Begriffsregister

Adam 184f., 187, 197f., 199
Agon 85f., 89, 91
Amphitheater 133–135, 137
Apokalyptik 54, 67, 73
Apostolat 82f.
Auferstehung 181, 184f., 191, 194–201
Augustus, Caesar 148–152

Boxen 39f.
Brautgaben (*dotes*) 208, 210

Cirkus/Zirkus 145–157, 159f.
Claudius 144, 148, 150, 152, 154–158

Dichotomie 64, 76f.

Enthaltsamkeit 113f.
Epaphras 123f., 126, 139
Epispasmos 19
Erdbeben 128f., 131, 133
Ermahnung 108, 113, 117
Erzeltern 42–44
Eschatologie 86–88
Eutychus 156–159

faktio, faktiones 144, 152f., 155, 157, 159
Fan(kultur) 144f., 149, 154f., 160
Farbe(n) 143f., 149f., 152–155
– blau 152, 154–157
– grün 148f., 152, 154–158
– rot 143f., 152, 157
– weiß 152, 157
Faustkampf 115f.
Fiscus Iudaicus 24f.
Flavius Josephus 23
Freiheit 106–108

Fußball 143–145

Gebetskampf 55, 68f., 76
Glaubenskampf 55, 59, 76
Götter, vergöttern 145–148, 151, 153, 156f.
Götze 147, 157, 159
Götzenopferfleisch 107f.

Heiliger Geist 183, 189, 191, 193, 196, 199f., 202
Hippodrom 37

Inkarnation 186–189, 191, 193
Inschriften 127, 131–137
Instauratio 147, 156f.
Isthmische Spiele 105f., 111f., 117, 121

Jakob (Erzvater) 43f.
Johannesoffenbarung 165f., 170, 177

Kaiserkult 165–167, 173, 176
Kampfsport 37f.
Karsamstagsexistenz 200–202
Korinth 144, 155–157, 159
Kreuz 182f., 186, 188f., 191–195, 197

Leichtathletik 39
Lykostal (Kolossä – Laodizea – Hierapolis) 123, 126–138

Makkabäerbücher 17–20
Martyrium 88
Militärsemantik 52, 72, 77, 211
Münzprägung 170, 172f., 175

Niederlage 83, 91f., 96
Numismatik, numismatisch 165, 167, 169, 172

Olympische Idee 26

Pankration 39f.
Paradies 207f., 212
Partei(en) 143f., 148–157, 159f.
Pferd 143, 145f., 149–153, 156–158
Pferderennen 37
Philon von Alexandrien 21–23

Rechtfertigung 92f.

Sechs-Tage-Werk 207
Sendschreiben 165, 167–169, 176
Sieg 83, 86f., 90, 92f., 95f.
Siegerkranz 41, 43, 166, 168, 173f., 176f.
Siegespreis 102, 107, 112f.
Sinaitora 186, 189f., 194
Sportästhetik 81f., 94–97
Sportethik 81, 83, 94–97

Sportmetaphern 51f., 54–56, 58, 66, 68f., 77, 82f., 86, 94
Stadion 109, 111f., 148, 150, 155f.
Sterben 181–187, 193–202
Sühne 181, 191, 193–195
Sünde 185f., 187–193, 196–199
Sünde-Tod-Zusammenhang 184–186, 188f., 197f.
Sündenfall 211

Taufe 147, 159
Toraexegese 30
Tugendkampf 31, 38, 43–46

Unschuldsstand 207

Verein 141f., 152f.
Verzicht 106–108, 114, 116f.

Wagenrennen 144–154, 159, 172f.
Wettbewerb 85f., 89, 91
Wettlauf 85f., 89, 91, 109, 111, 117

Zielorientierung 106, 110, 117